THE CHRONICLER'S HISTORY

THE CHRONICLER'S HISTORY

OF ISRAEL

Chronicles-Ezra-Nehemiah Restored to Its Original Form

BY CHARLES C. TORREY

KENNIKAT PRESS
Port Washington, N. Y./London

TO MY COLLEAGUES AND FELLOW MEMBERS

OF THE ORIENTAL INSTITUTE OF THE UNIVERSITY OF CHICAGO

IN GRATITUDE FOR THE APPOINTMENT AS ASSOCIATE

THE CHRONICLER'S HISTORY OF ISRAEL

Copyright © 1954 by Yale University Press
Reprinted 1973 by Kennikat Press in an unaltered
and unabridged edition with permission
Library of Congress Catalog Card No.: 72-85281
ISBN 0-8046-1709-0

Manufactured by Taylor Publishing Company   Dallas, Texas

PREFACE

THIS is believed to be the first edition of the Chronicler's history in its true form since the beginning of the present era. There is, at least, no record of any similar attempt. The main purpose here is to restore the original form of the Ezra-Nehemiah narrative, where the true order has been lost to sight for nearly two thousand years.

The Hebrew text, Baer's edition, is presented complete, after the transposition; not a word is missing or misplaced.

In appending the English translation, it was not thought necessary to include the whole of 1 and 2 Chronicles, but only to give as much as can show clearly and in acceptable form[1] the transition from the account of the destruction of Jerusalem to the confusion of the Esdras books.

I take this opportunity to express my thanks to the Yale University Press and to the Press of Maurice Jacobs of Philadelphia, printers of the entire book, for their excellent accomplishment of a somewhat unusual task. The Masoretic accents have been removed, while the vowel pointing is left unchanged. This is as it should be. The principal features of the accentual system are logical and are well understood, and they will continue to ensure the rhythm of the verse and to serve as a sort of system of punctuation even without the accents themselves.

It will be noticed that in this printing establishment *maqqēph* is regarded as lying outside the system of accents; a view which has been held by not a few scholars. An unusual typographical feature of the printing calls for notice.

---

[1] The story of Josiah's passover, 2 Chron. 35, makes a suitable beginning. It also happens to be the beginning of the "1 Esdras" fragment.

In place of Baer's *qameṣ ḥaṭūph*, which has generally been found confusing, the Press of Maurice Jacobs has been using a new vowel sign, a *half-qameṣ*. I readily consented to have it employed for this edition, and it has been consistently used, as will be seen.

An evident inconsistency (inherited from Baer), which perhaps will disturb no one, is the printing of Hebrew *kŏl*, "all," with a simple *qameṣ*.

It is an especial pleasure to acknowledge here the welcome and very valuable help in the reading of the proofs given to me, because of my failing eyesight, by friends and former colleagues in New Haven.

The following abbreviations are used:

A.P.: *Aramaic Papyri of the Fifth Century B.C.*, by A. Cowley, papyrus 21

AJSL: American Journal of Semitic Languages

Composition: *The Composition and Historical Value of Ezra-Nehemiah*

Driver, *Introduction:* S. R. Driver, *Introduction to the Literature of the Old Testament*

JAOS: Journal of the American Oriental Society

JBL: Journal of Biblical Literature

"Medes and Persians:" the article "Medes and Persians" in *JAOS*, 66 (1946)

Moore, *Literature:* George F. Moore, *The Literature of the Old Testament* (1913)

Pfeiffer, *Introduction:* R. H. Pfeiffer, *Introduction to the Literature of the Old Testament*

ZAW: Zeitschrift für die alttestamentliche Wissenschaft

THE CHRONICLER'S HISTORY

IT IS well known that Chronicles-Ezra-Nehemiah originally constituted a single work. It was in form a history, beginning with Adam and ending with the reforms of Nehemiah. The old Hebrew tradition states this clearly, and modern study has confirmed the report. No modern scholar, however, has seen this history in its proper form. It has never been made the subject of study.

Instead, the investigation of the Chronicler's material has been conducted along two lines: first, the study of Chronicles, with little or no regard to Ezra-Nehemiah; and second, the study of Ezra-Nehemiah, with little or no regard to Chronicles. Moreover, in some important versions of the Bible and in the commentaries, introductions, and other comprehensive works dealing with the literature of the Old Testament it has been customary to put Chronicles after Ezra-Nehemiah. The excuse for this false division, false arrangement, and false mode of treatment has been found in the order of the books of the Hebrew Canon of holy scripture.

This lively picture of the Jews in the Persian period, not available elsewhere, gained in interest to such a degree that it was appended to the canonical Hebrew list of books. The evidence is abundant, however, that for some time even after these narratives had thus been given the place of honor, they continued to be estimated at their true value, as fiction (see below, p. xxvii). Still later, before the close of the Canon, the main body of the history (consisting of our two books of Chronicles) was similarly appended, as though by an afterthought. This, as already remarked, had the unfortunate result that it gave the appearance of separate "books" and also reversed their order. The Canon does indeed appear to say, distinctly and even with emphasis: Ezra-Nehemiah must be studied by itself! This advice has been diligently followed on all sides. The standard English Bible issued by the Jewish Publication Society (Philadelphia, 1917), for example, has the misleading arrangement. Now, however, that the reason for the canonical disorder is well understood, there is no longer any excuse for denying and rejecting the old popular tradition.

The formal statement preserved in the Talmud is found in Baba Bathra, 15a. This gives more than one author a hand in the writing of the book, but makes it a continuous work.[1] This is variously confirmed on examination: 1. It is to be observed, in the first place, that the subdivisions of the history as they appear in our modern Bibles, with 1 Chronicles and 2 Chronicles and separate "books" of Ezra and Nehemiah, were quite unknown to the old Hebrew tradition, but are a later improvement devised for convenience of reference. The inherited doctrine made all this a continuous narrative, with no pause either at the beginning of the Persian period or at the point where Nehemiah's "memoir" continues the story.

2. When at length, after generations had gone by, the step was taken of admitting the Ezra (i. e., Medo-Persian) portion of the Chronicler's narrative to the list of sacred books, the Jewish authorities undertook to make it plain to all readers and for all time that this "book" is merely an extract from the Chronicler's work and that he is responsible for it. This was very skillfully done by appending to the last verse (21) of the last chapter (36) of 2 Chronicles a certain amount of the text with which the Persian story begins. Thus a portion of text amounting to several verses is given in exact duplication,

[1] "Ezra wrote the book that bears his name [this includes Nehemiah] and the genealogies of the book of Chronicles up to his own time. Who then finished it [meaning the book of Chronicles]? Nehemiah the son of Hachaliah." Compare the statement found in the letter prefixed to Second Maccabees; see below, p. xiii.

while its fragmentary character suffices to show the reader the nature and purpose of the device that is being used.

3. Of especial importance is the internal evidence showing that the whole history, from Adam to Nehemiah, is the work of one and the same author. The Chronicler is a marked man. His peculiarities are outstanding, from his grammar and diction to his zeal for a certain organization and certain details of the cult. His individual ways of writing Hebrew are well set forth in the long catalogue given in S. R. Driver's *Introduction to the Literature of the Old Testament.* His special interests and motives keep cropping out in all contexts. Foremost among them is his insistence on the true Israel, limited and exclusive. It is not too much to say that the whole great history, with its endless lists and tables, was planned with Ezra 2:59–63, 4:1–5, and Neh. 7:5 definitely in mind. The motives and tendencies which have their clearest expression in the Chronicler's story of the Restoration are in evidence in all the earlier part of the history, as I have shown in *Ezra Studies* (Chicago, University of Chicago Press, 1910), in the chapter entitled "The Chronicler as Editor and as Independent Narrator."

In this essay of more than forty pages the Chronicler's qualities as an author are set forth in unusual detail. It is shown how certain very definite aims underlie and determine every part of his editorial work. His embellishments of the narratives of Samuel and Kings are full of lively details, while they always serve his special purpose. "In general, it is evident that he became an editor more from necessity than from choice; by taste and gift he was a novelist. Few, if any, of the narrators of the Old Testament could surpass him in vividness of imagination."

4. In spite of the virtual denial and rejection of the "continuous history," recent study has clearly supported the old tradition. It is now the consensus of opinion that the Chronicler is the author of the first three chapters of Ezra. Here, at any rate, the history is continuous.

A Norwegian scholar, Dr. Arvid S. Kapelrud, has recently published a very thorough investigation [2] of the seven chapters (four in Ezra and three in Nehemiah) which contain the story of Ezra. The conclusion reached is that the Chronicler is the sole author of the entire story. This is the very same conclusion which was reached from the same evidence and stated, more than half a century earlier, by the present writer in his *The Composition and Historical Value of Chronicles-Ezra-Nehemiah* (Gnessen, 1896).

The old Hebrew tradition made no pause at the beginning of the "Words of Nehemiah" and recognized no change of authors at this point. There was no "book of Nehemiah" in either Jewish or early Christian tradition. The innovation was at length made by the Christians, and it soon was adopted by the Jewish scholars. Indeed, while scenes and incidents in the story of the new hero are of unusual interest and seem to create a new atmosphere, yet the motives and tendencies of Nehemiah are plainly those of the Chronicler. [3] There is the constant warning against contamination from the peoples round about, the typical enemies (6:16). The man who wrote 2:20 was the same who wrote Ezra 4:3. The rebuke of intermarriage with these foreigners is quite as sharp as it was in Ezra. (See 6:18; 13:23ff., 28.) In chapter 1, the prayer sounds distinctly like the Chronicler. In chapter 2, verses 8 and 18 contain one of his own phrases. (Cf. 2 Chron. 30:12, Ezra 7:9; 8:31. Compare the phrase in 2:12 with the same in 7:5.) The

[2] *The Question of Authorship in the Ezra-Narrative* (Oslo, 1944).

[3] In *Composition*, I thought to designate certain portions of the narrative as from Nehemiah's own hand, in distinction to the portions showing the Chronicler's style and diction. Thus the greater part of chapters 1, 2, 4–6 were assigned to Nehemiah. This was repeated in *Ezra Studies*. Further study has convinced me that my analysis was too hastily made, giving too much weight to the new vocabulary belonging to the new situation, i. e., in chapters 4 and 6, without sufficiently considering the lack of opportunity in these chapters to introduce the Chronicler's chief interests. It now seems to me that whatever sources the Chronicler may have had, our narrative is all from his hand. See further below, pp. xxix ff.

whole verse 5:13, not just the latter part (*Composition*, p. 39), strongly suggests the Chronicler. The characteristic lists and tables are very much in evidence. Compare, for example, chapter 11 with 1 Chron. 9. (On the repetition of the "great list" of Ezra 2 in Neh. 7, see below, p. xxix). The last three chapters of the book, Neh. 11–13, are a solid block of the Chronicler's writing: see G. F. Moore, *Literature of the Old Testament* (London and New York, Home University Library, 1913), p. 128.

5. A most interesting theory of the Chronicler's history, current in Jerusalem and Judea in the second century B. C., is attested in a letter that was composed in Aramaic and sent by the Jews of the motherland to their brethren in Egypt, a letter now preserved in Greek translation as a sort of preface to 2 Maccabees. The date is 124 B. C.;[4] the passage is 2 Macc. 2:13; and the theory simply this, that the Chronicler was Nehemiah himself. He prepared a "library," it is said (viz., our Chron.-Ezra-Neh.), in which he collected: 1. matters pertaining to the kings (the bulk of the books of Chronicles); 2. the Prophets (eight writing prophets of Israel are made known only by the Chronicler); 3. the provisions made by David for the cult (the highly important chapters 1 Chron. 23–7, not found elsewhere); 4. the letters of royal benefactors (those of Cyrus, Darius, and Artaxerxes, preserved in Ezra). He then is represented as bringing the history down to his own day, in his narrative written in the first person.

This interesting passage[5] illustrates and confirms the tradition. Our Chron.-Ezra-Neh. was at that early time recognized

[4] The date in 2 Macc. 1:10 is the date of the letter which follows, not of the one which precedes. See my article, "The Letters Prefixed to Second Maccabees," in *JAOS*, 60 (1940), where a restoration of the Aramaic text of both letters is attempted. In most editions and textbooks the division between the two letters is made in the wrong place. The King James Bible has it right.

[5] The true meaning of this verse, identifying Nehemiah with the Chronicler, seems to have been generally unrecognized until recently. See *JAOS*. 70 (1950), 117f.

as substantially the work of one man (Nehemiah), who composed and published it as a continuous history. How long the theory persisted that made Nehemiah the Chronicler we have at present no means of knowing. The transfer to Ezra (as in Baba Bathra) was a later improvement.

The date of the Chronicler's work can only be conjectured within certain limits. It is evidently one of the latest books of the Hebrew Bible. This appears not only from its treatment in the Canon but also from certain details and literary characteristics which scholars have pointed out, especially in recent years. (See Driver, *Introduction.*) In Neh. 12:22 the high priest Jaddua is mentioned in connection with Darius III Codomannus. On the historical value of the account given by Josephus in *Antiquities*, XI, 8, see below, p. xxx.

Most important are the following considerations: 1. The Aramaic of the several official documents which are contained in Ezra, chapters 4–7, is in every case Aramaic of the third century. This was first demonstrated by the present writer, in *Ezra Studies*, pp. 161–6. The argument has been much expanded and improved by numerous scholars, notably by W. Baumgartner in an article published in 1927 in *ZAW*, *14*, 81–133, and by H. H. Rowley, *The Aramaic of the Old Testament* (1928). See also R. H. Pfeiffer, *Introduction to the Old Testament* [New York, Harper, 1941], p. 832.

2. The presence of Greek words is also quite conclusive. More than one example has been claimed, but it will be quite sufficient to refer to the word ἐπίθεσις, אפתם, "impost," in Ezra 4:13. The passage reads: "If this city shall be builded, . . . they will not pay tribute, custom, or tolls, and the royal impost (אפתם מלכים) will suffer damage." The feminine noun ἐπίθεσις takes the feminine verb, *těhanzēq*. There could not possibly be a better example. [6]

<hr>

[6] *Ezra Studies*, p. 175. Hailed by Theodor Nöldeke as the true solution, both in a letter to the present writer dated at Karlsruhe June 24, 1924, and in an article published in the *Deutsche Literaturzeitung* for Oct. 4, 1924 (*Sondernummer*). The Greek word Nöldeke characterized as a technical term

The middle of the third century, 250 B. C., has therefore been accepted by very many scholars as the conventional date of the Chronicler's work.

From these considerations, and even more because of the ever present personal bias of the Chronicler (see above, p. xi), and his proven ability as a writer of lively fiction, the conclusion results that his unsupported account of events and personages cannot be accepted as having historical value. No statement or narration coming from him can be given serious attention unless it is expressly confirmed by evidence from without. The situation is clearly set forth in *Ezra Studies*, p. 264. Moore, speaking of the Chronicler's treatment of the history in 1 and 2 Kings, remarks (*Literature*, p. 122): "It need hardly be said that the unsupported testimony of a doctrinaire historian who deals so sovereignly with the facts is of no weight."

Pfeiffer says the same, more concisely: "He has no real concern with the actual facts." He "manufactures stories . . . to illustrate the manner of God's control over the course of history" (*Introduction*, pp. 786, 789). An admirable characterization of his work is given by I. Benzinger, *Die Bücher der Chronik*, Tübingen, 1901 (in Marti's Hand-Commentar). He says in his introduction, p. x, "Der Chronist will gar kein Geschichtsschreiber in unserem Sinne sein; er will nicht darstellen, was geschehen ist, sondern erzählen, was zur Erbauung dient; er ist nicht Historiker, sondern Midraschist." Quite similar were the concluding words of *Composition*, p. 65: "The Chr. was not trying to write history for us, but for what he supposed to be the benefit of his people. He had his own motive, which we shall do well not to judge harshly. But his work, whatever else may be said of it, certainly throws no light on the history of the Jews in the Persian period."

---

evidently in regular use by these Ptolemaic and Seleucid taxpayers, though hardly to be found in Greek literature. His decision as to the official documents in Ezra was that they were all composed by the Chronicler himself. It seems quite safe to predict that this will be the ultimate verdict of scholars.

Compare what was said above as to his claim to be recognized as a novelist. Edifying fiction has always been regarded as a useful class of literature. Trouble comes when the attempt is made to treat it as history.

At the annual meeting of the Society of Biblical Literature and Exegesis in New York City, December 30, 1946, the present writer presented a paper entitled "The Need of an Edition of the Chronicler's History." Certain anomalies in the interpretation of Ezra and Nehemiah were remarked upon: the theory that a "book" Ezra-Nehemiah was incorporated by the Chronicler in his history; the belief that traces of a book of Nehemiah, apart from the Chronicler's work, are to be found; the strange question of which reformer, Ezra or Nehemiah, came first upon the scene; the failure of some noted scholars to understand the repetition of the passage with which Ezra begins.

The opinion was reiterated which had been expressed nearly forty years before in *Ezra Studies*, pp. 116f., that these and similar misunderstandings are largely due to the fundamental error of cutting the Ezra-Nehemiah chapter loose from its true connection.

It was pronounced a blot on the fair record of Old Testament scholarship, that down to the middle of this twentieth century no attempt has ever been made to restore the proper form of this "historical" document on whose interpretation so much depends.

One might have expected that the project of publishing a book of the Hebrew Bible i n i t s o r i g i n a l o r d e r a n d e x t e n t for the first time in approximately two thousand years would have aroused some interest. Standing in the way, however, for many years, were not only the inherited inertia of many centuries but also the firmly held prejudices of the present century. Certainly no "long-felt want" is supplied by the present publication. It is also a necessarily "half-baked" affair, with its uncriticized Hebrew text and inadequate English version and with the innovations in the critical interpretation which need more support and illustration than could be given them here. It is nevertheless to be hoped that it will serve as a beginning, perhaps as useful as any that could be made at present, to a really worthy edition of the Chronicler's work in its original form.

The present edition of the Semitic text is based throughout on the stereotyped edition of Seligman Baer. It was thought better to make no attempt to criticize or emend the traditional readings, but rather to make use of the familiar text, which accordingly is followed here without the omission or alteration of a word.

The same principle of using familiar material was observed in preparing the English translation to accompany the original text. A version long familiar and in widespread use, the King James Bible of 1611, was chosen.

In one particular the Semitic text here published differs from the text of Baer, as well as from that of all other Hebrew Bibles, inasmuch as it omits the "accents," those signs of an obsolete musical notation which are no longer understood and are merely confusing.

Two brief passages in this edition are not ordinarily recognized as belonging to the Chronicler's work. They illustrate the fact, already mentioned, that for a time this "history" was somewhat carelessly handled. The original Hebrew of the passages has been lost and they are preserved in Greek, in the fragment of the old translation of Chronicles-Ezra-Nehemiah which has survived under the name "1 Esdras."

The first of the two passages is a portion of the eulogy on King Josiah which is found — in very corrupt form — in 1 Esdras 1:21, 22. The other is a copy of the letter sent by Cyrus to the Persian officers in Syria and Palestine, preserved in 1 Esdras 4:48–55. A brief account of these passages and their history will be given below.

The plan of the whole work, from Adam to Nehemiah, is determined merely by the chief interests of its author. First, the genealogical tables, from Adam to the author's own day. Such lists as these are the Chronicler's peculiar property, and it is evident that he attaches great importance to them. The families which constitute the true Israel are traced from ancient times and catalogued in full; the genealogies of the priests, levites, and other ministers of the liturgy of the temple in Jerusalem are given with a finality which rules out pretenders. Special lists of the inhabitants of towns and villages make it possible for them to trace their pedigree back to remote times. Since the Chronicler has his own mannerisms and likes to repeat himself, his lists are usually easy of recognition. It is interesting, for example, to put Ezra 2:68f. beside 1 Chron. 29:6–8, or to compare Neh. 11 with 1 Chron. 9; and to recognize the work of the same hand in Neh., chapter 3.

From the genealogies there is a long leap to David and Jerusalem and the ritual of the temple service. Here the Chronicler is in his element. David is represented as regulating the details of the cult as they existed in the Chronicler's own day, and successive chapters (23–6) are given to the courses of the priests, the levites, the singers, and the doorkeepers. Not a few of the lively or picturesque episodes which embellish the account in Kings are connected with the temple and the worship.

The Chronicler's account of the Hebrew kingdoms is concerned almost solely with the kingdom of David; the kingdom of Israel is touched upon only in its relation to Judah. The unstinted praise of the two blameless kings, David and Solomon, the enormously exaggerated numbers, the euphemistic reshaping of events recorded in Kings — these alterations deceived no one, but (as the subsequent literature shows) were recognized as embellishments "for home consumption." (See the quotation from Benzinger, above, p. xv.) The praise of Jerusalem as the true center of the worship of Yahweh, and of its temple as the only place in the land where sacrifice might legitimately be offered, is so constantly and emphatically reiterated that "a controversial animus" (Moore) is unmistakable. So scholars generally have concluded.

At that time there was a temple of Yahweh at Shechem, on Mount Gerizim in the province of Samaria. The Samaritans claimed this as the true and original Hebrew sanctuary, its temple as the one place where sacrifice could legitimately be offered, and that their high priests could show a line of descent fully equal to that of the Jewish priesthood. The first great religious assembly of Israel after the invasion of Canaan took place there; on Mt. Gerizim the first altar of Yahweh was erected by his express command. (See Deut. 11:26–29, Josh. 8:30–35, and especially Deut. 27:4, where "Ebal" in the Hebrew Bible is known to be an anti-Samaritan substitute for the original "Gerizim.") The ritual of the Shechemites was like that in Jerusalem: they had the Pentateuch, and followed its prescriptions.

The rivalry of the Samaritans was a very serious matter, from the time when the temple was built on Mount Gerizim, and the hostility was open and bitter. According to the only account which we possess, that of Josephus in *Antiquities*, XI, 8, the date was the time of Alexander the Great, who in the somewhat fanciful narrative is given a part in the story of the new temple. In the time of the Chronicler, the ardent churchman, the rivalry must have been at its height. He preferred to think of the people of Samaria and of the whole Northern Kingdom as largely the descendants of the heathen peoples whom the Assyrian kings had brought into the land to take the place of the native populations which they had deported. A signficant feature of his scant mention of the Northern Kingdom is the enumeration of occasions when the old Israelite population was greatly reduced in number (*Ezra Studies*, p. 236).

The Chronicler's parade of written authorities for his account of the Hebrew kingdoms was examined in *Ezra Studies* (pp. 227–31) with the conclusion that all the material not derived from our canonical books was freely composed by him. Since he himself could be styled a "Midraschist" (Benzinger), some commentators have seized upon his "Midrash of the Book of Kings" (2 Chron. 24:27) as a veritable source. For this there is no sound reason, as has been sufficiently shown (ibid., 232–4). Every particle of the literary embellishment of this nature bears the plain stamp of his own hand. Both G. F. Moore and R. H. Pfeiffer with good reason ridicule the "ghost source," which represents no reality.

The third division of the Chronicler's history deals with the fortunes of the Jews under Persian rule. Here the Chronicler was free to write in his own fashion. Eduard Meyer, in his attempt to interpret the postexilic history of Israel, reached the important conclusion (*Entstehung des Judenthums*, Halle, 1896, p. 74), "dass es über das ganze erste Jahrhundert der nachexilischen Geschichte bis auf Ezra und Nehemia herab keinerlei Nachrichten und keinerlei Tradition gab mit Ausnahme dessen, was in den erhaltenen Urkunden Ezra 4–6 und in den gleichzeitigen Propheten stand." It was demonstrated in *Ezra Studies*, chapter 6, and especially in pages 150–7, that these "Urkunden," glorifying the Jews and their religion, are of the Chronicler's own composition. His main purpose, as Benzinger declared, was to inspire his people. The lack of any Jewish tradition gave him his opportunity.

He represents three of the Persian kings, Cyrus, Darius, and Artaxerxes, as praising the God of the Jews and as contributing materially to the worship in the temple at Jerusalem. Here, evidently, is history "for home consumption." [7]

Certain it is that the Chronicler shared the view of early Persian history which was current in his day among the Jews,

---

[7] Modern scholars have thought to find still another illustration of a Persian king's zeal for Judaism in the fiction of the "Passover Papyrus" (A. P. 21), a partially preserved letter in which an Aramaic text obtained by arbitrary conjecture shows King Darius II making prescription for a Passover celebration according to the Mosaic law. See *JAOS*, *60* (1940), 121, where a far more probable restoration of the Aramaic text is shown.

a theory which evidently took shape only when the Persian rule was a thing of the past. It is best illustrated in Daniel, but it also appears clearly in Esther and Ezra, including the 1 Esdras fragment. It is the same theory, artificial and false, which we find fully stated several centuries later in the *Seder 'Olam Rabbah* (see below).

The origin of the theory [8] is to be found in the definite and repeated prophecy (Is. 13:17–19; Jer. 51:11) to the effect that Yahweh had raised up for Israel a champion, the Medes, destined to destroy Babylon. The Hebrews had rejoiced when the Medes had a major part in the destruction of Nineveh, and at least one Israelite boy was named Cyaxares. [9] Later, the true form of the name was lost, and it became permanently confused with the Persian name of Xerxes (Ahasuerus) (see below).

No one who knew the prophecies could doubt for a moment that when Babylon fell, in the year 538, the hero of the conquest was a Mede. Cyrus the Persian had a part in it, as was well known, but the theory gave him only second place.

Yahweh had said to Isaiah (13:17–19): "Behold, I will stir up the Medes against them, . . . and Babylon, the glory of kingdoms, the beauty of the Chaldeans' pride, shall be as when God overthrew Sodom and Gomorrah."

---

[8] On this whole subject of the Medo-Persian theory, the traditional chronology represented by the *Seder 'Olam Rabbah*, and the sadly confused proper names, see my article "Medes and Persians" published in *JAOS*, 66 (1946), 1–15. The conclusions booked in the *Seder 'Olam* represent the official Jewish tradition. Rabbi Jose ben Ḥalaphta (second century A. D.) did not originate these computations, but "preserved the generally accepted opinions" (*Jewish Encyclopedia II*, 149), doing his best to put in order what had been handed down. It is interesting to find all the most striking features of this tradition already present in the book of Daniel and in the work of the Chronicler in Ezra and Nehemiah.

[9] This is the name of one of the descendants of Judah, given in 1 Chron. 4:6. The LXX shows that the true reading was Huachshatara, the transliteration of the name of Cyaxares. The true form was then known, but was at length forgotten.

Jeremiah had prophesied (51:11): "Make sharp the arrows, hold firm the shields; the Lord has stirred up the spirit of the Medes; because his purpose is against Babylon, to destroy it; for it is the vengeance of the Lord, the vengeance of his temple."

When the blow fell, "Darius the Mede received the kingdom" (Dan. 5:31). This "Mede" was no *lapsus calami*, as will soon appear; and from the conditions described or implied in which this personage played his part it is evident that the Jews of Jerusalem at the beginning of the Greek period had only the most hazy notions, largely false, of the beginning and early history of the "Medo-Persian" rule. The second benefactor of Israel, the Mede of Hebrew prophecy raised up to conquer Babylon, was naturally believed to have been the son of Cyaxares. He was thought of not merely as the military conqueror but also as the first ruler of the empire ("Medo-Persian") under whose government the Jews had lived for many years.

The ninth chapter of Daniel begins with the date: "In the first year of Darius the son of Ahasuerus [i. e., Cyaxares], of the seed of the Medes, who was made king over the realm of the Chaldeans." Here appears with certainty the important fact, otherwise attested, that the Jews of Palestine believed both names, Darius and Ahasuerus, to be Median names. No better illustration is needed than is given by Tobit 14:15. Tobias, before his death in Ecbatana, is privileged to see the destruction of Nineveh by Ahasuerus. The Greek reads: ἣν ἠχμαλώτισεν ᾿Ασύηρος ὁ βασιλεὺς τῆς Μηδίας. Also, Xerxes is not included in the list of Persian kings in the Talmud, Rosh ha-Shanah 3b; nor is he one of the four mentioned in Dan. 11:2. In Jewish writings he appears only as a Mede.

Dan. 6:1 (Heb. 6:2) proceeds: "It pleased Darius to set over the kingdom a hundred and twenty satraps, who should be throughout the whole kingdom" (meaning both Media and Persia; see below). The historians of Persian affairs ascribe the organization of the satrapies, etc., to Darius Hystaspis; and from all considerations, as will appear, it is certain that this Darius was taken over by the Jews as Darius the Mede, in the interest of the theory. Here, evidently, was the son of Cyaxares; and Darius was henceforth a Median name.

A fantastic outgrowth of the meditation on the (supposed) *two* conquerors of Babylon was the doctrine of a Medo-Persian empire (Dan. 5:28), existing but a short time, indeed, but in its day an effective coalition, with one law, "the law of the Medes and Persians" (Dan. 6:9, 13, 16, Esther 1:19), and kings reigning in alternation. The brief duration of the coalition, and the passing of the rule into the hands of the Persians figure in Dan. 8:3, where the greater of the two mighty horns "came up last."

First Darius the Mede, reigning in Susa (see 1 Esdras 4:61); then Cyrus the Persian, reigning in Babylon; then followed (as in Ezra 4:6) Ahasuerus (Cyaxares II), held in the Jewish theory to be the son of Darius the Mede and grandson of the great Cyaxares (see Targum 2 Esther and *Seder 'Olam*). He reigned in Susa, as appears also in Esther (1:2 and often). The mention of the "hundred and twenty [or more] provinces" in Esther 1:1 is a reminder of Dan. 6:2 and of the popular belief that this monarch was a son of Darius the Mede.

The Hebrew text of the Chronicler's history has been accidentally disarranged here, that is, in Ezra 4:6f., but the original form is easily restored, as in the present edition. The letter to Ahasuerus was written by Bishlam, Mithredath, and Tabeel; it was "written in Aramaic and translated," i. e., into the Median language; a fine point worthy of the Chronicler's vivid imagination.[10] The letter to Artaxerxes, verses 8ff., was written by Rehum the chancellor and Shimshai the scribe.[11]

[10] The second *'aramith*, at the end of the verse, is merely the usual warning that the text which follows (verses 8ff.) is not Hebrew but Aramaic.

[11] The original order of the disarranged Hebrew text was first pointed

The next of the kings, according to the Medo-Persian theory, was the Persian Artaxerxes I, who reigned in Babylon (Ezra 4:12). He was the last of the kings who ruled in the Medo-Persian alternation; with his reign the (imagined) coalition ended. Henceforth the empire is only Persian. The Chronicler indicates this not only by the phrase "Darius the Persian," but also, very neatly, by representing the remaining kings as reigning now in the one capital, now in the other. Darius (II, Nothus) reigns in Babylon (Ezra 5:17;6:1) but also in Ecbatana (6:2) in the old palace of the Medes. Artaxerxes II is found now in Babylon (Ezra 7), now in Susa (Neh. 1). (The name Darius is henceforth adopted by the Persians.) The progress of the Chronicler's narrative of these "Medo-Persian" reigns is straightforward throughout. With "Darius the Mede," whose reign fell in the period of the exile, he was not concerned. The king extolled in Ezra 5 — Darius II Nothus — is flanked on either side by an Artaxerxes, and the three reigns are represented as i n   d i r e c t   s u c c e s s i o n (see 4:24 and 7:1). Moreover, the name of the former Artaxerxes is written by the Chronicler invariably (six times) with the letter *sin;* the name of the other he writes invariably (nine times) with the letter *samech.* For him, then, the former is Artaxerxes I Longimanus, the latter is Artaxerxes II Mnemon.

From all this it is abundantly evident that the Chronicler was without any real knowledge of Persian history, but shared the ignorance prevailing in his day. This conclusion will be found a suitable point of view from which to estimate his own peculiar theory, that of a return of "all Israel" from the Babylonian captivity, a theory not known to have been held by any other man of his time. His account of the deportation says simply (2 Chron. 36:20) that "those who had escaped

---

out by Eduard Meyer in his *Entstehung des Judenthums*, pp. 17f., and simultaneously by the present writer in his *Composition*, pp. 6f.

from the sword were carried away to Babylon." The fact is, of course, that Nebuchadrezzar and his officers carried away only those on whom they could lay their hands. According to the accounts in 2 Kings (exaggerated and self-contradictory, to be sure), the number of those who escaped the sword and capture was always much greater than the number of those who were taken. The number of those who were actually deported was very small indeed (Jer. 52:28–30). To treat this little handful henceforth as the only true Israel (and "all Israel") is both false and truly ridiculous. It was mainly in order to formulate and establish this theory of the Return that the Chronicler's history was written; all of its principal features are ancillary to the one purpose.

The gains to be realized from the adoption of the Chronicler's theory were twofold. First, an attractive picture of the true Israel, loyal to its God and of pure blood, and given the Holy Land as its permanent possession. Second, the silencing of the pretensions of the Samaritans; for by the terms of the Return they were completely shut out.

As the story ran, Jerusalem and the region round about it, after lying waste for seventy years,[12] had been repeopled under Cyrus by Jews of pure race returning from the exile in Babylonia, who rebuilt the temple and restored the worship as prescribed in the law. They were surrounded by "the peoples of the land," who were regarded as descendants of the ancient heathen of Canaan with whom intermarriage was forbidden in the law. According to the Chronicler, the returned exiles were the only genuine stock, their priesthood the only legitimate sons of Aaron; the rest of the ministry, down to the temple slaves, was authenticated by recorded

[12] On this tangled subject of the "seventy years" see "Medes and Persians," loc. cit., pp. 3–5. The theory seems to have been that Darius received the kingdom (in the year 537) just 49 (7 x 7) years after the destruction by the Chaldeans, he being then "62 years old" (Dan. 6:1). He reigned 21 (3 x 7) years; and thus the duration of the captivity up to the reign of Cyrus would be 49 + 21 = 70 years. See *Ezra Studies*, p. 136.

pedigrees (see Ezra 2:59–63, significantly repeated in Neh. 7:61–65); and the elaborate liturgy of his own time was the same in all particulars which had been used in the temple from its foundation.

The exiles, it would seem, could give much time to the study of the ceremonial law. Karl Marti, in *Die Religion des Alten Testaments* (Tübingen, 1906), p. 66: "Im Exil, wo man von den schwierigkeiten der Verhältnisse in Jerusalem nicht gedrückt war, konnte man die Ordnung . . . feststellen." A well-known writer on Old Testament subjects recently re-marked in a published volume that in the leisure of the exile the Jews were able to work out problems for which they would have had no time in the busy life in Palestine. The leisure of the exile! The use of this marvelous phrase is sufficient to show how far removed even the modern current theory of these events is from any historical possibility.

How the ministers of this "elaborate liturgy" can have been supported and trained for their service during the seventy years in Babylonia is not clear, but when they arrived in Judea they knew not only their duties but also the particular cities which were theirs by right. It is all perfectly regular, utterly artificial, and a matter of course. The priests, levites, singers, porters, Nethinim, etc., move in and occupy, as though auto-matically, the several cities which their fathers abandoned seventy years before. (See "their cities" in Ezra 2:70; 3:1, Neh. 7:73.) It is evident that the Chronicler thinks only of the Judea of his own day, and takes no account of the de-vastation wrought by the Chaldean armies.[13] So also he can speak in Neh. 11:20 of "all the cities of Judah," and of "every one in his inheritance." (See Ezra 2:1, and compare 1 Chron. 9:2f. with Neh. 11:3f.) The empty cities are all there, waiting. This is essential to the theory of "no change."

---

[13] Devastation widespread and thorough, attested also by modern ex-ploration and excavation. All Judah was laid waste; its towns (not merely fortified cities) were sacked and destroyed. See W. F. Albright, "Ezekiel and the Exile," in *JBL*, *51* (1932), 104f.

The entire picture of the Return from the Babylonian exile is absurd and impossible throughout, unworthy of any serious attention. The Jews of Jerusalem, at the time of its publication and thereafter, knew that it was "for edification only," and gave it no further attention. The date of the imagined restoration was the sixth century B. C. A large part of the literature of the canonical Old Testament was written in the fifth, fourth, and third centuries. The story of this deliverance from Babylonia, "greater than that from Egypt" (Marti), would have been a most inspiring theme for psalm or prophecy; but there is not the slightest allusion to it anywhere in the Old Testament, except in the writings of the Chronicler! There are numerous interpolations in the Prophets, however, the work of either the Chronicler himself or of pupils of his, designed to support the thrilling (and extremely important) story of the Return. (See the article, "Editorial Operations in Isaiah," *JBL*, *57* (1938), 109–39.) It was shown in the same journal, in the article "Messiah Son of Ephraim," *66* (1947), 273–7, that the portions of Zech. 1–8 which are dated in the reign of a Persian king Darius are late interpolations in a work of an apocalyptic nature. We have no genuine prophecy of Zechariah the son of Iddo.

More than this, the Return is several times completely ruled out by passages in which mention of it would have been required. The author of the concise sketch of Israelite history in Enoch, chapters 85–90, when he comes to the Jewish Dispersion in the sixth century speaks of "exiles" among the nations (exactly as in Is. 43:5, 6!) but makes no mention of Babylonia. The author of the magnificent prophecy which we read in Isaiah 63 rejects the Chronicler's fantasy with the same finality. We remember Egypt and Moses, and "how thou didst lead thy people, to make thyself a glorious name. Where are thy zeal and thy mighty acts?" The prophet knew of no rescue of "all Israel" from captivity in Babylonia. But had not "Deutero-Isaiah" heard of this rescue? Evidently not! Ezra's long prayer, in the ninth chapter of Nehemiah, recounts the favors shown by Yahweh to his people, in spite of their disobedience all the way from Egypt down to the very time of the prayer (verses 10, 36). There is no mention of the great Return. Why not? Because there *was* no return. There are numerous other passages, but these will suffice.

The total eclipse of Ezra, aside from the Chronicler's narrative, has been the subject of much wonder. It has been customary to suppose a written source, or written sources, from which the lively narrative was compiled. Now, however, that it has been shown, especially by Professor Kapelrud, that the language is everywhere the Chronicler's own, with no sign of any source, while the motives and properties of the entire account are peculiarly his own, there can be no question of historical fact. The value is of another kind. The story of the career of the great saint has inspired countless multitudes, and its true character, as edifying fiction, was originally known to all.

The Ezra story, the Chronicler's masterpiece, has been in notorious disorder, with four chapters in Ezra and three in Nehemiah; and up to the present time there has been no general agreement as to the original order. Nothing is lacking, however: every word of the Chronicler's narrative is preserved, and the restoration of the carefully planned work is not only possible but has already been accomplished, as the present edition shows. The order is: Ezra 7 and 8; Neh. 7:70–73a; 73b–8:18; Ezra 9 and 10; Neh. 9 and 10. The solution of the puzzle was first given by the present writer in *Composition*, pp. 29–34. It was repeated in *Ezra Studies*, pp. 31ff., 255ff., in the latter case accompanied by an English translation. It was recognized as the original order by G. F. Moore in his *Introduction*, p. 130, a compendium intended for popular use. Otherwise, it appears to have escaped attention. The solution is complete and obvious, and there is no other. But *Composition* was met with such a barrage of refutation and ridicule that no one could have been prepared to believe it contained even a grain of truth. Klostermann's "übelberatene Phantasie" (in Hauck's *Realencyclopädie*) was a comparatively mild estimate of its quality.

It was not through any long process that the chapters of the Ezra narrative became thus scattered about. There was a s i n g l e   m i s t a k e, made by a scribe who was copying the text, a blunder easily explained but devastating in its effects. After the mistake had been made, it is evident that it could not easily be rectified, for it seemed to restore just what the Chronicler had written.

The scribe knew — as every professional scribe knew — the remarkable fact that the Great List of Ezra 2 was repeated verbatim by Nehemiah. Having carried his copy as far as Ezra 8:36, he saw in the next following verses (which now are Neh. 7:70–73) the obvious duplicate of Ezra 2:68–3:1, which he had recently copied! Evidently an accidental disarrangement; the passage, with its narrative continuation, must be kept for its true place in the story of Nehemiah. The scribe accordingly copied Ezra 9 and 10, and proceeded — of necessity — with Neh. 1–7. Arriving at 7:69, he continued with the portion of text which he had held in reserve for this place. It was found to contain the account of the reading of the law, together with the concluding portion of the story of Ezra. With the remaining chapters (11–13) of Nehemiah appended, the scribe had thus produced exactly our traditional text of Ezra-Nehemiah — the inevitable result of a single mistake in copying.

The repetition of the Great List of Ezra 2:1–67 in Neh. 7:6–69 was a highly important feature of the Chronicler's plan. The purpose of the list, very obviously, was to exclude from the Israelite body those who claimed membership but were not wanted (Ezra 4:3). It was with this all important catalogue in view that the whole history with its genealogical tables was composed. One copy was not enough; manuscript transmission is fallible, and readings may be altered or

doubted. The list is now authenticated, formally and conspic-
uously, a t   b o t h   e n d s   o f   t h e   P e r s i a n   p e r i o d .

The fact was duly emphasized, above, on Eduard Meyer's
authority, that the community in Jerusalem possessed no
historical tradition or information relating to the first century
of the Persian period. We have seen this fact thoroughly
illustrated in the standard Jewish doctrines of the third
century and thereafter concerning the Medo-Persian empire,
Darius the Mede, certain proper names, etc., represented in
Ezra-Neh., Daniel, Esther, and the *Seder 'Olam*. The Chron-
icler's list of the high priests in Neh. 12:10f., 22 furnishes still
another illustration. He gives us six names: Jeshua, Joiakim,
Eliashib, Joiada, Johanan,[14] Jaddua. These six must cover
about two hundred years, the average term of office of each
being thus a full generation. This is, of course, possible, but
is improbable; under the existing circumstances it sounds
distinctly artificial. Moreover, the succession is given as in-
variably from father to son. This, again, is quite possible,
but is unlikely as continuing through two hundred years.
The clear presumption is that the Chronicler's list of the
high priests is fictitious, a conclusion that should surprise
no one.

The last two names in the list, Johanan and Jaddua, have
an assured place in history and in the Jewish popular tradition.
With each of the two was associated the record of a horrifying
event which could not be forgotten. Johanan, as we learn
from the Elephantine letter,[15] was high priest in 411 B. C.
The story of his murder of his brother Jeshua in the temple
and of the resulting fine imposed on the Jews by the Persian
officer Bagoas is told in Josephus, *Antiquities*, XI, 7,1.

Jaddua, who is named by the Chronicler in connection
with Darius III Codomannus (Neh. 12:22), was especially
associated with the outbreak of the Samaritan schism, as it is
narrated in full detail in Josephus, *Antiquities*, XI, 8, 1–7.

---

[14] Miswritten as "Jonathan" in Neh. 12:11.
[15] A. Cowley, *Aramaic Papyri of the Fifth Century B. C.*, pp. 108ff.

Some noted scholars, erroneously supposing that Neh. 13:28f. is an account of the Samaritan schism, have thought to discredit Josephus' narrative. Now the break with the Samaritans was one of the most important events in all Jewish history. The historical setting, the names of the principal characters, and the attendant circumstances c o u l d   n e v e r   h a v e b e e n   f o r g o t t e n : they were household gossip. The passage in Neh., with its different names and merely personal significance, had its own purpose. All through this thirteenth chapter the Chronicler is attacking, in the name of Nehemiah, the evils of his own day. In 28f. he deals a blow at the Samaritans (see *Composition*, p. 48).

Josephus' source, whatever it was,[16] possessed true information as to the main events accompanying the arrival of the great Alexander at Jerusalem. Josephus' own embellishments, which are much in evidence, could be taken for granted, and cannot discredit the whole. His account of the final break between the Jews and the Samaritans, resulting in the building of a temple on Mount Gerizim, agrees perfectly in every essential detail with the information which we gain from the Old Testament and from the papyri of Elephantine. The schism took place in 332 B. C. Also, and with equal certainty, we are shown two Sanballats holding the office of governor of Samaria. One of them, not unfriendly to the Jews, was still alive in 408 B. C., though an old man. This is the Sanballat named in the letter from the Jews at Yeb, and not mentioned at all in the Old Testament. The other, an open and consistent enemy of the Jews, lived just two generations later; this, the grandson, is the Sanballat named in the book of Nehemiah and in the account preserved by Josephus.

A conjectured chronological scheme may be helpful. Supposing the old man, Sanballat I, to have been seventy-five

[16] Prof. Hölscher, in his article "Josephus" in the Pauly-Wissowa *Realencyclopädie*, believes it probable that in the narratives of just this portion of the *Antiquities* Josephus obtains his material, directly or indirectly, from Alexander Polyhistor.

in 408 B. C., his natal year would have been 483. If we pass over two generations, seventy years, the birth of the grandson, Sanballat II, might have been in the year 413. If Nehemiah began building the wall in 384, the age of the young Sanballat at that time would have been twenty-nine (still in the hot-headed years!). It must not be forgotten that at the time of the schism Sanballat II was an old man ($\pi\rho\epsilon\sigma\beta\acute{\upsilon}\tau\epsilon\rho\sigma$, *Antiquities*, XI, 8,2). Josephus records (XI, 8,4) that he died in this year, and gives even the month. Certainly the death of this arch enemy would have been made known at once to every inhabitant of Jerusalem! He would then, according to this conjectured scheme, have been eighty-one years old. The fact of two Sanballats, rendered almost certain by the El-ephantine letter, i s h e r e p l a c e d q u i t e b e y o n d q u e s t i o n.

Why the contemptuous epithet "the Horonite"? I may refer for an explanation to my article, "Sanballat the Horonite," published in the *JBL*, *47* (1928), 380–9. In this article it was conjectured that the young man took up his residence at Bethhoron, a little northwest of Jerusalem, with the express purpose of taking a hand in Jewish affairs. It was shown that this was a desirable base of operations for his purposes, that he had a strong following, and that Jerusalem and the temple were in serious danger. It is quite reasonable to suppose that during this time the office of governor of Samaria was held by a son of Sanballat I. When it was, some time later, that the grandson was given his appointment, we do not know. It probably was earlier, perhaps much earlier, than Josephus supposes (*Antiquities*, XI, 7,2).

How much of the story of Nehemiah is the Chronicler's own can only be conjectured.

Mention was made above of two small bits of the Chron-icler's history which appear here in their original language (Hebrew) and in their original places in the great work, for the first time since perhaps the first century of the present era.

The first of these is 2 Chron. 35: 19f., a single verse. On this, see "A Revised View of First Esdras," published in the *Louis Ginzberg Jubilee Volume* (1945), pp. 405–10. The verse was omitted because of scribal errors which had made it nonsense. The true reading is obtained from the fragment of the old Greek (LXX) translation which is known as 1 Esdras.

The second passage, Ezra 1:12–30, is also preserved only in the Greek of 1 Esdras. (See "The First Chapter of Ezra," in *Ezra Studies*, pp. 115–39). In this case also the evidence that the passage formed a part of the Chronicler's own work is abundant and conclusive. The grant made by Cyrus in Ezra 1:14 (restored text) is expressly referred to in 3:7. The eighteen verses were excised, of necessity, along with the interpolated and obnoxious Story of the Three Guardsmen into which they had been incorporated. The task of restoring the very same Hebrew words used by the Chronicler could hardly be difficult for anyone who has spent much time in the study of his vocabulary and style.

The interpolation just mentioned, the Story of the Three Guardsmen, held an assured place in the Chronicler's narrative for a long time, perhaps for two centuries. In its original form it had nothing to do with the Jews, but was a pagan anecdote of a familiar type. There is a contest of wits at the Persian court; to the victor the king is to show almost unlimited favor. A charming bit of "wisdom literature" is the result.

A Jewish writer of taste and skill, who had enjoyed the Chronicler's tales of the Persian kings, conceived the idea of making this anecdote the record of another Jewish triumph in royal surroundings, and of inserting it in the Chronicler's history for safekeeping and for appreciation. The king in this Jewish version was Darius the Mede,[17] who at the fall of Babylon "received the kingdom," preceding Cyrus. The victorious youth was not named, he is simply ὁ νεανίσκος

[17] See the *International Journal of Apocrypha*, Series 10, No. 37 (London, 1914).

(1 Esdr. 4:58); but the reward which he asks and receives from the king is practically identical with the grant which Cyrus made to the Babylonian exiles: permission to build the temple in Jerusalem, contributions to this work, and express confirmation of all that Cyrus had decreed in favor of the Jews.

All this was in full accord with what the Chronicler had written. The fact that the language of the anecdote was Aramaic rendered the interpolation easy; it was effected by means of two slight and skillfully made editorial patches. The Chronicler himself would hardly have objected to the result.

Eventually, however, a short-sighted editor brought about utter chaos by inserting the gloss "this was Zerubbabel" in 1 Esdr. 4:13, and transposing the section 1 Esdr. 2:15–31 to its present place before the anecdote. It was because of the absurdities thus created that it was found necessary to cut out the story bodily.

THE TEXT

דברי הימים

LIBER CHRONICORUM

דברי הימים א

1 א

אָדָם שֵׁת אֱנֽוֹשׁ׃ קֵינָן מַהֲלַלְאֵל יָרֶד׃ חֲנוֹךְ מְתוּשֶׁלַח לָמֶךְ׃

נֹחַ שֵׁם חָם וָיָפֶת׃ בְּנֵי יֶפֶת גֹּמֶר וּמָגוֹג וּמָדַי וְיָוָן וְתֻבָל וּמֶשֶׁךְ

וְתִירָס׃ וּבְנֵי גֹּמֶר אַשְׁכְּנַז וְדִיפַת וְתוֹגַרְמָה׃ וּבְנֵי יָוָן אֱלִישָׁה

וְתַרְשִׁישָׁה כִּתִּים וְרוֹדָנִים׃

בְּנֵי חָם כּוּשׁ וּמִצְרַיִם פּוּט וּכְנָעַן׃ וּבְנֵי כוּשׁ סְבָא וַחֲוִילָה

וְסַבְתָּא וְרַעְמָא וְסַבְתְּכָא וּבְנֵי רַעְמָא שְׁבָא וּדְדָן׃ וְכוּשׁ יָלַד אֶת־

נִמְרוֹד הוּא הֵחֵל לִהְיוֹת גִּבּוֹר בָּאָרֶץ׃

וּמִצְרַיִם יָלַד אֶת־לוּדִיים וְאֶת־עֲנָמִים וְאֶת־לְהָבִים וְאֶת־

נַפְתֻּחִים׃ וְאֶת־פַּתְרֻסִים וְאֶת־כַּסְלֻחִים אֲשֶׁר יָצְאוּ מִשָּׁם פְּלִשְׁתִּים

וְאֶת־כַּפְתֹּרִים׃

וּכְנַעַן יָלַד אֶת־צִידֹן בְּכֹרוֹ וְאֶת־חֵת׃ וְאֶת־הַיְבוּסִי וְאֶת־

הָאֱמֹרִי וְאֵת הַגִּרְגָּשִׁי׃ וְאֶת־הַחִוִּי וְאֶת־הָעַרְקִי וְאֶת־הַסִּינִי׃

וְאֶת־הָאַרְוָדִי וְאֶת־הַצְּמָרִי וְאֶת־הַחֲמָתִי׃

בְּנֵי שֵׁם עֵילָם וְאַשּׁוּר וְאַרְפַּכְשַׁד וְלוּד וַאֲרָם וְעוּץ וְחוּל וְגֶתֶר

וָמֶשֶׁךְ׃ וְאַרְפַּכְשַׁד יָלַד אֶת־שָׁלַח וְשֶׁלַח יָלַד אֶת־עֵבֶר׃ וּלְעֵבֶר

יֻלַּד שְׁנֵי בָנִים שֵׁם הָאֶחָד פֶּלֶג כִּי בְיָמָיו נִפְלְגָה הָאָרֶץ וְשֵׁם אָחִיו

יָקְטָן׃ וְיָקְטָן יָלַד אֶת־אַלְמוֹדָד וְאֶת־שָׁלֶף וְאֶת־חֲצַרְמָוֶת וְאֶת־

3

21
22 יָרָח: וְאֶת־הֲדוֹרָם וְאֶת־אוּזָל וְאֶת־דִּקְלָה: וְאֶת־עֵיבָל וְאֶת־

23 אֲבִימָאֵל וְאֶת־שְׁבָא: וְאֶת־אוֹפִיר וְאֶת־חֲוִילָה וְאֶת־יוֹבָב כָּל־

אֵלֶּה בְּנֵי יָקְטָן:

כה
24 שֵׁם אַרְפַּכְשַׁד שָׁלַח: עֵבֶר פֶּלֶג רְעוּ: שְׂרוּג נָחוֹר תָּרַח:

26
27 אַבְרָם הוּא אַבְרָהָם:

28
29 בְּנֵי אַבְרָהָם יִצְחָק וְיִשְׁמָעֵאל: אֵלֶּה תֹּלְדוֹתָם בְּכוֹר יִשְׁמָעֵאל

ל נְבָיוֹת וְקֵדָר וְאַדְבְּאֵל וּמִבְשָׂם: מִשְׁמָע וְדוּמָה מַשָּׂא חֲדַד וְתֵימָא:

31
32 יְטוּר נָפִישׁ וָקֵדְמָה אֵלֶּה הֵם בְּנֵי יִשְׁמָעֵאל: וּבְנֵי קְטוּרָה פִּילֶגֶשׁ

אַבְרָהָם יָלְדָה אֶת־זִמְרָן וְיָקְשָׁן וּמְדָן וּמִדְיָן וְיִשְׁבָּק וְשׁוּחַ וּבְנֵי

33 יָקְשָׁן שְׁבָא וּדְדָן: וּבְנֵי מִדְיָן עֵיפָה וָעֵפֶר וַחֲנוֹךְ וַאֲבִידָע וְאֶלְדָּעָה

כָּל־אֵלֶּה בְּנֵי קְטוּרָה:

34
לה וַיּוֹלֶד אַבְרָהָם אֶת־יִצְחָק בְּנֵי יִצְחָק עֵשָׂו וְיִשְׂרָאֵל: בְּנֵי עֵשָׂו

36 אֱלִיפַז רְעוּאֵל וִיעוּשׁ וְיַעְלָם וְקֹרַח: בְּנֵי אֱלִיפַז תֵּימָן וְאוֹמָר צְפִי

37
38 וְגַעְתָּם קְנַז וְתִמְנָע וַעֲמָלֵק: בְּנֵי רְעוּאֵל נַחַת זֶרַח שַׁמָּה וּמִזָּה: וּבְנֵי

39 שֵׂעִיר לוֹטָן וְשׁוֹבָל וְצִבְעוֹן וַעֲנָה וְדִישֹׁן וְאֵצֶר וְדִישָׁן: וּבְנֵי לוֹטָן

מ חֹרִי וְהוֹמָם וַאֲחוֹת לוֹטָן תִּמְנָע: בְּנֵי שׁוֹבָל עַלְיָן וּמָנַחַת וְעֵיבָל

41 שְׁפִי וְאוֹנָם וּבְנֵי צִבְעוֹן אַיָּה וַעֲנָה: בְּנֵי עֲנָה דִּישׁוֹן וּבְנֵי דִישׁוֹן

42 חַמְרָן וְאֶשְׁבָּן וְיִתְרָן וּכְרָן: בְּנֵי אֵצֶר בִּלְהָן וְזַעֲוָן יַעֲקָן בְּנֵי דִישׁוֹן

עוּץ וַאֲרָן:

43 וְאֵלֶּה הַמְּלָכִים אֲשֶׁר מָלְכוּ בְּאֶרֶץ אֱדוֹם לִפְנֵי מְלָךְ־מֶלֶךְ

44 לִבְנֵי יִשְׂרָאֵל בֶּלַע בֶּן־בְּעוֹר וְשֵׁם עִירוֹ דִּנְהָבָה: וַיָּמָת בָּלַע וַיִּמְלֹךְ

מה תַּחְתָּיו יוֹבָב בֶּן־זֶרַח מִבָּצְרָה: וַיָּמָת יוֹבָב וַיִּמְלֹךְ תַּחְתָּיו חוּשָׁם

46 מֵאֶרֶץ הַתֵּימָנִי: וַיָּמָת חוּשָׁם וַיִּמְלֹךְ תַּחְתָּיו הֲדַד בֶּן־בְּדַד הַמַּכֶּה

47 אֶת־מִדְיָן בִּשְׂדֵה מוֹאָב וְשֵׁם עִירוֹ עֲוִית: וַיָּמָת הֲדַד וַיִּמְלֹךְ תַּחְתָּיו

48 שַׂמְלָה מִמַּשְׂרֵקָה: וַיָּמָת שַׂמְלָה וַיִּמְלֹךְ תַּחְתָּיו שָׁאוּל מֵרְחֹבוֹת

49 הַנָּהָר: וַיָּמָת שָׁאוּל וַיִּמְלֹךְ תַּחְתָּיו בַּעַל חָנָן בֶּן־עַכְבּוֹר: וַיָּמָת

בַּעַל חָנָן וַיִּמְלֹךְ תַּחְתָּיו הֲדַד וְשֵׁם עִירוֹ פָּעִי וְשֵׁם אִשְׁתּוֹ מְהֵיטַבְאֵל

51 בַּת־מַטְרֵד בַּת מֵי זָהָב: וַיָּמָת הֲדַד וַיִּהְיוּ אַלּוּפֵי אֱדוֹם אַלּוּף

52 תִּמְנָע אַלּוּף עַלְיָה אַלּוּף יְתֵת: אַלּוּף אָהֳלִיבָמָה אַלּוּף אֵלָה

אַלּוּף פִּינֹן: אַלּוּף קְנַז אַלּוּף תֵּימָן אַלּוּף מִבְצָר: אַלּוּף מַגְדִּיאֵל ⁵³
אַלּוּף עִירָם אֵלֶּה אַלּוּפֵי אֱדוֹם: ⁵⁴

ב 2

אֵלֶּה בְּנֵי יִשְׂרָאֵל רְאוּבֵן שִׁמְעוֹן לֵוִי וִיהוּדָה יִשָׂשכָר וּזְבֻלוּן: א
דָּן יוֹסֵף וּבִנְיָמִן נַפְתָּלִי גָּד וְאָשֵׁר: ²
בְּנֵי יְהוּדָה עֵר וְאוֹנָן וְשֵׁלָה שְׁלוֹשָׁה נוֹלַד לוֹ מִבַּת־שׁוּעַ ³
הַכְּנַעֲנִית וַיְהִי עֵר בְּכוֹר יְהוּדָה רַע בְּעֵינֵי יְהוָה וַיְמִיתֵהוּ: וְתָמָר ⁴
כַּלָּתוֹ יָלְדָה־לּוֹ אֶת־פֶּרֶץ וְאֶת־זָרַח כָּל־בְּנֵי יְהוּדָה חֲמִשָּׁה:
בְּנֵי־פֶרֶץ חֶצְרוֹן וְחָמוּל: וּבְנֵי זֶרַח זִמְרִי וְאֵיתָן וְהֵימָן וְכַלְכֹּל ⁵\₆
וָדָרַע כֻּלָּם חֲמִשָּׁה: וּבְנֵי כַּרְמִי עָכָר עוֹכֵר יִשְׂרָאֵל אֲשֶׁר מָעַל ⁷
בַּחֵרֶם: וּבְנֵי אֵיתָן עֲזַרְיָה: וּבְנֵי חֶצְרוֹן אֲשֶׁר נוֹלַד־לוֹ אֶת־ ⁸\₉
יְרַחְמְאֵל וְאֶת־רָם וְאֶת־כְּלוּבָי: וְרָם הוֹלִיד אֶת־עַמִּינָדָב י
וְעַמִּינָדָב הוֹלִיד אֶת־נַחְשׁוֹן נְשִׂיא בְּנֵי יְהוּדָה: וְנַחְשׁוֹן הוֹלִיד אֶת־ ¹¹
שַׂלְמָא וְשַׂלְמָא הוֹלִיד אֶת־בֹּעַז: וּבֹעַז הוֹלִיד אֶת־עוֹבֵד וְעוֹבֵד ¹²
הוֹלִיד אֶת־יִשָׁי: וְאִישַׁי הוֹלִיד אֶת־בְּכֹרוֹ אֶת־אֱלִיאָב וַאֲבִינָדָב ¹³
הַשֵּׁנִי וְשִׁמְעָא הַשְּׁלִשִׁי: נְתַנְאֵל הָרְבִיעִי רַדַּי הַחֲמִישִׁי: אֹצֶם הַשִּׁשִּׁי ¹⁴\טו
דָּוִיד הַשְּׁבִעִי: וְאַחְיֹתֵיהֶם צְרוּיָה וַאֲבִיגָיִל וּבְנֵי צְרוּיָה אַבְשַׁי וְיוֹאָב ¹⁶
וַעֲשָׂהאֵל שְׁלֹשָׁה: וַאֲבִיגַיִל יָלְדָה אֶת־עֲמָשָׂא וַאֲבִי עֲמָשָׂא יֶתֶר ¹⁷
הַיִּשְׁמְעֵאלִי:
וְכָלֵב בֶּן־חֶצְרוֹן הוֹלִיד אֶת־עֲזוּבָה אִשָּׁה וְאֶת־יְרִיעוֹת וְאֵלֶּה ¹⁸
בָנֶיהָ יֵשֶׁר וְשׁוֹבָב וְאַרְדּוֹן: וַתָּמָת עֲזוּבָה וַיִּקַּח־לוֹ כָלֵב אֶת־ ¹⁹
אֶפְרָת וַתֵּלֶד לוֹ אֶת־חוּר: וְחוּר הוֹלִיד אֶת־אוּרִי וְאוּרִי הוֹלִיד כ
אֶת־בְּצַלְאֵל:
וְאַחַר בָּא חֶצְרוֹן אֶל־בַּת־מָכִיר אֲבִי גִלְעָד וְהוּא לְקָחָהּ וְהוּא ²¹
בֶּן־שִׁשִּׁים שָׁנָה וַתֵּלֶד לוֹ אֶת־שְׂגוּב: וּשְׂגוּב הוֹלִיד אֶת־יָאִיר וַיְהִי־ ²²
לוֹ עֶשְׂרִים וְשָׁלוֹשׁ עָרִים בְּאֶרֶץ הַגִּלְעָד: וַיִּקַּח גְּשׁוּר וַאֲרָם אֶת־ ²³
חַוֹּת יָאִיר מֵאִתָּם אֶת־קְנָת וְאֶת־בְּנוֹתֶיהָ שִׁשִּׁים עִיר כָּל־אֵלֶּה
בְּנֵי מָכִיר אֲבִי גִלְעָד: וְאַחַר מוֹת־חֶצְרוֹן בְּכָלֵב אֶפְרָתָה וְאֵשֶׁת ²⁴

כה חֶצְרוֹן אֲבִיָּה וַתֵּלֶד לוֹ אֶת־אַשְׁחוּר אֲבִי תְקוֹעַ: וַיִּהְיוּ בְנֵי־

יְרַחְמְאֵל בְּכוֹר חֶצְרוֹן הַבְּכוֹר רָם וּבוּנָה וָאֹרֶן וָאֹצֶם אֲחִיָּה:

26 וַתְּהִי אִשָּׁה אַחֶרֶת לִירַחְמְאֵל וּשְׁמָהּ עֲטָרָה הִיא אֵם אוֹנָם:

27 וַיִּהְיוּ בְנֵי־רָם בְּכוֹר יְרַחְמְאֵל מַעַץ וְיָמִין וָעֵקֶר: וַיִּהְיוּ בְנֵי־
28

29 אוֹנָם שַׁמַּי וְיָדָע וּבְנֵי שַׁמַּי נָדָב וַאֲבִישׁוּר: וְשֵׁם אֵשֶׁת אֲבִישׁוּר

ל אֲבִיהַיִל וַתֵּלֶד לוֹ אֶת־אַחְבָּן וְאֶת־מוֹלִיד: וּבְנֵי נָדָב סֶלֶד וְאַפַּיִם

וַיָּמָת סֶלֶד לֹא בָנִים:

31 וּבְנֵי אַפַּיִם יִשְׁעִי וּבְנֵי יִשְׁעִי שֵׁשָׁן וּבְנֵי שֵׁשָׁן אַחְלָי: וּבְנֵי יָדָע אֲחִי
32

שַׁמַּי יֶתֶר וְיוֹנָתָן וַיָּמָת יֶתֶר לֹא בָנִים:

33 וּבְנֵי יוֹנָתָן פֶּלֶת וְזָזָא אֵלֶּה הָיוּ בְּנֵי יְרַחְמְאֵל: וְלֹא־הָיָה לְשֵׁשָׁן
34

לה בָנִים כִּי אִם־בָּנוֹת וּלְשֵׁשָׁן עֶבֶד מִצְרִי וּשְׁמוֹ יַרְחָע: וַיִּתֵּן שֵׁשָׁן אֶת־

36 בִּתּוֹ לְיַרְחָע עַבְדּוֹ לְאִשָּׁה וַתֵּלֶד לוֹ אֶת־עַתָּי: וְעַתַּי הֹלִיד אֶת־

37 נָתָן וְנָתָן הוֹלִיד אֶת־זָבָד: וְזָבָד הוֹלִיד אֶת־אֶפְלָל וְאֶפְלָל הוֹלִיד

38 אֶת־עוֹבֵד: וְעוֹבֵד הוֹלִיד אֶת־יֵהוּא וְיֵהוּא הוֹלִיד אֶת־עֲזַרְיָה:

39 וַעֲזַרְיָה הֹלִיד אֶת־חָלֶץ וְחֶלֶץ הֹלִיד אֶת־אֶלְעָשָׂה: וְאֶלְעָשָׂה
מ

41 הֹלִיד אֶת־סִסְמָי וְסִסְמַי הֹלִיד אֶת־שַׁלּוּם: וְשַׁלּוּם הוֹלִיד אֶת־

יְקַמְיָה וִיקַמְיָה הֹלִיד אֶת־אֱלִישָׁמָע:

42 וּבְנֵי כָלֵב אֲחִי יְרַחְמְאֵל מֵישָׁע בְּכֹרוֹ הוּא אֲבִי־זִיף וּבְנֵי מָרֵשָׁה

43 אֲבִי חֶבְרוֹן: וּבְנֵי חֶבְרוֹן קֹרַח וְתַפֻּחַ וְרֶקֶם וָשָׁמַע: וְשֶׁמַע הוֹלִיד
44

מה אֶת־רַחַם אֲבִי יָרְקְעָם וְרֶקֶם הוֹלִיד אֶת־שַׁמָּי: וּבֶן־שַׁמַּי מָעוֹן

46 וּמָעוֹן אֲבִי בֵית־צוּר: וְעֵיפָה פִּילֶגֶשׁ כָּלֵב יָלְדָה אֶת־חָרָן וְאֶת־

מוֹצָא וְאֶת־גָּזֵז וְחָרָן הֹלִיד אֶת־גָּזֵז:

47 וּבְנֵי יָהְדָּי רֶגֶם וְיוֹתָם וְגֵישָׁן וָפֶלֶט וְעֵיפָה וָשָׁעַף: פִּילֶגֶשׁ כָּלֵב
48

49 מַעֲכָה יָלַד שֶׁבֶר וְאֶת־תִּרְחֲנָה: וַתֵּלֶד שַׁעַף אֲבִי מַדְמַנָּה אֶת־

נ שְׁוָא אֲבִי מַכְבֵּנָה וַאֲבִי גִבְעָא וּבַת־כָּלֵב עַכְסָה: אֵלֶּה הָיוּ בְּנֵי

51 כָלֵב בֶּן־חוּר בְּכוֹר אֶפְרָתָה שׁוֹבָל אֲבִי קִרְיַת יְעָרִים: שַׂלְמָא

52 אֲבִי בֵית־לָחֶם חָרֵף אֲבִי בֵית־גָּדֵר: וַיִּהְיוּ בָנִים לְשׁוֹבָל אֲבִי

53 קִרְיַת יְעָרִים הָרֹאֶה חֲצִי הַמְּנֻחוֹת: וּמִשְׁפְּחוֹת קִרְיַת יְעָרִים

הַיִּתְרִי וְהַפּוּתִי וְהַשֻּׁמָתִי וְהַמִּשְׁרָעִי מֵאֵלֶּה יָצְאוּ הַצָּרְעָתִי
וְהָאֶשְׁתָּאֻלִי:

54　בְּנֵי שַׂלְמָא בֵּית לֶחֶם וּנְטוֹפָתִי עַטְרוֹת בֵּית יוֹאָב וַחֲצִי הַמָּנַחְתִּי

נה　הַצָּרְעִי: וּמִשְׁפְּחוֹת סוֹפְרִים יֹשְׁבֵי יַעְבֵּץ תִּרְעָתִים שִׁמְעָתִים
שׂוּכָתִים הֵמָּה הַקִּינִים הַבָּאִים מֵחַמַּת אֲבִי בֵית־רֵכָב:

ג

א　וְאֵלֶּה הָיוּ בְּנֵי דָוִיד אֲשֶׁר נוֹלַד־לוֹ בְּחֶבְרוֹן הַבְּכוֹר אַמְנֹן

2　לַאֲחִינֹעַם הַיִּזְרְעֵאלִית שֵׁנִי דָנִיֵּאל לַאֲבִיגַיִל הַכַּרְמְלִית: הַשְּׁלִשִׁי
לְאַבְשָׁלוֹם בֶּן־מַעֲכָה בַּת־תַּלְמַי מֶלֶךְ גְּשׁוּר הָרְבִיעִי אֲדֹנִיָּה בֶן־

3　חַגִּית: הַחֲמִישִׁי שְׁפַטְיָה לַאֲבִיטָל הַשִּׁשִּׁי יִתְרְעָם לְעֶגְלָה אִשְׁתּוֹ:

4　שִׁשָּׁה נוֹלַד־לוֹ בְחֶבְרוֹן וַיִּמְלָךְ־שָׁם שֶׁבַע שָׁנִים וְשִׁשָּׁה חֳדָשִׁים
וּשְׁלֹשִׁים וְשָׁלוֹשׁ שָׁנָה מָלַךְ בִּירוּשָׁלָם:

ה　וְאֵלֶּה נוּלְּדוּ־לוֹ בִּירוּשָׁלָיִם שִׁמְעָא וְשׁוֹבָב וְנָתָן וּשְׁלֹמֹה אַרְבָּעָה
6　לְבַת־שׁוּעַ בַּת־עַמִּיאֵל: וְיִבְחָר וֶאֱלִישָׁמָע וֶאֱלִיפָלֶט: וְנֹגַהּ וְנֶפֶג
7
8
9　וְיָפִיעַ: וֶאֱלִישָׁמָע וְאֶלְיָדָע וֶאֱלִיפֶלֶט תִּשְׁעָה: כֹּל בְּנֵי דָוִיד מִלְּבַד
בְּנֵי־פִילַגְשִׁים וְתָמָר אֲחוֹתָם:

י　וּבֶן־שְׁלֹמֹה רְחַבְעָם אֲבִיָּה בְנוֹ אָסָא בְנוֹ יְהוֹשָׁפָט בְּנוֹ: יוֹרָם
11
12　בְּנוֹ אֲחַזְיָהוּ בְנוֹ יוֹאָשׁ בְּנוֹ: אֲמַצְיָהוּ בְנוֹ עֲזַרְיָה בְנוֹ יוֹתָם
13　בְּנוֹ: אָחָז בְּנוֹ חִזְקִיָּהוּ בְנוֹ מְנַשֶּׁה בְנוֹ: אָמוֹן בְּנוֹ יֹאשִׁיָּהוּ בְנוֹ:
14
טו　וּבְנֵי יֹאשִׁיָּהוּ הַבְּכוֹר יוֹחָנָן הַשֵּׁנִי יְהוֹיָקִים הַשְּׁלִשִׁי צִדְקִיָּהוּ הָרְבִיעִי
16　שַׁלּוּם: וּבְנֵי יְהוֹיָקִים יְכָנְיָה בְנוֹ צִדְקִיָּה בְנוֹ: וּבְנֵי יְכָנְיָה אַסִּר
17
18　שְׁאַלְתִּיאֵל בְּנוֹ: וּמַלְכִּירָם וּפְדָיָה וְשֶׁנְאַצַּר יְקַמְיָה הוֹשָׁמָע
וּנְדַבְיָה: וּבְנֵי פְדָיָה זְרֻבָּבֶל וְשִׁמְעִי וּבֶן־זְרֻבָּבֶל מְשֻׁלָּם וַחֲנַנְיָה

19
כ　וּשְׁלֹמִית אֲחוֹתָם: וַחֲשֻׁבָה וָאֹהֶל וּבֶרֶכְיָה וַחֲסַדְיָה יוּשַׁב־חֶסֶד
21　חָמֵשׁ: וּבֶן־חֲנַנְיָה פְּלַטְיָה וִישַׁעְיָה בְּנֵי רְפָיָה בְּנֵי אַרְנָן בְּנֵי עֹבַדְיָה
22　בְּנֵי שְׁכַנְיָה: וּבְנֵי שְׁכַנְיָה שְׁמַעְיָה וּבְנֵי שְׁמַעְיָה חַטּוּשׁ וְיִגְאָל וּבָרִיחַ
23　וּנְעַרְיָה וְשָׁפָט שִׁשָּׁה: וּבֶן־נְעַרְיָה אֶלְיוֹעֵינַי וְחִזְקִיָּה וְעַזְרִיקָם

24 וּבְנֵי אֶלְיוֹעֵינַי הוֹדַיְוָהוּ וְאֶלְיָשִׁיב וּפְלָיָה וְעַקּוּב וְיוֹחָנָן שְׁלֹשָׁה:
וּדְלָיָה וַעֲנָנִי שִׁבְעָה:

4 ד

1 בְּנֵי יְהוּדָה פֶּרֶץ חֶצְרוֹן וְכַרְמִי וְחוּר וְשׁוֹבָל: וּרְאָיָה בֶן־
2 שׁוֹבָל הֹלִיד אֶת־יַחַת וְיַחַת הֹלִיד אֶת־אֲחוּמַי וְאֶת־לָהַד אֵלֶּה מִשְׁפְּחוֹת הַצָּרְעָתִי:

3 וְאֵלֶּה אֲבִי עֵיטָם יִזְרְעֶאל וְיִשְׁמָא וְיִדְבָּשׁ וְשֵׁם אֲחוֹתָם
4 הַצְּלֶלְפּוֹנִי: וּפְנוּאֵל אֲבִי גְדֹר וְעֵזֶר אֲבִי חוּשָׁה אֵלֶּה בְנֵי־חוּר
5 בְּכוֹר אֶפְרָתָה אֲבִי בֵּית לָחֶם: וּלְאַשְׁחוּר אֲבִי תְקוֹעַ הָיוּ שְׁתֵּי
6 נָשִׁים חֶלְאָה וְנַעֲרָה: וַתֵּלֶד לוֹ נַעֲרָה אֶת־אֲחֻזָּם וְאֶת־חֵפֶר וְאֶת־
7 תֵּימְנִי וְאֶת־הָאֲחַשְׁתָּרִי אֵלֶּה בְּנֵי נַעֲרָה: וּבְנֵי חֶלְאָה צֶרֶת יִצְחַר
8 וְאֶתְנָן: וְקוֹץ הוֹלִיד אֶת־עָנוּב וְאֶת־הַצֹּבֵבָה וּמִשְׁפְּחוֹת אֲחַרְחֵל
9 בֶּן־הָרֻם: וַיְהִי יַעְבֵּץ נִכְבָּד מֵאֶחָיו וְאִמּוֹ קָרְאָה שְׁמוֹ יַעְבֵּץ
10 לֵאמֹר כִּי יָלַדְתִּי בְּעֹצֶב: וַיִּקְרָא יַעְבֵּץ לֵאלֹהֵי יִשְׂרָאֵל לֵאמֹר אִם־בָּרֵךְ תְּבָרֲכֵנִי וְהִרְבִּיתָ אֶת־גְּבוּלִי וְהָיְתָה יָדְךָ עִמִּי וְעָשִׂיתָ מֵּרָעָה לְבִלְתִּי עָצְבִּי וַיָּבֵא אֱלֹהִים אֵת אֲשֶׁר־שָׁאָל:
11 וּכְלוּב אֲחִי־שׁוּחָה הוֹלִיד אֶת־מְחִיר הוּא אֲבִי אֶשְׁתּוֹן:
12 וְאֶשְׁתּוֹן הוֹלִיד אֶת־בֵּית רָפָא וְאֶת־פָּסֵחַ וְאֶת־תְּחִנָּה אֲבִי עִיר־נָחָשׁ אֵלֶּה אַנְשֵׁי רֵכָה:

13 וּבְנֵי קְנַז עָתְנִיאֵל וּשְׂרָיָה וּבְנֵי עָתְנִיאֵל חֲתַת: וּמְעוֹנֹתַי הוֹלִיד
14 אֶת־עָפְרָה וּשְׂרָיָה הוֹלִיד אֶת־יוֹאָב אֲבִי גֵּיא חֲרָשִׁים כִּי חֲרָשִׁים הָיוּ:

15 וּבְנֵי כָּלֵב בֶּן־יְפֻנֶּה עִירוּ אֵלָה וָנָעַם וּבְנֵי אֵלָה וּקְנַז:
16 וּבְנֵי יְהַלֶּלְאֵל זִיף וְזִיפָה תִּירְיָא וַאֲשַׂרְאֵל: וּבֶן־עֶזְרָה יֶתֶר וּמֶרֶד
17 וְעֵפֶר וְיָלוֹן וַתַּהַר אֶת־מִרְיָם וְאֶת־שַׁמַּי וְאֶת־יִשְׁבָּח אֲבִי אֶשְׁתְּמֹעַ:
18 וְאִשְׁתּוֹ הַיְהֻדִיָּה יָלְדָה אֶת־יֶרֶד אֲבִי גְדוֹר וְאֶת־חֶבֶר אֲבִי שׂוֹכוֹ וְאֶת־יְקוּתִיאֵל אֲבִי זָנוֹחַ וְאֵלֶּה בְּנֵי בִתְיָה בַת־פַּרְעֹה אֲשֶׁר־לָקַח
19 מָרֶד: וּבְנֵי אֵשֶׁת הוֹדִיָּה אֲחוֹת נַחַם אֲבִי קְעִילָה הַגַּרְמִי וְאֶשְׁתְּמֹעַ

כ הַמַּעֲכָתִי׃ וּבְנֵי שִׁמְעוֹן אַמְנוֹן וְרִנָּה בֶּן־חָנָן וְתוֹלוֹן וּבְנֵי יִשְׁעִי זוֹחֵת

21 וּבֶן־זוֹחֵת׃ בְּנֵי שֵׁלָה בֶן־יְהוּדָה עֵר אֲבִי לֵכָה וְלַעְדָּה אֲבִי מָרֵשָׁה

22 וּמִשְׁפְּחוֹת בֵּית־עֲבֹדַת הַבֻּץ לְבֵית אַשְׁבֵּעַ׃ וְיוֹקִים וְאַנְשֵׁי כֹזֵבָא

וְיוֹאָשׁ וְשָׂרָף אֲשֶׁר־בָּעֲלוּ לְמוֹאָב וְיָשֻׁבִי לָחֶם וְהַדְּבָרִים עַתִּיקִים׃

23 הֵמָּה הַיּוֹצְרִים וְיֹשְׁבֵי נְטָעִים וּגְדֵרָה עִם־הַמֶּלֶךְ בִּמְלַאכְתּוֹ יָשְׁבוּ

שָׁם׃

24
כה   בְּנֵי שִׁמְעוֹן נְמוּאֵל וְיָמִין יָרִיב זֶרַח שָׁאוּל׃ שַׁלֻּם בְּנוֹ

26 מִבְשָׂם בְּנוֹ מִשְׁמָע בְּנוֹ׃ וּבְנֵי מִשְׁמָע חַמּוּאֵל בְּנוֹ זַכּוּר בְּנוֹ

27 שִׁמְעִי בְּנוֹ׃ וּלְשִׁמְעִי בָּנִים שִׁשָּׁה עָשָׂר וּבָנוֹת שֵׁשׁ וּלְאֶחָיו אֵין בָּנִים

רַבִּים וְכֹל מִשְׁפַּחְתָּם לֹא הִרְבּוּ עַד־בְּנֵי יְהוּדָה׃

28
29   וַיֵּשְׁבוּ בִּבְאֵר־שֶׁבַע וּמוֹלָדָה וַחֲצַר שׁוּעָל׃ וּבְבִלְהָה וּבְעֶצֶם

ל
31 וּבְתוֹלָד׃ וּבִבְתוּאֵל וּבְחָרְמָה וּבְצִקְלָג׃ וּבְבֵית מַרְכָּבוֹת וּבַחֲצַר

סוּסִים וּבְבֵית בִּרְאִי וּבְשַׁעֲרָיִם אֵלֶּה עָרֵיהֶם עַד־מְלֹךְ דָּוִיד׃

32
33 וְחַצְרֵיהֶם עֵיטָם וָעַיִן רִמּוֹן וְתֹכֶן וְעָשָׁן עָרִים חָמֵשׁ׃ וְכָל־חַצְרֵיהֶם

אֲשֶׁר סְבִיבוֹת הֶעָרִים הָאֵלֶּה עַד־בָּעַל זֹאת מוֹשְׁבֹתָם וְהִתְיַחֲשָׂם

34
לה לָהֶם׃ וּמְשׁוֹבָב וְיַמְלֵךְ וְיוֹשָׁה בֶּן־אֲמַצְיָה׃ וְיוֹאֵל וְיֵהוּא בֶּן־

36 יוֹשִׁבְיָה בֶּן־שְׂרָיָה בֶּן־עֲשִׂיאֵל׃ וְאֶלְיוֹעֵינַי וְיַעֲקֹבָה וִישׁוֹחָיָה וַעֲשָׂיָה

37 וַעֲדִיאֵל וִישִׂימִאֵל וּבְנָיָה׃ וְזִיזָא בֶּן־שִׁפְעִי בֶן־אַלּוֹן בֶּן־יְדָיָה

38 בֶּן־שִׁמְרִי בֶּן־שְׁמַעְיָה׃ אֵלֶּה הַבָּאִים בְּשֵׁמוֹת נְשִׂיאִים בְּמִשְׁפְּחוֹתָם

39 וּבֵית אֲבוֹתֵיהֶם פָּרְצוּ לָרוֹב׃ וַיֵּלְכוּ לִמְבוֹא גְדֹר עַד לְמִזְרַח הַגָּיְא

מ לְבַקֵּשׁ מִרְעֶה לְצֹאנָם׃ וַיִּמְצְאוּ מִרְעֶה שָׁמֵן וָטוֹב וְהָאָרֶץ רַחֲבַת

41 יָדַיִם וְשֹׁקֶטֶת וּשְׁלֵוָה כִּי מִן־חָם הַיֹּשְׁבִים שָׁם לְפָנִים׃ וַיָּבֹאוּ אֵלֶּה

הַכְּתוּבִים בְּשֵׁמוֹת בִּימֵי יְחִזְקִיָּהוּ מֶלֶךְ־יְהוּדָה וַיַּכּוּ אֶת־אָהֳלֵיהֶם

וְאֶת־הַמְּעִינִים אֲשֶׁר נִמְצְאוּ־שָׁמָּה וַיַּחֲרִימֻם עַד־הַיּוֹם הַזֶּה וַיֵּשְׁבוּ

42 תַּחְתֵּיהֶם כִּי־מִרְעֶה לְצֹאנָם שָׁם׃ וּמֵהֶם מִן־בְּנֵי שִׁמְעוֹן הָלְכוּ

לְהַר שֵׂעִיר אֲנָשִׁים חֲמֵשׁ מֵאוֹת וּפְלַטְיָה וּנְעַרְיָה וּרְפָיָה וְעֻזִּיאֵל

43 בְּנֵי יִשְׁעִי בְּרֹאשָׁם׃ וַיַּכּוּ אֶת־שְׁאֵרִית הַפְּלֵטָה לַעֲמָלֵק וַיֵּשְׁבוּ

שָׁם עַד הַיּוֹם הַזֶּה׃

ה

5

א וּבְנֵי רְאוּבֵן בְּכוֹר־יִשְׂרָאֵל כִּי־הוּא הַבְּכוֹר וּבְחַלְּלוֹ יְצוּעֵי
אָבִיו נִתְּנָה בְּכֹרָתוֹ לִבְנֵי יוֹסֵף בֶּן־יִשְׂרָאֵל וְלֹא לְהִתְיַחֵשׂ

2 לַבְּכֹרָה: כִּי יְהוּדָה גָּבַר בְּאֶחָיו וּלְנָגִיד מִמֶּנּוּ וְהַבְּכֹרָה לְיוֹסֵף:

3 בְּנֵי רְאוּבֵן בְּכוֹר יִשְׂרָאֵל חֲנוֹךְ וּפַלּוּא חֶצְרוֹן וְכַרְמִי:

4 בְּנֵי יוֹאֵל שְׁמַעְיָה בְנוֹ גּוֹג בְּנוֹ שִׁמְעִי בְנוֹ: מִיכָה בְנוֹ רְאָיָה

5 בְנוֹ בַּעַל בְּנוֹ:

6 בְּאֵרָה בְנוֹ אֲשֶׁר הֶגְלָה תִּלְּגַת פִּלְנְאֶסֶר מֶלֶךְ
אַשֻּׁר הוּא נָשִׂיא לָראוּבֵנִי:

7 וְאֶחָיו לְמִשְׁפְּחֹתָיו בְּהִתְיַחֵשׂ לְתֹלְדוֹתָם
הָרֹאשׁ יְעִיאֵל וּזְכַרְיָהוּ:

8 וּבֶלַע בֶּן־עָזָז בֶּן־שֶׁמַע בֶּן־יוֹאֵל הוּא
יוֹשֵׁב בַּעֲרֹעֵר וְעַד־נְבוֹ וּבַעַל מְעוֹן:

9 וְלַמִּזְרָח יָשַׁב עַד־לְבוֹא
מִדְבָּרָה לְמִן־הַנָּהָר פְּרָת כִּי מִקְנֵיהֶם רָבוּ בְּאֶרֶץ גִּלְעָד:

י וּבִימֵי שָׁאוּל עָשׂוּ מִלְחָמָה עִם־הַהַגְרִאִים וַיִּפְּלוּ בְּיָדָם וַיֵּשְׁבוּ
בְּאָהֳלֵיהֶם עַל־כָּל־פְּנֵי מִזְרָח לַגִּלְעָד:

11 וּבְנֵי־גָד לְנֶגְדָּם יָשְׁבוּ
בְּאֶרֶץ הַבָּשָׁן עַד־סַלְכָה:

12 יוֹאֵל הָרֹאשׁ וְשָׁפָם הַמִּשְׁנֶה וְיַעֲנַי וְשָׁפָט
בַּבָּשָׁן:

13 וַאֲחֵיהֶם לְבֵית אֲבוֹתֵיהֶם מִיכָאֵל וּמְשֻׁלָּם וְשֶׁבַע וְיוֹרַי
וְיַעְכָּן וְזִיעַ וָעֵבֶר שִׁבְעָה:

14 אֵלֶּה בְּנֵי אֲבִיחַיִל בֶּן־חוּרִי בֶּן־יָרוֹחַ בֶּן־גִּלְעָד בֶּן־מִיכָאֵל
15 בֶּן־יְשִׁישַׁי בֶּן־יַחְדּוֹ בֶּן־בּוּז:

16 אֲחִי בֶּן־עַבְדִּיאֵל בֶּן־גּוּנִי רֹאשׁ
לְבֵית אֲבוֹתָם: וַיֵּשְׁבוּ בַּגִּלְעָד בַּבָּשָׁן וּבִבְנֹתֶיהָ וּבְכָל־מִגְרְשֵׁי שָׁרוֹן

17 עַל־תּוֹצְאוֹתָם: כֻּלָּם הִתְיַחֲשׂוּ בִּימֵי יוֹתָם מֶלֶךְ־יְהוּדָה וּבִימֵי
יָרָבְעָם מֶלֶךְ יִשְׂרָאֵל:

18 בְּנֵי־רְאוּבֵן וְגָדִי וַחֲצִי שֵׁבֶט־מְנַשֶּׁה מִן־בְּנֵי־חַיִל אֲנָשִׁים נֹשְׂאֵי
מָגֵן וְחֶרֶב וְדֹרְכֵי קֶשֶׁת וּלְמוּדֵי מִלְחָמָה אַרְבָּעִים וְאַרְבָּעָה אֶלֶף

19 וּשְׁבַע־מֵאוֹת וְשִׁשִּׁים יֹצְאֵי צָבָא: וַיַּעֲשׂוּ מִלְחָמָה עִם־הַהַגְרִיאִים

כ וִיטוּר וְנָפִישׁ וְנוֹדָב: וַיֵּעָזְרוּ עֲלֵיהֶם וַיִּנָּתְנוּ בְיָדָם הַהַגְרִיאִים וְכֹל
שֶׁעִמָּהֶם כִּי לֵאלֹהִים זָעֲקוּ בַּמִּלְחָמָה וְנַעְתּוֹר לָהֶם כִּי־בָטְחוּ

21 בוֹ: וַיִּשְׁבּוּ מִקְנֵיהֶם גְּמַלֵּיהֶם חֲמִשִּׁים אֶלֶף וְצֹאן מָאתַיִם וַחֲמִשִּׁים

22 אֶלֶף וַחֲמוֹרִים אַלְפָּיִם וְנֶפֶשׁ אָדָם מֵאָה אָלֶף: כִּי־חֲלָלִים רַבִּים
נָפָלוּ כִּי מֵהָאֱלֹהִים הַמִּלְחָמָה וַיֵּשְׁבוּ תַחְתֵּיהֶם עַד־הַגֹּלָה:

23 וּבְנֵי חֲצִי שֵׁבֶט מְנַשֶּׁה יָשְׁבוּ בָּאָרֶץ מִבָּשָׁן עַד־בַּעַל חֶרְמוֹן

24 וּשְׂנִיר וְהַר־חֶרְמוֹן הֵמָּה רָבוּ: וְאֵלֶּה רָאשֵׁי בֵית־אֲבוֹתָם וְעֵפֶר וְיִשְׁעִי וֶאֱלִיאֵל וְעַזְרִיאֵל וְיִרְמְיָה וְהוֹדַוְיָה וְיַחְדִּיאֵל

25 אֲנָשִׁים גִּבּוֹרֵי חַיִל אַנְשֵׁי שֵׁמוֹת רָאשִׁים לְבֵית אֲבוֹתָם: וַיִּמְעֲלוּ בֵּאלֹהֵי אֲבֹתֵיהֶם וַיִּזְנוּ אַחֲרֵי אֱלֹהֵי עַמֵּי־הָאָרֶץ אֲשֶׁר־הִשְׁמִיד

26 אֱלֹהִים מִפְּנֵיהֶם: וַיָּעַר אֱלֹהֵי יִשְׂרָאֵל אֶת־רוּחַ פּוּל מֶלֶךְ־ אַשּׁוּר וְאֶת־רוּחַ תִּלְּגַת פִּלְנֶסֶר מֶלֶךְ אַשּׁוּר וַיַּגְלֵם לָראוּבֵנִי וְלַגָּדִי וְלַחֲצִי שֵׁבֶט מְנַשֶּׁה וַיְבִיאֵם לַחְלַח וְחָבוֹר וְהָרָא וּנְהַר גּוֹזָן עַד הַיּוֹם הַזֶּה:

27 בְּנֵי לֵוִי גֵּרְשׁוֹן קְהָת וּמְרָרִי: וּבְנֵי קְהָת עַמְרָם יִצְהָר
28

29 וְחֶבְרוֹן וְעֻזִּיאֵל: וּבְנֵי עַמְרָם אַהֲרֹן וּמֹשֶׁה וּמִרְיָם וּבְנֵי אַהֲרֹן

30 נָדָב וַאֲבִיהוּא אֶלְעָזָר וְאִיתָמָר: אֶלְעָזָר הוֹלִיד אֶת־פִּינְחָס

31 פִּינְחָס הֹלִיד אֶת־אֲבִישׁוּעַ: וַאֲבִישׁוּעַ הוֹלִיד אֶת־בֻּקִּי וּבֻקִּי

32 הוֹלִיד אֶת־עֻזִּי: וְעֻזִּי הוֹלִיד אֶת־זְרַחְיָה וּזְרַחְיָה הוֹלִיד אֶת־

33 מְרָיוֹת: מְרָיוֹת הוֹלִיד אֶת־אֲמַרְיָה וַאֲמַרְיָה הוֹלִיד אֶת־אֲחִיטוּב:

34 וַאֲחִיטוּב הוֹלִיד אֶת־צָדוֹק וְצָדוֹק הוֹלִיד אֶת־אֲחִימָעַץ:

35 וַאֲחִימַעַץ הוֹלִיד אֶת־עֲזַרְיָה וַעֲזַרְיָה הוֹלִיד אֶת־יוֹחָנָן: וְיוֹחָנָן
36

הוֹלִיד אֶת־עֲזַרְיָה הוּא אֲשֶׁר כִּהֵן בַּבַּיִת אֲשֶׁר־בָּנָה שְׁלֹמֹה

37 בִּירוּשָׁלִָם: וַיּוֹלֶד עֲזַרְיָה אֶת־אֲמַרְיָה וַאֲמַרְיָה הוֹלִיד אֶת־

38 אֲחִיטוּב: וַאֲחִיטוּב הוֹלִיד אֶת־צָדוֹק וְצָדוֹק הוֹלִיד אֶת־שַׁלּוּם:

39 וְשַׁלּוּם הוֹלִיד אֶת־חִלְקִיָּה וְחִלְקִיָּה הוֹלִיד אֶת־עֲזַרְיָה: וַעֲזַרְיָה
40

41 הוֹלִיד אֶת־שְׂרָיָה וּשְׂרָיָה הוֹלִיד אֶת־יְהוֹצָדָק: וִיהוֹצָדָק הָלַךְ בְּהַגְלוֹת יְהוָה אֶת־יְהוּדָה וִירוּשָׁלִָם בְּיַד נְבֻכַדְנֶאצַּר:

6 ו

1 בְּנֵי לֵוִי גֵּרְשֹׁם קְהָת וּמְרָרִי: וְאֵלֶּה שְׁמוֹת בְּנֵי־גֵרְשׁוֹם לִבְנִי
2

3 וְשִׁמְעִי: וּבְנֵי קְהָת עַמְרָם וְיִצְהָר וְחֶבְרוֹן וְעֻזִּיאֵל: בְּנֵי מְרָרִי
4

5 מַחְלִי וּמֻשִׁי וְאֵלֶּה מִשְׁפְּחוֹת הַלֵּוִי לַאֲבֹתֵיהֶם: לְגֵרְשׁוֹם לִבְנִי בְנוֹ

6 יַחַת בְּנוֹ זִמָּה בְנוֹ: יוֹאָח בְּנוֹ עִדּוֹ בְנוֹ זֶרַח בְּנוֹ יְאָתְרַי בְּנוֹ:

בְּנֵי קְהָת עַמִּינָדָב בְּנוֹ קֹרַח בְּנוֹ אַסִּיר בְּנוֹ: אֶלְקָנָה בְנוֹ 7
8

וְאֶבְיָסָף בְּנוֹ וְאַסִּיר בְּנוֹ: תַּחַת בְּנוֹ אוּרִיאֵל בְּנוֹ עֻזִּיָּה בְנוֹ וְשָׁאוּל 9

בְּנוֹ: וּבְנֵי אֶלְקָנָה עֲמָשַׂי וַאֲחִימוֹת: אֶלְקָנָה בְּנֵו אֶלְקָנָה צוֹפַי י
11

בְּנוֹ וְנַחַת בְּנוֹ: אֱלִיאָב בְּנוֹ יְרֹחָם בְּנוֹ אֶלְקָנָה בְנוֹ: וּבְנֵי שְׁמוּאֵל 12
13

הַבְּכֹר וַשְׁנִי וַאֲבִיָּה:

בְּנֵי מְרָרִי מַחְלִי לִבְנִי בְנוֹ שִׁמְעִי בְנוֹ עֻזָּה בְנוֹ: שִׁמְעָא בְנוֹ 14
טו

חַגִּיָּה בְנוֹ עֲשָׂיָה בְנוֹ:

וְאֵלֶּה אֲשֶׁר הֶעֱמִיד דָּוִיד עַל־יְדֵי־שִׁיר בֵּית יְהוָה מִמְּנוֹחַ 16

הָאָרוֹן: וַיִּהְיוּ מְשָׁרְתִים לִפְנֵי מִשְׁכַּן אֹהֶל־מוֹעֵד בַּשִּׁיר עַד־בְּנוֹת 17

שְׁלֹמֹה אֶת־בֵּית־יְהוָה בִּירוּשָׁלָם וַיַּעַמְדוּ כְמִשְׁפָּטָם עַל־עֲבוֹדָתָם:

וְאֵלֶּה הָעֹמְדִים וּבְנֵיהֶם מִבְּנֵי הַקְּהָתִי הֵימָן הַמְשׁוֹרֵר בֶּן־יוֹאֵל 18

בֶּן־שְׁמוּאֵל: בֶּן־אֶלְקָנָה בֶּן־יְרֹחָם בֶּן־אֱלִיאֵל בֶּן־תּוֹחַ: בֶּן־ 19
כ

צִיף בֶּן־אֶלְקָנָה בֶּן־מַחַת בֶּן־עֲמָשָׂי: בֶּן־אֶלְקָנָה בֶּן־יוֹאֵל בֶּן־ 21

עֲזַרְיָה בֶּן־צְפַנְיָה: בֶּן־תַּחַת בֶּן־אַסִּיר בֶּן־אֶבְיָסָף בֶּן־קֹרַח: 22

בֶּן־יִצְהָר בֶּן־קְהָת בֶּן־לֵוִי בֶּן־יִשְׂרָאֵל: וְאָחִיו אָסָף הָעֹמֵד עַל־ 23
24

יְמִינוֹ אָסָף בֶּן־בֶּרֶכְיָהוּ בֶּן־שִׁמְעָא: בֶּן־מִיכָאֵל בֶּן־בַּעֲשֵׂיָה בֶּן־ כה

מַלְכִּיָּה: בֶּן־אֶתְנִי בֶּן־זֶרַח בֶּן־עֲדָיָה: בֶּן־אֵיתָן בֶּן־זִמָּה בֶּן־ 26
27

שִׁמְעִי: בֶּן־יַחַת בֶּן־גֵּרְשֹׁם בֶּן־לֵוִי: 28

וּבְנֵי מְרָרִי אֲחֵיהֶם עַל־הַשְּׂמֹאול אֵיתָן בֶּן־קִישִׁי בֶּן־עַבְדִּי 29

בֶּן־מַלּוּךְ: בֶּן־חֲשַׁבְיָה בֶּן־אֲמַצְיָה בֶּן־חִלְקִיָּה: בֶּן־אַמְצִי בֶּן־ ל
31

בָּנִי בֶּן־שָׁמֶר: בֶּן־מַחְלִי בֶּן־מוּשִׁי בֶּן־מְרָרִי בֶּן־לֵוִי: וַאֲחֵיהֶם 32
33

הַלְוִיִּם נְתוּנִים לְכָל־עֲבוֹדַת מִשְׁכַּן בֵּית הָאֱלֹהִים: וְאַהֲרֹן וּבָנָיו 34

מַקְטִירִים עַל־מִזְבַּח הָעוֹלָה וְעַל־מִזְבַּח הַקְּטֹרֶת לְכֹל־מְלֶאכֶת

קֹדֶשׁ הַקֳּדָשִׁים וּלְכַפֵּר עַל־יִשְׂרָאֵל כְּכֹל אֲשֶׁר־צִוָּה מֹשֶׁה עֶבֶד

הָאֱלֹהִים:

וְאֵלֶּה בְּנֵי אַהֲרֹן אֶלְעָזָר בְּנוֹ פִּינְחָס בְּנוֹ אֲבִישׁוּעַ בְּנוֹ: לה

בֻּקִּי בְּנוֹ עֻזִּי בְּנוֹ זְרַחְיָה בְּנוֹ: מְרָיוֹת בְּנוֹ אֲמַרְיָה בְּנוֹ אֲחִיטוּב 36
37

בְּנוֹ: צָדוֹק בְּנוֹ אֲחִימַעַץ בְּנוֹ: 38

וְאֵלֶּה מוֹשְׁבוֹתָם לְטִירוֹתָם בִּגְבוּלָם לִבְנֵי אַהֲרֹן לְמִשְׁפַּחַת 39

מ הִקְהָתִי כִּי לָהֶם הָיָה הַגּוֹרָל: וַיִּתְּנוּ לָהֶם אֶת־חֶבְרוֹן בְּאֶרֶץ

41 יְהוּדָה וְאֶת־מִגְרָשֶׁיהָ סְבִיבֹתֶיהָ: וְאֶת־שְׂדֵה הָעִיר וְאֶת־חֲצֵרֶיהָ
נָתְנוּ לְכָלֵב בֶּן־יְפֻנֶּה:

42 וְלִבְנֵי אַהֲרֹן נָתְנוּ אֶת־עָרֵי הַמִּקְלָט אֶת־חֶבְרוֹן וְאֶת־לִבְנָה

43 וְאֶת־מִגְרָשֶׁיהָ וְאֶת־יַתִּר וְאֶת־אֶשְׁתְּמֹעַ וְאֶת־מִגְרָשֶׁיהָ: וְאֶת־חִילֵן

44 וְאֶת־מִגְרָשֶׁיהָ אֶת־דְּבִיר וְאֶת־מִגְרָשֶׁיהָ: וְאֶת־עָשָׁן וְאֶת־מִגְרָשֶׁיהָ
וְאֶת־בֵּית שֶׁמֶשׁ וְאֶת־מִגְרָשֶׁיהָ:

מה וּמִמַּטֵּה בִנְיָמִן אֶת־גֶּבַע וְאֶת־מִגְרָשֶׁיהָ וְאֶת־עָלֶמֶת וְאֶת־
מִגְרָשֶׁיהָ וְאֶת־עֲנָתוֹת וְאֶת־מִגְרָשֶׁיהָ כָּל־עָרֵיהֶם שְׁלֹשׁ־עֶשְׂרֵה
עִיר בְּמִשְׁפְּחֹתֵיהֶם:

46 וְלִבְנֵי קְהָת הַנּוֹתָרִים מִמִּשְׁפַּחַת הַמַּטֶּה מִמַּחֲצִית מַטֵּה חֲצִי
מְנַשֶּׁה בַּגּוֹרָל עָרִים עָשֶׂר:

47 וְלִבְנֵי גֵרְשׁוֹם לְמִשְׁפְּחוֹתָם מִמַּטֵּה יִשָּׂשכָר וּמִמַּטֵּה אָשֵׁר וּמִמַּטֵּה
נַפְתָּלִי וּמִמַּטֵּה מְנַשֶּׁה בַּבָּשָׁן עָרִים שְׁלֹשׁ עֶשְׂרֵה:

48 לִבְנֵי מְרָרִי לְמִשְׁפְּחוֹתָם מִמַּטֵּה רְאוּבֵן וּמִמַּטֵּה־גָד וּמִמַּטֵּה

49 זְבֻלוּן בַּגּוֹרָל עָרִים שְׁתֵּים עֶשְׂרֵה: וַיִּתְּנוּ בְנֵי־יִשְׂרָאֵל לַלְוִיִּם אֶת־

נ הֶעָרִים וְאֶת־מִגְרְשֵׁיהֶם: וַיִּתְּנוּ בַגּוֹרָל מִמַּטֵּה בְנֵי־יְהוּדָה וּמִמַּטֵּה
בְנֵי־שִׁמְעוֹן וּמִמַּטֵּה בְּנֵי בִנְיָמִן אֵת הֶעָרִים הָאֵלֶּה אֲשֶׁר־יִקְרְאוּ
אֶתְהֶם בְּשֵׁמוֹת:

51 וּמִמִּשְׁפְּחוֹת בְּנֵי קְהָת וַיְהִי עָרֵי גְבוּלָם מִמַּטֵּה אֶפְרָיִם:

52 וַיִּתְּנוּ לָהֶם אֶת־עָרֵי הַמִּקְלָט אֶת־שְׁכֶם וְאֶת־מִגְרָשֶׁיהָ בְּהַר

53 אֶפְרָיִם וְאֶת־גֶּזֶר וְאֶת־מִגְרָשֶׁיהָ: וְאֶת־יָקְמְעָם וְאֶת־מִגְרָשֶׁיהָ

54 וְאֶת־בֵּית חוֹרוֹן וְאֶת־מִגְרָשֶׁיהָ: וְאֶת־אַיָּלוֹן וְאֶת־מִגְרָשֶׁיהָ וְאֶת־

נה גַּת־רִמּוֹן וְאֶת־מִגְרָשֶׁיהָ: וּמִמַּחֲצִית מַטֵּה מְנַשֶּׁה אֶת־עָנֵר וְאֶת־
מִגְרָשֶׁיהָ וְאֶת־בִּלְעָם וְאֶת־מִגְרָשֶׁיהָ לְמִשְׁפַּחַת לִבְנֵי־קְהָת
הַנּוֹתָרִים:

56 לִבְנֵי גֵרְשׁוֹם מִמִּשְׁפַּחַת חֲצִי מַטֵּה מְנַשֶּׁה אֶת־גּוֹלָן בַּבָּשָׁן וְאֶת־
מִגְרָשֶׁיהָ וְאֶת־עַשְׁתָּרוֹת וְאֶת־מִגְרָשֶׁיהָ:

57 וּמִמַּטֵּה יִשָּׂשכָר אֶת־קֶדֶשׁ וְאֶת־מִגְרָשֶׁיהָ אֶת־דָּבְרַת וְאֶת־

58 וְאֶת־רָאמֹות וְאֶת־מִגְרָשֶׁיהָ וְאֶת־עָנֵם וְאֶת־מִגְרָשֶׁיהָ: מִגְרָשֶׁיהָ

59 וּמִמַּטֵּה אָשֵׁר אֶת־מָשָׁל וְאֶת־מִגְרָשֶׁיהָ וְאֶת־עַבְדּוֹן וְאֶת־

ס וְאֶת־חוּקֹק וְאֶת־מִגְרָשֶׁיהָ וְאֶת־רְחֹב וְאֶת־מִגְרָשֶׁיהָ: מִגְרָשֶׁיהָ

61 וּמִמַּטֵּה נַפְתָּלִי אֶת־קֶדֶשׁ בַּגָּלִיל וְאֶת־מִגְרָשֶׁיהָ וְאֶת־חַמּוֹן
וְאֶת־מִגְרָשֶׁיהָ וְאֶת־קִרְיָתַיִם וְאֶת־מִגְרָשֶׁיהָ:

62 לִבְנֵי מְרָרִי הַנּוֹתָרִים מִמַּטֵּה זְבוּלֻן אֶת־רִמּוֹנֹו וְאֶת־מִגְרָשֶׁיהָ

63 אֶת־תָּבֹור וְאֶת־מִגְרָשֶׁיהָ: וּמֵעֵבֶר לְיַרְדֵּן יְרֵחֹו לְמִזְרַח הַיַּרְדֵּן
מִמַּטֵּה רְאוּבֵן אֶת־בֶּצֶר בַּמִּדְבָּר וְאֶת־מִגְרָשֶׁיהָ וְאֶת־יַהְצָה וְאֶת־

64 וְאֶת־קְדֵמֹות וְאֶת־מִגְרָשֶׁיהָ וְאֶת־מֵיפַעַת וְאֶת־מִגְרָשֶׁיהָ: מִגְרָשֶׁיהָ

סה וּמִמַּטֵּה־גָד אֶת־רָאמֹות בַּגִּלְעָד וְאֶת־מִגְרָשֶׁיהָ וְאֶת־מַחֲנַיִם

66 וְאֶת־מִגְרָשֶׁיהָ: וְאֶת־חֶשְׁבֹּון וְאֶת־מִגְרָשֶׁיהָ וְאֶת־יַעְזֵיר וְאֶת־
מִגְרָשֶׁיהָ:

ז 7

א וְלִבְנֵי יִשָּׂשכָר תּוֹלָע וּפוּאָה יָשִׁיב וְשִׁמְרוֹן אַרְבָּעָה:

2 וּבְנֵי תוֹלָע עֻזִּי וּרְפָיָה וִירִיאֵל וְיַחְמַי וְיִבְשָׂם וּשְׁמוּאֵל רָאשִׁים
לְבֵית אֲבוֹתָם לְתוֹלָע גִּבּוֹרֵי חַיִל לְתֹלְדוֹתָם מִסְפָּרָם בִּימֵי דָוִיד
עֶשְׂרִים וּשְׁנַיִם אֶלֶף וְשֵׁשׁ מֵאוֹת:

3 וּבְנֵי עֻזִּי יִזְרַחְיָה וּבְנֵי יִזְרַחְיָה מִיכָאֵל וְעֹבַדְיָה וְיוֹאֵל יִשִּׁיָּה

4 חֲמִשָּׁה רָאשִׁים כֻּלָּם: וַעֲלֵיהֶם לְתֹלְדוֹתָם לְבֵית אֲבוֹתָם גְּדוּדֵי
צְבָא מִלְחָמָה שְׁלֹשִׁים וְשִׁשָּׁה אָלֶף כִּי־הִרְבּוּ נָשִׁים וּבָנִים:

ה וַאֲחֵיהֶם לְכֹל מִשְׁפְּחוֹת יִשָּׂשכָר גִּבּוֹרֵי חֲיָלִים שְׁמוֹנִים וְשִׁבְעָה
אֶלֶף הִתְיַחֲשָׂם לַכֹּל:

6 בִּנְיָמִן בֶּלַע וָבֶכֶר וִידִיעֲאֵל שְׁלֹשָׁה: וּבְנֵי בֶלַע אֶצְבּוֹן וְעֻזִּי
7 וְעֻזִּיאֵל וִירִימֹות וְעִירִי חֲמִשָּׁה רָאשֵׁי בֵית אָבֹות גִּבּוֹרֵי חֲיָלִים
וְהִתְיַחֲשָׂם עֶשְׂרִים וּשְׁנַיִם אֶלֶף וּשְׁלֹשִׁים וְאַרְבָּעָה:

8 וּבְנֵי בֶכֶר זְמִירָה וְיוֹעָשׁ וֶאֱלִיעֶזֶר וְאֶלְיוֹעֵינַי וְעָמְרִי וִירֵמֹות
9 וַאֲבִיָּה וַעֲנָתוֹת וָעָלָמֶת כָּל־אֵלֶּה בְּנֵי בָכֶר: וְהִתְיַחֲשָׂם לְתֹלְדוֹתָם
רָאשֵׁי בֵית אֲבוֹתָם גִּבּוֹרֵי חָיִל עֶשְׂרִים אֶלֶף וּמָאתָיִם:

וּבְנֵי יְדִיעֲאֵל בִּלְהָן וּבְנֵי בִלְהָן יְעִישׁ וּבְנְיָמִן וְאֵהוּד וּכְנַעֲנָה

‏11 וְזֵיתָן וְתַרְשִׁישׁ וַאֲחִישָׁחַר: כָּל־אֵלֶּה בְּנֵי יְדִיעֲאֵל לְרָאשֵׁי הָאָבוֹת גִּבּוֹרֵי חֲיָלִים שִׁבְעָה עָשָׂר אֶלֶף וּמָאתַיִם יֹצְאֵי צָבָא

‏12 לַמִּלְחָמָה: וְשֻׁפִּם וְחֻפִּם בְּנֵי־עִיר חֻשִׁם בְּנֵי אַחֵר:

‏13 בְּנֵי נַפְתָּלִי יַחֲצִיאֵל וְגוּנִי וְיֵצֶר וְשַׁלּוּם בְּנֵי בִלְהָה:

‏14 בְּנֵי מְנַשֶּׁה אַשְׂרִיאֵל אֲשֶׁר יָלָדָה פִּילַגְשׁוֹ הָאֲרַמִּיָּה יָלְדָה

‏טו אֶת־מָכִיר אֲבִי גִלְעָד: וּמָכִיר לָקַח אִשָּׁה לְחֻפִּים וּלְשֻׁפִּים וְשֵׁם אֲחֹתוֹ מַעֲכָה וְשֵׁם הַשֵּׁנִי צְלָפְחָד וַתִּהְיֶנָה לִצְלָפְחָד בָּנוֹת:

‏16 וַתֵּלֶד מַעֲכָה אֵשֶׁת־מָכִיר בֵּן וַתִּקְרָא שְׁמוֹ פֶּרֶשׁ וְשֵׁם אָחִיו שָׁרֶשׁ

‏17 וּבָנָיו אוּלָם וָרָקֶם: וּבְנֵי אוּלָם בְּדָן אֵלֶּה בְּנֵי גִלְעָד בֶּן־מָכִיר

‏18 בֶּן־מְנַשֶּׁה: וַאֲחֹתוֹ הַמֹּלֶכֶת יָלְדָה אֶת־אִישׁ הוֹד וְאֶת־אֲבִיעֶזֶר

‏19 וְאֶת־מַחְלָה: וַיִּהְיוּ בְּנֵי שְׁמִידָע אַחְיָן וָשֶׁכֶם וְלִקְחִי וַאֲנִיעָם:

‏כ וּבְנֵי אֶפְרַיִם שׁוּתָלַח וּבֶרֶד בְּנוֹ וְתַחַת בְּנוֹ וְאֶלְעָדָה בְנוֹ וְתַחַת

‏21 בְּנוֹ: וְזָבָד בְּנוֹ וְשׁוּתֶלַח בְּנוֹ וְעֵזֶר וְאֶלְעָד וַהֲרָגוּם אַנְשֵׁי־גַת

‏22 הַנּוֹלָדִים בָּאָרֶץ כִּי יָרְדוּ לָקַחַת אֶת־מִקְנֵיהֶם: וַיִּתְאַבֵּל אֶפְרַיִם

‏23 אֲבִיהֶם יָמִים רַבִּים וַיָּבֹאוּ אֶחָיו לְנַחֲמוֹ: וַיָּבֹא אֶל־אִשְׁתּוֹ וַתַּהַר וַתֵּלֶד בֵּן וַיִּקְרָא אֶת־שְׁמוֹ בְּרִיעָה כִּי בְרָעָה הָיְתָה בְּבֵיתוֹ:

‏24 וּבִתּוֹ שֶׁאֱרָה וַתִּבֶן אֶת־בֵּית־חוֹרוֹן הַתַּחְתּוֹן וְאֶת־הָעֶלְיוֹן וְאֶת

‏כה אֻזֵּן שֶׁאֱרָה: וְרֶפַח בְּנוֹ וְרֶשֶׁף וְתֶלַח בְּנוֹ וְתַחַן בְּנוֹ: לַעְדָּן בְּנוֹ
‏26

‏27 עַמִּיהוּד בְּנוֹ אֱלִישָׁמָע בְּנוֹ: נוֹן בְּנוֹ יְהוֹשֻׁעַ בְּנוֹ: וַאֲחֻזָּתָם
‏28 וּמֹשְׁבוֹתָם בֵּיתְאֵל וּבְנֹתֶיהָ וְלַמִּזְרָח נַעֲרָן וְלַמַּעֲרָב גֶּזֶר וּבְנֹתֶיהָ

‏29 וּשְׁכֶם וּבְנֹתֶיהָ עַד־עַיָּה וּבְנֹתֶיהָ: וְעַל־יְדֵי בְנֵי־מְנַשֶּׁה בֵּית־שְׁאָן וּבְנֹתֶיהָ תַּעְנַךְ וּבְנֹתֶיהָ מְגִדּוֹ וּבְנוֹתֶיהָ דּוֹר וּבְנוֹתֶיהָ בְּאֵלֶּה יָשְׁבוּ בְּנֵי יוֹסֵף בֶּן־יִשְׂרָאֵל:

‏ל בְּנֵי אָשֵׁר יִמְנָה וְיִשְׁוָה וְיִשְׁוִי וּבְרִיעָה וְשֶׂרַח אֲחוֹתָם: וּבְנֵי
‏31

‏32 בְרִיעָה חֶבֶר וּמַלְכִּיאֵל הוּא אֲבִי בִרְזָוֶת: וְחֶבֶר הוֹלִיד אֶת־

‏33 יַפְלֵט וְאֶת־שׁוֹמֵר וְאֶת־חוֹתָם וְאֵת שׁוּעָא אֲחוֹתָם: וּבְנֵי יַפְלֵט

‏34 פָּסָךְ וּבִמְהָל וְעַשְׂוָת אֵלֶּה בְּנֵי יַפְלֵט: וּבְנֵי שָׁמֶר אֲחִי וְרוֹהְגָּה להיִחְבָּה וַאֲרָם: וּבֶן־הֵלֶם אָחִיו צוֹפַח וְיִמְנָע וְשֵׁלֶשׁ וְעָמָל:

³⁶ בְּנֵי צוֹפָח וְחַרְנֶפֶר וְשׁוּעָל וּבֵרִי וְיִמְרָה: בֶּצֶר וָהוֹד וְשַׁמָּא
³⁷ וְשִׁלְשָׁא וְיִתְרָן וּבְאֵרָא: וּבְנֵי יֶתֶר יְפֻנֶּה וּפִסְפָּא וַאֲרָא: וּבְנֵי עֻלָּא
³⁸
³⁹ אָרַח וְחַנִּיאֵל וְרִצְיָא: כָּל־אֵלֶּה בְנֵי־אָשֵׁר רָאשֵׁי בֵית־הָאָבוֹת
ᵐ בְּרוּרִים גִּבּוֹרֵי חֲיָלִים רָאשֵׁי הַנְּשִׂיאִים וְהִתְיַחְשָׂם בַּצָּבָא בַּמִּלְחָמָה
מִסְפָּרָם אֲנָשִׁים עֶשְׂרִים וְשִׁשָּׁה אָלֶף:

ח 8

ᵃ וּבִנְיָמִן הוֹלִיד אֶת־בֶּלַע בְּכֹרוֹ אַשְׁבֵּל הַשֵּׁנִי וְאַחְרַח הַשְּׁלִישִׁי:
² נוֹחָה הָרְבִיעִי וְרָפָא הַחֲמִישִׁי:
³ וַיִּהְיוּ בָנִים לְבָלַע אַדָּר וְגֵרָא וַאֲבִיהוּד: וַאֲבִישׁוּעַ וְנַעֲמָן
⁴
⁵ וַאֲחוֹחַ: וְגֵרָא וּשְׁפוּפָן וְחוּרָם: וְאֵלֶּה בְּנֵי אֵחוּד אֵלֶּה הֵם רָאשֵׁי
⁶
⁷ אָבוֹת לְיוֹשְׁבֵי גֶבַע וַיַּגְלוּם אֶל־מָנָחַת: וְנַעֲמָן וַאֲחִיָּה וְגֵרָא
⁸ הוּא הֶגְלָם וְהוֹלִיד אֶת־עֻזָּא וְאֶת־אֲחִיחֻד: וְשַׁחֲרַיִם הוֹלִיד
⁹ בִּשְׂדֵה מוֹאָב מִן־שִׁלְחוֹ אֹתָם חוּשִׁים וְאֶת־בַּעֲרָא נָשָׁיו: וַיּוֹלֶד
מִן־חֹדֶשׁ אִשְׁתּוֹ אֶת־יוֹבָב וְאֶת־צִבְיָא וְאֶת־מֵישָׁא וְאֶת־מַלְכָּם:
ᶦ וְאֶת־יְעוּץ וְאֶת־שָׂכְיָה וְאֶת־מִרְמָה אֵלֶּה בָנָיו רָאשֵׁי אָבוֹת:
¹¹ וּמֵחֻשִׁים הוֹלִיד אֶת־אֲבִיטוּב וְאֶת־אֶלְפָּעַל: וּבְנֵי אֶלְפַּעַל עֵבֶר
¹²
¹³ וּמִשְׁעָם וָשָׁמֶד הוּא בָּנָה אֶת־אוֹנוֹ וְאֶת־לֹד וּבְנֹתֶיהָ: וּבְרְעָה וָשֶׁמַע
הֵמָּה רָאשֵׁי הָאָבוֹת לְיוֹשְׁבֵי אַיָּלוֹן הֵמָּה הִבְרִיחוּ אֶת־יוֹשְׁבֵי גַת:
¹⁴ וְאַחְיוֹ שָׁשָׁק וִירֵמוֹת: וּזְבַדְיָה וַעֲרָד וָעָדֶר: וּמִיכָאֵל וְיִשְׁפָּה וְיוֹחָא
¹⁵
¹⁶
¹⁷ בְּנֵי בְרִיעָה: וּזְבַדְיָה וּמְשֻׁלָּם וְחִזְקִי וָחָבֶר: וְיִשְׁמְרַי וְיִזְלִיאָה וְיוֹבָב
¹⁸
¹⁹ בְּנֵי אֶלְפָּעַל: וְיָקִים וְזִכְרִי וְזַבְדִּי: וֶאֱלִיעֵנַי וְצִלְּתַי וֶאֱלִיאֵל:
²⁰
²¹ וַעֲדָיָה וּבְרָאיָה וְשִׁמְרָת בְּנֵי שִׁמְעִי: וְיִשְׁפָּן וָעֵבֶד וֶאֱלִיאֵל:
²²
²³ וְעַבְדּוֹן וְזִכְרִי וְחָנָן: וַחֲנַנְיָה וְעֵילָם וְעַנְתֹתִיָּה: וְיִפְדְיָה וּפְנוּאֵל
²⁴
²⁵ בְּנֵי שָׁשָׁק: וְשַׁמְשְׁרַי וּשְׁחַרְיָה וַעֲתַלְיָה: וְיַעֲרֶשְׁיָה וְאֵלִיָּה וְזִכְרִי
²⁶
²⁷ בְּנֵי יְרֹחָם: אֵלֶּה רָאשֵׁי אָבוֹת לְתֹלְדוֹתָם רָאשִׁים אֵלֶּה יָשְׁבוּ
²⁸ בִּירוּשָׁלָ͏ִם:
²⁹ וּבְגִבְעוֹן יָשְׁבוּ אֲבִי גִבְעוֹן וְשֵׁם אִשְׁתּוֹ מַעֲכָה: וּבְנוֹ הַבְּכוֹר
ˡ
³¹ עַבְדּוֹן וְצוּר וְקִישׁ וּבַעַל וְנָדָב: וּגְדוֹר וְאַחְיוֹ וָזָכֶר: וּמִקְלוֹת
³²

הוֹלִיד אֶת־שִׁמְאָה וְאַף־הֵמָּה נֶגֶד אֲחֵיהֶם יָשְׁבוּ בִירוּשָׁלַם עִם־
אֲחֵיהֶם:

33 וְנֵר הוֹלִיד אֶת־קִישׁ וְקִישׁ הוֹלִיד אֶת־שָׁאוּל וְשָׁאוּל הוֹלִיד
34 אֶת־יְהוֹנָתָן וְאֶת־מַלְכִּי־שׁוּעַ וְאֶת־אֲבִינָדָב וְאֶת־אֶשְׁבָּעַל: וּבֶן־
לה יְהוֹנָתָן מְרִיב בָּעַל וּמְרִיב בַּעַל הוֹלִיד אֶת־מִיכָה: וּבְנֵי מִיכָה
36 פִּיתוֹן וָמֶלֶךְ וְתַאְרֵעַ וְאָחָז: וְאָחָז הוֹלִיד אֶת־יְהוֹעַדָּה וִיהוֹעַדָּה
הוֹלִיד אֶת־עָלֶמֶת וְאֶת־עַזְמָוֶת וְאֶת־זִמְרִי וְזִמְרִי הוֹלִיד אֶת־
37 מוֹצָא: וּמוֹצָא הוֹלִיד אֶת־בִּנְעָא רָפָה בְנוֹ אֶלְעָשָׂה בְנוֹ אָצֵל בְּנוֹ:
38 וּלְאָצֵל שִׁשָּׁה בָנִים וְאֵלֶּה שְׁמוֹתָם עַזְרִיקָם בֹּכְרוּ וְיִשְׁמָעֵאל
39 וּשְׁעַרְיָה וְעֹבַדְיָה וְחָנָן כָּל־אֵלֶּה בְּנֵי אָצַל: וּבְנֵי עֵשֶׁק אָחִיו אוּלָם
מ בְּכֹרוֹ יְעוּשׁ הַשֵּׁנִי וֶאֱלִיפֶלֶט הַשְּׁלִשִׁי: וַיִּהְיוּ בְנֵי־אוּלָם אֲנָשִׁים
גִּבֹּרֵי־חַיִל דֹּרְכֵי קֶשֶׁת וּמַרְבִּים בָּנִים וּבְנֵי בָנִים מֵאָה וַחֲמִשִּׁים
כָּל־אֵלֶּה מִבְּנֵי בִנְיָמִן:

9 ט

א וְכָל־יִשְׂרָאֵל הִתְיַחֲשׂוּ וְהִנָּם כְּתוּבִים עַל־סֵפֶר מַלְכֵי יִשְׂרָאֵל
2 וִיהוּדָה הָגְלוּ לְבָבֶל בְּמַעֲלָם: וְהַיּוֹשְׁבִים הָרִאשֹׁנִים אֲשֶׁר
3 בַּאֲחֻזָּתָם בְּעָרֵיהֶם יִשְׂרָאֵל הַכֹּהֲנִים הַלְוִיִּם וְהַנְּתִינִים: וּבִירוּשָׁלַם
יָשְׁבוּ מִן־בְּנֵי יְהוּדָה וּמִן־בְּנֵי בִנְיָמִן וּמִן־בְּנֵי אֶפְרַיִם וּמְנַשֶּׁה:
4 עוּתַי בֶּן־עַמִּיהוּד בֶּן־עָמְרִי בֶּן־אִמְרִי בֶן־בָּנִימִן בֶּן־פֶּרֶץ בֶּן־
ה יְהוּדָה: וּמִן־הַשִּׁילוֹנִי עֲשָׂיָה הַבְּכוֹר וּבָנָיו: וּמִן־בְּנֵי זֶרַח יְעוּאֵל
6
7 וַאֲחֵיהֶם שֵׁשׁ־מֵאוֹת וְתִשְׁעִים: וּמִן־בְּנֵי בִנְיָמִן סַלּוּא בֶּן־מְשֻׁלָּם
8 בֶּן־הוֹדַוְיָה בֶּן־הַסְּנֻאָה: וְיִבְנְיָה בֶּן־יְרֹחָם וְאֵלָה בֶן־עֻזִּי בֶּן־
9 מִכְרִי וּמְשֻׁלָּם בֶּן־שְׁפַטְיָה בֶּן־רְעוּאֵל בֶּן־יִבְנִיָּה: וַאֲחֵיהֶם
לְתֹלְדֹתָם תְּשַׁע מֵאוֹת וַחֲמִשִּׁים וְשִׁשָּׁה כָּל־אֵלֶּה אֲנָשִׁים רָאשֵׁי
אָבוֹת לְבֵית אֲבֹתֵיהֶם:
י וּמִן־הַכֹּהֲנִים יְדַעְיָה וִיהוֹיָרִיב וְיָכִין: וַעֲזַרְיָה בֶן־חִלְקִיָּה בֶּן־
11 מְשֻׁלָּם בֶּן־צָדוֹק בֶּן־מְרָיוֹת בֶּן־אֲחִיטוּב נְגִיד בֵּית הָאֱלֹהִים:
12 וַעֲדָיָה בֶּן־יְרֹחָם בֶּן־פַּשְׁחוּר בֶּן־מַלְכִּיָּה וּמַעְשַׂי בֶּן־עֲדִיאֵל בֶּן־

יַחְזֵרָה בֶּן־מְשֻׁלָּם בֶּן־מְשִׁלֵּמִית בֶּן־אִמֵּר: וַאֲחֵיהֶם רָאשִׁים לְבֵית ¹³
אֲבוֹתָם אֶלֶף וּשְׁבַע מֵאוֹת וְשִׁשִּׁים גִּבּוֹרֵי חֵיל מְלֶאכֶת עֲבוֹדַת
בֵּית־הָאֱלֹהִים: וּמִן־הַלְוִיִּם שְׁמַעְיָה בֶן־חַשּׁוּב בֶּן־עַזְרִיקָם בֶּן־ ¹⁴
חֲשַׁבְיָה מִן־בְּנֵי מְרָרִי: וּבַקְבַּקַּר חֶרֶשׁ וְגָלָל וּמַתַּנְיָה בֶּן־ טו
מִיכָא בֶּן־זִכְרִי בֶּן־אָסָף: וְעֹבַדְיָה בֶּן־שְׁמַעְיָה בֶּן־גָּלָל בֶּן־ ¹⁶
יְדוּתוּן וּבֶרֶכְיָה בֶן־אָסָא בֶּן־אֶלְקָנָה הַיּוֹשֵׁב בְּחַצְרֵי נְטוֹפָתִי:
וְהַשֹּׁעֲרִים שַׁלּוּם וְעַקּוּב וְטַלְמֹן וַאֲחִימָן וַאֲחִיהֶם שַׁלּוּם הָרֹאשׁ: ¹⁷
וְעַד־הֵנָּה בְּשַׁעַר הַמֶּלֶךְ מִזְרָחָה הֵמָּה הַשֹּׁעֲרִים לְמַחֲנוֹת בְּנֵי לֵוִי: ¹⁸
וְשַׁלּוּם בֶּן־קוֹרֵא בֶּן־אֶבְיָסָף בֶּן־קֹרַח וְאֶחָיו לְבֵית־אָבִיו הַקָּרְחִים ¹⁹
עַל מְלֶאכֶת הָעֲבֹדָה שֹׁמְרֵי הַסִּפִּים לָאֹהֶל וַאֲבֹתֵיהֶם עַל־מַחֲנֵה
יְהֹוָה שֹׁמְרֵי הַמָּבוֹא: וּפִינְחָס בֶּן־אֶלְעָזָר נָגִיד הָיָה עֲלֵיהֶם כ
לְפָנִים יְהֹוָה עִמּוֹ: זְכַרְיָה בֶּן מְשֶׁלֶמְיָה שֹׁעֵר פֶּתַח לְאֹהֶל מוֹעֵד: ²¹
כֻּלָּם הַבְּרוּרִים לְשֹׁעֲרִים בַּסִּפִּים מָאתַיִם וּשְׁנֵים עָשָׂר הֵמָּה ²²
בְחַצְרֵיהֶם הִתְיַחְשָׂם הֵמָּה יִסַּד דָּוִיד וּשְׁמוּאֵל הָרֹאֶה בֶּאֱמוּנָתָם:
וְהֵם וּבְנֵיהֶם עַל־הַשְּׁעָרִים לְבֵית־יְהֹוָה לְבֵית הָאֹהֶל לְמִשְׁמָרוֹת: ²³
לְאַרְבַּע רוּחוֹת יִהְיוּ הַשֹּׁעֲרִים מִזְרָח יָמָּה צָפוֹנָה וָנֶגְבָּה: וַאֲחֵיהֶם כה ²⁴
בְּחַצְרֵיהֶם לָבוֹא לְשִׁבְעַת הַיָּמִים מֵעֵת אֶל־עֵת עִם־אֵלֶּה:
כִּי בֶאֱמוּנָה הֵמָּה אַרְבַּעַת גִּבֹּרֵי הַשֹּׁעֲרִים הֵם הַלְוִיִּם וְהָיוּ עַל־ ²⁶
הַלְּשָׁכוֹת וְעַל־הָאֹצְרוֹת בֵּית הָאֱלֹהִים: וּסְבִיבוֹת בֵּית־הָאֱלֹהִים ²⁷
יָלִינוּ כִּי־עֲלֵיהֶם מִשְׁמֶרֶת וְהֵם עַל־הַמַּפְתֵּחַ וְלַבֹּקֶר לַבֹּקֶר:
וּמֵהֶם עַל־כְּלֵי הָעֲבֹדָה כִּי־בְמִסְפָּר יְבִיאוּם וּבְמִסְפָּר יוֹצִיאוּם: ²⁸
וּמֵהֶם מְמֻנִּים עַל־הַכֵּלִים וְעַל כָּל־כְּלֵי הַקֹּדֶשׁ וְעַל־הַסֹּלֶת וְהַיַּיִן ²⁹
וְהַשֶּׁמֶן וְהַלְּבוֹנָה וְהַבְּשָׂמִים: וּמִן־בְּנֵי הַכֹּהֲנִים רֹקְחֵי הַמִּרְקַחַת ל
לַבְּשָׂמִים: וּמַתִּתְיָה מִן־הַלְוִיִּם הוּא הַבְּכוֹר לְשַׁלֻּם הַקָּרְחִי בֶּאֱמוּנָה ³¹
עַל מַעֲשֵׂה הַחֲבִתִּים: וּמִן־בְּנֵי הַקְּהָתִי מִן־אֲחֵיהֶם עַל־לֶחֶם ³²
הַמַּעֲרֶכֶת לְהָכִין שַׁבַּת שַׁבָּת:
וְאֵלֶּה הַמְשֹׁרְרִים רָאשֵׁי אָבוֹת לַלְוִיִּם בַּלְּשָׁכֹת פְּטִירִים כִּי־ ³³
יוֹמָם וָלַיְלָה עֲלֵיהֶם בַּמְּלָאכָה: אֵלֶּה רָאשֵׁי הָאָבוֹת לַלְוִיִּם ³⁴
לְתֹלְדוֹתָם רָאשִׁים אֵלֶּה יָשְׁבוּ בִירוּשָׁלָ͏ִם:

לה
36 וּבְגִבְעוֹן יָשְׁבוּ אֲבִי־גִבְעוֹן יְעוּאֵל וְשֵׁם אִשְׁתּוֹ מַעֲכָה: וּבְנוֹ

37 הַבְּכוֹר עַבְדּוֹן וְצוּר וְקִישׁ וּבַעַל וְנֵר וְנָדָב: וּגְדוֹר וְאַחְיוֹ וּזְכַרְיָה

38 וּמִקְלוֹת: וּמִקְלוֹת הוֹלִיד אֶת־שִׁמְאָם וְאַף־הֵם נֶגֶד אֲחֵיהֶם
יָשְׁבוּ בִירוּשָׁלַ͏ִם עִם־אֲחֵיהֶם:

39 וְנֵר הוֹלִיד אֶת־קִישׁ וְקִישׁ הוֹלִיד אֶת־שָׁאוּל וְשָׁאוּל הוֹלִיד

מ אֶת־יְהוֹנָתָן וְאֶת־מַלְכִּי־שׁוּעַ וְאֶת־אֲבִינָדָב וְאֶת־אֶשְׁבָּעַל: וּבֶן־
41

41 יְהוֹנָתָן מְרִיב בָּעַל וּמְרִי־בַעַל הוֹלִיד אֶת־מִיכָה: וּבְנֵי מִיכָה

42 פִּיתֹן וָמֶלֶךְ וְתַחְרֵעַ: וְאָחָז הוֹלִיד אֶת־יַעְרָה וְיַעְרָה הוֹלִיד אֶת־

43 עָלֶמֶת וְאֶת־עַזְמָוֶת וְאֶת־זִמְרִי וְזִמְרִי הוֹלִיד אֶת־מוֹצָא: וּמוֹצָא

44 הוֹלִיד אֶת־בִּנְעָא וּרְפָיָה בְנוֹ אֶלְעָשָׂה בְנוֹ אָצֵל בְּנוֹ: וּלְאָצֵל
שִׁשָּׁה בָנִים וְאֵלֶּה שְׁמוֹתָם עַזְרִיקָם בֹּכְרוּ וְיִשְׁמָעֵאל וּשְׁעַרְיָה
וְעֹבַדְיָה חָנָן אֵלֶּה בְּנֵי אָצַל:

י 10

א וּפְלִשְׁתִּים נִלְחֲמוּ בְיִשְׂרָאֵל וַיָּנָס אִישׁ־יִשְׂרָאֵל מִפְּנֵי פְלִשְׁתִּים

2 וַיִּפְּלוּ חֲלָלִים בְּהַר גִּלְבֹּעַ: וַיַּדְבְּקוּ פְלִשְׁתִּים אַחֲרֵי שָׁאוּל
וְאַחֲרֵי בָנָיו וַיַּכּוּ פְלִשְׁתִּים אֶת־יוֹנָתָן וְאֶת־אֲבִינָדָב וְאֶת־מַלְכִּי־

3 שׁוּעַ בְּנֵי שָׁאוּל: וַתִּכְבַּד הַמִּלְחָמָה עַל־שָׁאוּל וַיִּמְצָאֻהוּ הַמּוֹרִים

4 בַּקָּשֶׁת וַיָּחֶל מִן־הַיּוֹרִים: וַיֹּאמֶר שָׁאוּל אֶל־נֹשֵׂא כֵלָיו שְׁלֹף
חַרְבְּךָ וְדָקְרֵנִי בָהּ פֶּן־יָבֹאוּ הָעֲרֵלִים הָאֵלֶּה וְהִתְעַלְּלוּ־בִי
וְלֹא אָבָה נֹשֵׂא כֵלָיו כִּי יָרֵא מְאֹד וַיִּקַּח שָׁאוּל אֶת־הַחֶרֶב וַיִּפֹּל

ה עָלֶיהָ: וַיַּרְא נֹשֵׂא־כֵלָיו כִּי מֵת שָׁאוּל וַיִּפֹּל גַּם־הוּא עַל־הַחֶרֶב

6 וַיָּמֹת: וַיָּמָת שָׁאוּל וּשְׁלֹשֶׁת בָּנָיו וְכָל־בֵּיתוֹ יַחְדָּו מֵתוּ: וַיִּרְאוּ
7 כָל־אִישׁ יִשְׂרָאֵל אֲשֶׁר־בָּעֵמֶק כִּי נָסוּ וְכִי־מֵתוּ שָׁאוּל וּבָנָיו וַיַּעַזְבוּ
עָרֵיהֶם וַיָּנֻסוּ וַיָּבֹאוּ פְלִשְׁתִּים וַיֵּשְׁבוּ בָּהֶם:

8 וַיְהִי מִמָּחֳרָת וַיָּבֹאוּ פְלִשְׁתִּים לְפַשֵּׁט אֶת־הַחֲלָלִים וַיִּמְצְאוּ

9 אֶת־שָׁאוּל וְאֶת־בָּנָיו נֹפְלִים בְּהַר גִּלְבֹּעַ: וַיַּפְשִׁיטֻהוּ וַיִּשְׂאוּ אֶת־
רֹאשׁוֹ וְאֶת־כֵּלָיו וַיְשַׁלְּחוּ בְאֶרֶץ־פְלִשְׁתִּים סָבִיב לְבַשֵּׂר אֶת־

י עֲצַבֵּיהֶם וְאֶת־הָעָם: וַיָּשִׂימוּ אֶת־כֵּלָיו בֵּית אֱלֹהֵיהֶם וְאֶת־

11 גִּלְגָּלְתּוֹ תָּקְעוּ בֵּית דָּגוֹן: וַיִּשְׁמְעוּ כֹּל יָבֵישׁ גִּלְעָד אֵת כָּל־
12 אֲשֶׁר־עָשׂוּ פְלִשְׁתִּים לְשָׁאוּל: וַיָּקוּמוּ כָּל־אִישׁ חַיִל וַיִּשְׂאוּ
אֶת־גּוּפַת שָׁאוּל וְאֵת גּוּפֹת בָּנָיו וַיְבִיאוּם יָבֵישָׁה וַיִּקְבְּרוּ
13 אֶת־עַצְמוֹתֵיהֶם תַּחַת הָאֵלָה בְּיָבֵשׁ וַיָּצוּמוּ שִׁבְעַת יָמִים: וַיָּמָת
שָׁאוּל בְּמַעֲלוֹ אֲשֶׁר־מָעַל בַּיהוָה עַל־דְּבַר יְהוָה אֲשֶׁר לֹא־שָׁמָר
14 וְגַם־לִשְׁאוֹל בָּאוֹב לִדְרוֹשׁ: וְלֹא־דָרַשׁ בַּיהוָה וַיְמִיתֵהוּ וַיַּסֵּב
אֶת־הַמְּלוּכָה לְדָוִיד בֶּן־יִשָׁי:

יא 11

א וַיִּקָּבְצוּ כָל־יִשְׂרָאֵל אֶל־דָּוִיד חֶבְרוֹנָה לֵאמֹר הִנֵּה עַצְמְךָ
2 וּבְשָׂרְךָ אֲנָחְנוּ: גַּם־תְּמוֹל גַּם־שִׁלְשׁוֹם גַּם בִּהְיוֹת שָׁאוּל מֶלֶךְ
אַתָּה הַמּוֹצִיא וְהַמֵּבִיא אֶת־יִשְׂרָאֵל וַיֹּאמֶר יְהוָה אֱלֹהֶיךָ לְךָ אַתָּה
תִרְעֶה אֶת־עַמִּי אֶת־יִשְׂרָאֵל וְאַתָּה תִּהְיֶה נָגִיד עַל עַמִּי יִשְׂרָאֵל:
3 וַיָּבֹאוּ כָּל־זִקְנֵי יִשְׂרָאֵל אֶל־הַמֶּלֶךְ חֶבְרוֹנָה וַיִּכְרֹת לָהֶם דָּוִיד
בְּרִית בְּחֶבְרוֹן לִפְנֵי יְהוָה וַיִּמְשְׁחוּ אֶת־דָּוִיד לְמֶלֶךְ עַל־יִשְׂרָאֵל
כִּדְבַר יְהוָה בְּיַד־שְׁמוּאֵל:
4 וַיֵּלֶךְ דָּוִיד וְכָל־יִשְׂרָאֵל יְרוּשָׁלַם הִיא יְבוּס וְשָׁם הַיְבוּסִי יֹשְׁבֵי
ה הָאָרֶץ: וַיֹּאמְרוּ יֹשְׁבֵי יְבוּס לְדָוִיד לֹא תָבוֹא הֵנָּה וַיִּלְכֹּד דָּוִיד
6 אֶת־מְצֻדַת צִיּוֹן הִיא עִיר דָּוִיד: וַיֹּאמֶר דָּוִיד כָּל־מַכֵּה יְבוּסִי
בָּרִאשׁוֹנָה יִהְיֶה לְרֹאשׁ וּלְשָׂר וַיַּעַל בָּרִאשׁוֹנָה יוֹאָב בֶּן־צְרוּיָה
7 וַיְהִי לְרֹאשׁ: וַיֵּשֶׁב דָּוִיד בַּמְצָד עַל־כֵּן קָרְאוּ־לוֹ עִיר דָּוִיד:
8 וַיִּבֶן הָעִיר מִסָּבִיב מִן־הַמִּלּוֹא וְעַד־הַסָּבִיב וְיוֹאָב יְחַיֶּה אֶת־
9 שְׁאָר הָעִיר: וַיֵּלֶךְ דָּוִיד הָלוֹךְ וְגָדוֹל וַיהוָה צְבָאוֹת עִמּוֹ:
י וְאֵלֶּה רָאשֵׁי הַגִּבּוֹרִים אֲשֶׁר לְדָוִיד הַמִּתְחַזְּקִים עִמּוֹ בְמַלְכוּתוֹ
11 עִם־כָּל־יִשְׂרָאֵל לְהַמְלִיכוֹ כִּדְבַר יְהוָה עַל־יִשְׂרָאֵל: וְאֵלֶּה
מִסְפַּר הַגִּבֹּרִים אֲשֶׁר לְדָוִיד יָשָׁבְעָם בֶּן־חַכְמוֹנִי רֹאשׁ הַשָּׁלוֹשִׁים
הוּא עוֹרֵר אֶת־חֲנִיתוֹ עַל־שְׁלֹשׁ־מֵאוֹת חָלָל בְּפַעַם אֶחָת:
12 וְאַחֲרָיו אֶלְעָזָר בֶּן־דּוֹדוֹ הָאֲחוֹחִי הוּא בִּשְׁלוֹשָׁה הַגִּבֹּרִים:
13 הוּא־הָיָה עִם־דָּוִיד בַּפַּס דַּמִּים וְהַפְּלִשְׁתִּים נֶאֶסְפוּ־שָׁם לַמִּלְחָמָה

וַתְּהִי חֶלְקַת הַשָּׂדֶה מְלֵאָה שְׂעוֹרִים וְהָעָם נָסוּ מִפְּנֵי פְלִשְׁתִּים:

14 וַיִּתְיַצְּבוּ בְתוֹךְ־הַחֶלְקָה וַיַּצִּילוּהָ וַיַּכּוּ אֶת־פְּלִשְׁתִּים וַיּוֹשַׁע יְהוָה

טו תְּשׁוּעָה גְדוֹלָה: וַיֵּרְדוּ שְׁלוֹשָׁה מִן־הַשְּׁלוֹשִׁים רֹאשׁ עַל־הַצֻּר

אֶל־דָּוִיד אֶל־מְעָרַת עֲדֻלָּם וּמַחֲנֵה פְלִשְׁתִּים חֹנָה בְּעֵמֶק

16 רְפָאִים: וְדָוִיד אָז בַּמְּצוּדָה וּנְצִיב פְּלִשְׁתִּים אָז בְּבֵית לָחֶם:

17 וַיִּתְאָו דָוִיד וַיֹּאמַר מִי יַשְׁקֵנִי מַיִם מִבּוֹר בֵּית־לֶחֶם אֲשֶׁר בַּשָּׁעַר:

18 וַיִּבְקְעוּ הַשְּׁלֹשָׁה בְּמַחֲנֵה פְלִשְׁתִּים וַיִּשְׁאֲבוּ־מַיִם מִבּוֹר בֵּית־לֶחֶם

אֲשֶׁר בַּשַּׁעַר וַיִּשְׂאוּ וַיָּבִאוּ אֶל־דָּוִיד וְלֹא־אָבָה דָוִיד לִשְׁתּוֹתָם

19 וַיְנַסֵּךְ אֹתָם לַיהוָה: וַיֹּאמֶר חָלִילָה לִּי מֵאֱלֹהַי מֵעֲשׂוֹת זֹאת הֲדַם

הָאֲנָשִׁים הָאֵלֶּה אֶשְׁתֶּה בְנַפְשׁוֹתָם כִּי בְנַפְשׁוֹתָם הֱבִיאוּם וְלֹא אָבָה

לִשְׁתּוֹתָם אֵלֶּה עָשׂוּ שְׁלֹשֶׁת הַגִּבּוֹרִים:

כ וְאַבְשַׁי אֲחִי יוֹאָב הוּא הָיָה רֹאשׁ הַשְּׁלוֹשָׁה וְהוּא עוֹרֵר

21 אֶת־חֲנִיתוֹ עַל־שְׁלֹשׁ מֵאוֹת חָלָל וְלֹא־שֵׁם בַּשְּׁלוֹשָׁה: מִן־

הַשְּׁלוֹשָׁה בַשְּׁנַיִם נִכְבָּד וַיְהִי לָהֶם לְשָׂר וְעַד־הַשְּׁלוֹשָׁה לֹא

22 בָא: בְּנָיָה בֶן־יְהוֹיָדָע בֶּן־אִישׁ־חַיִל רַב־פְּעָלִים מִן־קַבְצְאֵל

הוּא הִכָּה אֵת שְׁנֵי אֲרִיאֵל מוֹאָב וְהוּא יָרַד וְהִכָּה אֶת־הָאֲרִי

23 בְּתוֹךְ הַבּוֹר בְּיוֹם הַשָּׁלֶג: וְהוּא־הִכָּה אֶת־הָאִישׁ הַמִּצְרִי אִישׁ

מִדָּה חָמֵשׁ בָּאַמָּה וּבְיַד הַמִּצְרִי חֲנִית כִּמְנוֹר אֹרְגִים וַיֵּרֶד אֵלָיו

24 בַּשָּׁבֶט וַיִּגְזֹל אֶת־הַחֲנִית מִיַּד הַמִּצְרִי וַיַּהַרְגֵהוּ בַּחֲנִיתוֹ: אֵלֶּה

כה עָשָׂה בְּנָיָהוּ בֶּן־יְהוֹיָדָע וְלוֹ־שֵׁם בִּשְׁלוֹשָׁה הַגִּבֹּרִים: מִן־הַשְּׁלוֹשִׁים

הִנּוֹ נִכְבָּד הוּא וְאֶל־הַשְּׁלֹשָׁה לֹא בָא וַיְשִׂימֵהוּ דָוִיד עַל־

מִשְׁמַעְתּוֹ:

26 וְגִבּוֹרֵי הַחֲיָלִים עֲשָׂהאֵל אֲחִי יוֹאָב אֶלְחָנָן בֶּן־דּוֹדוֹ מִבֵּית

27 לָחֶם: שַׁמּוֹת הַהֲרוֹרִי חֶלֶץ הַפְּלוֹנִי: עִירָא בֶן־עִקֵּשׁ הַתְּקוֹעִי
28

29 אֲבִיעֶזֶר הָעַנְּתוֹתִי: סִבְּכַי הַחֻשָׁתִי עִילַי הָאֲחוֹחִי: מַהְרַי הַנְּטֹפָתִי
ל

31 חֵלֶד בֶּן־בַּעֲנָה הַנְּטֹפָתִי: אִתַּי בֶּן־רִיבַי מִגִּבְעַת בְּנֵי בִנְיָמִן בְּנָיָה

32 הַפִּרְעָתֹנִי: חוּרַי מִנַּחֲלֵי גָעַשׁ אֲבִיאֵל הָעַרְבָתִי: עַזְמָוֶת הַבַּחֲרוּמִי
33

34 אֶלְיַחְבָּא הַשַּׁעַלְבֹנִי: בְּנֵי הָשֵׁם הַגִּזוֹנִי יוֹנָתָן בֶּן־שָׁגֵה הַהֲרָרִי:

לה אֲחִיאָם בֶּן־שָׂכָר הַהֲרָרִי אֱלִיפַל בֶּן־אוּר: חֵפֶר הַמְּכֵרָתִי אֲחִיָּה
36

37 הַפְּלֹנִי: חֶצְרוֹ הַכַּרְמְלִי נַעֲרַי בֶּן־אֶזְבָּי: יוֹאֵל אֲחִי נָתָן מִבְחָר
38

39 בֶּן־הַגְרִי: צֶלֶק הָעַמּוֹנִי נַחְרַי הַבְּרֹתִי נֹשֵׂא כְּלֵי יוֹאָב בֶּן־צְרוּיָה:

40 עִירָא הַיִּתְרִי גָּרֵב הַיִּתְרִי: אוּרִיָּה הַחִתִּי זָבָד בֶּן־אַחְלָי:
41

42 עֲדִינָא בֶן־שִׁיזָא הָראוּבֵנִי ראש לָראוּבֵנִי וְעָלָיו שְׁלשִׁים: חָנָן
43

44 בֶּן־מַעֲכָה וְיוֹשָׁפָט הַמִּתְנִי: עֻזִּיָּא הָעַשְׁתְּרָתִי שָׁמָע וִיעוּאֵל בְּנֵי

45 חוֹתָם הָעֲרֹעֵרִי: יְדִיעֲאֵל בֶּן־שִׁמְרִי וְיֹחָא אָחִיו הַתִּיצִי: אֱלִיאֵל
46

47 הַמַּחֲוִים וִירִיבַי וְיוֹשַׁוְיָה בְּנֵי אֶלְנָעַם וְיִתְמָה הַמּוֹאָבִי: אֱלִיאֵל
וְעוֹבֵד וַיַעֲשִׂיאֵל הַמְּצֹבָיָה:

יב 12

1 וְאֵלֶּה הַבָּאִים אֶל־דָּוִיד לְצִיקְלַג עוֹד עָצוּר מִפְּנֵי שָׁאוּל בֶּן־

2 קִישׁ וְהֵמָּה בַּגִּבּוֹרִים עֹזְרֵי הַמִּלְחָמָה: נֹשְׁקֵי קֶשֶׁת מַיְמִינִים
וּמַשְׂמִאלִים בָּאֲבָנִים וּבַחִצִּים בַּקָּשֶׁת מֵאֲחֵי שָׁאוּל מִבִּנְיָמִן:

3 הָראשׁ אֲחִיעֶזֶר וְיוֹאָשׁ בְּנֵי הַשְּׁמָעָה הַגִּבְעָתִי וִיזוּאֵל וָפֶלֶט

4 בְּנֵי עַזְמָוֶת וּבְרָכָה וְיֵהוּא הָעַנְּתֹתִי: וְיִשְׁמַעְיָה הַגִּבְעוֹנִי גִּבּוֹר

5 בַּשְּׁלשִׁים וְעַל־הַשְּׁלשִׁים: וְיִרְמְיָה וַיַחֲזִיאֵל וְיוֹחָנָן וְיוֹזָבָד הַגְּדֵרָתִי:

6 אֶלְעוּזַי וִירִימוֹת וּבְעַלְיָה וּשְׁמַרְיָהוּ וּשְׁפַטְיָהוּ הַחֲרוּפִי: אֶלְקָנָה
7

8 וְיִשִּׁיָּהוּ וַעֲזַרְאֵל וְיוֹעֶזֶר וְיָשָׁבְעָם הַקָּרְחִים: וְיוֹעֵאלָה וּזְבַדְיָה בְּנֵי

9 יְרֹחָם מִן־הַגְּדוֹר: וּמִן־הַגָּדִי נִבְדְּלוּ אֶל־דָּוִיד לַמְצַד מִדְבָּרָה
גִּבֹּרֵי הַחַיִל צָבָא לַמִּלְחָמָה עֹרְכֵי צִנָּה וָרֹמַח וּפְנֵי אַרְיֵה

10 פְּנֵיהֶם וְכִצְבָאִים עַל־הֶהָרִים לְמַהֵר: עֵזֶר הָראשׁ עֹבַדְיָה הַשֵּׁנִי

11 אֱלִיאָב הַשְּׁלִשִׁי: מִשְׁמַנָּה הָרְבִיעִי יִרְמְיָה הַחֲמִשִׁי: עַתַּי הַשִּׁשִּׁי
12

13 אֱלִיאֵל הַשְּׁבִיעִי: יוֹחָנָן הַשְּׁמִינִי אֶלְזָבָד הַתְּשִׁיעִי: יִרְמְיָהוּ הָעֲשִׂירִי
14
מַכְבַּנַּי עַשְׁתֵּי עָשָׂר:

15 אֵלֶּה מִבְּנֵי־גָד רָאשֵׁי הַצָּבָא אֶחָד לְמֵאָה הַקָּטָן וְהַגָּדוֹל לְאָלֶף:

16 אֵלֶּה הֵם אֲשֶׁר עָבְרוּ אֶת־הַיַּרְדֵּן בַּחֹדֶשׁ הָראשׁוֹן וְהוּא מְמַלֵּא
עַל־כָּל־גְּדִיתָיו וַיַּבְרִיחוּ אֶת־כָּל־הָעֲמָקִים לַמִּזְרָח וְלַמַּעֲרָב:

17 וַיָּבֹאוּ מִן־בְּנֵי בִנְיָמִן וִיהוּדָה עַד־לַמְצָד לְדָוִיד: וַיֵּצֵא דָוִיד
18
לִפְנֵיהֶם וַיַּעַן וַיֹּאמֶר לָהֶם אִם־לְשָׁלוֹם בָּאתֶם אֵלַי לְעָזְרֵנִי יִהְיֶה־

לִי עֲלֵיכֶם לֵבָב לְיַחַד וְאִם־לְרַמּוֹתַנִי לְצָרַי בְּלֹא חָמָס בְּכַפַּי

19 יֵרֶא אֱלֹהֵי אֲבוֹתֵינוּ וְיוֹכַח: וְרוּחַ לָבְשָׁה אֶת־עֲמָשַׂי רֹאשׁ
הַשָּׁלוֹשִׁים לְךָ דָוִיד וְעִמְּךָ בֶן־יִשַׁי שָׁלוֹם שָׁלוֹם לְךָ וְשָׁלוֹם
לְעֹזְרֶךָ כִּי עֲזָרְךָ אֱלֹהֶיךָ וַיְקַבְּלֵם דָּוִיד וַיִּתְּנֵם בְּרָאשֵׁי הַגְּדוּד:

כ וּמִמְּנַשֶּׁה נָפְלוּ עַל־דָּוִיד בְּבֹאוֹ עִם־פְּלִשְׁתִּים עַל־שָׁאוּל
לַמִּלְחָמָה וְלֹא עֲזָרֻם כִּי בְעֵצָה שִׁלְּחֻהוּ סַרְנֵי פְלִשְׁתִּים לֵאמֹר

21 בְּרָאשֵׁינוּ יִפּוֹל אֶל־אֲדֹנָיו שָׁאוּל: בְּלֶכְתּוֹ אֶל־צִיקְלַג נָפְלוּ
עָלָיו מִמְּנַשֶּׁה עַדְנַח וְיוֹזָבָד וִידִיעֲאֵל וּמִיכָאֵל וְיוֹזָבָד וֶאֱלִיהוּא

22 וְצִלְּתָי רָאשֵׁי הָאֲלָפִים אֲשֶׁר לִמְנַשֶּׁה: וְהֵמָּה עָזְרוּ עִם־דָּוִיד עַל־

23 הַגְּדוּד כִּי־גִבּוֹרֵי חַיִל כֻּלָּם וַיִּהְיוּ שָׂרִים בַּצָּבָא: כִּי לְעֶת־יוֹם
בְּיוֹם יָבֹאוּ עַל־דָּוִיד לְעָזְרוֹ עַד־לְמַחֲנֶה גָּדוֹל כְּמַחֲנֵה אֱלֹהִים:

24 וְאֵלֶּה מִסְפְּרֵי רָאשֵׁי הֶחָלוּץ לַצָּבָא בָּאוּ עַל־דָּוִיד חֶבְרוֹנָה

כה לְהָסֵב מַלְכוּת שָׁאוּל אֵלָיו כְּפִי יְהוָה: בְּנֵי יְהוּדָה נֹשְׂאֵי צִנָּה

26 וָרֹמַח שֵׁשֶׁת אֲלָפִים וּשְׁמוֹנָה מֵאוֹת חֲלוּצֵי צָבָא: מִן־בְּנֵי

27 שִׁמְעוֹן גִּבּוֹרֵי חַיִל לַצָּבָא שִׁבְעַת אֲלָפִים וּמֵאָה: מִן־בְּנֵי

28 הַלֵּוִי אַרְבַּעַת אֲלָפִים וְשֵׁשׁ מֵאוֹת: וִיהוֹיָדָע הַנָּגִיד לְאַהֲרֹן

29 וְעִמּוֹ שְׁלֹשֶׁת אֲלָפִים וּשְׁבַע מֵאוֹת: וְצָדוֹק נַעַר גִּבּוֹר חָיִל

ל וּבֵית־אָבִיו שָׂרִים עֶשְׂרִים וּשְׁנָיִם: וּמִן־בְּנֵי בִנְיָמִן אֲחֵי שָׁאוּל
שְׁלֹשֶׁת אֲלָפִים וְעַד־הֵנָּה מַרְבִּיתָם שֹׁמְרִים מִשְׁמֶרֶת בֵּית שָׁאוּל:

31 וּמִן־בְּנֵי אֶפְרַיִם עֶשְׂרִים אֶלֶף וּשְׁמוֹנֶה מֵאוֹת גִּבּוֹרֵי חַיִל אַנְשֵׁי שֵׁמוֹת

32 לְבֵית אֲבוֹתָם: וּמֵחֲצִי מַטֵּה מְנַשֶּׁה שְׁמוֹנָה עָשָׂר אָלֶף אֲשֶׁר נִקְּבוּ

33 בְּשֵׁמוֹת לָבוֹא לְהַמְלִיךְ אֶת־דָּוִיד: וּמִבְּנֵי יִשָּׂשכָר יוֹדְעֵי בִינָה
לָעִתִּים לָדַעַת מַה־יַּעֲשֶׂה יִשְׂרָאֵל רָאשֵׁיהֶם מָאתַיִם וְכָל־אֲחֵיהֶם

34 עַל־פִּיהֶם: מִזְּבֻלוּן יוֹצְאֵי צָבָא עֹרְכֵי מִלְחָמָה בְּכָל־כְּלֵי מִלְחָמָה

לה חֲמִשִּׁים אָלֶף וְלַעֲדֹר בְּלֹא־לֵב וָלֵב: וּמִנַּפְתָּלִי שָׂרִים אָלֶף

36 וְעִמָּהֶם בְּצִנָּה וַחֲנִית שְׁלֹשִׁים וְשִׁבְעָה אָלֶף: וּמִן־הַדָּנִי עֹרְכֵי

37 מִלְחָמָה עֶשְׂרִים וּשְׁמוֹנָה אֶלֶף וְשֵׁשׁ מֵאוֹת: וּמֵאָשֵׁר יוֹצְאֵי צָבָא

38 לַעֲרֹךְ מִלְחָמָה אַרְבָּעִים אָלֶף: וּמֵעֵבֶר לַיַּרְדֵּן מִן־הָראוּבֵנִי
וְהַגָּדִי וַחֲצִי שֵׁבֶט מְנַשֶּׁה בְּכָל־כְּלֵי צָבָא מִלְחָמָה מֵאָה וְעֶשְׂרִים

כָּל־אֵלֶּה אַנְשֵׁי מִלְחָמָה עֹדְרֵי מַעֲרָכָה בְּלֵבָב שָׁלֵם בָּאוּ 39
חֶבְרוֹנָה לְהַמְלִיךְ אֶת־דָּוִיד עַל־כָּל־יִשְׂרָאֵל וְגַם כָּל־שֵׁרִית
יִשְׂרָאֵל לֵב אֶחָד לְהַמְלִיךְ אֶת־דָּוִיד: וַיִּהְיוּ־שָׁם עִם־דָּוִיד יָמִים מ
שְׁלוֹשָׁה אֹכְלִים וְשׁוֹתִים כִּי־הֵכִינוּ לָהֶם אֲחֵיהֶם: וְגַם הַקְּרוֹבִים־ 41
אֲלֵיהֶם עַד־יִשָּׂשכָר וּזְבֻלוּן וְנַפְתָּלִי מְבִיאִים לֶחֶם בַּחֲמוֹרִים
וּבַגְּמַלִּים וּבַפְּרָדִים וּבַבָּקָר מַאֲכָל קֶמַח דְּבֵלִים וְצִמּוּקִים וְיַיִן
וְשֶׁמֶן וּבָקָר וְצֹאן לָרֹב כִּי שִׂמְחָה בְיִשְׂרָאֵל:

יג 13

וַיִּוָּעַץ דָּוִיד עִם־שָׂרֵי הָאֲלָפִים וְהַמֵּאוֹת לְכָל־נָגִיד: וַיֹּאמֶר א 2
דָּוִיד לְכֹל קְהַל יִשְׂרָאֵל אִם־עֲלֵיכֶם טוֹב וּמִן־יְהוָֹה אֱלֹהֵינוּ
נִפְרְצָה נִשְׁלְחָה עַל־אַחֵינוּ הַנִּשְׁאָרִים בְּכֹל אַרְצוֹת יִשְׂרָאֵל
וְעִמָּהֶם הַכֹּהֲנִים וְהַלְוִיִּם בְּעָרֵי מִגְרְשֵׁיהֶם וְיִקָּבְצוּ אֵלֵינוּ: וְנָסֵבָּה 3
אֶת־אֲרוֹן אֱלֹהֵינוּ אֵלֵינוּ כִּי־לֹא דְרַשְׁנֻהוּ בִּימֵי שָׁאוּל: וַיֹּאמְרוּ 4
כָל־הַקָּהָל לַעֲשׂוֹת כֵּן כִּי־יָשַׁר הַדָּבָר בְּעֵינֵי כָל־הָעָם: וַיַּקְהֵל ה
דָּוִיד אֶת־כָּל־יִשְׂרָאֵל מִן־שִׁיחוֹר מִצְרַיִם וְעַד־לְבוֹא חֲמָת
לְהָבִיא אֶת־אֲרוֹן הָאֱלֹהִים מִקִּרְיַת יְעָרִים: וַיַּעַל דָּוִד וְכָל־ 6
יִשְׂרָאֵל בַּעֲלָתָה אֶל־קִרְיַת יְעָרִים אֲשֶׁר לִיהוּדָה לְהַעֲלוֹת מִשָּׁם
אֵת אֲרוֹן הָאֱלֹהִים יְהוָֹה יוֹשֵׁב הַכְּרוּבִים אֲשֶׁר נִקְרָא־שֵׁם:
וַיַּרְכִּיבוּ אֶת־אֲרוֹן הָאֱלֹהִים עַל־עֲגָלָה חֲדָשָׁה מִבֵּית אֲבִינָדָב 7
וְעֻזָּא וְאַחְיוֹ נֹהֲגִים בָּעֲגָלָה: וְדָוִיד וְכָל־יִשְׂרָאֵל מְשַׂחֲקִים לִפְנֵי 8
הָאֱלֹהִים בְּכָל־עֹז וּבְשִׁירִים וּבְכִנֹּרוֹת וּבִנְבָלִים וּבְתֻפִּים
וּבִמְצִלְתַּיִם וּבַחֲצֹצְרוֹת: וַיָּבֹאוּ עַד־גֹּרֶן כִּידֹן וַיִּשְׁלַח עֻזָּא אֶת־ 9
יָדוֹ לֶאֱחֹז אֶת־הָאָרוֹן כִּי שָׁמְטוּ הַבָּקָר: וַיִּחַר־אַף יְהוָֹה בְּעֻזָּא י
וַיַּכֵּהוּ עַל אֲשֶׁר־שָׁלַח יָדוֹ עַל־הָאָרוֹן וַיָּמָת שָׁם לִפְנֵי אֱלֹהִים:
וַיִּחַר לְדָוִיד כִּי־פָרַץ יְהוָֹה פֶּרֶץ בְּעֻזָּא וַיִּקְרָא לַמָּקוֹם הַהוּא 11
פֶּרֶץ עֻזָּא עַד הַיּוֹם הַזֶּה: וַיִּירָא דָוִיד אֶת־הָאֱלֹהִים בַּיּוֹם הַהוּא 12
לֵאמֹר הֵיךְ אָבִיא אֵלַי אֵת אֲרוֹן הָאֱלֹהִים: וְלֹא־הֵסִיר דָּוִיד אֶת־ 13

הָאָרוֹן אֵלָיו אֶל־עִיר דָּוִיד וַיַּטֵּהוּ אֶל־בֵּית עֹבֵד־אֱדֹם הַגִּתִּי:

14 וַיֵּשֶׁב אֲרוֹן הָאֱלֹהִים עִם־בֵּית עֹבֵד אֱדֹם בְּבֵיתוֹ שְׁלֹשָׁה חֳדָשִׁים וַיְבָרֶךְ יְהֹוָה אֶת־בֵּית עֹבֵד־אֱדֹם וְאֶת־כָּל־אֲשֶׁר־לוֹ:

יד 14

א וַיִּשְׁלַח חִירָם מֶלֶךְ־צֹר מַלְאָכִים אֶל־דָּוִיד וַעֲצֵי אֲרָזִים וְחָרָשֵׁי

2 קִיר וְחָרָשֵׁי עֵצִים לִבְנוֹת לוֹ בָּיִת: וַיֵּדַע דָּוִיד כִּי־הֱכִינוֹ יְהֹוָה לְמֶלֶךְ עַל־יִשְׂרָאֵל כִּי־נִשֵּׂאת לְמַעְלָה מַלְכוּתוֹ בַּעֲבוּר עַמּוֹ יִשְׂרָאֵל:

3 וַיִּקַּח דָּוִיד עוֹד נָשִׁים בִּירוּשָׁלָם וַיּוֹלֶד דָּוִיד עוֹד בָּנִים וּבָנוֹת:

4 וְאֵלֶּה שְׁמוֹת הַיְלוּדִים אֲשֶׁר הָיוּ־לוֹ בִּירוּשָׁלָם שַׁמּוּעַ וְשׁוֹבָב נָתָן

ה 5 וּשְׁלֹמֹה: וְיִבְחָר וֶאֱלִישׁוּעַ וְאֶלְפָּלֶט: וְנֹגַהּ וְנֶפֶג וְיָפִיעַ: וֶאֱלִישָׁמָע

6,7 וּבְעֶלְיָדָע וֶאֱלִיפָלֶט:

8 וַיִּשְׁמְעוּ פְלִשְׁתִּים כִּי־נִמְשַׁח דָּוִיד לְמֶלֶךְ עַל־כָּל־יִשְׂרָאֵל וַיַּעֲלוּ כָל־פְּלִשְׁתִּים לְבַקֵּשׁ אֶת־דָּוִיד וַיִּשְׁמַע דָּוִיד וַיֵּצֵא לִפְנֵיהֶם:

9 וּפְלִשְׁתִּים בָּאוּ וַיִּפְשְׁטוּ בְּעֵמֶק רְפָאִים: וַיִּשְׁאַל דָּוִיד בֵּאלֹהִים לֵאמֹר הַאֶעֱלֶה עַל־פְּלִשְׁתִּיים וּנְתַתָּם בְּיָדִי וַיֹּאמֶר לוֹ יְהֹוָה עֲלֵה וּנְתַתִּים בְּיָדֶךָ:

11 וַיַּעֲלוּ בְּבַעַל־פְּרָצִים וַיַּכֵּם־שָׁם דָּוִיד וַיֹּאמֶר דָּוִיד פָּרַץ הָאֱלֹהִים אֶת־אוֹיְבַי בְּיָדִי כְּפֶרֶץ מָיִם עַל־כֵּן קָרְאוּ

12 שֵׁם־הַמָּקוֹם הַהוּא בַּעַל פְּרָצִים: וַיַּעַזְבוּ־שָׁם אֶת־אֱלֹהֵיהֶם וַיֹּאמֶר דָּוִיד וַיִּשָּׂרְפוּ בָּאֵשׁ:

13 וַיֹּסִיפוּ עוֹד פְּלִשְׁתִּים וַיִּפְשְׁטוּ בָּעֵמֶק: וַיִּשְׁאַל עוֹד דָּוִיד

14 בֵּאלֹהִים וַיֹּאמֶר לוֹ הָאֱלֹהִים לֹא תַעֲלֶה אַחֲרֵיהֶם הָסֵב מֵעֲלֵיהֶם

טו וּבָאתָ לָהֶם מִמּוּל הַבְּכָאִים: וִיהִי כְּשָׁמְעֲךָ אֶת־קוֹל הַצְּעָדָה בְּרָאשֵׁי הַבְּכָאִים אָז תֵּצֵא בַמִּלְחָמָה כִּי יָצָא הָאֱלֹהִים לְפָנֶיךָ

16 לְהַכּוֹת אֶת־מַחֲנֵה פְלִשְׁתִּים: וַיַּעַשׂ דָּוִיד כַּאֲשֶׁר צִוָּהוּ הָאֱלֹהִים

17 וַיַּכּוּ אֶת־מַחֲנֵה פְלִשְׁתִּים מִגִּבְעוֹן וְעַד־גָּזְרָה: וַיֵּצֵא שֵׁם־דָּוִיד בְּכָל־הָאֲרָצוֹת וַיהֹוָה נָתַן אֶת־פַּחְדּוֹ עַל־כָּל־הַגּוֹיִם:

טו 15

א וַיַּעַשׂ־לוֹ בָתִּים בְּעִיר דָּוִיד וַיָּכֶן מָקוֹם לַאֲרוֹן הָאֱלֹהִים
2 וַיֶּט־לוֹ אֹהֶל: אָז אָמַר דָּוִיד לֹא לָשֵׂאת אֶת־אֲרוֹן הָאֱלֹהִים
כִּי אִם־הַלְוִיִּם כִּי־בָם בָּחַר יְהוָה לָשֵׂאת אֶת־אֲרוֹן יְהוָה
וּלְשָׁרְתוֹ עַד־עוֹלָם:
3 וַיַּקְהֵל דָּוִיד אֶת־כָּל־יִשְׂרָאֵל אֶל־יְרוּשָׁלִָם לְהַעֲלוֹת אֶת־
4 אֲרוֹן יְהוָה אֶל־מְקוֹמוֹ אֲשֶׁר־הֵכִין לוֹ: וַיֶּאֱסֹף דָּוִיד אֶת־בְּנֵי
5 אַהֲרֹן וְאֶת־הַלְוִיִּם: לִבְנֵי קְהָת אוּרִיאֵל הַשָּׂר וְאֶחָיו מֵאָה
6 וְעֶשְׂרִים: לִבְנֵי מְרָרִי עֲשָׂיָה הַשָּׂר וְאֶחָיו מָאתַיִם וְעֶשְׂרִים:
7 לִבְנֵי גֵרְשׁוֹם יוֹאֵל הַשָּׂר וְאֶחָיו מֵאָה וּשְׁלֹשִׁים: לִבְנֵי אֱלִיצָפָן שְׁמַעְיָה
8 הַשָּׂר וְאֶחָיו מָאתָיִם: לִבְנֵי חֶבְרוֹן אֱלִיאֵל הַשָּׂר וְאֶחָיו שְׁמוֹנִים:
9 לִבְנֵי עֻזִּיאֵל עַמִּינָדָב הַשָּׂר וְאֶחָיו מֵאָה וּשְׁנַיִם עָשָׂר:
10
11 וַיִּקְרָא דָוִיד לְצָדוֹק וּלְאֶבְיָתָר הַכֹּהֲנִים וְלַלְוִיִּם לְאוּרִיאֵל
12 עֲשָׂיָה וְיוֹאֵל שְׁמַעְיָה וֶאֱלִיאֵל וְעַמִּינָדָב: וַיֹּאמֶר לָהֶם אַתֶּם רָאשֵׁי
הָאָבוֹת לַלְוִיִּם הִתְקַדְּשׁוּ אַתֶּם וַאֲחֵיכֶם וְהַעֲלִיתֶם אֶת־אֲרוֹן יְהוָה
13 אֱלֹהֵי יִשְׂרָאֵל אֶל־הֲכִינוֹתִי לוֹ: כִּי לְמַבָּרִאשׁוֹנָה לֹא אַתֶּם
14 פָּרַץ יְהוָה אֱלֹהֵינוּ בָּנוּ כִּי־לֹא דְרַשְׁנֻהוּ כַּמִּשְׁפָּט: וַיִּתְקַדְּשׁוּ
הַכֹּהֲנִים וְהַלְוִיִּם לְהַעֲלוֹת אֶת־אֲרוֹן יְהוָה אֱלֹהֵי יִשְׂרָאֵל:
15 וַיִּשְׂאוּ בְנֵי־הַלְוִיִּם אֵת אֲרוֹן הָאֱלֹהִים כַּאֲשֶׁר צִוָּה מֹשֶׁה כִּדְבַר
יְהוָה בִּכְתֵפָם בַּמֹּטוֹת עֲלֵיהֶם:
16 וַיֹּאמֶר דָּוִיד לְשָׂרֵי הַלְוִיִּם לְהַעֲמִיד אֶת־אֲחֵיהֶם הַמְשֹׁרְרִים
בִּכְלֵי־שִׁיר נְבָלִים וְכִנֹּרוֹת וּמְצִלְתָּיִם מַשְׁמִיעִים לְהָרִים־בְּקוֹל
לְשִׂמְחָה:
17 וַיַּעֲמִידוּ הַלְוִיִּם אֵת הֵימָן בֶּן־יוֹאֵל וּמִן־אֶחָיו אָסָף בֶּן־בֶּרֶכְיָהוּ
18 וּמִן־בְּנֵי מְרָרִי אֲחֵיהֶם אֵיתָן בֶּן־קוּשָׁיָהוּ: וְעִמָּהֶם אֲחֵיהֶם הַמִּשְׁנִים
זְכַרְיָהוּ בֵּן וְיַעֲזִיאֵל וּשְׁמִירָמוֹת וִיחִיאֵל וְעֻנִּי אֱלִיאָב וּבְנָיָהוּ
וּמַעֲשֵׂיָהוּ וּמַתִּתְיָהוּ וֶאֱלִיפְלֵהוּ וּמִקְנֵיָהוּ וְעֹבֵד אֱדֹם וִיעִיאֵל
19 הַשֹּׁעֲרִים: וְהַמְשֹׁרְרִים הֵימָן אָסָף וְאֵיתָן בִּמְצִלְתַּיִם נְחֹשֶׁת
20 לְהַשְׁמִיעַ: וּזְכַרְיָה וַעֲזִיאֵל וּשְׁמִירָמוֹת וִיחִיאֵל וְעֻנִּי וֶאֱלִיאָב

²¹ וּמַעֲשֵׂיָהוּ וּבְנָיָהוּ בִּנְבָלִים עַל־עֲלָמוֹת: וּמַתִּתְיָהוּ וֶאֱלִיפְלֵהוּ
וּמִקְנֵיָהוּ וְעֹבֵד אֱדֹם וִיעִיאֵל וַעֲזַזְיָהוּ בְּכִנֹּרוֹת עַל־הַשְּׁמִינִית לְנַצֵּחַ:
²² וּכְנַנְיָהוּ שַׂר־הַלְוִיִּם בְּמַשָּׂא יָסֹר בַּמַּשָּׂא כִּי מֵבִין הוּא: וּבֶרֶכְיָה
²³
²⁴ וְאֶלְקָנָה שֹׁעֲרִים לָאָרוֹן: וּשְׁבַנְיָהוּ וְיוֹשָׁפָט וּנְתַנְאֵל וַעֲמָשַׂי
וּזְכַרְיָהוּ וּבְנָיָהוּ וֶאֱלִיעֶזֶר הַכֹּהֲנִים מַחְצְרִים בַּחֲצֹצְרוֹת לִפְנֵי
²⁵ אֲרוֹן הָאֱלֹהִים וְעֹבֵד אֱדֹם וִיחִיָּה שֹׁעֲרִים לָאָרוֹן: וַיְהִי דָוִיד וְזִקְנֵי
יִשְׂרָאֵל וְשָׂרֵי הָאֲלָפִים הַהֹלְכִים לְהַעֲלוֹת אֶת־אֲרוֹן בְּרִית־יְהוָה
מִן־בֵּית עֹבֵד־אֱדֹם בְּשִׂמְחָה:

²⁶   וַיְהִי בֶּעְזֹר הָאֱלֹהִים אֶת־הַלְוִיִּם נֹשְׂאֵי אֲרוֹן בְּרִית־יְהוָה וַיִּזְבְּחוּ
²⁷ שִׁבְעָה פָרִים וְשִׁבְעָה אֵילִים: וְדָוִיד מְכֻרְבָּל בִּמְעִיל בּוּץ
וְכָל־הַלְוִיִּם הַנֹּשְׂאִים אֶת־הָאָרוֹן וְהַמְשֹׁרֲרִים וּכְנַנְיָה הַשַּׂר הַמַּשָּׂא
²⁸ הַמְשֹׁרֲרִים וְעַל־דָּוִיד אֵפוֹד בָּד: וְכָל־יִשְׂרָאֵל מַעֲלִים אֶת־אֲרוֹן
בְּרִית־יְהוָה בִּתְרוּעָה וּבְקוֹל שׁוֹפָר וּבַחֲצֹצְרוֹת וּבִמְצִלְתָּיִם
²⁹ מַשְׁמִעִים בִּנְבָלִים וְכִנֹּרוֹת: וַיְהִי אֲרוֹן בְּרִית־יְהוָה בָּא עַד־עִיר
דָּוִיד וּמִיכַל בַּת־שָׁאוּל נִשְׁקְפָה בְּעַד הַחַלּוֹן וַתֵּרֶא אֶת־הַמֶּלֶךְ
דָּוִיד מְרַקֵּד וּמְשַׂחֵק וַתִּבֶז לוֹ בְּלִבָּהּ:

16 יו

א וַיָּבִיאוּ אֶת־אֲרוֹן הָאֱלֹהִים וַיַּצִּיגוּ אֹתוֹ בְּתוֹךְ הָאֹהֶל אֲשֶׁר
² נָטָה־לוֹ דָוִיד וַיַּקְרִיבוּ עֹלוֹת וּשְׁלָמִים לִפְנֵי הָאֱלֹהִים: וַיְכַל
דָּוִיד מֵהַעֲלוֹת הָעֹלָה וְהַשְּׁלָמִים וַיְבָרֶךְ אֶת־הָעָם בְּשֵׁם יְהוָה:
³ וַיְחַלֵּק לְכָל־אִישׁ יִשְׂרָאֵל מֵאִישׁ וְעַד־אִשָּׁה לְאִישׁ כִּכַּר־לֶחֶם
⁴ וְאֶשְׁפָּר וַאֲשִׁישָׁה: וַיִּתֵּן לִפְנֵי אֲרוֹן יְהוָה מִן־הַלְוִיִּם מְשָׁרְתִים
וּלְהַזְכִּיר וּלְהוֹדוֹת וּלְהַלֵּל לַיהוָה אֱלֹהֵי יִשְׂרָאֵל:
ה   אָסָף הָרֹאשׁ וּמִשְׁנֵהוּ זְכַרְיָה יְעִיאֵל וּשְׁמִירָמוֹת וִיחִיאֵל וּמַתִּתְיָה
וֶאֱלִיאָב וּבְנָיָהוּ וְעֹבֵד אֱדֹם וִיעִיאֵל בִּכְלֵי נְבָלִים וּבְכִנֹּרוֹת וְאָסָף
⁶ בִּמְצִלְתַּיִם מַשְׁמִיעַ: וּבְנָיָהוּ וְיַחֲזִיאֵל הַכֹּהֲנִים בַּחֲצֹצְרוֹת תָּמִיד
⁷ לִפְנֵי אֲרוֹן בְּרִית־הָאֱלֹהִים: בַּיּוֹם הַהוּא אָז נָתַן דָּוִיד בָּרֹאשׁ
לְהֹדוֹת לַיהוָה בְּיַד־אָסָף וְאֶחָיו:

8 הוֹדוּ לַיהֹוָה קִרְאוּ בִשְׁמוֹ   הוֹדִיעוּ בָעַמִּים עֲלִילֹתָיו:

9 שִׁירוּ   לוֹ זַמְּרוּ־לוֹ שִׂיחוּ בְּכָל־   נִפְלְאוֹתָיו:

י הִתְהַלְלוּ בְּשֵׁם קָדְשׁוֹ   יִשְׂמַח לֵב מְבַקְשֵׁי יְהֹוָה:

11 דִּרְשׁוּ   יְהֹוָה וְעֻזּוֹ בַּקְּשׁוּ פָנָיו   תָּמִיד:

12 זִכְרוּ נִפְלְאֹתָיו אֲשֶׁר עָשָׂה   מֹפְתָיו וּמִשְׁפְּטֵי־פִיהוּ:

13 זֶרַע   יִשְׂרָאֵל עַבְדּוֹ בְּנֵי יַעֲקֹב   בְּחִירָיו:

14 הוּא יְהֹוָה אֱלֹהֵינוּ   בְּכָל־הָאָרֶץ מִשְׁפָּטָיו:

טו זִכְרוּ   לְעוֹלָם בְּרִיתוֹ דָּבָר צִוָּה לְאֶלֶף   דּוֹר:

16 אֲשֶׁר כָּרַת אֶת־אַבְרָהָם   וּשְׁבוּעָתוֹ לְיִצְחָק:

17 וַיַּעֲמִידֶהָ   לְיַעֲקֹב לְחֹק לְיִשְׂרָאֵל בְּרִית   עוֹלָם:

18 לֵאמֹר לְךָ אֶתֵּן אֶרֶץ   כְּנָעַן חֶבֶל נַחֲלַתְכֶם:

19 בִּהְיוֹתְכֶם   מְתֵי מִסְפָּר כִּמְעַט וְגָרִים   בָּהּ:

כ וַיִּתְהַלְּכוּ מִגּוֹי אֶל־גּוֹי   וּמִמַּמְלָכָה אֶל־עַם אַחֵר:

21 לֹא־   הִנִּיחַ לְאִישׁ לְעָשְׁקָם וַיּוֹכַח עֲלֵיהֶם   מְלָכִים:

22 אַל־תִּגְּעוּ בִמְשִׁיחָי   וּבִנְבִיאַי אַל־תָּרֵעוּ:

23 שִׁירוּ   לַיהֹוָה כָּל־הָאָרֶץ בַּשְּׂרוּ מִיּוֹם־אֶל־יוֹם   יְשׁוּעָתוֹ:

24 סַפְּרוּ בַגּוֹיִם אֶת־כְּבוֹדוֹ   בְּכָל־הָעַמִּים נִפְלְאוֹתָיו:

כה כִּי   גָדוֹל יְהֹוָה וּמְהֻלָּל מְאֹד וְנוֹרָא הוּא עַל־כָּל־   אֱלֹהִים:

26 כִּי כָּל־אֱלֹהֵי הָעַמִּים אֱלִילִים   וַיהֹוָה שָׁמַיִם עָשָׂה:

27 הוֹד   וְהָדָר לְפָנָיו עֹז וְחֶדְוָה   בִּמְקֹמוֹ:

28 הָבוּ לַיהֹוָה מִשְׁפְּחוֹת עַמִּים   הָבוּ לַיהֹוָה כָּבוֹד וָעֹז:

29 הָבוּ   לַיהֹוָה כְּבוֹד שְׁמוֹ שְׂאוּ מִנְחָה וּבֹאוּ   לְפָנָיו

ל הִשְׁתַּחֲווּ לַיהֹוָה בְּהַדְרַת־קֹדֶשׁ   חִילוּ מִלְּפָנָיו כָּל־הָאָרֶץ

31 אַף־   תִּכּוֹן תֵּבֵל בַּל־תִּמּוֹט   יִשְׂמְחוּ

הַשָּׁמַיִם וְתָגֵל הָאָרֶץ   וְיֹאמְרוּ בַגּוֹיִם יְהֹוָה מָלָךְ:

32 יִרְעַם   הַיָּם וּמְלוֹאוֹ יַעֲלֹץ הַשָּׂדֶה וְכָל־אֲשֶׁר־   בּוֹ:

33 אָז יְרַנְּנוּ עֲצֵי   הַיַּעַר מִלְּפְנֵי יְהֹוָה

כִּי־   בָא לִשְׁפּוֹט אֶת־   הָאָרֶץ:

34 הוֹדוּ לַיהֹוָה כִּי טוֹב   כִּי לְעוֹלָם חַסְדּוֹ:

לה וְאָמְרוּ   הוֹשִׁיעֵנוּ אֱלֹהֵי יִשְׁעֵנוּ וְקַבְּצֵנוּ   וְהַצִּילֵנוּ
מִן־הַגּוֹיִם לְהֹדוֹת לְשֵׁם קָדְשֶׁךָ   לְהִשְׁתַּבֵּחַ בִּתְהִלָּתֶךָ:

36 בָּרוּךְ   יְהוָה אֱלֹהֵי יִשְׂרָאֵל מִן־הָעוֹלָם וְעַד־   הָעֹלָם
וַיֹּאמְרוּ כָל־הָעָם אָמֵן וְהַלֵּל לַיהוָה:

37 וַיַּעֲזָב־שָׁם לִפְנֵי אֲרוֹן בְּרִית־יְהוָה לְאָסָף וּלְאֶחָיו לְשָׁרֵת
38 לִפְנֵי הָאָרוֹן תָּמִיד לִדְבַר־יוֹם בְּיוֹמוֹ: וְעֹבֵד אֱדֹם וַאֲחֵיהֶם
39 שִׁשִּׁים וּשְׁמוֹנָה וְעֹבֵד אֱדֹם בֶּן־יְדִיתוּן וְחֹסָה לְשֹׁעֲרִים: וְאֵת
צָדוֹק הַכֹּהֵן וְאֶחָיו הַכֹּהֲנִים לִפְנֵי מִשְׁכַּן יְהוָה בַּבָּמָה אֲשֶׁר
מ בְּגִבְעוֹן: לְהַעֲלוֹת עֹלוֹת לַיהוָה עַל־מִזְבַּח הָעֹלָה תָּמִיד
לַבֹּקֶר וְלָעָרֶב וּלְכָל־הַכָּתוּב בְּתוֹרַת יְהוָה אֲשֶׁר צִוָּה עַל־
41 יִשְׂרָאֵל: וְעִמָּהֶם הֵימָן וִידוּתוּן וּשְׁאָר הַבְּרוּרִים אֲשֶׁר נִקְּבוּ
42 בְּשֵׁמוֹת לְהֹדוֹת לַיהוָה כִּי לְעוֹלָם חַסְדּוֹ: וְעִמָּהֶם הֵימָן
וִידוּתוּן חֲצֹצְרוֹת וּמְצִלְתַּיִם לְמַשְׁמִיעִים וּכְלֵי שִׁיר הָאֱלֹהִים
43 וּבְנֵי יְדוּתוּן לַשָּׁעַר: וַיֵּלְכוּ כָל־הָעָם אִישׁ לְבֵיתוֹ וַיִּסֹּב דָּוִיד
לְבָרֵךְ אֶת־בֵּיתוֹ:

17 יז

א וַיְהִי כַּאֲשֶׁר יָשַׁב דָּוִיד בְּבֵיתוֹ וַיֹּאמֶר דָּוִיד אֶל־נָתָן הַנָּבִיא
הִנֵּה אָנֹכִי יוֹשֵׁב בְּבֵית הָאֲרָזִים וַאֲרוֹן בְּרִית־יְהוָה תַּחַת
2 יְרִיעוֹת: וַיֹּאמֶר נָתָן אֶל־דָּוִיד כֹּל אֲשֶׁר בִּלְבָבְךָ עֲשֵׂה כִּי
הָאֱלֹהִים עִמָּךְ:
3 וַיְהִי בַּלַּיְלָה הַהוּא   וַיְהִי דְּבַר־אֱלֹהִים אֶל־נָתָן לֵאמֹר:
4 לֵךְ וְאָמַרְתָּ אֶל־דָּוִיד עַבְדִּי כֹּה אָמַר יְהוָה לֹא אַתָּה תִּבְנֶה־לִּי
5 הַבַּיִת לָשָׁבֶת: כִּי לֹא יָשַׁבְתִּי בְּבַיִת מִן־הַיּוֹם אֲשֶׁר הֶעֱלֵיתִי אֶת־
6 יִשְׂרָאֵל עַד הַיּוֹם הַזֶּה וָאֶהְיֶה מֵאֹהֶל אֶל־אֹהֶל וּמִמִּשְׁכָּן: בְּכֹל
אֲשֶׁר־הִתְהַלַּכְתִּי בְּכָל־יִשְׂרָאֵל הֲדָבָר דִּבַּרְתִּי אֶת־אַחַד שֹׁפְטֵי
יִשְׂרָאֵל אֲשֶׁר צִוִּיתִי לִרְעוֹת אֶת־עַמִּי לֵאמֹר לָמָה לֹא־בְנִיתֶם
7 לִי בֵּית אֲרָזִים: וְעַתָּה כֹּה תֹאמַר לְעַבְדִּי לְדָוִיד כֹּה אָמַר יְהוָה
צְבָאוֹת אֲנִי לְקַחְתִּיךָ מִן־הַנָּוֶה מִן־אַחֲרֵי הַצֹּאן לִהְיוֹת נָגִיד

8 עַל עַמִּי יִשְׂרָאֵל: וָאֶהְיֶה עִמְּךָ בְּכֹל אֲשֶׁר הָלַכְתָּ וָאַכְרִית
אֶת־כָּל־אוֹיְבֶיךָ מִפָּנֶיךָ וְעָשִׂיתִי לְךָ שֵׁם כְּשֵׁם הַגְּדוֹלִים אֲשֶׁר
9 בָּאָרֶץ: וְשַׂמְתִּי מָקוֹם לְעַמִּי יִשְׂרָאֵל וּנְטַעְתִּיהוּ וְשָׁכַן תַּחְתָּיו
וְלֹא יִרְגַּז עוֹד וְלֹא־יוֹסִיפוּ בְנֵי־עַוְלָה לְבַלֹּתוֹ כַּאֲשֶׁר בָּרִאשׁוֹנָה:
י וּלְמִיָּמִים אֲשֶׁר צִוִּיתִי שֹׁפְטִים עַל־עַמִּי יִשְׂרָאֵל וְהִכְנַעְתִּי אֶת־
11 כָּל־אוֹיְבֶיךָ וָאַגִּד לָךְ וּבַיִת יִבְנֶה־לְּךָ יְהֹוָה: וְהָיָה כִּי־מָלְאוּ
יָמֶיךָ לָלֶכֶת עִם־אֲבֹתֶיךָ וַהֲקִימוֹתִי אֶת־זַרְעֲךָ אַחֲרֶיךָ אֲשֶׁר יִהְיֶה
12 מִבָּנֶיךָ וַהֲכִינוֹתִי אֶת־מַלְכוּתוֹ: הוּא יִבְנֶה־לִּי בַיִת וְכֹנַנְתִּי אֶת־
13 כִּסְאוֹ עַד־עוֹלָם: אֲנִי אֶהְיֶה־לּוֹ לְאָב וְהוּא יִהְיֶה־לִּי לְבֵן וְחַסְדִּי
14 לֹא־אָסִיר מֵעִמּוֹ כַּאֲשֶׁר הֲסִירוֹתִי מֵאֲשֶׁר הָיָה לְפָנֶיךָ: וְהַעֲמַדְתִּיהוּ
בְּבֵיתִי וּבְמַלְכוּתִי עַד־הָעוֹלָם וְכִסְאוֹ יִהְיֶה נָכוֹן עַד־עוֹלָם:
טו כְּכֹל הַדְּבָרִים הָאֵלֶּה וּכְכֹל הֶחָזוֹן הַזֶּה כֵּן דִּבֶּר נָתָן אֶל־
דָּוִיד:

16 וַיָּבֹא הַמֶּלֶךְ דָּוִיד וַיֵּשֶׁב לִפְנֵי יְהֹוָה וַיֹּאמֶר מִי־אֲנִי יְהֹוָה
17 אֱלֹהִים וּמִי בֵיתִי כִּי הֲבִיאֹתַנִי עַד־הֲלֹם: וַתִּקְטַן זֹאת בְּעֵינֶיךָ
אֱלֹהִים וַתְּדַבֵּר עַל־בֵּית עַבְדְּךָ לְמֵרָחוֹק וּרְאִיתַנִי כְּתוֹר הָאָדָם
18 הַמַּעֲלָה יְהֹוָה אֱלֹהִים: מַה־יּוֹסִיף עוֹד דָּוִיד אֵלֶיךָ לְכָבוֹד אֶת־
19 עַבְדֶּךָ וְאַתָּה אֶת־עַבְדְּךָ יָדָעְתָּ: יְהֹוָה בַּעֲבוּר עַבְדְּךָ וּכְלִבְּךָ
כ עָשִׂיתָ אֵת כָּל־הַגְּדוּלָּה הַזֹּאת לְהוֹדִיעַ אֶת־כָּל־הַגְּדֻלּוֹת: יְהֹוָה
21 אֵין כָּמוֹךָ וְאֵין אֱלֹהִים זוּלָתֶךָ בְּכֹל אֲשֶׁר־שָׁמַעְנוּ בְּאָזְנֵינוּ: וּמִי
כְעַמְּךָ יִשְׂרָאֵל גּוֹי אֶחָד בָּאָרֶץ אֲשֶׁר הָלַךְ הָאֱלֹהִים לִפְדּוֹת לוֹ
עָם לָשׂוּם לְךָ שֵׁם גְּדֻלּוֹת וְנֹרָאוֹת לְגָרֵשׁ מִפְּנֵי עַמְּךָ אֲשֶׁר־פָּדִיתָ
22 מִמִּצְרַיִם גּוֹיִם: וַתִּתֵּן אֶת־עַמְּךָ יִשְׂרָאֵל לְךָ לְעָם עַד־עוֹלָם
23 וְאַתָּה יְהֹוָה הָיִיתָ לָהֶם לֵאלֹהִים: וְעַתָּה יְהֹוָה הַדָּבָר אֲשֶׁר דִּבַּרְתָּ
עַל־עַבְדְּךָ וְעַל־בֵּיתוֹ יֵאָמֵן עַד־עוֹלָם וַעֲשֵׂה כַּאֲשֶׁר דִּבַּרְתָּ:
24 וְיֵאָמֵן וְיִגְדַּל שִׁמְךָ עַד־עוֹלָם לֵאמֹר יְהֹוָה צְבָאוֹת אֱלֹהֵי יִשְׂרָאֵל
כה אֱלֹהִים לְיִשְׂרָאֵל וּבֵית־דָּוִיד עַבְדְּךָ נָכוֹן לְפָנֶיךָ: כִּי אַתָּה
אֱלֹהַי גָּלִיתָ אֶת־אֹזֶן עַבְדְּךָ לִבְנוֹת לוֹ בָיִת עַל־כֵּן מָצָא

עֲבְדְּךָ לְהִתְפַּלֵּל לְפָנֶיךָ: וְעַתָּה יְהוָה אַתָּה־הוּא הָאֱלֹהִים ²⁶

וַתְּדַבֵּר עַל־עַבְדְּךָ הַטּוֹבָה הַזֹּאת: וְעַתָּה הוֹאַלְתָּ לְבָרֵךְ אֶת־ ²⁷
בֵּית עַבְדְּךָ לִהְיוֹת לְעוֹלָם לְפָנֶיךָ כִּי־אַתָּה יְהוָה בֵּרַכְתָּ
וּמְבֹרָךְ לְעוֹלָם:

יח 18

וַיְהִי אַחֲרֵי־כֵן וַיַּךְ דָּוִיד אֶת־פְּלִשְׁתִּים וַיַּכְנִיעֵם וַיִּקַּח אֶת־ א

גַּת וּבְנֹתֶיהָ מִיַּד פְּלִשְׁתִּים: וַיַּךְ אֶת־מוֹאָב וַיִּהְיוּ מוֹאָב עֲבָדִים ²

לְדָוִיד נֹשְׂאֵי מִנְחָה: וַיַּךְ דָּוִיד אֶת־הֲדַדְעֶזֶר מֶלֶךְ־צוֹבָה חֲמָתָה ³

בְּלֶכְתּוֹ לְהַצִּיב יָדוֹ בִּנְהַר־פְּרָת: וַיִּלְכֹּד דָּוִיד מִמֶּנּוּ אֶלֶף רֶכֶב ⁴
וְשִׁבְעַת אֲלָפִים פָּרָשִׁים וְעֶשְׂרִים אֶלֶף אִישׁ רַגְלִי וַיְעַקֵּר דָּוִיד אֶת־

כָּל־הָרֶכֶב וַיּוֹתֵר מִמֶּנּוּ מֵאָה רָכֶב: וַיָּבֹא אֲרַם דַּרְמֶשֶׂק לַעֲזוֹר ⁵
לַהֲדַדְעֶזֶר מֶלֶךְ צוֹבָה וַיַּךְ דָּוִיד בַּאֲרָם עֶשְׂרִים וּשְׁנַיִם אֶלֶף אִישׁ:

וַיָּשֶׂם דָּוִיד בַּאֲרַם דַּרְמֶשֶׂק וַיְהִי אֲרָם לְדָוִיד עֲבָדִים נֹשְׂאֵי מִנְחָה ⁶

וַיּוֹשַׁע יְהוָה לְדָוִיד בְּכֹל אֲשֶׁר הָלָךְ: וַיִּקַּח דָּוִיד אֵת שִׁלְטֵי הַזָּהָב ⁷

אֲשֶׁר הָיוּ עַל עַבְדֵי הֲדַדְעֶזֶר וַיְבִיאֵם יְרוּשָׁלָ͏ִם: וּמִטִּבְחַת וּמִכּוּן ⁸
עָרֵי הֲדַדְעֶזֶר לָקַח דָּוִיד נְחֹשֶׁת רַבָּה מְאֹד בָּה עָשָׂה שְׁלֹמֹה
אֶת־יָם הַנְּחֹשֶׁת וְאֶת־הָעַמּוּדִים וְאֵת כְּלֵי הַנְּחֹשֶׁת:

וַיִּשְׁמַע תֹּעוּ מֶלֶךְ חֲמָת כִּי הִכָּה דָוִיד אֶת־כָּל־חֵיל הֲדַדְעֶזֶר ⁹

מֶלֶךְ צוֹבָה: וַיִּשְׁלַח אֶת־הֲדוֹרָם־בְּנוֹ אֶל־הַמֶּלֶךְ דָּוִיד לִשְׁאָל־ י
לוֹ לְשָׁלוֹם וּלְבָרֲכוֹ עַל אֲשֶׁר נִלְחַם בַּהֲדַדְעֶזֶר וַיַּכֵּהוּ כִּי אִישׁ־
מִלְחֲמוֹת תֹּעוּ הָיָה הֲדַדְעֶזֶר וְכֹל כְּלֵי זָהָב וָכֶסֶף וּנְחֹשֶׁת:

גַּם־אֹתָם הִקְדִּישׁ הַמֶּלֶךְ דָּוִיד לַיהוָה עִם־הַכֶּסֶף וְהַזָּהָב אֲשֶׁר ¹¹
נָשָׂא מִכָּל־הַגּוֹיִם מֵאֱדוֹם וּמִמּוֹאָב וּמִבְּנֵי עַמּוֹן וּמִפְּלִשְׁתִּים

וּמֵעֲמָלֵק: וְאַבְשַׁי בֶּן־צְרוּיָה הִכָּה אֶת־אֱדוֹם בְּגֵיא הַמֶּלַח שְׁמוֹנָה ¹²

עָשָׂר אָלֶף: וַיָּשֶׂם בֶּאֱדוֹם נְצִיבִים וַיִּהְיוּ כָל־אֱדוֹם עֲבָדִים לְדָוִיד ¹³

וַיּוֹשַׁע יְהוָה אֶת־דָּוִיד בְּכֹל אֲשֶׁר הָלָךְ: וַיִּמְלֹךְ דָּוִיד עַל־כָּל־ ¹⁴

יִשְׂרָאֵל וַיְהִי עֹשֶׂה מִשְׁפָּט וּצְדָקָה לְכָל־עַמּוֹ: וְיוֹאָב בֶּן־צְרוּיָה טו

¹⁶ עַל־הַצָּבָא וִיהוֹשָׁפָט בֶּן־אֲחִילוּד מַזְכִּיר׃ וְצָדוֹק בֶּן־אֲחִיטוּב

¹⁷ וַאֲבִימֶלֶךְ בֶּן־אֶבְיָתָר כֹּהֲנִים וְשַׁוְשָׁא סוֹפֵר׃ וּבְנָיָהוּ בֶּן־יְהוֹיָדָע
עַל־הַכְּרֵתִי וְהַפְּלֵתִי וּבְנֵי־דָוִיד הָרִאשֹׁנִים לְיַד הַמֶּלֶךְ׃

יט 19

^א וַיְהִי אַחֲרֵי־כֵן וַיָּמָת נָחָשׁ מֶלֶךְ בְּנֵי־עַמּוֹן וַיִּמְלֹךְ בְּנוֹ תַּחְתָּיו׃

² וַיֹּאמֶר דָּוִיד אֶעֱשֶׂה־חֶסֶד עִם־חָנוּן בֶּן־נָחָשׁ כִּי־עָשָׂה אָבִיו
עִמִּי חֶסֶד וַיִּשְׁלַח דָּוִיד מַלְאָכִים לְנַחֲמוֹ עַל־אָבִיו וַיָּבֹאוּ עַבְדֵי

³ דָוִיד אֶל־אֶרֶץ בְּנֵי־עַמּוֹן אֶל־חָנוּן לְנַחֲמוֹ׃ וַיֹּאמְרוּ שָׂרֵי בְנֵי־
עַמּוֹן לְחָנוּן הַמְכַבֵּד דָּוִיד אֶת־אָבִיךָ בְּעֵינֶיךָ כִּי־שָׁלַח לְךָ מְנַחֲמִים
הֲלֹא בַּעֲבוּר לַחְקֹר וְלַהֲפֹךְ וּלְרַגֵּל הָאָרֶץ בָּאוּ עֲבָדָיו אֵלֶיךָ׃

⁴ וַיִּקַּח חָנוּן אֶת־עַבְדֵי דָוִיד וַיְגַלְּחֵם וַיִּכְרֹת אֶת־מַדְוֵיהֶם בַּחֵצִי

^ה עַד־הַמִּפְשָׂעָה וַיְשַׁלְּחֵם׃ וַיֵּלְכוּ וַיַּגִּידוּ לְדָוִיד עַל־הָאֲנָשִׁים וַיִּשְׁלַח
לִקְרָאתָם כִּי־הָיוּ הָאֲנָשִׁים נִכְלָמִים מְאֹד וַיֹּאמֶר הַמֶּלֶךְ שְׁבוּ בִירֵחוֹ
עַד אֲשֶׁר־יְצַמַּח זְקַנְכֶם וְשַׁבְתֶּם׃

⁶ וַיִּרְאוּ בְּנֵי עַמּוֹן כִּי הִתְבָּאֲשׁוּ עִם־דָּוִיד וַיִּשְׁלַח חָנוּן וּבְנֵי עַמּוֹן
אֶלֶף כִּכַּר־כֶּסֶף לִשְׂכֹּר לָהֶם מִן־אֲרַם נַהֲרַיִם וּמִן־אֲרַם מַעֲכָה

⁷ וּמִצּוֹבָה רֶכֶב וּפָרָשִׁים׃ וַיִּשְׂכְּרוּ לָהֶם שְׁנַיִם וּשְׁלֹשִׁים אֶלֶף רֶכֶב
וְאֶת־מֶלֶךְ מַעֲכָה וְאֶת־עַמּוֹ וַיָּבֹאוּ וַיַּחֲנוּ לִפְנֵי מֵידְבָא וּבְנֵי עַמּוֹן

⁸ נֶאֶסְפוּ מֵעָרֵיהֶם וַיָּבֹאוּ לַמִּלְחָמָה׃ וַיִּשְׁמַע דָּוִיד וַיִּשְׁלַח אֶת־יוֹאָב

⁹ וְאֵת כָּל־צָבָא הַגִּבֹּרִים׃ וַיֵּצְאוּ בְּנֵי עַמּוֹן וַיַּעַרְכוּ מִלְחָמָה פֶּתַח

^י הָעִיר וְהַמְּלָכִים אֲשֶׁר־בָּאוּ לְבַדָּם בַּשָּׂדֶה׃ וַיַּרְא יוֹאָב כִּי־הָיְתָה
פְנֵי הַמִּלְחָמָה אֵלָיו פָּנִים וְאָחוֹר וַיִּבְחַר מִכָּל־בָּחוּר בְּיִשְׂרָאֵל

¹¹ וַיַּעֲרֹךְ לִקְרַאת אֲרָם׃ וְאֵת יֶתֶר הָעָם נָתַן בְּיַד אַבְשַׁי אָחִיו וַיַּעַרְכוּ

¹² לִקְרַאת בְּנֵי עַמּוֹן׃ וַיֹּאמֶר אִם־תֶּחֱזַק מִמֶּנִּי אֲרָם וְהָיִיתָ לִּי

¹³ לִתְשׁוּעָה וְאִם־בְּנֵי עַמּוֹן יֶחֶזְקוּ מִמְּךָ וְהוֹשַׁעְתִּיךָ׃ חֲזַק וְנִתְחַזְּקָה
בְּעַד עַמֵּנוּ וּבְעַד עָרֵי אֱלֹהֵינוּ וַיהוָֹה הַטּוֹב בְּעֵינָיו יַעֲשֶׂה׃

¹⁴ וַיִּגַּשׁ יוֹאָב וְהָעָם אֲשֶׁר־עִמּוֹ לִפְנֵי אֲרָם לַמִּלְחָמָה וַיָּנוּסוּ מִפָּנָיו׃

טו וּבְנֵי עַמּוֹן רָאוּ כִּי־נָס אֲרָם וַיָּנוּסוּ גַם־הֵם מִפְּנֵי אַבְשַׁי אָחִיו
וַיָּבֹאוּ הָעִירָה וַיָּבֹא יוֹאָב יְרוּשָׁלָיִם:

16 וַיַּרְא אֲרָם כִּי נִגְּפוּ לִפְנֵי יִשְׂרָאֵל וַיִּשְׁלְחוּ מַלְאָכִים וַיּוֹצִיאוּ
אֶת־אֲרָם אֲשֶׁר מֵעֵבֶר הַנָּהָר וְשׁוֹפַךְ שַׂר־צְבָא הֲדַרְעֶזֶר לִפְנֵיהֶם:

17 וַיֻּגַּד לְדָוִיד וַיֶּאֱסֹף אֶת־כָּל־יִשְׂרָאֵל וַיַּעֲבֹר הַיַּרְדֵּן וַיָּבֹא אֲלֵהֶם
וַיַּעֲרֹךְ אֲלֵהֶם וַיַּעֲרֹךְ דָּוִיד לִקְרַאת אֲרָם מִלְחָמָה וַיִּלָּחֲמוּ

18 עִמּוֹ: וַיָּנָס אֲרָם מִלִּפְנֵי יִשְׂרָאֵל וַיַּהֲרֹג דָּוִיד מֵאֲרָם שִׁבְעַת
אֲלָפִים רֶכֶב וְאַרְבָּעִים אֶלֶף אִישׁ רַגְלִי וְאֵת שׁוֹפַךְ שַׂר־

19 הַצָּבָא הֵמִית: וַיִּרְאוּ עַבְדֵי הֲדַדְעֶזֶר כִּי נִגְּפוּ לִפְנֵי יִשְׂרָאֵל
וַיַּשְׁלִימוּ עִם־דָּוִיד וַיַּעַבְדֻהוּ וְלֹא־אָבָה אֲרָם לְהוֹשִׁיעַ אֶת־
בְּנֵי־עַמּוֹן עוֹד:

20 כ

א וַיְהִי לְעֵת תְּשׁוּבַת הַשָּׁנָה לְעֵת צֵאת הַמְּלָכִים וַיִּנְהַג יוֹאָב
אֶת־חֵיל הַצָּבָא וַיַּשְׁחֵת אֶת־אֶרֶץ בְּנֵי־עַמּוֹן וַיָּבֹא וַיָּצַר אֶת־
רַבָּה וְדָוִיד יֹשֵׁב בִּירוּשָׁלָיִם וַיַּךְ יוֹאָב אֶת־רַבָּה וַיֶּהֶרְסֶהָ:

2 וַיִּקַּח דָּוִיד אֶת־עֲטֶרֶת מַלְכָּם מֵעַל רֹאשׁוֹ וַיִּמְצָאָהּ מִשְׁקָל
כִּכַּר־זָהָב וּבָהּ אֶבֶן יְקָרָה וַתְּהִי עַל־רֹאשׁ דָּוִיד וּשְׁלַל הָעִיר

3 הוֹצִיא הַרְבֵּה מְאֹד: וְאֶת־הָעָם אֲשֶׁר־בָּהּ הוֹצִיא וַיָּשַׂר בַּמְּגֵרָה
וּבַחֲרִיצֵי הַבַּרְזֶל וּבַמְּגֵרוֹת וְכֵן יַעֲשֶׂה דָוִיד לְכֹל עָרֵי בְנֵי־עַמּוֹן
וַיָּשָׁב דָּוִיד וְכָל־הָעָם יְרוּשָׁלָיִם:

4 וַיְהִי אַחֲרֵי־כֵן וַתַּעֲמֹד מִלְחָמָה בְּגֶזֶר עִם־פְּלִשְׁתִּים אָז הִכָּה
סִבְּכַי הַחֻשָׁתִי אֶת־סִפַּי מִילִדֵי הָרְפָאִים וַיִּכָּנֵעוּ:

5 וַתְּהִי־עוֹד מִלְחָמָה אֶת־פְּלִשְׁתִּים וַיַּךְ אֶלְחָנָן בֶּן־יָעוּר אֶת־
לַחְמִי אֲחִי גָּלְיָת הַגִּתִּי וְעֵץ חֲנִיתוֹ כִּמְנוֹר אֹרְגִים:

6 וַתְּהִי־עוֹד מִלְחָמָה בְּגַת וַיְהִי אִישׁ מִדָּה וְאֶצְבְּעֹתָיו שֵׁשׁ־

7 וָשֵׁשׁ עֶשְׂרִים וְאַרְבַּע וְגַם־הוּא נוֹלַד לְהָרָפָא: וַיְחָרֵף אֶת־

8 יִשְׂרָאֵל וַיַּכֵּהוּ יְהוֹנָתָן בֶּן־שִׁמְעָא אֲחִי דָוִיד: אֵל נוּלְּדוּ לְהָרָפָא
בְּגַת וַיִּפְּלוּ בְיַד־דָּוִיד וּבְיַד־עֲבָדָיו:

א וַיַּעֲמֹד שָׂטָן עַל־יִשְׂרָאֵל וַיָּסֶת אֶת־דָּוִיד לִמְנוֹת אֶת־יִשְׂרָאֵל:

2 וַיֹּאמֶר דָּוִיד אֶל־יוֹאָב וְאֶל־שָׂרֵי הָעָם לְכוּ סִפְרוּ אֶת־יִשְׂרָאֵל
מִבְּאֵר שֶׁבַע וְעַד־דָּן וְהָבִיאוּ אֵלַי וְאֵדְעָה אֶת־מִסְפָּרָם: 3 וַיֹּאמֶר
יוֹאָב יוֹסֵף יְהֹוָה עַל־עַמּוֹ כָּהֵם מֵאָה פְעָמִים הֲלֹא אֲדֹנִי הַמֶּלֶךְ
כֻּלָּם לַאדֹנִי לַעֲבָדִים לָמָּה יְבַקֵּשׁ זֹאת אֲדֹנִי לָמָּה יִהְיֶה לְאַשְׁמָה
לְיִשְׂרָאֵל: 4 וּדְבַר־הַמֶּלֶךְ חָזַק עַל־יוֹאָב וַיֵּצֵא יוֹאָב וַיִּתְהַלֵּךְ
בְּכָל־יִשְׂרָאֵל וַיָּבֹא יְרוּשָׁלָ‍ִם: 5 וַיִּתֵּן יוֹאָב אֶת־מִסְפַּר מִפְקַד־
הָעָם אֶל־דָּוִיד וַיְהִי כָל־יִשְׂרָאֵל אֶלֶף אֲלָפִים וּמֵאָה אֶלֶף אִישׁ
שֹׁלֵף חֶרֶב וִיהוּדָה אַרְבַּע־מֵאוֹת וְשִׁבְעִים אֶלֶף אִישׁ שֹׁלֵף חָרֶב:

6 וְלֵוִי וּבִנְיָמִן לֹא פָקַד בְּתוֹכָם כִּי־נִתְעַב דְּבַר־הַמֶּלֶךְ אֶת־יוֹאָב:

7 וַיֵּרַע בְּעֵינֵי הָאֱלֹהִים עַל־הַדָּבָר הַזֶּה וַיַּךְ אֶת־יִשְׂרָאֵל:

8 וַיֹּאמֶר דָּוִיד אֶל־הָאֱלֹהִים חָטָאתִי מְאֹד אֲשֶׁר עָשִׂיתִי אֶת־
הַדָּבָר הַזֶּה וְעַתָּה הַעֲבֶר־נָא אֶת־עֲווֹן עַבְדְּךָ כִּי נִסְכַּלְתִּי
מְאֹד:

9 וַיְדַבֵּר יְהֹוָה אֶל־גָּד חֹזֵה דָוִיד לֵאמֹר: לֵךְ וְדִבַּרְתָּ אֶל־דָּוִיד
לֵאמֹר כֹּה אָמַר יְהֹוָה שָׁלוֹשׁ אֲנִי נֹטֶה עָלֶיךָ בְּחַר־לְךָ אַחַת
מֵהֵנָּה וְאֶעֱשֶׂה־לָּךְ: 11 וַיָּבֹא גָד אֶל־דָּוִיד וַיֹּאמֶר לוֹ כֹּה־אָמַר
יְהֹוָה קַבֶּל־לָךְ: 12 אִם־שָׁלוֹשׁ שָׁנִים רָעָב וְאִם־שְׁלֹשָׁה חֳדָשִׁים
נִסְפֶּה מִפְּנֵי־צָרֶיךָ וְחֶרֶב־אוֹיְבֶיךָ לְמַשֶּׂגֶת וְאִם־שְׁלֹשֶׁת יָמִים
חֶרֶב יְהֹוָה וְדֶבֶר בָּאָרֶץ וּמַלְאַךְ יְהֹוָה מַשְׁחִית בְּכָל־גְּבוּל יִשְׂרָאֵל
וְעַתָּה רְאֵה מָה־אָשִׁיב אֶת־שֹׁלְחִי דָּבָר:

13 וַיֹּאמֶר דָּוִיד אֶל־גָּד צַר־לִי מְאֹד אֶפְּלָה־נָּא בְיַד־יְהֹוָה כִּי־
14 רַבִּים רַחֲמָיו מְאֹד וּבְיַד־אָדָם אַל־אֶפֹּל: וַיִּתֵּן יְהֹוָה דֶּבֶר
טו בְּיִשְׂרָאֵל וַיִּפֹּל מִיִּשְׂרָאֵל שִׁבְעִים אֶלֶף אִישׁ: וַיִּשְׁלַח הָאֱלֹהִים
מַלְאָךְ לִירוּשָׁלַ‍ִם לְהַשְׁחִיתָהּ וּכְהַשְׁחִית רָאָה יְהֹוָה וַיִּנָּחֶם עַל־
הָרָעָה וַיֹּאמֶר לַמַּלְאָךְ הַמַּשְׁחִית רַב עַתָּה הֶרֶף יָדֶךָ וּמַלְאַךְ יְהֹוָה
עֹמֵד עִם־גֹּרֶן אָרְנָן הַיְבוּסִי:

16 וַיִּשָּׂא דָוִיד אֶת־עֵינָיו וַיַּרְא אֶת־מַלְאַךְ יְהֹוָה עֹמֵד בֵּין הָאָרֶץ

וּבֵין הַשָּׁמַיִם וְחַרְבּוֹ שְׁלוּפָה בְּיָדוֹ נְטוּיָה עַל־יְרוּשָׁלָ͏ִם וַיִּפֹּל

17 דָּוִיד וְהַזְּקֵנִים מְכֻסִּים בַּשַּׂקִּים עַל־פְּנֵיהֶם: וַיֹּאמֶר דָּוִיד אֶל־
הָאֱלֹהִים הֲלֹא אֲנִי אָמַרְתִּי לִמְנוֹת בָּעָם וַאֲנִי־הוּא אֲשֶׁר־
חָטָאתִי וְהָרֵעַ הֲרֵעוֹתִי וְאֵלֶּה הַצֹּאן מֶה עָשׂוּ יְהוָֹה אֱלֹהַי
תְּהִי נָא יָדְךָ בִּי וּבְבֵית אָבִי וּבְעַמְּךָ לֹא לְמַגֵּפָה:

18 וּמַלְאַךְ יְהוָֹה אָמַר אֶל־גָּד לֵאמֹר לְדָוִיד כִּי יַעֲלֶה דָוִיד

19 לְהָקִים מִזְבֵּחַ לַיהוָֹה בְּגֹרֶן אָרְנָן הַיְבֻסִי: וַיַּעַל דָּוִיד בִּדְבַר־

כ גָּד אֲשֶׁר דִּבֶּר בְּשֵׁם יְהוָֹה: וַיָּשָׁב אָרְנָן וַיַּרְא אֶת־הַמַּלְאָךְ

21 וְאַרְבַּעַת בָּנָיו עִמּוֹ מִתְחַבְּאִים וְאָרְנָן דָּשׁ חִטִּים: וַיָּבֹא דָוִיד
עַד־אָרְנָן וַיַּבֵּט אָרְנָן וַיַּרְא אֶת־דָּוִיד וַיֵּצֵא מִן־הַגֹּרֶן וַיִּשְׁתַּחוּ

22 לְדָוִיד אַפַּיִם אָרְצָה: וַיֹּאמֶר דָּוִיד אֶל־אָרְנָן תְּנָה־לִּי מְקוֹם
הַגֹּרֶן וְאֶבְנֶה־בּוֹ מִזְבֵּחַ לַיהוָֹה בְּכֶסֶף מָלֵא תְּנֵהוּ לִי וְתֵעָצֵר

23 הַמַּגֵּפָה מֵעַל הָעָם: וַיֹּאמֶר אָרְנָן אֶל־דָּוִיד קַח־לָךְ וְיַעַשׂ
אֲדֹנִי הַמֶּלֶךְ הַטּוֹב בְּעֵינָיו רְאֵה נָתַתִּי הַבָּקָר לָעֹלוֹת וְהַמּוֹרִגִים

24 לָעֵצִים וְהַחִטִּים לַמִּנְחָה הַכֹּל נָתָתִּי: וַיֹּאמֶר הַמֶּלֶךְ דָּוִיד לְאָרְנָן
לֹא כִּי־קָנֹה אֶקְנֶה בְּכֶסֶף מָלֵא כִּי לֹא־אֶשָּׂא אֲשֶׁר־לְךָ לַיהוָֹה

כה וְהַעֲלוֹת עוֹלָה חִנָּם: וַיִּתֵּן דָּוִיד לְאָרְנָן בַּמָּקוֹם שִׁקְלֵי זָהָב מִשְׁקָל

26 שֵׁשׁ מֵאוֹת: וַיִּבֶן שָׁם דָּוִיד מִזְבֵּחַ לַיהוָֹה וַיַּעַל עֹלוֹת וּשְׁלָמִים וַיִּקְרָא

27 אֶל־יְהוָֹה וַיַּעֲנֵהוּ בָאֵשׁ מִן־הַשָּׁמַיִם עַל מִזְבַּח הָעֹלָה: וַיֹּאמֶר
יְהוָֹה לַמַּלְאָךְ וַיָּשֶׁב חַרְבּוֹ אֶל־נְדָנָהּ:

28 בָּעֵת הַהִיא בִּרְאוֹת דָּוִיד כִּי־עָנָהוּ יְהוָֹה בְּגֹרֶן אָרְנָן הַיְבוּסִי

29 וַיִּזְבַּח שָׁם: וּמִשְׁכַּן יְהוָֹה אֲשֶׁר־עָשָׂה מֹשֶׁה בַמִּדְבָּר וּמִזְבַּח

ל הָעֹלָה בָּעֵת הַהִיא בַּבָּמָה בְּגִבְעוֹן: וְלֹא־יָכֹל דָּוִיד לָלֶכֶת
לְפָנָיו לִדְרֹשׁ אֱלֹהִים כִּי נִבְעַת מִפְּנֵי חֶרֶב מַלְאַךְ יְהוָֹה:

כב 22

א וַיֹּאמֶר דָּוִיד זֶה הוּא בֵּית יְהוָֹה הָאֱלֹהִים וְזֶה־מִּזְבֵּחַ לְעֹלָה
לְיִשְׂרָאֵל:

2 וַיֹּאמֶר דָּוִיד לִכְנוֹס אֶת־הַגֵּרִים אֲשֶׁר בְּאֶרֶץ יִשְׂרָאֵל וַיַּעֲמֵד

3 חֹצְבִים לַחְצוֹב אַבְנֵי גָזֵית לִבְנוֹת בֵּית הָאֱלֹהִים: וּבַרְזֶל לָרֹב
לַמִּסְמְרִים לְדַלְתוֹת הַשְּׁעָרִים וְלַמְחַבְּרוֹת הֵכִין דָּוִיד וּנְחֹשֶׁת לָרֹב

4 אֵין מִשְׁקָל: וַעֲצֵי אֲרָזִים לְאֵין מִסְפָּר כִּי הֵבִיאוּ הַצִּידֹנִים וְהַצֹּרִים
עֲצֵי אֲרָזִים לָרֹב לְדָוִיד:

5 וַיֹּאמֶר דָּוִיד שְׁלֹמֹה בְנִי נַעַר וָרָךְ וְהַבַּיִת לִבְנוֹת לַיהוָה
לְהַגְדִּיל לְמַעְלָה לְשֵׁם וּלְתִפְאֶרֶת לְכָל־הָאֲרָצוֹת אָכִינָה נָּא

6 לוֹ וַיָּכֶן דָּוִיד לָרֹב לִפְנֵי מוֹתוֹ: וַיִּקְרָא לִשְׁלֹמֹה בְנוֹ וַיְצַוֵּהוּ לִבְנוֹת
בַּיִת לַיהוָה אֱלֹהֵי יִשְׂרָאֵל:

7 וַיֹּאמֶר דָּוִיד לִשְׁלֹמֹה בְּנוֹ אֲנִי הָיָה עִם־לְבָבִי לִבְנוֹת בַּיִת לְשֵׁם

8 יְהוָה אֱלֹהָי: וַיְהִי עָלַי דְּבַר־יְהוָה לֵאמֹר דָּם לָרֹב שָׁפַכְתָּ
וּמִלְחָמוֹת גְּדֹלוֹת עָשִׂיתָ לֹא־תִבְנֶה בַיִת לִשְׁמִי כִּי דָּמִים רַבִּים

9 שָׁפַכְתָּ אַרְצָה לְפָנָי: הִנֵּה־בֵן נוֹלָד לָךְ הוּא יִהְיֶה אִישׁ מְנוּחָה
וַהֲנִיחוֹתִי לוֹ מִכָּל־אוֹיְבָיו מִסָּבִיב כִּי שְׁלֹמֹה יִהְיֶה שְׁמוֹ וְשָׁלוֹם

10 וָשֶׁקֶט אֶתֵּן עַל־יִשְׂרָאֵל בְּיָמָיו: הוּא יִבְנֶה־בַיִת לִשְׁמִי וְהוּא יִהְיֶה־
לִי לְבֵן וַאֲנִי־לוֹ לְאָב וַהֲכִינוֹתִי כִּסֵּא מַלְכוּתוֹ עַל־יִשְׂרָאֵל עַד־

11 עוֹלָם: עַתָּה בְנִי יְהִי יְהוָה עִמָּךְ וְהִצְלַחְתָּ וּבָנִיתָ בֵּית יְהוָה

12 אֱלֹהֶיךָ כַּאֲשֶׁר דִּבֶּר עָלֶיךָ: אַךְ יִתֶּן־לְךָ יְהוָה שֵׂכֶל וּבִינָה

13 וִיצַוְּךָ עַל־יִשְׂרָאֵל וְלִשְׁמוֹר אֶת־תּוֹרַת יְהוָה אֱלֹהֶיךָ: אָז
תַּצְלִיחַ אִם־תִּשְׁמוֹר לַעֲשׂוֹת אֶת־הַחֻקִּים וְאֶת־הַמִּשְׁפָּטִים אֲשֶׁר
צִוָּה יְהוָה אֶת־מֹשֶׁה עַל־יִשְׂרָאֵל חֲזַק וֶאֱמָץ אַל־תִּירָא וְאַל־

14 תֵּחָת: וְהִנֵּה בְעָנְיִי הֲכִינוֹתִי לְבֵית־יְהוָה זָהָב כִּכָּרִים מֵאָה־אֶלֶף
וְכֶסֶף אֶלֶף אֲלָפִים כִּכָּרִים וְלַנְּחֹשֶׁת וְלַבַּרְזֶל אֵין מִשְׁקָל כִּי לָרֹב

15 הָיָה וְעֵצִים וַאֲבָנִים הֲכִינוֹתִי וַעֲלֵיהֶם תּוֹסִיף: וְעִמְּךָ לָרֹב עֹשֵׂי
מְלָאכָה חֹצְבִים וְחָרָשֵׁי אֶבֶן וָעֵץ וְכָל־חָכָם בְּכָל־מְלָאכָה:

16 לַזָּהָב לַכֶּסֶף וְלַנְּחֹשֶׁת וְלַבַּרְזֶל אֵין מִסְפָּר קוּם וַעֲשֵׂה וִיהִי יְהוָה

17 עִמָּךְ: וַיְצַו דָּוִיד לְכָל־שָׂרֵי יִשְׂרָאֵל לַעְזֹר לִשְׁלֹמֹה בְנוֹ:

18 הֲלֹא יְהוָה אֱלֹהֵיכֶם עִמָּכֶם וְהֵנִיחַ לָכֶם מִסָּבִיב כִּי נָתַן בְּיָדִי
אֵת יֹשְׁבֵי הָאָרֶץ וְנִכְבְּשָׁה הָאָרֶץ לִפְנֵי יְהוָה וְלִפְנֵי עַמּוֹ:

19 עַתָּה תְּנוּ לְבַבְכֶם וְנַפְשְׁכֶם לִדְרוֹשׁ לַיהוָה אֱלֹהֵיכֶם וְקוּמוּ וּבְנוּ

אֶת־מִקְדַּשׁ יְהֹוָה הָאֱלֹהִים לְהָבִיא אֶת־אֲרוֹן בְּרִית־יְהֹוָה וּכְלֵי
קֹדֶשׁ הָאֱלֹהִים לַבַּיִת הַנִּבְנֶה לְשֵׁם־יְהֹוָה:

כג 23

א וְדָוִיד זָקֵן וְשָׂבַע יָמִים וַיַּמְלֵךְ אֶת־שְׁלֹמֹה בְנוֹ עַל־יִשְׂרָאֵל:
2 וַיֶּאֱסֹף אֶת־כָּל־שָׂרֵי יִשְׂרָאֵל וְהַכֹּהֲנִים וְהַלְוִיִּם: וַיִּסָּפְרוּ הַלְוִיִּם
3 מִבֶּן שְׁלֹשִׁים שָׁנָה וָמָעְלָה וַיְהִי מִסְפָּרָם לְגֻלְגְּלֹתָם לִגְבָרִים שְׁלֹשִׁים
4 וּשְׁמֹנָה אָלֶף: מֵאֵלֶּה לְנַצֵּחַ עַל־מְלֶאכֶת בֵּית־יְהֹוָה עֶשְׂרִים
ה וְאַרְבָּעָה אָלֶף וְשֹׁטְרִים וְשֹׁפְטִים שֵׁשֶׁת אֲלָפִים: וְאַרְבַּעַת אֲלָפִים
שֹׁעֲרִים וְאַרְבַּעַת אֲלָפִים מְהַלְלִים לַיהֹוָה בַּכֵּלִים אֲשֶׁר עָשִׂיתִי
6 לְהַלֵּל: וַיֶּחָלְקֵם דָּוִיד מַחְלְקוֹת לִבְנֵי לֵוִי לְגֵרְשׁוֹן קְהָת וּמְרָרִי:
7 לַגֵּרְשֻׁנִּי לַעְדָּן וְשִׁמְעִי: בְּנֵי לַעְדָּן הָרֹאשׁ יְחִיאֵל וְזֵתָם וְיוֹאֵל שְׁלֹשָׁה:
8
9 בְּנֵי שִׁמְעִי שְׁלֹמוֹת וַחֲזִיאֵל וְהָרָן שְׁלֹשָׁה אֵלֶּה רָאשֵׁי הָאָבוֹת לְלַעְדָּן:
י וּבְנֵי שִׁמְעִי יַחַת זִינָא וִיעוּשׁ וּבְרִיעָה אֵלֶּה בְנֵי־שִׁמְעִי אַרְבָּעָה:
11 וַיְהִי יַחַת הָרֹאשׁ וְזִיזָה הַשֵּׁנִי וִיעוּשׁ וּבְרִיעָה לֹא־הִרְבּוּ בָנִים וַיִּהְיוּ
לְבֵית אָב לִפְקֻדָּה אֶחָת:
12 בְּנֵי קְהָת עַמְרָם יִצְהָר חֶבְרוֹן וְעֻזִּיאֵל אַרְבָּעָה: בְּנֵי עַמְרָם
13 אַהֲרֹן וּמֹשֶׁה וַיִּבָּדֵל אַהֲרֹן לְהַקְדִּישׁוֹ קֹדֶשׁ קָדָשִׁים הוּא־וּבָנָיו
עַד־עוֹלָם לְהַקְטִיר לִפְנֵי יְהֹוָה לְשָׁרְתוֹ וּלְבָרֵךְ בִּשְׁמוֹ עַד־עוֹלָם:
14 וּמֹשֶׁה אִישׁ הָאֱלֹהִים בָּנָיו יִקָּרְאוּ עַל־שֵׁבֶט הַלֵּוִי: בְּנֵי מֹשֶׁה גֵּרְשֹׁם
15
16 וֶאֱלִיעֶזֶר: בְּנֵי גֵרְשׁוֹם שְׁבוּאֵל הָרֹאשׁ: וַיִּהְיוּ בְנֵי־אֱלִיעֶזֶר רְחַבְיָה
17 הָרֹאשׁ וְלֹא־הָיָה לֶאֱלִיעֶזֶר בָּנִים אֲחֵרִים וּבְנֵי רְחַבְיָה רָבוּ
18 לְמָעְלָה: בְּנֵי יִצְהָר שְׁלֹמִית הָרֹאשׁ: בְּנֵי חֶבְרוֹן יְרִיָּהוּ הָרֹאשׁ
19
כ אֲמַרְיָה הַשֵּׁנִי יַחֲזִיאֵל הַשְּׁלִישִׁי וִיקַמְעָם הָרְבִיעִי: בְּנֵי עֻזִּיאֵל
21 מִיכָה הָרֹאשׁ וְיִשִּׁיָּה הַשֵּׁנִי: בְּנֵי מְרָרִי מַחְלִי וּמוּשִׁי בְּנֵי מַחְלִי
22 אֶלְעָזָר וְקִישׁ: וַיָּמָת אֶלְעָזָר וְלֹא־הָיוּ לוֹ בָּנִים כִּי אִם־בָּנוֹת
23 וַיִּשָּׂאוּם בְּנֵי־קִישׁ אֲחֵיהֶם: בְּנֵי מוּשִׁי מַחְלִי וְעֵדֶר וִירֵמוֹת שְׁלוֹשָׁה:
24 אֵלֶּה בְנֵי־לֵוִי לְבֵית אֲבֹתֵיהֶם רָאשֵׁי הָאָבוֹת לִפְקוּדֵיהֶם
בְּמִסְפַּר שֵׁמוֹת לְגֻלְגְּלֹתָם עֹשֵׂה הַמְּלָאכָה לַעֲבֹדַת בֵּית יְהֹוָה

כה מִבֶּן עֶשְׂרִים שָׁנָה וָמָעְלָה: כִּי אָמַר דָּוִיד הֵנִיחַ יְהֹוָה אֱלֹהֵי־יִשְׂרָאֵל

26 לְעַמּוֹ וַיִּשְׁכֹּן בִּירוּשָׁלַם עַד־לְעוֹלָם: וְגַם לַלְוִיִּם אֵין לָשֵׂאת אֶת־

27 הַמִּשְׁכָּן וְאֶת־כָּל־כֵּלָיו לַעֲבֹדָתוֹ: כִּי בְדִבְרֵי דָוִיד הָאַחֲרֹנִים

28 הֵמָּה מִסְפַּר בְּנֵי־לֵוִי מִבֶּן עֶשְׂרִים שָׁנָה וּלְמָעְלָה: כִּי מַעֲמָדָם

לְיַד בְּנֵי־אַהֲרֹן לַעֲבֹדַת בֵּית יְהֹוָה עַל־הַחֲצֵרוֹת וְעַל־הַלְּשָׁכוֹת

29 וְעַל־טָהֳרַת לְכָל־קֹדֶשׁ וּמַעֲשֵׂה עֲבֹדַת בֵּית הָאֱלֹהִים: וּלְלֶחֶם

הַמַּעֲרֶכֶת וּלְסֹלֶת לְמִנְחָה וְלִרְקִיקֵי הַמַּצּוֹת וְלַמַּחֲבַת וְלַמֻּרְבָּכֶת

ל וּלְכָל־מְשׂוּרָה וּמִדָּה: וְלַעֲמֹד בַּבֹּקֶר בַּבֹּקֶר לְהֹדוֹת וּלְהַלֵּל

31 לַיהֹוָה וְכֵן לָעָרֶב: וּלְכֹל הַעֲלוֹת עֹלוֹת לַיהֹוָה לַשַּׁבָּתוֹת לֶחֳדָשִׁים

32 וְלַמֹּעֲדִים בְּמִסְפָּר כְּמִשְׁפָּט עֲלֵיהֶם תָּמִיד לִפְנֵי יְהֹוָה: וְשָׁמְרוּ

אֶת־מִשְׁמֶרֶת אֹהֶל־מוֹעֵד וְאֵת מִשְׁמֶרֶת הַקֹּדֶשׁ וּמִשְׁמֶרֶת בְּנֵי אַהֲרֹן

אֲחֵיהֶם לַעֲבֹדַת בֵּית יְהֹוָה:

כד 24

א וְלִבְנֵי אַהֲרֹן מַחְלְקוֹתָם בְּנֵי אַהֲרֹן נָדָב וַאֲבִיהוּא אֶלְעָזָר

2 וְאִיתָמָר: וַיָּמָת נָדָב וַאֲבִיהוּא לִפְנֵי אֲבִיהֶם וּבָנִים לֹא־

3 הָיוּ לָהֶם וַיְכַהֲנוּ אֶלְעָזָר וְאִיתָמָר: וַיֶּחְלְקֵם דָּוִיד וְצָדוֹק מִן־

בְּנֵי אֶלְעָזָר וַאֲחִימֶלֶךְ מִן־בְּנֵי אִיתָמָר לִפְקֻדָּתָם בַּעֲבֹדָתָם:

4 וַיִּמָּצְאוּ בְנֵי־אֶלְעָזָר רַבִּים לְרָאשֵׁי הַגְּבָרִים מִן־בְּנֵי אִיתָמָר

וַיַּחְלְקוּם לִבְנֵי אֶלְעָזָר רָאשִׁים לְבֵית־אָבוֹת שִׁשָּׁה עָשָׂר וְלִבְנֵי

5 אִיתָמָר לְבֵית אֲבוֹתָם שְׁמוֹנָה: וַיַּחְלְקוּם בְּגוֹרָלוֹת אֵלֶּה עִם־אֵלֶּה

כִּי־הָיוּ שָׂרֵי־קֹדֶשׁ וְשָׂרֵי הָאֱלֹהִים מִבְּנֵי אֶלְעָזָר וּבִבְנֵי אִיתָמָר:

6 וַיִּכְתְּבֵם שְׁמַעְיָה בֶן־נְתַנְאֵל הַסּוֹפֵר מִן־הַלֵּוִי לִפְנֵי הַמֶּלֶךְ

וְהַשָּׂרִים וְצָדוֹק הַכֹּהֵן וַאֲחִימֶלֶךְ בֶּן־אֶבְיָתָר וְרָאשֵׁי הָאָבוֹת

לַכֹּהֲנִים וְלַלְוִיִּם בֵּית־אָב אֶחָד אָחֻז לְאֶלְעָזָר וְאָחֻז אָחֻז

לְאִיתָמָר:

7 וַיֵּצֵא הַגּוֹרָל הָרִאשׁוֹן לִיהוֹיָרִיב לִידַעְיָה הַשֵּׁנִי: לְחָרִם הַשְּׁלִישִׁי

8

9 לִשְׂעֹרִים הָרְבִיעִי: לְמַלְכִּיָּה הַחֲמִישִׁי לְמִיָּמִן הַשִּׁשִּׁי: לְהַקּוֹץ

11 הַשְּׁבִעִי לַאֲבִיָּה הַשְּׁמִינִי: לְיֵשׁוּעַ הַתְּשִׁעִי לִשְׁכַנְיָהוּ הָעֲשִׂרִי:

לְאֶלְיָשִׁיב עַשְׁתֵּי עָשָׂר לְיָקִים שְׁנֵים עָשָׂר: לְחֻפָּה שְׁלֹשָׁה ¹²
¹³
עָשָׂר לְיֶשֶׁבְאָב אַרְבָּעָה עָשָׂר: לְבִלְגָּה חֲמִשָּׁה עָשָׂר לְאִמֵּר ¹⁴
שִׁשָּׁה עָשָׂר: לְחֵזִיר שִׁבְעָה עָשָׂר לְהַפִּצֵּץ שְׁמוֹנָה עָשָׂר: לִפְתַחְיָה ¹⁵
¹⁶
תִּשְׁעָה עָשָׂר לִיחֶזְקֵאל הָעֶשְׂרִים: לְיָכִין אֶחָד וְעֶשְׂרִים לְגָמוּל ¹⁷
שְׁנַיִם וְעֶשְׂרִים: לִדְלָיָהוּ שְׁלֹשָׁה וְעֶשְׂרִים לְמַעַזְיָהוּ אַרְבָּעָה ¹⁸
וְעֶשְׂרִים: אֵלֶּה פְקֻדָּתָם לַעֲבֹדָתָם לָבוֹא לְבֵית־יְהוָה כְּמִשְׁפָּטָם ¹⁹
בְּיַד אַהֲרֹן אֲבִיהֶם כַּאֲשֶׁר צִוָּהוּ יְהוָה אֱלֹהֵי יִשְׂרָאֵל:

וְלִבְנֵי לֵוִי הַנּוֹתָרִים לִבְנֵי עַמְרָם שׁוּבָאֵל לִבְנֵי שׁוּבָאֵל יֶחְדְּיָהוּ: ²⁰
לִרְחַבְיָהוּ לִבְנֵי רְחַבְיָהוּ הָרֹאשׁ יִשִּׁיָּה: לַיִּצְהָרִי שְׁלֹמוֹת לִבְנֵי ²¹
²²
שְׁלֹמוֹת יָחַת: וּבְנֵי יְרִיָּהוּ אֲמַרְיָהוּ הַשֵּׁנִי יַחֲזִיאֵל הַשְּׁלִישִׁי יְקַמְעָם ²³
הָרְבִיעִי: בְּנֵי עֻזִּיאֵל מִיכָה לִבְנֵי מִיכָה שָׁמוּר: אֲחִי מִיכָה יִשִּׁיָּה ²⁴
²⁵
לִבְנֵי יִשִּׁיָּה זְכַרְיָהוּ: בְּנֵי מְרָרִי מַחְלִי וּמוּשִׁי בְּנֵי יַעֲזִיָּהוּ ²⁶
בְנוֹ: בְּנֵי מְרָרִי לְיַעֲזִיָּהוּ בְנוֹ וְשֹׁהַם וְזַכּוּר וְעִבְרִי: לְמַחְלִי ²⁷
²⁸
אֶלְעָזָר וְלֹא־הָיָה לוֹ בָּנִים: לְקִישׁ בְּנֵי קִישׁ יְרַחְמְאֵל: וּבְנֵי מוּשִׁי ²⁹
לְ
מַחְלִי וְעֵדֶר וִירִימוֹת אֵלֶּה בְּנֵי הַלְוִיִּם לְבֵית אֲבֹתֵיהֶם: וַיַּפִּילוּ ³¹
גַם־הֵם גּוֹרָלוֹת לְעֻמַּת אֲחֵיהֶם בְּנֵי־אַהֲרֹן לִפְנֵי דָוִיד הַמֶּלֶךְ
וְצָדוֹק וַאֲחִימֶלֶךְ וְרָאשֵׁי הָאָבוֹת לַכֹּהֲנִים וְלַלְוִיִּם אֲבוֹת הָרֹאשׁ
לְעֻמַּת אָחִיו הַקָּטָן:

כה 25

וַיַּבְדֵּל דָּוִיד וְשָׂרֵי הַצָּבָא לַעֲבֹדָה לִבְנֵי אָסָף וְהֵימָן וִידוּתוּן ¹
הַנְּבִיאִים בְּכִנֹּרוֹת בִּנְבָלִים וּבִמְצִלְתָּיִם וַיְהִי מִסְפָּרָם אַנְשֵׁי
מְלָאכָה לַעֲבֹדָתָם: לִבְנֵי אָסָף זַכּוּר וְיוֹסֵף וּנְתַנְיָה וַאֲשַׂרְאֵלָה ²
בְּנֵי אָסָף עַל יַד אָסָף הַנִּבָּא עַל־יְדֵי הַמֶּלֶךְ: לִידוּתוּן בְּנֵי ³
יְדוּתוּן גְּדַלְיָהוּ וּצְרִי וִישַׁעְיָהוּ חֲשַׁבְיָהוּ וּמַתִּתְיָהוּ שִׁשָּׁה עַל יְדֵי
אֲבִיהֶם יְדוּתוּן בַּכִּנּוֹר הַנִּבָּא עַל־הֹדוֹת וְהַלֵּל לַיהוָה: לְהֵימָן ⁴
בְּנֵי הֵימָן בֻּקִּיָּהוּ מַתַּנְיָהוּ עֻזִּיאֵל שְׁבוּאֵל וִירִימוֹת חֲנַנְיָה חֲנָנִי
אֱלִיאָתָה גִדַּלְתִּי וְרֹמַמְתִּי עֶזֶר יָשְׁבְּקָשָׁה מַלּוֹתִי הוֹתִיר מַחֲזִיאוֹת:
כָּל־אֵלֶּה בָנִים לְהֵימָן חֹזֵה הַמֶּלֶךְ בְּדִבְרֵי הָאֱלֹהִים לְהָרִים קָרֶן ⁵

6 וַיִּתֵּן הָאֱלֹהִים לְהֵימָן בָּנִים אַרְבָּעָה עָשָׂר וּבָנוֹת שָׁלוֹשׁ: כָּל־אֵלֶּה
עַל־יְדֵי אֲבִיהֶם בַּשִּׁיר בֵּית יְהֹוָה בִּמְצִלְתַּיִם נְבָלִים וְכִנֹּרוֹת
לַעֲבֹדַת בֵּית הָאֱלֹהִים עַל יְדֵי הַמֶּלֶךְ אָסָף וִידוּתוּן וְהֵימָן:

7 וַיְהִי מִסְפָּרָם עִם־אֲחֵיהֶם מְלֻמְּדֵי־שִׁיר לַיהֹוָה כָּל־הַמֵּבִין

8 מָאתַיִם שְׁמוֹנִים וּשְׁמוֹנָה: וַיַּפִּילוּ גּוֹרָלוֹת מִשְׁמֶרֶת לְעֻמַּת כַּקָּטֹן
כַּגָּדוֹל מֵבִין עִם־תַּלְמִיד:

9 וַיֵּצֵא הַגּוֹרָל הָרִאשׁוֹן לְאָסָף לְיוֹסֵף גְּדַלְיָהוּ הַשֵּׁנִי הוּא וְאֶחָיו

י וּבָנָיו שְׁנֵים עָשָׂר: הַשְּׁלִשִׁי זַכּוּר בָּנָיו וְאֶחָיו שְׁנֵים עָשָׂר:

11
12 הָרְבִיעִי לַיִּצְרִי בָּנָיו וְאֶחָיו שְׁנֵים עָשָׂר: הַחֲמִישִׁי נְתַנְיָהוּ בָּנָיו וְאֶחָיו

13
14 שְׁנֵים עָשָׂר: הַשִּׁשִּׁי בֻּקִּיָּהוּ בָּנָיו וְאֶחָיו שְׁנֵים עָשָׂר: הַשְּׁבִעִי

טו יִשְׂרָאֵלָה בָּנָיו וְאֶחָיו שְׁנֵים עָשָׂר: הַשְּׁמִינִי יְשַׁעְיָהוּ בָּנָיו וְאֶחָיו שְׁנֵים

16
17 עָשָׂר: הַתְּשִׁיעִי מַתַּנְיָהוּ בָּנָיו וְאֶחָיו שְׁנֵים עָשָׂר: הָעֲשִׂירִי שִׁמְעִי

18 בָּנָיו וְאֶחָיו שְׁנֵים עָשָׂר: עַשְׁתֵּי עָשָׂר עֲזַרְאֵל בָּנָיו וְאֶחָיו שְׁנֵים עָשָׂר:

19 הַשְּׁנֵים עָשָׂר לַחֲשַׁבְיָה בָּנָיו וְאֶחָיו שְׁנֵים עָשָׂר: לִשְׁלֹשָׁה עָשָׂר

21 שׁוּבָאֵל בָּנָיו וְאֶחָיו שְׁנֵים עָשָׂר: לְאַרְבָּעָה עָשָׂר מַתִּתְיָהוּ בָּנָיו וְאֶחָיו

22 שְׁנֵים עָשָׂר: לַחֲמִשָּׁה עָשָׂר לִירֵמוֹת בָּנָיו וְאֶחָיו שְׁנֵים עָשָׂר:

23
24 לְשִׁשָּׁה עָשָׂר לַחֲנַנְיָהוּ בָּנָיו וְאֶחָיו שְׁנֵים עָשָׂר: לְשִׁבְעָה עָשָׂר

כה לְיָשְׁבְּקָשָׁה בָּנָיו וְאֶחָיו שְׁנֵים עָשָׂר: לִשְׁמוֹנָה עָשָׂר לַחֲנָנִי

26 בָּנָיו וְאֶחָיו שְׁנֵים עָשָׂר: לְתִשְׁעָה עָשָׂר לְמַלּוֹתִי בָּנָיו וְאֶחָיו

27
28 שְׁנֵים עָשָׂר: לְעֶשְׂרִים לֶאֱלִיָּתָה בָּנָיו וְאֶחָיו שְׁנֵים עָשָׂר: לְאֶחָד

29 וְעֶשְׂרִים לְהוֹתִיר בָּנָיו וְאֶחָיו שְׁנֵים עָשָׂר: לִשְׁנַיִם וְעֶשְׂרִים לְגִדַּלְתִּי

ל בָּנָיו וְאֶחָיו שְׁנֵים עָשָׂר: לִשְׁלֹשָׁה וְעֶשְׂרִים לְמַחֲזִיאוֹת בָּנָיו וְאֶחָיו

31 שְׁנֵים עָשָׂר: לְאַרְבָּעָה וְעֶשְׂרִים לְרוֹמַמְתִּי עָזֶר בָּנָיו וְאֶחָיו שְׁנֵים עָשָׂר:

כו

א לְמַחְלְקוֹת לְשֹׁעֲרִים לַקָּרְחִים מְשֶׁלֶמְיָהוּ בֶן־קֹרֵא מִן־בְּנֵי אָסָף:

2 וְלִמְשֶׁלֶמְיָהוּ בָּנִים זְכַרְיָהוּ הַבְּכוֹר יְדִיעֲאֵל הַשֵּׁנִי זְבַדְיָהוּ הַשְּׁלִישִׁי

3 יַתְנִיאֵל הָרְבִיעִי: עֵילָם הַחֲמִישִׁי יְהוֹחָנָן הַשִּׁשִּׁי אֶלְיְהוֹעֵינַי הַשְּׁבִיעִי:

4 וּלְעֹבֵד אֱדֹם בָּנִים שְׁמַעְיָה הַבְּכוֹר יְהוֹזָבָד הַשֵּׁנִי יוֹאָח הַשְּׁלִשִׁי

ה וְשָׂכָר הָרְבִיעִי וּנְתַנְאֵל הַחֲמִישִׁי: עַמִּיאֵל הַשִּׁשִּׁי יִשָּׂשכָר הַשְּׁבִיעִי

6 פְּעֻלְּתַי הַשְּׁמִינִי כִּי בֵרְכוֹ אֱלֹהִים: וְלִשְׁמַעְיָה בְנוֹ נוֹלַד בָּנִים

7 הַמִּמְשָׁלִים לְבֵית אֲבִיהֶם כִּי־גִבּוֹרֵי חַיִל הֵמָּה: בְּנֵי שְׁמַעְיָה עָתְנִי

8 וּרְפָאֵל וְעוֹבֵד אֶלְזָבָד אֶחָיו בְּנֵי־חָיִל אֱלִיהוּ וּסְמַכְיָהוּ: כָּל־

אֵלֶּה מִבְּנֵי עֹבֵד אֱדֹם הֵמָּה וּבְנֵיהֶם וַאֲחֵיהֶם אִישׁ־חַיִל בַּכֹּחַ

9 לַעֲבֹדָה שִׁשִּׁים וּשְׁנַיִם לְעֹבֵד אֱדֹם: וְלִמְשֶׁלֶמְיָהוּ בָּנִים וְאַחִים

י בְּנֵי־חָיִל שְׁמוֹנָה עָשָׂר: וּלְחֹסָה מִן־בְּנֵי־מְרָרִי בָּנִים שִׁמְרִי הָרֹאשׁ

11 כִּי לֹא־הָיָה בְכוֹר וַיְשִׂימֵהוּ אָבִיהוּ לְרֹאשׁ: חִלְקִיָּהוּ הַשֵּׁנִי טְבַלְיָהוּ

הַשְּׁלִשִׁי זְכַרְיָהוּ הָרְבִעִי כָּל־בָּנִים וְאַחִים לְחֹסָה שְׁלֹשָׁה עָשָׂר:

12 לְאֵלֶּה מַחְלְקוֹת הַשֹּׁעֲרִים לְרָאשֵׁי הַגְּבָרִים מִשְׁמָרוֹת לְעֻמַּת

13 אֲחֵיהֶם לְשָׁרֵת בְּבֵית יְהוָה: וַיַּפִּילוּ גוֹרָלוֹת כַּקָּטֹן כַּגָּדוֹל לְבֵית

אֲבוֹתָם לְשַׁעַר וָשָׁעַר:

14 וַיִּפֹּל הַגּוֹרָל מִזְרָחָה לְשֶׁלֶמְיָהוּ וּזְכַרְיָהוּ בְנוֹ יוֹעֵץ בְּשֶׂכֶל הִפִּילוּ

טו גוֹרָלוֹת וַיֵּצֵא גוֹרָלוֹ צָפוֹנָה: לְעֹבֵד אֱדֹם נֶגְבָּה וּלְבָנָיו בֵּית

16 הָאֲסֻפִּים: לְשֻׁפִּים וּלְחֹסָה לַמַּעֲרָב עִם שַׁעַר שַׁלֶּכֶת בַּמְסִלָּה

17 הָעוֹלָה מִשְׁמָר לְעֻמַּת מִשְׁמָר: לַמִּזְרָח הַלְוִיִּם שִׁשָּׁה לַצָּפוֹנָה לַיּוֹם

18 אַרְבָּעָה לַנֶּגְבָּה לַיּוֹם אַרְבָּעָה וְלָאֲסֻפִּים שְׁנַיִם שְׁנָיִם: לַפַּרְבָּר

לַמַּעֲרָב אַרְבָּעָה לַמְסִלָּה שְׁנַיִם לַפַּרְבָּר:

19 אֵלֶּה מַחְלְקוֹת הַשֹּׁעֲרִים לִבְנֵי הַקָּרְחִי וְלִבְנֵי מְרָרִי: וְהַלְוִיִּם

21 אֲחִיָּה עַל־אוֹצְרוֹת בֵּית הָאֱלֹהִים וּלְאֹצְרוֹת הַקֳּדָשִׁים: בְּנֵי

לַעְדָּן בְּנֵי הַגֵּרְשֻׁנִּי לְלַעְדָּן רָאשֵׁי הָאָבוֹת לְלַעְדָּן הַגֵּרְשֻׁנִּי

22 יְחִיאֵלִי: בְּנֵי יְחִיאֵלִי זֵתָם וְיוֹאֵל אָחִיו עַל־אֹצְרוֹת בֵּית

23 יְהוָה: לָעַמְרָמִי לַיִּצְהָרִי לַחֶבְרוֹנִי לָעָזִּיאֵלִי: וּשְׁבֻאֵל בֶּן־

24

כה גֵּרְשׁוֹם בֶּן־מֹשֶׁה נָגִיד עַל־הָאֹצָרוֹת: וְאֶחָיו לֶאֱלִיעֶזֶר רְחַבְיָהוּ

26 בְנוֹ וִישַׁעְיָהוּ בְנוֹ וְיֹרָם בְּנוֹ וְזִכְרִי בְנוֹ וּשְׁלֹמוֹת בְּנוֹ: הוּא שְׁלֹמוֹת

וְאֶחָיו עַל כָּל־אֹצְרוֹת הַקֳּדָשִׁים אֲשֶׁר הִקְדִּישׁ דָּוִיד הַמֶּלֶךְ

27 וְרָאשֵׁי הָאָבוֹת לְשָׂרֵי־הָאֲלָפִים וְהַמֵּאוֹת וְשָׂרֵי הַצָּבָא: מִן־

28 הַמִּלְחָמוֹת וּמִן־הַשָּׁלָל הִקְדִּישׁוּ לְחַזֵּק לְבֵית יְהוָה: וְכֹל הַהִקְדִּישׁ

שְׁמוּאֵל הָרֹאֶה וְשָׁאוּל בֶּן־קִישׁ וְאַבְנֵר בֶּן־נֵר וְיוֹאָב בֶּן־צְרוּיָה

29 כֹּל הַמַּקְדִּישׁ עַל־יַד שְׁלֹמִית וְאֶחָיו: לַיִּצְהָרִי כְּנַנְיָהוּ וּבָנָיו

ל לַמְּלָאכָה הַחִיצוֹנָה עַל־יִשְׂרָאֵל לְשֹׁטְרִים וּלְשֹׁפְטִים: לַחֶבְרוֹנִי
חֲשַׁבְיָהוּ וְאֶחָיו בְּנֵי־חַיִל אֶלֶף וּשְׁבַע־מֵאוֹת עַל פְּקֻדַּת יִשְׂרָאֵל
מֵעֵבֶר לַיַּרְדֵּן מַעְרָבָה לְכֹל מְלֶאכֶת יְהֹוָה וְלַעֲבֹדַת הַמֶּלֶךְ:

31 לַחֶבְרוֹנִי יְרִיָּה הָרֹאשׁ לַחֶבְרוֹנִי לְתֹלְדֹתָיו לְאָבוֹת בִּשְׁנַת הָאַרְבָּעִים
לְמַלְכוּת דָּוִיד נִדְרָשׁוּ וַיִּמָּצֵא בָהֶם גִּבּוֹרֵי חַיִל בְּיַעְזֵיר גִּלְעָד:

32 וְאֶחָיו בְּנֵי־חַיִל אַלְפַּיִם וּשְׁבַע מֵאוֹת רָאשֵׁי הָאָבוֹת וַיַּפְקִידֵם
דָּוִיד הַמֶּלֶךְ עַל־הָראוּבֵנִי וְהַגָּדִי וַחֲצִי שֵׁבֶט הַמְנַשִּׁי לְכָל־דְּבַר
אֱלֹהִים וּדְבַר הַמֶּלֶךְ:

כז 27

א וּבְנֵי יִשְׂרָאֵל לְמִסְפָּרָם רָאשֵׁי הָאָבוֹת וְשָׂרֵי הָאֲלָפִים וְהַמֵּאוֹת
וְשֹׁטְרֵיהֶם הַמְשָׁרְתִים אֶת־הַמֶּלֶךְ לְכֹל דְּבַר הַמַּחְלְקוֹת הַבָּאָה
וְהַיֹּצֵאת חֹדֶשׁ בְּחֹדֶשׁ לְכֹל חָדְשֵׁי הַשָּׁנָה הַמַּחֲלֹקֶת הָאַחַת עֶשְׂרִים

2 וְאַרְבָּעָה אָלֶף: עַל הַמַּחֲלֹקֶת הָרִאשׁוֹנָה לַחֹדֶשׁ הָרִאשׁוֹן יָשָׁבְעָם

3 בֶּן־זַבְדִּיאֵל וְעַל מַחֲלֻקְתּוֹ עֶשְׂרִים וְאַרְבָּעָה אָלֶף: מִן־בְּנֵי פֶרֶץ

4 הָרֹאשׁ לְכָל־שָׂרֵי הַצְּבָאוֹת לַחֹדֶשׁ הָרִאשׁוֹן: וְעַל מַחֲלֹקֶת הַחֹדֶשׁ
הַשֵּׁנִי דּוֹדַי הָאֲחוֹחִי וּמַחֲלֻקְתּוֹ וּמִקְלוֹת הַנָּגִיד וְעַל מַחֲלֻקְתּוֹ עֶשְׂרִים

5 וְאַרְבָּעָה אָלֶף: שַׂר הַצָּבָא הַשְּׁלִישִׁי לַחֹדֶשׁ הַשְּׁלִישִׁי בְּנָיָהוּ
בֶן־יְהוֹיָדָע הַכֹּהֵן רֹאשׁ וְעַל מַחֲלֻקְתּוֹ עֶשְׂרִים וְאַרְבָּעָה אָלֶף:

6 הוּא בְנָיָהוּ גִּבּוֹר הַשְּׁלֹשִׁים וְעַל־הַשְּׁלֹשִׁים וּמַחֲלֻקְתּוֹ עַמִּיזָבָד בְּנוֹ:

7 הָרְבִיעִי לַחֹדֶשׁ הָרְבִיעִי עֲשָׂהאֵל אֲחִי יוֹאָב וּזְבַדְיָה בְנוֹ אַחֲרָיו
וְעַל מַחֲלֻקְתּוֹ עֶשְׂרִים וְאַרְבָּעָה אָלֶף:

8 הַחֲמִישִׁי לַחֹדֶשׁ הַחֲמִישִׁי
הַשַּׂר שַׁמְהוּת הַיִּזְרָח וְעַל מַחֲלֻקְתּוֹ עֶשְׂרִים וְאַרְבָּעָה אָלֶף:

9 הַשִּׁשִּׁי לַחֹדֶשׁ הַשִּׁשִּׁי עִירָא בֶן־עִקֵּשׁ הַתְּקוֹעִי וְעַל מַחֲלֻקְתּוֹ עֶשְׂרִים
י וְאַרְבָּעָה אָלֶף: הַשְּׁבִיעִי לַחֹדֶשׁ הַשְּׁבִיעִי חֶלֶץ הַפִּלוֹנִי מִן־בְּנֵי

11 אֶפְרָיִם וְעַל מַחֲלֻקְתּוֹ עֶשְׂרִים וְאַרְבָּעָה אָלֶף: הַשְּׁמִינִי לַחֹדֶשׁ
הַשְּׁמִינִי סִבְּכַי הַחֻשָׁתִי לַזַּרְחִי וְעַל מַחֲלֻקְתּוֹ עֶשְׂרִים וְאַרְבָּעָה

12 אָלֶף: הַתְּשִׁיעִי לַחֹדֶשׁ הַתְּשִׁיעִי אֲבִיעֶזֶר הָעַנְּתֹתִי לַבֶּן יְמִינִי וְעַל

13 מַחֲלֻקְתּוֹ עֶשְׂרִים וְאַרְבָּעָה אָלֶף: הָעֲשִׂירִי לַחֹדֶשׁ הָעֲשִׂירִי
מַהְרַי הַנְּטוֹפָתִי לַזַּרְחִי וְעַל מַחֲלֻקְתּוֹ עֶשְׂרִים וְאַרְבָּעָה אָלֶף:

14 עַשְׁתֵּי עָשָׂר לְעַשְׁתֵּי עָשָׂר הַחֹדֶשׁ בְּנָיָה הַפִּרְעָתוֹנִי מִן־בְּנֵי
טו אֶפְרָיִם וְעַל מַחֲלֻקְתּוֹ עֶשְׂרִים וְאַרְבָּעָה אָלֶף: הַשְּׁנֵים עָשָׂר
לִשְׁנֵים עָשָׂר הַחֹדֶשׁ חֶלְדַּי הַנְּטוֹפָתִי לְעָתְנִיאֵל וְעַל מַחֲלֻקְתּוֹ
עֶשְׂרִים וְאַרְבָּעָה אָלֶף:

16   וְעַל שִׁבְטֵי יִשְׂרָאֵל לָראוּבֵנִי נָגִיד אֱלִיעֶזֶר בֶּן־זִכְרִי לַשִּׁמְעוֹנִי
17 שְׁפַטְיָהוּ בֶּן־מַעֲכָה: לְלֵוִי חֲשַׁבְיָה בֶּן־קְמוּאֵל לְאַהֲרֹן צָדוֹק:
18 לִיהוּדָה אֱלִיהוּ מֵאֲחֵי דָוִיד לְיִשָּׂשכָר עָמְרִי בֶּן־מִיכָאֵל: לִזְבוּלֻן
19
כ יִשְׁמַעְיָהוּ בֶּן־עֹבַדְיָהוּ לְנַפְתָּלִי יְרִימוֹת בֶּן־עַזְרִיאֵל: לִבְנֵי אֶפְרַיִם
21 הוֹשֵׁעַ בֶּן־עֲזַזְיָהוּ לַחֲצִי שֵׁבֶט מְנַשֶּׁה יוֹאֵל בֶּן־פְּדָיָהוּ: לַחֲצִי
22 הַמְנַשֶּׁה גִּלְעָדָה יִדּוֹ בֶּן־זְכַרְיָהוּ לְבִנְיָמִן יַעֲשִׂיאֵל בֶּן־אַבְנֵר: לְדָן
23 עֲזַרְאֵל בֶּן־יְרֹחָם אֵלֶּה שָׂרֵי שִׁבְטֵי יִשְׂרָאֵל: וְלֹא־נָשָׂא דָוִיד
מִסְפָּרָם לְמִבֶּן עֶשְׂרִים שָׁנָה וּלְמָטָּה כִּי אָמַר יְהוָה לְהַרְבּוֹת אֶת־
24 יִשְׂרָאֵל כְּכוֹכְבֵי הַשָּׁמָיִם: יוֹאָב בֶּן־צְרוּיָה הֵחֵל לִמְנוֹת וְלֹא כִלָּה
וַיְהִי בָזֹאת קֶצֶף עַל־יִשְׂרָאֵל וְלֹא עָלָה הַמִּסְפָּר בְּמִסְפַּר דִּבְרֵי
הַיָּמִים לַמֶּלֶךְ דָּוִיד:

כה   וְעַל אֹצְרוֹת הַמֶּלֶךְ עַזְמָוֶת בֶּן־עֲדִיאֵל וְעַל־הָאֹצָרוֹת בַּשָּׂדֶה
26 בֶּעָרִים וּבַכְּפָרִים וּבַמִּגְדָּלוֹת יְהוֹנָתָן בֶּן־עֻזִּיָּהוּ: וְעַל עֹשֵׂי מְלֶאכֶת
27 הַשָּׂדֶה לַעֲבֹדַת הָאֲדָמָה עֶזְרִי בֶּן־כְּלוּב: וְעַל־הַכְּרָמִים שִׁמְעִי
28 הָרָמָתִי וְעַל שֶׁבַּכְּרָמִים לְאֹצְרוֹת הַיַּיִן זַבְדִּי הַשִּׁפְמִי: וְעַל־
הַזֵּיתִים וְהַשִּׁקְמִים אֲשֶׁר בַּשְּׁפֵלָה בַּעַל חָנָן הַגְּדֵרִי וְעַל־
29 אֹצְרוֹת הַשֶּׁמֶן יוֹעָשׁ: וְעַל־הַבָּקָר הָרֹעִים בַּשָּׁרוֹן שִׁטְרַי הַשָּׁרוֹנִי
ל וְעַל־הַבָּקָר בָּעֲמָקִים שָׁפָט בֶּן־עַדְלָי: וְעַל־הַגְּמַלִּים אוֹבִיל
31 הַיִּשְׁמְעֵלִי וְעַל־הָאֲתֹנוֹת יֶחְדְּיָהוּ הַמֵּרֹנֹתִי: וְעַל־הַצֹּאן יָזִיז הַהַגְרִי
32 כָּל־אֵלֶּה שָׂרֵי הָרְכוּשׁ אֲשֶׁר לַמֶּלֶךְ דָּוִיד: וִיהוֹנָתָן דּוֹד־דָּוִיד
יוֹעֵץ אִישׁ־מֵבִין וְסוֹפֵר הוּא וִיחִיאֵל בֶּן־חַכְמוֹנִי עִם־בְּנֵי הַמֶּלֶךְ:
33 וַאֲחִיתֹפֶל יוֹעֵץ לַמֶּלֶךְ וְחוּשַׁי הָאַרְכִּי רֵעַ הַמֶּלֶךְ: וְאַחֲרֵי אֲחִיתֹפֶל
34
יְהוֹיָדָע בֶּן־בְּנָיָהוּ וְאֶבְיָתָר וְשַׂר־צָבָא לַמֶּלֶךְ יוֹאָב:

כח 28

א וַיַּקְהֵל דָּוִיד אֶת־כָּל־שָׂרֵי יִשְׂרָאֵל שָׂרֵי הַשְּׁבָטִים וְשָׂרֵי הַמַּחְלְקוֹת
הַמְשָׁרְתִים אֶת־הַמֶּלֶךְ וְשָׂרֵי הָאֲלָפִים וְשָׂרֵי הַמֵּאוֹת וְשָׂרֵי כָל־
רְכוּשׁ־וּמִקְנֶה לַמֶּלֶךְ וּלְבָנָיו עִם־הַסָּרִיסִים וְהַגִּבּוֹרִים וּלְכָל־

2 גִּבּוֹר חָיִל אֶל־יְרוּשָׁלָ͏ִם: וַיָּקָם דָּוִיד הַמֶּלֶךְ עַל־רַגְלָיו וַיֹּאמֶר
שְׁמָעוּנִי אַחַי וְעַמִּי אֲנִי עִם־לְבָבִי לִבְנוֹת בֵּית מְנוּחָה לַאֲרוֹן בְּרִית־

3 יְהֹוָה וְלַהֲדֹם רַגְלֵי אֱלֹהֵינוּ וַהֲכִינוֹתִי לִבְנוֹת: וְהָאֱלֹהִים אָמַר
לִי לֹא־תִבְנֶה בַיִת לִשְׁמִי כִּי אִישׁ מִלְחָמוֹת אַתָּה וְדָמִים שָׁפָכְתָּ:

4 וַיִּבְחַר יְהֹוָה אֱלֹהֵי יִשְׂרָאֵל בִּי מִכֹּל בֵּית אָבִי לִהְיוֹת לְמֶלֶךְ עַל־
יִשְׂרָאֵל לְעוֹלָם כִּי בִיהוּדָה בָּחַר לְנָגִיד וּבְבֵית יְהוּדָה בֵּית

5 אָבִי וּבִבְנֵי אָבִי בִּי רָצָה לְהַמְלִיךְ עַל־כָּל־יִשְׂרָאֵל: וּמִכָּל־
בָּנַי כִּי רַבִּים בָּנִים נָתַן לִי יְהֹוָה וַיִּבְחַר בִּשְׁלֹמֹה בְנִי לָשֶׁבֶת עַל־

6 כִּסֵּא מַלְכוּת יְהֹוָה עַל־יִשְׂרָאֵל: וַיֹּאמֶר לִי שְׁלֹמֹה בִנְךָ הוּא־יִבְנֶה
בֵיתִי וַחֲצֵרוֹתָי כִּי־בָחַרְתִּי בוֹ לִי לְבֵן וַאֲנִי אֶהְיֶה־לּוֹ לְאָב:

7 וַהֲכִינוֹתִי אֶת־מַלְכוּתוֹ עַד־לְעוֹלָם אִם־יֶחֱזַק לַעֲשׂוֹת מִצְוֹתַי

8 וּמִשְׁפָּטַי כַּיּוֹם הַזֶּה: וְעַתָּה לְעֵינֵי כָל־יִשְׂרָאֵל קְהַל־יְהֹוָה וּבְאָזְנֵי
אֱלֹהֵינוּ שִׁמְרוּ וְדִרְשׁוּ כָּל־מִצְוֹת יְהֹוָה אֱלֹהֵיכֶם לְמַעַן תִּירְשׁוּ

9 אֶת־הָאָרֶץ הַטּוֹבָה וְהִנְחַלְתֶּם לִבְנֵיכֶם אַחֲרֵיכֶם עַד־עוֹלָם: וְאַתָּה
שְׁלֹמֹה־בְנִי דַּע אֶת־אֱלֹהֵי אָבִיךָ וְעָבְדֵהוּ בְּלֵב שָׁלֵם וּבְנֶפֶשׁ חֲפֵצָה
כִּי כָל־לְבָבוֹת דּוֹרֵשׁ יְהֹוָה וְכָל־יֵצֶר מַחֲשָׁבוֹת מֵבִין אִם־

10 תִּדְרְשֶׁנּוּ יִמָּצֵא לָךְ וְאִם־תַּעַזְבֶנּוּ יַזְנִיחֲךָ לָעַד: רְאֵה עַתָּה
כִּי יְהֹוָה בָּחַר בְּךָ לִבְנוֹת בַּיִת לַמִּקְדָּשׁ חֲזַק וַעֲשֵׂה:

11 וַיִּתֵּן דָּוִיד לִשְׁלֹמֹה בְנוֹ אֶת־תַּבְנִית הָאוּלָם וְאֶת־בָּתָּיו
12 וְגַנְזַכָּיו וַעֲלִיֹּתָיו וַחֲדָרָיו הַפְּנִימִים וּבֵית הַכַּפֹּרֶת: וְתַבְנִית
כֹּל אֲשֶׁר הָיָה בָרוּחַ עִמּוֹ לְחַצְרוֹת בֵּית־יְהֹוָה וּלְכָל־הַלְּשָׁכוֹת
13 סָבִיב לְאֹצְרוֹת בֵּית הָאֱלֹהִים וּלְאֹצְרוֹת הַקֳּדָשִׁים: וּלְמַחְלְקוֹת
הַכֹּהֲנִים וְהַלְוִיִּם וּלְכָל־מְלֶאכֶת עֲבוֹדַת בֵּית־יְהֹוָה וּלְכָל־כְּלֵי
14 עֲבוֹדַת בֵּית־יְהֹוָה: לַזָּהָב בַּמִּשְׁקָל לַזָּהָב לְכָל־כְּלֵי עֲבוֹדָה

וַעֲבוֹדָה לְכֹל כְּלֵי הַכֶּסֶף בְּמִשְׁקָל לְכָל־כְּלֵי עֲבוֹדָה וַעֲבוֹדָה:

טו וּמִשְׁקָל לִמְנֹרוֹת הַזָּהָב וְנֵרֹתֵיהֶם זָהָב בְּמִשְׁקָל מְנוֹרָה וּמְנוֹרָה
וְנֵרֹתֶיהָ וְלִמְנֹרוֹת הַכֶּסֶף בְּמִשְׁקָל לִמְנוֹרָה וְנֵרֹתֶיהָ כַּעֲבוֹדַת מְנוֹרָה

16 וּמְנוֹרָה: וְאֶת־הַזָּהָב מִשְׁקָל לְשֻׁלְחֲנוֹת הַמַּעֲרֶכֶת לְשֻׁלְחָן וְשֻׁלְחָן

17 וְכֶסֶף לְשֻׁלְחֲנוֹת הַכָּסֶף: וְהַמִּזְלָגוֹת וְהַמִּזְרָקוֹת וְהַקְּשָׂוֹת זָהָב טָהוֹר
וְלִכְפוֹרֵי הַזָּהָב בְּמִשְׁקָל לִכְפוֹר וּכְפוֹר וְלִכְפוֹרֵי הַכֶּסֶף בְּמִשְׁקָל

18 לִכְפוֹר וּכְפוֹר: וּלְמִזְבַּח הַקְּטֹרֶת זָהָב מְזֻקָּק בַּמִּשְׁקָל וּלְתַבְנִית
הַמֶּרְכָּבָה הַכְּרוּבִים זָהָב לְפֹרְשִׂים וְסֹכְכִים עַל־אֲרוֹן בְּרִית־

19 יְהֹוָה: הַכֹּל בִּכְתָב מִיַּד יְהֹוָה עָלַי הִשְׂכִּיל כֹּל מַלְאֲכוֹת
הַתַּבְנִית:

כ   וַיֹּאמֶר דָּוִיד לִשְׁלֹמֹה בְנוֹ חֲזַק וֶאֱמַץ וַעֲשֵׂה אַל־תִּירָא וְאַל־
תֵּחָת כִּי יְהֹוָה אֱלֹהִים אֱלֹהַי עִמָּךְ לֹא יַרְפְּךָ וְלֹא יַעַזְבֶךָּ עַד־

21 לִכְלוֹת כָּל־מְלֶאכֶת עֲבוֹדַת בֵּית־יְהֹוָה: וְהִנֵּה מַחְלְקוֹת הַכֹּהֲנִים
וְהַלְוִיִּם לְכָל־עֲבוֹדַת בֵּית הָאֱלֹהִים וְעִמְּךָ בְכָל־מְלָאכָה לְכָל־
נָדִיב בַּחָכְמָה לְכָל־עֲבוֹדָה וְהַשָּׂרִים וְכָל־הָעָם לְכָל־דְּבָרֶיךָ:

כט 29

א וַיֹּאמֶר דָּוִיד הַמֶּלֶךְ לְכָל־הַקָּהָל שְׁלֹמֹה בְנִי אֶחָד בָּחַר־בּוֹ
אֱלֹהִים נַעַר וָרָךְ וְהַמְּלָאכָה גְדוֹלָה כִּי לֹא לְאָדָם הַבִּירָה

2 כִּי לַיהֹוָה אֱלֹהִים: וּכְכָל־כֹּחִי הֲכִינוֹתִי לְבֵית אֱלֹהַי הַזָּהָב
לַזָּהָב וְהַכֶּסֶף לַכֶּסֶף וְהַנְּחֹשֶׁת לַנְּחֹשֶׁת הַבַּרְזֶל לַבַּרְזֶל וְהָעֵצִים
לָעֵצִים אַבְנֵי־שֹׁהַם וּמִלּוּאִים אַבְנֵי־פוּךְ וְרִקְמָה וְכֹל אֶבֶן יְקָרָה

3 וְאַבְנֵי־שַׁיִשׁ לָרֹב: וְעוֹד בִּרְצוֹתִי בְּבֵית אֱלֹהַי יֶשׁ־לִי סְגֻלָּה זָהָב
וָכָסֶף נָתַתִּי לְבֵית־אֱלֹהַי לְמַעְלָה מִכֹּל הֲכִינוֹתִי לְבֵית הַקֹּדֶשׁ:

4 שְׁלֹשֶׁת אֲלָפִים כִּכְּרֵי זָהָב מִזְּהַב אוֹפִיר וְשִׁבְעַת אֲלָפִים כִּכַּר־
ה כֶּסֶף מְזֻקָּק לָטוּחַ קִירוֹת הַבָּתִּים: לַזָּהָב לַזָּהָב וְלַכֶּסֶף לַכֶּסֶף
וּלְכָל־מְלָאכָה בְּיַד חָרָשִׁים וּמִי מִתְנַדֵּב לְמַלֹּאות יָדוֹ הַיּוֹם לַיהֹוָה:

6 וַיִּתְנַדְּבוּ שָׂרֵי הָאָבוֹת וְשָׂרֵי שִׁבְטֵי יִשְׂרָאֵל וְשָׂרֵי הָאֲלָפִים וְהַמֵּאוֹת

7 וּלְשָׂרֵי מְלֶאכֶת הַמֶּלֶךְ: וַיִּתְּנוּ לַעֲבוֹדַת בֵּית הָאֱלֹהִים זָהָב

כִּכָּרִים חֲמֵשֶׁת־אֲלָפִים וַאֲדַרְכֹנִים רִבּוֹ וְכֶסֶף כִּכָּרִים עֲשֶׂרֶת
אֲלָפִים וּנְחֹשֶׁת רִבּוֹ וּשְׁמוֹנַת אֲלָפִים כִּכָּרִים וּבַרְזֶל מֵאָה־

8 אֶלֶף כִּכָּרִים: וְהַנִּמְצָא אִתּוֹ אֲבָנִים נָתְנוּ לְאוֹצַר בֵּית־יְהֹוָה
9 עַל־יַד יְחִיאֵל הַגֵּרְשֻׁנִּי: וַיִּשְׂמְחוּ הָעָם עַל־הִתְנַדְּבָם כִּי בְּלֵב
שָׁלֵם הִתְנַדְּבוּ לַיהֹוָה וְגַם דָּוִיד הַמֶּלֶךְ שָׂמַח שִׂמְחָה גְדוֹלָה:

י וַיְבָרֶךְ דָּוִיד אֶת־יְהֹוָה לְעֵינֵי כָּל־הַקָּהָל וַיֹּאמֶר דָּוִיד
בָּרוּךְ אַתָּה יְהֹוָה אֱלֹהֵי יִשְׂרָאֵל אָבִינוּ מֵעוֹלָם וְעַד־עוֹלָם:

11 לְךָ יְהֹוָה הַגְּדֻלָּה וְהַגְּבוּרָה וְהַתִּפְאֶרֶת וְהַנֵּצַח וְהַהוֹד כִּי־
כֹל בַּשָּׁמַיִם וּבָאָרֶץ לְךָ יְהֹוָה הַמַּמְלָכָה וְהַמִּתְנַשֵּׂא לְכֹל

12 לְרֹאשׁ: וְהָעֹשֶׁר וְהַכָּבוֹד מִלְּפָנֶיךָ וְאַתָּה מוֹשֵׁל בַּכֹּל וּבְיָדְךָ
13 כֹּחַ וּגְבוּרָה וּבְיָדְךָ לְגַדֵּל וּלְחַזֵּק לַכֹּל: וְעַתָּה אֱלֹהֵינוּ מוֹדִים
14 אֲנַחְנוּ לָךְ וּמְהַלְלִים לְשֵׁם תִּפְאַרְתֶּךָ: וְכִי מִי אֲנִי וּמִי עַמִּי
כִּי־נַעְצֹר כֹּחַ לְהִתְנַדֵּב כָּזֹאת כִּי־מִמְּךָ הַכֹּל וּמִיָּדְךָ נָתַנּוּ לָךְ:
15 כִּי־גֵרִים אֲנַחְנוּ לְפָנֶיךָ וְתוֹשָׁבִים כְּכָל־אֲבֹתֵינוּ כַּצֵּל יָמֵינוּ
16 עַל־הָאָרֶץ וְאֵין מִקְוֶה: יְהֹוָה אֱלֹהֵינוּ כֹּל הֶהָמוֹן הַזֶּה אֲשֶׁר
הֲכִינֹנוּ לִבְנוֹת־לְךָ בַיִת לְשֵׁם קָדְשֶׁךָ מִיָּדְךָ הִיא וּלְךָ הַכֹּל:
17 וְיָדַעְתִּי אֱלֹהַי כִּי אַתָּה בֹּחֵן לֵבָב וּמֵישָׁרִים תִּרְצֶה אֲנִי בְּיֹשֶׁר לְבָבִי
הִתְנַדַּבְתִּי כָל־אֵלֶּה וְעַתָּה עַמְּךָ הַנִּמְצְאוּ־פֹה רָאִיתִי בְשִׂמְחָה
18 לְהִתְנַדֶּב־לָךְ: יְהֹוָה אֱלֹהֵי אַבְרָהָם יִצְחָק וְיִשְׂרָאֵל אֲבֹתֵינוּ
שָׁמְרָה־זֹּאת לְעוֹלָם לְיֵצֶר מַחְשְׁבוֹת לְבַב עַמֶּךָ וְהָכֵן לְבָבָם אֵלֶיךָ:
19 וְלִשְׁלֹמֹה בְנִי תֵּן לֵבָב שָׁלֵם לִשְׁמוֹר מִצְוֹתֶיךָ עֵדְוֹתֶיךָ וְחֻקֶּיךָ
וְלַעֲשׂוֹת הַכֹּל וְלִבְנוֹת הַבִּירָה אֲשֶׁר הֲכִינוֹתִי:

כ וַיֹּאמֶר דָּוִיד לְכָל־הַקָּהָל בָּרְכוּ נָא אֶת־יְהֹוָה אֱלֹהֵיכֶם וַיְבָרֲכוּ
כָל־הַקָּהָל לַיהֹוָה אֱלֹהֵי אֲבֹתֵיהֶם וַיִּקְּדוּ וַיִּשְׁתַּחֲווּ לַיהֹוָה וְלַמֶּלֶךְ:
21 וַיִּזְבְּחוּ לַיהֹוָה זְבָחִים וַיַּעֲלוּ עֹלוֹת לַיהֹוָה לְמָחֳרַת הַיּוֹם הַהוּא
פָּרִים אֶלֶף אֵילִים אֶלֶף כְּבָשִׂים אֶלֶף וְנִסְכֵּיהֶם וּזְבָחִים לָרֹב
22 לְכָל־יִשְׂרָאֵל: וַיֹּאכְלוּ וַיִּשְׁתּוּ לִפְנֵי יְהֹוָה בַּיּוֹם הַהוּא בְּשִׂמְחָה
גְדוֹלָה וַיַּמְלִיכוּ שֵׁנִית לִשְׁלֹמֹה בֶן־דָּוִיד וַיִּמְשְׁחוּ לַיהֹוָה לְנָגִיד
23 וּלְצָדוֹק לְכֹהֵן: וַיֵּשֶׁב שְׁלֹמֹה עַל־כִּסֵּא יְהֹוָה לְמֶלֶךְ תַּחַת־דָּוִיד

אָבִיו וַיִּצְלַח וַיִּשְׁמְעוּ אֵלָיו כָּל־יִשְׂרָאֵל: וְכָל־הַשָּׂרִים וְהַגִּבֹּרִים 24

וְגַם כָּל־בְּנֵי הַמֶּלֶךְ דָּוִיד נָתְנוּ יָד תַּחַת שְׁלֹמֹה הַמֶּלֶךְ: וַיְגַדֵּל יְהוָה כה
אֶת־שְׁלֹמֹה לְמַעְלָה לְעֵינֵי כָּל־יִשְׂרָאֵל וַיִּתֵּן עָלָיו הוֹד מַלְכוּת
אֲשֶׁר לֹא־הָיָה עַל־כָּל־מֶלֶךְ לְפָנָיו עַל־יִשְׂרָאֵל:

וְדָוִיד בֶּן־יִשַׁי מָלַךְ עַל־כָּל־יִשְׂרָאֵל: וְהַיָּמִים אֲשֶׁר מָלַךְ 26
עַל־יִשְׂרָאֵל אַרְבָּעִים שָׁנָה בְּחֶבְרוֹן מָלַךְ שֶׁבַע שָׁנִים וּבִירוּשָׁלַם 27
מָלַךְ שְׁלֹשִׁים וְשָׁלוֹשׁ: וַיָּמָת בְּשֵׂיבָה טוֹבָה שְׂבַע יָמִים עֹשֶׁר וְכָבוֹד 28
וַיִּמְלֹךְ שְׁלֹמֹה בְנוֹ תַּחְתָּיו: וְדִבְרֵי דָּוִיד הַמֶּלֶךְ הָרִאשֹׁנִים 29
וְהָאַחֲרֹנִים הִנָּם כְּתוּבִים עַל־דִּבְרֵי שְׁמוּאֵל הָרֹאֶה וְעַל־דִּבְרֵי
נָתָן הַנָּבִיא וְעַל־דִּבְרֵי גָד הַחֹזֶה: עִם כָּל־מַלְכוּתוֹ וּגְבוּרָתוֹ ל
וְהָעִתִּים אֲשֶׁר עָבְרוּ עָלָיו וְעַל־יִשְׂרָאֵל וְעַל כָּל־מַמְלְכוֹת
הָאֲרָצוֹת:

דברי הימים ב

1 א

וַיִּתְחַזֵּק שְׁלֹמֹה בֶן־דָּוִיד עַל־מַלְכוּתוֹ וַיהוָה אֱלֹהָיו עִמּוֹ וַיְגַדְּלֵהוּ א
לְמָעְלָה: וַיֹּאמֶר שְׁלֹמֹה לְכָל־יִשְׂרָאֵל לְשָׂרֵי הָאֲלָפִים וְהַמֵּאוֹת 2
וְלַשֹּׁפְטִים וּלְכֹל נָשִׂיא לְכָל־יִשְׂרָאֵל רָאשֵׁי הָאָבוֹת: וַיֵּלְכוּ שְׁלֹמֹה 3
וְכָל־הַקָּהָל עִמּוֹ לַבָּמָה אֲשֶׁר בְּגִבְעוֹן כִּי־שָׁם הָיָה אֹהֶל מוֹעֵד
הָאֱלֹהִים אֲשֶׁר עָשָׂה מֹשֶׁה עֶבֶד־יְהוָה בַּמִּדְבָּר: אֲבָל אֲרוֹן 4
הָאֱלֹהִים הֶעֱלָה דָוִיד מִקִּרְיַת יְעָרִים בַּהֵכִין לוֹ דָּוִיד כִּי נָטָה־
לוֹ אֹהֶל בִּירוּשָׁלָם: וּמִזְבַּח הַנְּחֹשֶׁת אֲשֶׁר עָשָׂה בְּצַלְאֵל בֶּן־אוּרִי ה
בֶן־חוּר שָׂם לִפְנֵי מִשְׁכַּן יְהוָה וַיִּדְרְשֵׁהוּ שְׁלֹמֹה וְהַקָּהָל:
וַיַּעַל שְׁלֹמֹה שָׁם עַל־מִזְבַּח הַנְּחֹשֶׁת לִפְנֵי יְהוָה אֲשֶׁר לְאֹהֶל מוֹעֵד 6
וַיַּעַל עָלָיו עֹלוֹת אָלֶף:

בַּלַּיְלָה הַהוּא נִרְאָה אֱלֹהִים לִשְׁלֹמֹה וַיֹּאמֶר לוֹ שְׁאַל מָה אֶתֶּן־ 7
לָךְ: וַיֹּאמֶר שְׁלֹמֹה לֵאלֹהִים אַתָּה עָשִׂיתָ עִם־דָּוִיד אָבִי חֶסֶד 8
גָּדוֹל וְהִמְלַכְתַּנִי תַּחְתָּיו: עַתָּה יְהוָה אֱלֹהִים יֵאָמֵן דְּבָרְךָ עִם 9

ְדָּוִיד אָבִי כִּי אַתָּה הִמְלַכְתַּנִי עַל־עָם רַב כַּעֲפַר הָאָרֶץ: עַתָּה י

חָכְמָה וּמַדָּע תֶּן־לִי וְאֵצְאָה לִפְנֵי הָעָם־הַזֶּה וְאָבוֹאָה כִּי־מִי

יִשְׁפֹּט אֶת־עַמְּךָ הַזֶּה הַגָּדוֹל:

וַיֹּאמֶר אֱלֹהִים לִשְׁלֹמֹה יַעַן אֲשֶׁר הָיְתָה זֹאת עִם־לְבָבֶךָ וְלֹא 11

שָׁאַלְתָּ עֹשֶׁר נְכָסִים וְכָבוֹד וְאֵת נֶפֶשׁ שֹׂנְאֶיךָ וְגַם־יָמִים רַבִּים לֹא

שָׁאָלְתָּ וַתִּשְׁאַל־לְךָ חָכְמָה וּמַדָּע אֲשֶׁר תִּשְׁפּוֹט אֶת־עַמִּי אֲשֶׁר

הִמְלַכְתִּיךָ עָלָיו: הַחָכְמָה וְהַמַּדָּע נָתוּן לָךְ וְעֹשֶׁר וּנְכָסִים וְכָבוֹד 12

אֶתֶּן־לָךְ אֲשֶׁר לֹא־הָיָה כֵן לַמְּלָכִים אֲשֶׁר לְפָנֶיךָ וְאַחֲרֶיךָ לֹא

יִהְיֶה־כֵּן: וַיָּבֹא שְׁלֹמֹה לַבָּמָה אֲשֶׁר־בְּגִבְעוֹן יְרוּשָׁלַם מִלִּפְנֵי 13

אֹהֶל מוֹעֵד וַיִּמְלֹךְ עַל־יִשְׂרָאֵל:

וַיֶּאֱסֹף שְׁלֹמֹה רֶכֶב וּפָרָשִׁים וַיְהִי־לוֹ אֶלֶף וְאַרְבַּע־מֵאוֹת 14

רֶכֶב וּשְׁנֵים־עָשָׂר אֶלֶף פָּרָשִׁים וַיַּנִּיחֵם בְּעָרֵי הָרֶכֶב וְעִם־הַמֶּלֶךְ

בִּירוּשָׁלָם: וַיִּתֵּן הַמֶּלֶךְ אֶת־הַכֶּסֶף וְאֶת־הַזָּהָב בִּירוּשָׁלַם כָּאֲבָנִים טו

וְאֵת־הָאֲרָזִים נָתַן כַּשִּׁקְמִים אֲשֶׁר־בַּשְּׁפֵלָה לָרֹב: וּמוֹצָא הַסּוּסִים 16

אֲשֶׁר לִשְׁלֹמֹה מִמִּצְרָיִם וּמִקְוֵא סֹחֲרֵי הַמֶּלֶךְ מִקְוֵא יִקְחוּ בִּמְחִיר:

וַיַּעֲלוּ וַיּוֹצִיאוּ מִמִּצְרַיִם מֶרְכָּבָה בְּשֵׁשׁ מֵאוֹת כֶּסֶף וְסוּס בַּחֲמִשִּׁים 17

וּמֵאָה וְכֵן לְכָל־מַלְכֵי הַחִתִּים וּמַלְכֵי אֲרָם בְּיָדָם יוֹצִיאוּ:

וַיֹּאמֶר שְׁלֹמֹה לִבְנוֹת בַּיִת לְשֵׁם יְהוָה וּבַיִת לְמַלְכוּתוֹ: 18

ב 2

וַיִּסְפֹּר שְׁלֹמֹה שִׁבְעִים אֶלֶף אִישׁ סַבָּל וּשְׁמוֹנִים אֶלֶף אִישׁ א

חֹצֵב בָּהָר וּמְנַצְּחִים עֲלֵיהֶם שְׁלֹשֶׁת אֲלָפִים וְשֵׁשׁ מֵאוֹת:

וַיִּשְׁלַח שְׁלֹמֹה אֶל־חוּרָם מֶלֶךְ־צֹר לֵאמֹר כַּאֲשֶׁר עָשִׂיתָ עִם־ 2

דָּוִיד אָבִי וַתִּשְׁלַח־לוֹ אֲרָזִים לִבְנוֹת־לוֹ בַיִת לָשֶׁבֶת בּוֹ:

הִנֵּה אֲנִי בוֹנֶה־בַּיִת לְשֵׁם יְהוָה אֱלֹהָי לְהַקְדִּישׁ לוֹ לְהַקְטִיר לְפָנָיו 3

קְטֹרֶת־סַמִּים וּמַעֲרֶכֶת תָּמִיד וְעֹלוֹת לַבֹּקֶר וְלָעֶרֶב לַשַּׁבָּתוֹת

וְלֶחֳדָשִׁים וּלְמוֹעֲדֵי יְהוָה אֱלֹהֵינוּ לְעוֹלָם זֹאת עַל־יִשְׂרָאֵל:

וְהַבַּיִת אֲשֶׁר־אֲנִי בוֹנֶה גָּדוֹל כִּי־גָדוֹל אֱלֹהֵינוּ מִכָּל־הָאֱלֹהִים: 4

ה וּמִי יַעֲצָר־כֹּחַ לִבְנוֹת־לוֹ בַיִת כִּי הַשָּׁמַיִם וּשְׁמֵי הַשָּׁמַיִם לֹא
יְכַלְכְּלֻהוּ וּמִי אֲנִי אֲשֶׁר אֶבְנֶה־לּוֹ בַיִת כִּי אִם־לְהַקְטִיר לְפָנָיו:

ו וְעַתָּה שְׁלַח־לִי אִישׁ־חָכָם לַעֲשׂוֹת בַּזָּהָב וּבַכֶּסֶף וּבַנְּחֹשֶׁת וּבַבַּרְזֶל
וּבָאַרְגְּוָן וְכַרְמִיל וּתְכֵלֶת וְיֹדֵעַ לְפַתֵּחַ פִּתּוּחִים עִם־הַחֲכָמִים

ז אֲשֶׁר עִמִּי בִּיהוּדָה וּבִירוּשָׁלַ͏ִם אֲשֶׁר הֵכִין דָּוִיד אָבִי: וּשְׁלַח־לִי
עֲצֵי אֲרָזִים בְּרוֹשִׁים וְאַלְגּוּמִּים מֵהַלְּבָנוֹן כִּי אֲנִי יָדַעְתִּי אֲשֶׁר
עֲבָדֶיךָ יוֹדְעִים לִכְרוֹת עֲצֵי לְבָנוֹן וְהִנֵּה עֲבָדַי עִם־עֲבָדֶיךָ:

ח וּלְהָכִין לִי עֵצִים לָרֹב כִּי הַבַּיִת אֲשֶׁר־אֲנִי בוֹנֶה גָּדוֹל וְהַפְלֵא:

ט וְהִנֵּה לַחֹטְבִים לְכֹרְתֵי הָעֵצִים נָתַתִּי חִטִּים מַכּוֹת לַעֲבָדֶיךָ כֹּרִים
עֶשְׂרִים אֶלֶף וּשְׂעֹרִים כֹּרִים עֶשְׂרִים אָלֶף וְיַיִן בַּתִּים עֶשְׂרִים
אֶלֶף וְשֶׁמֶן בַּתִּים עֶשְׂרִים אָלֶף:

י וַיֹּאמֶר חוּרָם מֶלֶךְ־צֹר בִּכְתָב וַיִּשְׁלַח אֶל־שְׁלֹמֹה בְּאַהֲבַת
יא יְהוָה אֶת־עַמּוֹ נְתָנְךָ עֲלֵיהֶם מֶלֶךְ: וַיֹּאמֶר חוּרָם בָּרוּךְ יְהוָה
אֱלֹהֵי יִשְׂרָאֵל אֲשֶׁר עָשָׂה אֶת־הַשָּׁמַיִם וְאֶת־הָאָרֶץ אֲשֶׁר נָתַן לְדָוִיד
הַמֶּלֶךְ בֵּן חָכָם יוֹדֵעַ שֵׂכֶל וּבִינָה אֲשֶׁר יִבְנֶה־בַּיִת לַיהוָה וּבַיִת
יב לְמַלְכוּתוֹ: וְעַתָּה שָׁלַחְתִּי אִישׁ־חָכָם יוֹדֵעַ בִּינָה לְחוּרָם אָבִי:

יג בֶּן־אִשָּׁה מִן־בְּנוֹת דָּן וְאָבִיו אִישׁ צֹרִי יוֹדֵעַ לַעֲשׂוֹת בַּזָּהָב־וּבַכֶּסֶף
בַּנְּחֹשֶׁת בַּבַּרְזֶל בָּאֲבָנִים וּבָעֵצִים בָּאַרְגָּמָן בַּתְּכֵלֶת וּבַבּוּץ
וּבַכַּרְמִיל וּלְפַתֵּחַ כָּל־פִּתּוּחַ וְלַחְשֹׁב כָּל־מַחֲשָׁבֶת אֲשֶׁר יִנָּתֶן

יד לוֹ עִם־חֲכָמֶיךָ וְחַכְמֵי אֲדֹנִי דָּוִיד אָבִיךָ: וְעַתָּה הַחִטִּים וְהַשְּׂעֹרִים
טו הַשֶּׁמֶן וְהַיַּיִן אֲשֶׁר אָמַר אֲדֹנִי יִשְׁלַח לַעֲבָדָיו: וַאֲנַחְנוּ נִכְרֹת עֵצִים
מִן־הַלְּבָנוֹן כְּכָל־צָרְכֶּךָ וּנְבִיאֵם לְךָ רַפְסֹדוֹת עַל־יָם יָפוֹ וְאַתָּה
תַּעֲלֶה אֹתָם יְרוּשָׁלָ͏ִם:

טז וַיִּסְפֹּר שְׁלֹמֹה כָּל־הָאֲנָשִׁים הַגֵּירִים אֲשֶׁר בְּאֶרֶץ יִשְׂרָאֵל אַחֲרֵי
הַסְּפָר אֲשֶׁר סְפָרָם דָּוִיד אָבִיו וַיִּמָּצְאוּ מֵאָה וַחֲמִשִּׁים אֶלֶף וּשְׁלֹשֶׁת
יז אֲלָפִים וְשֵׁשׁ מֵאוֹת: וַיַּעַשׂ מֵהֶם שִׁבְעִים אֶלֶף סַבָּל וּשְׁמֹנִים אֶלֶף
חֹצֵב בָּהָר וּשְׁלֹשֶׁת אֲלָפִים וְשֵׁשׁ מֵאוֹת מְנַצְּחִים לְהַעֲבִיד אֶת־
הָעָם:

ג 3

א וַיָּחֶל שְׁלֹמֹה לִבְנוֹת אֶת־בֵּית־יְהֹוָה בִּירוּשָׁלַם בְּהַר הַמּוֹרִיָּה
אֲשֶׁר נִרְאָה לְדָוִיד אָבִיהוּ אֲשֶׁר הֵכִין בִּמְקוֹם דָּוִיד בְּגֹרֶן
2 אָרְנָן הַיְבוּסִי: וַיָּחֶל לִבְנוֹת בַּחֹדֶשׁ הַשֵּׁנִי בַּשֵּׁנִי בִּשְׁנַת אַרְבַּע
3 לְמַלְכוּתוֹ: וְאֵלֶּה הוּסַד שְׁלֹמֹה לִבְנוֹת אֶת־בֵּית הָאֱלֹהִים הָאֹרֶךְ
אַמּוֹת בַּמִּדָּה הָרִאשׁוֹנָה אַמּוֹת שִׁשִּׁים וְרֹחַב אַמּוֹת עֶשְׂרִים:
4 וְהָאוּלָם אֲשֶׁר עַל־פְּנֵי הָאֹרֶךְ עַל־פְּנֵי רֹחַב הַבַּיִת אַמּוֹת עֶשְׂרִים
ה וְהַגֹּבַהּ מֵאָה וְעֶשְׂרִים וַיְצַפֵּהוּ מִפְּנִימָה זָהָב טָהוֹר: וְאֵת הַבַּיִת
הַגָּדוֹל חִפָּה עֵץ בְּרוֹשִׁים וַיְחַפֵּהוּ זָהָב טוֹב וַיַּעַל עָלָיו תִּמֹרִים
6 וְשַׁרְשְׁרֹת: וַיְצַף אֶת־הַבַּיִת אֶבֶן יְקָרָה לְתִפְאָרֶת וְהַזָּהָב זְהַב
7 פַּרְוָיִם: וַיְחַף אֶת־הַבַּיִת הַקֹּרוֹת הַסִּפִּים וְקִירוֹתָיו וְדַלְתוֹתָיו
זָהָב וּפִתַּח כְּרוּבִים עַל־הַקִּירוֹת:
8 וַיַּעַשׂ אֶת־בֵּית־קֹדֶשׁ הַקֳּדָשִׁים אָרְכּוֹ עַל־פְּנֵי רֹחַב הַבַּיִת
אַמּוֹת עֶשְׂרִים וְרָחְבּוֹ אַמּוֹת עֶשְׂרִים וַיְחַפֵּהוּ זָהָב טוֹב לְכִכָּרִים
9 שֵׁשׁ מֵאוֹת: וּמִשְׁקָל לְמִסְמְרוֹת לִשְׁקָלִים חֲמִשִּׁים זָהָב וְהָעֲלִיּוֹת
חִפָּה זָהָב:
י וַיַּעַשׂ בְּבֵית־קֹדֶשׁ הַקֳּדָשִׁים כְּרוּבִים שְׁנַיִם מַעֲשֵׂה צַעֲצֻעִים
11 וַיְצַפּוּ אֹתָם זָהָב: וְכַנְפֵי הַכְּרוּבִים אָרְכָּם אַמּוֹת עֶשְׂרִים כְּנַף
הָאֶחָד לְאַמּוֹת חָמֵשׁ מַגַּעַת לְקִיר הַבַּיִת וְהַכָּנָף הָאַחֶרֶת
12 אַמּוֹת חָמֵשׁ מַגִּיעַ לִכְנַף הַכְּרוּב הָאַחֵר: וּכְנַף הַכְּרוּב הָאֶחָד
אַמּוֹת חָמֵשׁ מַגִּיעַ לְקִיר הַבָּיִת וְהַכָּנָף הָאַחֶרֶת אַמּוֹת חָמֵשׁ דְּבֵקָה
13 לִכְנַף הַכְּרוּב הָאַחֵר: כַּנְפֵי הַכְּרוּבִים הָאֵלֶּה פֹּרְשִׂים אַמּוֹת
עֶשְׂרִים וְהֵם עֹמְדִים עַל־רַגְלֵיהֶם וּפְנֵיהֶם לַבָּיִת:
14 וַיַּעַשׂ אֶת־הַפָּרֹכֶת תְּכֵלֶת וְאַרְגָּמָן וְכַרְמִיל וּבוּץ וַיַּעַל עָלָיו
כְּרוּבִים:
טו וַיַּעַשׂ לִפְנֵי הַבַּיִת עַמּוּדִים שְׁנַיִם אַמּוֹת שְׁלֹשִׁים וְחָמֵשׁ אֹרֶךְ
וְהַצֶּפֶת אֲשֶׁר־עַל־רֹאשׁוֹ אַמּוֹת חָמֵשׁ:
16 וַיַּעַשׂ שַׁרְשְׁרוֹת בַּדְּבִיר וַיִּתֵּן עַל־רֹאשׁ הָעַמֻּדִים וַיַּעַשׂ רִמּוֹנִים

‏מֵאָה וַיִּתֵּן בַּשַּׁרְשְׁרוֹת: וַיָּקֶם אֶת־הָעַמּוּדִים עַל־פְּנֵי הַהֵיכָל אֶחָד ‎17

‏מִיָּמִין וְאֶחָד מֵהַשְּׂמֹאול וַיִּקְרָא שֵׁם־הַיְמָנִי יָכִין וְשֵׁם הַשְּׂמָאלִי

‏בֹּעַז:

ד 4

‏וַיַּעַשׂ מִזְבַּח נְחֹשֶׁת עֶשְׂרִים אַמָּה אָרְכּוֹ וְעֶשְׂרִים אַמָּה רָחְבּוֹ וְעֶשֶׂר ‎א

‏אַמּוֹת קוֹמָתוֹ:

‏וַיַּעַשׂ אֶת־הַיָּם מוּצָק עֶשֶׂר בָּאַמָּה מִשְּׂפָתוֹ אֶל־שְׂפָתוֹ עָגֹל ‎2

‏סָבִיב וְחָמֵשׁ בָּאַמָּה קוֹמָתוֹ וְקָו שְׁלֹשִׁים בָּאַמָּה יָסֹב אֹתוֹ סָבִיב:

‏וּדְמוּת בְּקָרִים תַּחַת לוֹ סָבִיב סָבִיב סוֹבְבִים אֹתוֹ עֶשֶׂר בָּאַמָּה ‎3

‏מַקִּיפִים אֶת־הַיָּם סָבִיב שְׁנַיִם טוּרִים הַבָּקָר יְצוּקִים בְּמֻצַקְתּוֹ:

‏עוֹמֵד עַל־שְׁנֵים עָשָׂר בָּקָר שְׁלֹשָׁה פֹנִים צָפוֹנָה וּשְׁלוֹשָׁה פֹנִים ‎4

‏יָמָּה וּשְׁלֹשָׁה פֹּנִים נֶגְבָּה וּשְׁלֹשָׁה פֹּנִים מִזְרָחָה וְהַיָּם עֲלֵיהֶם

‏מִלְמָעְלָה וְכָל־אֲחֹרֵיהֶם בָּיְתָה: וְעָבְיוֹ טֶפַח וּשְׂפָתוֹ כְּמַעֲשֵׂה ‎ה

‏שְׂפַת־כּוֹס פֶּרַח שׁוֹשַׁנָּה מַחֲזִיק בַּתִּים שְׁלֹשֶׁת אֲלָפִים יָכִיל:

‏וַיַּעַשׂ כִּיּוֹרִים עֲשָׂרָה וַיִּתֵּן חֲמִשָּׁה מִיָּמִין וַחֲמִשָּׁה מִשְּׂמֹאול ‎6

‏לְרָחְצָה בָהֶם אֶת־מַעֲשֵׂה הָעוֹלָה יָדִיחוּ בָם וְהַיָּם לְרָחְצָה לַכֹּהֲנִים

‏בּוֹ:

‏וַיַּעַשׂ אֶת־מְנֹרוֹת הַזָּהָב עֶשֶׂר כְּמִשְׁפָּטָם וַיִּתֵּן בַּהֵיכָל חָמֵשׁ ‎7

‏מִיָּמִין וְחָמֵשׁ מִשְּׂמֹאול:

‏וַיַּעַשׂ שֻׁלְחָנוֹת עֲשָׂרָה וַיַּנַּח בַּהֵיכָל חֲמִשָּׁה מִיָּמִין וַחֲמִשָּׁה ‎8

‏מִשְּׂמֹאול וַיַּעַשׂ מִזְרְקֵי זָהָב מֵאָה:

‏וַיַּעַשׂ חֲצַר הַכֹּהֲנִים וְהָעֲזָרָה הַגְּדוֹלָה וּדְלָתוֹת לָעֲזָרָה ‎9

‏וְדַלְתוֹתֵיהֶם צִפָּה נְחֹשֶׁת:

‏וְאֶת־הַיָּם נָתַן מִכֶּתֶף הַיְמָנִית קֵדְמָה מִמּוּל נֶגְבָּה: ‎י

‏וַיַּעַשׂ חוּרָם אֶת־הַסִּירוֹת וְאֶת־הַיָּעִים וְאֶת־הַמִּזְרָקוֹת וַיְכַל ‎11

‏חִירָם לַעֲשׂוֹת אֶת־הַמְּלָאכָה אֲשֶׁר עָשָׂה לַמֶּלֶךְ שְׁלֹמֹה בְּבֵית

‏הָאֱלֹהִים: עַמּוּדִים שְׁנַיִם וְהַגֻּלּוֹת וְהַכֹּתָרוֹת עַל־רֹאשׁ הָעַמּוּדִים ‎12

‏שְׁתָּיִם וְהַשְּׂבָכוֹת שְׁתַּיִם לְכַסּוֹת אֶת־שְׁתֵּי גֻלּוֹת הַכֹּתָרוֹת אֲשֶׁר

128639

13 עַל־רֹאשׁ הָעַמּוּדִים: וְאֶת־הָרִמּוֹנִים אַרְבַּע מֵאוֹת לִשְׁתֵּי הַשְּׂבָכוֹת שְׁנַיִם טוּרִים רִמּוֹנִים לַשְּׂבָכָה הָאֶחָת לְכַסּוֹת אֶת־שְׁתֵּי גֻּלּוֹת

14 הַכֹּתָרוֹת אֲשֶׁר עַל־פְּנֵי הָעַמּוּדִים: וְאֶת־הַמְּכֹנוֹת עָשָׂה וְאֶת־

טו הַכִּיֹּרוֹת עָשָׂה עַל־הַמְּכֹנוֹת: אֶת־הַיָּם אֶחָד וְאֶת־הַבָּקָר שְׁנֵים־

16 עָשָׂר תַּחְתָּיו: וְאֶת־הַסִּירוֹת וְאֶת־הַיָּעִים וְאֶת־הַמִּזְלָגוֹת וְאֶת־ כָּל־כְּלֵיהֶם עָשָׂה חוּרָם אָבִיו לַמֶּלֶךְ שְׁלֹמֹה לְבֵית יְהֹוָה נְחֹשֶׁת

17 מָרוּק: בְּכִכַּר הַיַּרְדֵּן יְצָקָם הַמֶּלֶךְ בַּעֲבִי הָאֲדָמָה בֵּין סֻכּוֹת וּבֵין צְרֵדָתָה:

18 וַיַּעַשׂ שְׁלֹמֹה כָּל־הַכֵּלִים הָאֵלֶּה לָרֹב מְאֹד כִּי לֹא נֶחְקַר

19 מִשְׁקַל הַנְּחֹשֶׁת: וַיַּעַשׂ שְׁלֹמֹה אֵת כָּל־הַכֵּלִים אֲשֶׁר בֵּית הָאֱלֹהִים וְאֵת מִזְבַּח הַזָּהָב וְאֶת־הַשֻּׁלְחָנוֹת וַעֲלֵיהֶם לֶחֶם

כ הַפָּנִים: וְאֶת־הַמְּנֹרוֹת וְנֵרֹתֵיהֶם לְבַעֲרָם כַּמִּשְׁפָּט לִפְנֵי הַדְּבִיר

21 זָהָב סָגוּר: וְהַפֶּרַח וְהַנֵּרֹת וְהַמֶּלְקָחַיִם זָהָב הוּא מִכְלוֹת זָהָב:

22 וְהַמְזַמְּרוֹת וְהַמִּזְרָקוֹת וְהַכַּפּוֹת וְהַמַּחְתּוֹת זָהָב סָגוּר וּפֶתַח הַבַּיִת דַּלְתוֹתָיו הַפְּנִימִיּוֹת לְקֹדֶשׁ הַקֳּדָשִׁים וְדַלְתֵי הַבַּיִת לַהֵיכָל זָהָב:

ה

א וַתִּשְׁלַם כָּל־הַמְּלָאכָה אֲשֶׁר־עָשָׂה שְׁלֹמֹה לְבֵית יְהֹוָה וַיָּבֵא שְׁלֹמֹה אֶת־קָדְשֵׁי דָּוִיד אָבִיו וְאֶת־הַכֶּסֶף וְאֶת־הַזָּהָב וְאֶת־ כָּל־הַכֵּלִים נָתַן בְּאֹצְרוֹת בֵּית הָאֱלֹהִים:

2 אָז יַקְהֵיל שְׁלֹמֹה אֶת־זִקְנֵי יִשְׂרָאֵל וְאֶת־כָּל־רָאשֵׁי הַמַּטּוֹת נְשִׂיאֵי הָאָבוֹת לִבְנֵי יִשְׂרָאֵל אֶל־יְרוּשָׁלָ͏ִם לְהַעֲלוֹת אֶת־אֲרוֹן בְּרִית־יְהֹוָה מֵעִיר דָּוִיד הִיא צִיּוֹן:

3 וַיִּקָּהֲלוּ אֶל־הַמֶּלֶךְ כָּל־אִישׁ יִשְׂרָאֵל בֶּחָג הוּא הַחֹדֶשׁ הַשְּׁבִעִי:

4 וַיָּבֹאוּ כֹּל זִקְנֵי יִשְׂרָאֵל וַיִּשְׂאוּ הַלְוִיִּם אֶת־הָאָרוֹן: וַיַּעֲלוּ אֶת־ ה הָאָרוֹן וְאֶת־אֹהֶל מוֹעֵד וְאֶת־כָּל־כְּלֵי הַקֹּדֶשׁ אֲשֶׁר בָּאֹהֶל הֶעֱלוּ

6 אֹתָם הַכֹּהֲנִים הַלְוִיִּם: וְהַמֶּלֶךְ שְׁלֹמֹה וְכָל־עֲדַת יִשְׂרָאֵל הַנּוֹעָדִים עָלָיו לִפְנֵי הָאָרוֹן מְזַבְּחִים צֹאן וּבָקָר אֲשֶׁר לֹא־יִסָּפְרוּ וְלֹא יִמָּנוּ

7 מֵרֹב: וַיָּבִיאוּ הַכֹּהֲנִים אֶת־אֲרוֹן בְּרִית־יְהֹוָה אֶל־מְקוֹמוֹ אֶל־

דְּבִיר הַבַּיִת אֶל־קֹדֶשׁ הַקֳּדָשִׁים אֶל־תַּחַת כַּנְפֵי הַכְּרוּבִים:

8 וַיִּהְיוּ הַכְּרוּבִים פֹּרְשִׂים כְּנָפַיִם עַל־מְקוֹם הָאָרוֹן וַיְכַסּוּ הַכְּרוּבִים

9 עַל־הָאָרוֹן וְעַל־בַּדָּיו מִלְמָעְלָה: וַיַּאֲרִיכוּ הַבַּדִּים וַיֵּרָאוּ רָאשֵׁי
הַבַּדִּים מִן־הָאָרוֹן עַל־פְּנֵי הַדְּבִיר וְלֹא יֵרָאוּ הַחוּצָה וַיְהִי־שָׁם

י עַד הַיּוֹם הַזֶּה: אֵין בָּאָרוֹן רַק שְׁנֵי הַלֻּחוֹת אֲשֶׁר־נָתַן מֹשֶׁה בְּחֹרֵב
אֲשֶׁר כָּרַת יְהוָה עִם־בְּנֵי יִשְׂרָאֵל בְּצֵאתָם מִמִּצְרָיִם:

11 וַיְהִי בְּצֵאת הַכֹּהֲנִים מִן־הַקֹּדֶשׁ כִּי כָּל־הַכֹּהֲנִים הַנִּמְצְאִים

12 הִתְקַדָּשׁוּ אֵין לִשְׁמוֹר לְמַחְלְקוֹת: וְהַלְוִיִּם הַמְשֹׁרֲרִים לְכֻלָּם לְאָסָף
לְהֵימָן לִידֻתוּן וְלִבְנֵיהֶם וְלַאֲחֵיהֶם מְלֻבָּשִׁים בּוּץ בִּמְצִלְתַּיִם
וּבִנְבָלִים וְכִנֹּרוֹת עֹמְדִים מִזְרָח לַמִּזְבֵּחַ וְעִמָּהֶם כֹּהֲנִים לְמֵאָה

13 וְעֶשְׂרִים מַחְצְרִים בַּחֲצֹצְרוֹת: וַיְהִי כְאֶחָד לַמְחַצְּרִים
וְלַמְשֹׁרֲרִים לְהַשְׁמִיעַ קוֹל־אֶחָד לְהַלֵּל וּלְהֹדוֹת לַיהוָה וּכְהָרִים
קוֹל בַּחֲצֹצְרוֹת וּבִמְצִלְתַּיִם וּבִכְלֵי הַשִּׁיר וּבְהַלֵּל לַיהוָה כִּי טוֹב

14 כִּי לְעוֹלָם חַסְדּוֹ וְהַבַּיִת מָלֵא עָנָן בֵּית יְהוָה: וְלֹא־יָכְלוּ
הַכֹּהֲנִים לַעֲמוֹד לְשָׁרֵת מִפְּנֵי הֶעָנָן כִּי־מָלֵא כְבוֹד־יְהוָה
אֶת־בֵּית הָאֱלֹהִים:

6 ו

א אָז אָמַר שְׁלֹמֹה יְהוָה אָמַר לִשְׁכּוֹן בָּעֲרָפֶל: וַאֲנִי בָּנִיתִי

3 בֵית־זְבֻל לָךְ וּמָכוֹן לְשִׁבְתְּךָ עוֹלָמִים: וַיַּסֵּב הַמֶּלֶךְ אֶת־פָּנָיו

4 וַיְבָרֶךְ אֵת כָּל־קְהַל יִשְׂרָאֵל וְכָל־קְהַל יִשְׂרָאֵל עוֹמֵד: וַיֹּאמֶר
בָּרוּךְ יְהוָה אֱלֹהֵי יִשְׂרָאֵל אֲשֶׁר דִּבֶּר בְּפִיו אֵת דָּוִיד אָבִי

ה וּבְיָדָיו מִלֵּא לֵאמֹר: מִן־הַיּוֹם אֲשֶׁר הוֹצֵאתִי אֶת־עַמִּי מֵאֶרֶץ
מִצְרַיִם לֹא־בָחַרְתִּי בְעִיר מִכֹּל שִׁבְטֵי יִשְׂרָאֵל לִבְנוֹת בַּיִת לִהְיוֹת
שְׁמִי שָׁם וְלֹא־בָחַרְתִּי בְאִישׁ לִהְיוֹת נָגִיד עַל־עַמִּי יִשְׂרָאֵל:

6 וָאֶבְחַר בִּירוּשָׁלַם לִהְיוֹת שְׁמִי שָׁם וָאֶבְחַר בְּדָוִיד לִהְיוֹת עַל־

7 עַמִּי יִשְׂרָאֵל: וַיְהִי עִם־לְבַב דָּוִיד אָבִי לִבְנוֹת בַּיִת לְשֵׁם יְהוָה

8 אֱלֹהֵי יִשְׂרָאֵל: וַיֹּאמֶר יְהוָה אֶל־דָּוִיד אָבִי יַעַן אֲשֶׁר הָיָה עִם־

9 לְבָבְךָ לִבְנוֹת בַּיִת לִשְׁמִי הֱטִיבוֹתָ כִּי הָיָה עִם־לְבָבֶךָ: רַק אַתָּה

לֹא תִבְנֶה הַבָּיִת כִּי בִנְךָ הַיּוֹצֵא מֵחֲלָצֶיךָ הוּא־יִבְנֶה הַבַּיִת לִשְׁמִי:

י וַיָּקֶם יְהוָה אֶת־דְּבָרוֹ אֲשֶׁר דִּבֵּר וָאָקוּם תַּחַת דָּוִיד אָבִי וָאֵשֵׁב עַל־כִּסֵּא יִשְׂרָאֵל כַּאֲשֶׁר דִּבֶּר יְהוָה וָאֶבְנֶה הַבַּיִת לְשֵׁם יְהוָה אֱלֹהֵי יִשְׂרָאֵל:

11 וָאָשִׂים שָׁם אֶת־הָאָרוֹן אֲשֶׁר־שָׁם בְּרִית יְהוָה אֲשֶׁר כָּרַת עִם־בְּנֵי יִשְׂרָאֵל:

12 וַיַּעֲמֹד לִפְנֵי מִזְבַּח יְהוָה נֶגֶד כָּל־קְהַל יִשְׂרָאֵל וַיִּפְרֹשׂ כַּפָּיו:

13 כִּי־עָשָׂה שְׁלֹמֹה כִּיּוֹר נְחֹשֶׁת וַיִּתְּנֵהוּ בְּתוֹךְ הָעֲזָרָה חָמֵשׁ אַמּוֹת אָרְכּוֹ וְחָמֵשׁ אַמּוֹת רָחְבּוֹ וְאַמּוֹת שָׁלוֹשׁ קוֹמָתוֹ וַיַּעֲמֹד עָלָיו וַיִּבְרַךְ עַל־בִּרְכָּיו נֶגֶד כָּל־קְהַל יִשְׂרָאֵל וַיִּפְרֹשׂ כַּפָּיו הַשָּׁמָיְמָה:

14 וַיֹּאמַר יְהוָה אֱלֹהֵי יִשְׂרָאֵל אֵין־כָּמוֹךָ אֱלֹהִים בַּשָּׁמַיִם וּבָאָרֶץ שֹׁמֵר הַבְּרִית וְהַחֶסֶד לַעֲבָדֶיךָ הַהֹלְכִים לְפָנֶיךָ בְּכָל־לִבָּם:

טו אֲשֶׁר שָׁמַרְתָּ לְעַבְדְּךָ דָוִיד אָבִי אֵת אֲשֶׁר־דִּבַּרְתָּ לוֹ וַתְּדַבֵּר בְּפִיךָ וּבְיָדְךָ מִלֵּאתָ כַּיּוֹם הַזֶּה:

16 וְעַתָּה יְהוָה אֱלֹהֵי יִשְׂרָאֵל שְׁמֹר לְעַבְדְּךָ דָוִיד אָבִי אֵת אֲשֶׁר דִּבַּרְתָּ לּוֹ לֵאמֹר לֹא־יִכָּרֵת לְךָ אִישׁ מִלְּפָנַי יוֹשֵׁב עַל־כִּסֵּא יִשְׂרָאֵל רַק אִם־יִשְׁמְרוּ בָנֶיךָ אֶת־דַּרְכָּם לָלֶכֶת בְּתוֹרָתִי כַּאֲשֶׁר הָלַכְתָּ לְפָנָי:

17 וְעַתָּה יְהוָה אֱלֹהֵי יִשְׂרָאֵל יֵאָמֵן דְּבָרְךָ אֲשֶׁר דִּבַּרְתָּ לְעַבְדְּךָ לְדָוִיד:

18 כִּי הַאֻמְנָם יֵשֵׁב אֱלֹהִים אֶת־הָאָדָם עַל־הָאָרֶץ הִנֵּה שָׁמַיִם וּשְׁמֵי הַשָּׁמַיִם לֹא יְכַלְכְּלוּךָ אַף כִּי־הַבַּיִת הַזֶּה אֲשֶׁר בָּנִיתִי:

19 וּפָנִיתָ אֶל־תְּפִלַּת עַבְדְּךָ וְאֶל־תְּחִנָּתוֹ יְהוָה אֱלֹהָי לִשְׁמֹעַ אֶל־הָרִנָּה וְאֶל־הַתְּפִלָּה אֲשֶׁר עַבְדְּךָ מִתְפַּלֵּל לְפָנֶיךָ:

כ לִהְיוֹת עֵינֶיךָ פְתֻחוֹת אֶל־הַבַּיִת הַזֶּה יוֹמָם וָלַיְלָה אֶל־הַמָּקוֹם אֲשֶׁר אָמַרְתָּ לָשׂוּם שִׁמְךָ שָׁם לִשְׁמוֹעַ אֶל־הַתְּפִלָּה אֲשֶׁר יִתְפַּלֵּל עַבְדְּךָ אֶל־הַמָּקוֹם הַזֶּה:

21 וְשָׁמַעְתָּ אֶל־תַּחֲנוּנֵי עַבְדְּךָ וְעַמְּךָ יִשְׂרָאֵל אֲשֶׁר יִתְפַּלְלוּ אֶל־הַמָּקוֹם הַזֶּה וְאַתָּה תִּשְׁמַע מִמְּקוֹם שִׁבְתְּךָ מִן־הַשָּׁמַיִם וְשָׁמַעְתָּ וְסָלָחְתָּ:

22 אִם־יֶחֱטָא אִישׁ לְרֵעֵהוּ וְנָשָׁא־בוֹ אָלָה לְהַאֲלֹתוֹ וּבָא אָלָה לִפְנֵי מִזְבַּחֲךָ בַּבַּיִת הַזֶּה:

23 וְאַתָּה תִּשְׁמַע מִן־הַשָּׁמַיִם וְעָשִׂיתָ וְשָׁפַטְתָּ אֶת־עֲבָדֶיךָ לְהָשִׁיב לְרָשָׁע לָתֵת דַּרְכּוֹ בְּרֹאשׁוֹ וּלְהַצְדִּיק צַדִּיק לָתֶת לוֹ כְּצִדְקָתוֹ:

24 וְאִם־יִנָּגֵף עַמְּךָ יִשְׂרָאֵל לִפְנֵי אוֹיֵב כִּי יֶחֶטְאוּ־לָךְ וְשָׁבוּ וְהוֹדוּ

כה אֶת־שְׁמֶךָ וְהִתְפַּלְלוּ וְהִתְחַנְּנוּ לְפָנֶיךָ בַּבַּיִת הַזֶּה: וְאַתָּה תִּשְׁמַע
מִן־הַשָּׁמַיִם וְסָלַחְתָּ לְחַטַּאת עַמְּךָ יִשְׂרָאֵל וַהֲשֵׁיבוֹתָם אֶל־הָאֲדָמָה
אֲשֶׁר־נָתַתָּה לָהֶם וְלַאֲבֹתֵיהֶם:

26 בְּהֵעָצֵר הַשָּׁמַיִם וְלֹא־יִהְיֶה מָטָר כִּי יֶחֶטְאוּ־לָךְ וְהִתְפַּלְלוּ
אֶל־הַמָּקוֹם הַזֶּה וְהוֹדוּ אֶת־שְׁמֶךָ מֵחַטָּאתָם יְשׁוּבוּן כִּי תַעֲנֵם:

27 וְאַתָּה תִּשְׁמַע הַשָּׁמַיִם וְסָלַחְתָּ לְחַטַּאת עֲבָדֶיךָ וְעַמְּךָ יִשְׂרָאֵל כִּי
תוֹרֵם אֶל־הַדֶּרֶךְ הַטּוֹבָה אֲשֶׁר יֵלְכוּ־בָהּ וְנָתַתָּה מָטָר עַל־אַרְצְךָ
אֲשֶׁר־נָתַתָּה לְעַמְּךָ לְנַחֲלָה:

28 רָעָב כִּי־יִהְיֶה בָאָרֶץ דֶּבֶר כִּי־יִהְיֶה שִׁדָּפוֹן וְיֵרָקוֹן אַרְבֶּה
וְחָסִיל כִּי יִהְיֶה כִּי יָצַר־לוֹ אֹיְבָיו בְּאֶרֶץ שְׁעָרָיו כָּל־נֶגַע וְכָל־

29 מַחֲלָה: כָּל־תְּפִלָּה כָל־תְּחִנָּה אֲשֶׁר יִהְיֶה לְכָל־הָאָדָם וּלְכֹל
עַמְּךָ יִשְׂרָאֵל אֲשֶׁר יֵדְעוּ אִישׁ נִגְעוֹ וּמַכְאֹבוֹ וּפָרַשׂ כַּפָּיו אֶל־הַבַּיִת

ל הַזֶּה: וְאַתָּה תִּשְׁמַע מִן־הַשָּׁמַיִם מְכוֹן שִׁבְתֶּךָ וְסָלַחְתָּ וְנָתַתָּה לָאִישׁ
כְּכָל־דְּרָכָיו אֲשֶׁר תֵּדַע אֶת־לְבָבוֹ כִּי־אַתָּה לְבַדְּךָ יָדַעְתָּ אֶת־

31 לְבַב בְּנֵי הָאָדָם: לְמַעַן יִירָאוּךָ לָלֶכֶת בִּדְרָכֶיךָ כָּל־הַיָּמִים
אֲשֶׁר־הֵם חַיִּים עַל־פְּנֵי הָאֲדָמָה אֲשֶׁר נָתַתָּה לַאֲבֹתֵינוּ:

32 וְגַם אֶל־הַנָּכְרִי אֲשֶׁר לֹא מֵעַמְּךָ יִשְׂרָאֵל הוּא וּבָא מֵאֶרֶץ
רְחוֹקָה לְמַעַן שִׁמְךָ הַגָּדוֹל וְיָדְךָ הַחֲזָקָה וּזְרוֹעֲךָ הַנְּטוּיָה

33 וּבָאוּ וְהִתְפַּלְלוּ אֶל־הַבַּיִת הַזֶּה: וְאַתָּה תִּשְׁמַע מִן־הַשָּׁמַיִם
מִמְּכוֹן שִׁבְתֶּךָ וְעָשִׂיתָ כְּכֹל אֲשֶׁר־יִקְרָא אֵלֶיךָ הַנָּכְרִי לְמַעַן
יֵדְעוּ כָל־עַמֵּי הָאָרֶץ אֶת־שְׁמֶךָ וּלְיִרְאָה אֹתְךָ כְּעַמְּךָ יִשְׂרָאֵל
וְלָדַעַת כִּי־שִׁמְךָ נִקְרָא עַל־הַבַּיִת הַזֶּה אֲשֶׁר בָּנִיתִי:

34 כִּי־יֵצֵא עַמְּךָ לַמִּלְחָמָה עַל־אֹיְבָיו בַּדֶּרֶךְ אֲשֶׁר תִּשְׁלָחֵם
וְהִתְפַּלְלוּ אֵלֶיךָ דֶּרֶךְ הָעִיר הַזֹּאת אֲשֶׁר בָּחַרְתָּ בָּהּ וְהַבַּיִת

לה אֲשֶׁר־בָּנִיתִי לִשְׁמֶךָ: וְשָׁמַעְתָּ מִן־הַשָּׁמַיִם אֶת־תְּפִלָּתָם וְאֶת־

36 תְּחִנָּתָם וְעָשִׂיתָ מִשְׁפָּטָם: כִּי יֶחֶטְאוּ־לָךְ כִּי אֵין אָדָם אֲשֶׁר
לֹא־יֶחֱטָא וְאָנַפְתָּ בָם וּנְתַתָּם לִפְנֵי אוֹיֵב וְשָׁבוּם שׁוֹבֵיהֶם

37 אֶל־אֶרֶץ רְחוֹקָה אוֹ קְרוֹבָה: וְהֵשִׁיבוּ אֶל־לְבָבָם בָּאָרֶץ אֲשֶׁר
נִשְׁבּוּ־שָׁם וְשָׁבוּ וְהִתְחַנְּנוּ אֵלֶיךָ בְּאֶרֶץ שִׁבְיָם לֵאמֹר חָטָאנוּ

38 הֶעֱוִינוּ וְרָשָׁעְנוּ: וְשָׁבוּ אֵלֶיךָ בְּכָל־לִבָּם וּבְכָל־נַפְשָׁם בְּאֶרֶץ שְׁבְיָם אֲשֶׁר־שָׁבוּ אֹתָם וְהִתְפַּלְלוּ דֶּרֶךְ אַרְצָם אֲשֶׁר־נָתַתָּה
39 לַאֲבֹתָם וְהָעִיר אֲשֶׁר בָּחַרְתָּ וְלַבַּיִת אֲשֶׁר־בָּנִיתִי לִשְׁמֶךָ: וְשָׁמַעְתָּ מִן־הַשָּׁמַיִם מִמְּכוֹן שִׁבְתְּךָ אֶת־תְּפִלָּתָם וְאֶת־תְּחִנֹּתֵיהֶם וְעָשִׂיתָ
40 מִשְׁפָּטָם וְסָלַחְתָּ לְעַמְּךָ אֲשֶׁר חָטְאוּ־לָךְ: עַתָּה אֱלֹהַי יִהְיוּ־נָא עֵינֶיךָ פְּתֻחוֹת וְאָזְנֶיךָ קַשֻּׁבוֹת לִתְפִלַּת הַמָּקוֹם הַזֶּה:
41 וְעַתָּה קוּמָה יְהוָה אֱלֹהִים לְנוּחֶךָ אַתָּה וַאֲרוֹן עֻזֶּךָ כֹּהֲנֶיךָ יְהוָה
42 אֱלֹהִים יִלְבְּשׁוּ תְשׁוּעָה וַחֲסִידֶיךָ יִשְׂמְחוּ בַטּוֹב: יְהוָה אֱלֹהִים אַל־תָּשֵׁב פְּנֵי מְשִׁיחֶךָ זָכְרָה לְחַסְדֵי דָּוִיד עַבְדֶּךָ:

ז 7

א וּכְכַלּוֹת שְׁלֹמֹה לְהִתְפַּלֵּל וְהָאֵשׁ יָרְדָה מֵהַשָּׁמַיִם וַתֹּאכַל הָעֹלָה
2 וְהַזְּבָחִים וּכְבוֹד יְהוָה מָלֵא אֶת־הַבָּיִת: וְלֹא יָכְלוּ הַכֹּהֲנִים לָבוֹא
3 אֶל־בֵּית יְהוָה כִּי־מָלֵא כְבוֹד־יְהוָה אֶת־בֵּית יְהוָה: וְכֹל בְּנֵי יִשְׂרָאֵל רֹאִים בְּרֶדֶת הָאֵשׁ וּכְבוֹד יְהוָה עַל־הַבָּיִת וַיִּכְרְעוּ אַפַּיִם אַרְצָה עַל־הָרִצְפָה וַיִּשְׁתַּחֲווּ וְהוֹדוֹת לַיהוָה כִּי טוֹב כִּי לְעוֹלָם
4 חַסְדּוֹ: וְהַמֶּלֶךְ וְכָל־הָעָם זֹבְחִים זֶבַח לִפְנֵי יְהוָה: וַיִּזְבַּח הַמֶּלֶךְ
5 שְׁלֹמֹה אֶת־זֶבַח הַבָּקָר עֶשְׂרִים וּשְׁנַיִם אֶלֶף וְצֹאן מֵאָה וְעֶשְׂרִים
6 אֶלֶף וַיַּחְנְכוּ אֶת־בֵּית הָאֱלֹהִים הַמֶּלֶךְ וְכָל־הָעָם: וְהַכֹּהֲנִים עַל־מִשְׁמְרוֹתָם עֹמְדִים וְהַלְוִיִּם בִּכְלֵי־שִׁיר יְהוָה אֲשֶׁר עָשָׂה דָּוִיד הַמֶּלֶךְ לְהֹדוֹת לַיהוָה כִּי־לְעוֹלָם חַסְדּוֹ בְּהַלֵּל דָּוִיד בְּיָדָם
7 וְהַכֹּהֲנִים מַחְצְרִים נֶגְדָּם וְכָל־יִשְׂרָאֵל עֹמְדִים: וַיְקַדֵּשׁ שְׁלֹמֹה אֶת־תּוֹךְ הֶחָצֵר אֲשֶׁר לִפְנֵי בֵית־יְהוָה כִּי־עָשָׂה שָׁם הָעֹלוֹת וְאֵת חֶלְבֵי הַשְּׁלָמִים כִּי־מִזְבַּח הַנְּחֹשֶׁת אֲשֶׁר עָשָׂה שְׁלֹמֹה לֹא יָכוֹל לְהָכִיל אֶת־הָעֹלָה וְאֶת־הַמִּנְחָה וְאֶת־הַחֲלָבִים:
8 וַיַּעַשׂ שְׁלֹמֹה אֶת־הֶחָג בָּעֵת הַהִיא שִׁבְעַת יָמִים וְכָל־יִשְׂרָאֵל עִמּוֹ
9 קָהָל גָּדוֹל מְאֹד מִלְּבוֹא חֲמָת עַד־נַחַל מִצְרָיִם: וַיַּעֲשׂוּ בַיּוֹם הַשְּׁמִינִי עֲצָרֶת כִּי חֲנֻכַּת הַמִּזְבֵּחַ עָשׂוּ שִׁבְעַת יָמִים וְהֶחָג שִׁבְעַת
10 יָמִים: וּבְיוֹם עֶשְׂרִים וּשְׁלֹשָׁה לַחֹדֶשׁ הַשְּׁבִיעִי שִׁלַּח אֶת־הָעָם

לְאָהֳלֵיהֶם שְׂמֵחִים וְטוֹבֵי לֵב עַל־הַטּוֹבָה אֲשֶׁר עָשָׂה יְהֹוָה לְדָוִיד
וְלִשְׁלֹמֹה וּלְיִשְׂרָאֵל עַמּוֹ:

11 וַיְכַל שְׁלֹמֹה אֶת־בֵּית יְהֹוָה וְאֶת־בֵּית הַמֶּלֶךְ וְאֵת כָּל־הַבָּא
עַל־לֵב שְׁלֹמֹה לַעֲשׂוֹת בְּבֵית־יְהֹוָה וּבְבֵיתוֹ הִצְלִיחַ:

12 וַיֵּרָא יְהֹוָה אֶל־שְׁלֹמֹה בַּלָּיְלָה וַיֹּאמֶר לוֹ שָׁמַעְתִּי אֶת־
13 תְּפִלָּתֶךָ וּבָחַרְתִּי בַּמָּקוֹם הַזֶּה לִי לְבֵית זָבַח: הֵן אֶעֱצֹר
הַשָּׁמַיִם וְלֹא־יִהְיֶה מָטָר וְהֵן־אֲצַוֶּה עַל־חָגָב לֶאֱכוֹל הָאָרֶץ וְאִם־
14 אֲשַׁלַּח דֶּבֶר בְּעַמִּי: וְיִכָּנְעוּ עַמִּי אֲשֶׁר נִקְרָא־שְׁמִי עֲלֵיהֶם וְיִתְפַּלְלוּ
וִיבַקְשׁוּ פָנַי וְיָשֻׁבוּ מִדַּרְכֵיהֶם הָרָעִים וַאֲנִי אֶשְׁמַע מִן־הַשָּׁמַיִם
15 וְאֶסְלַח לְחַטָּאתָם וְאֶרְפָּא אֶת־אַרְצָם: עַתָּה עֵינַי יִהְיוּ פְתֻחוֹת
16 וְאָזְנַי קַשֻּׁבוֹת לִתְפִלַּת הַמָּקוֹם הַזֶּה: וְעַתָּה בָּחַרְתִּי וְהִקְדַּשְׁתִּי
אֶת־הַבַּיִת הַזֶּה לִהְיוֹת־שְׁמִי שָׁם עַד־עוֹלָם וְהָיוּ עֵינַי וְלִבִּי שָׁם
17 כָּל־הַיָּמִים: וְאַתָּה אִם־תֵּלֵךְ לְפָנַי כַּאֲשֶׁר הָלַךְ דָּוִיד אָבִיךָ
18 וְלַעֲשׂוֹת כְּכֹל אֲשֶׁר צִוִּיתִיךָ וְחֻקַּי וּמִשְׁפָּטַי תִּשְׁמוֹר: וַהֲקִימוֹתִי
אֵת כִּסֵּא מַלְכוּתֶךָ כַּאֲשֶׁר כָּרַתִּי לְדָוִיד אָבִיךָ לֵאמֹר לֹא־יִכָּרֵת
19 לְךָ אִישׁ מוֹשֵׁל בְּיִשְׂרָאֵל: וְאִם־תְּשׁוּבוּן אַתֶּם וַעֲזַבְתֶּם חֻקּוֹתַי
וּמִצְוֹתַי אֲשֶׁר נָתַתִּי לִפְנֵיכֶם וַהֲלַכְתֶּם וַעֲבַדְתֶּם אֱלֹהִים אֲחֵרִים
20 וְהִשְׁתַּחֲוִיתֶם לָהֶם: וּנְתַשְׁתִּים מֵעַל אַדְמָתִי אֲשֶׁר נָתַתִּי לָהֶם וְאֶת־
הַבַּיִת הַזֶּה אֲשֶׁר־הִקְדַּשְׁתִּי לִשְׁמִי אַשְׁלִיךְ מֵעַל פָּנָי וְאֶתְּנֶנּוּ לְמָשָׁל
21 וְלִשְׁנִינָה בְּכָל־הָעַמִּים: וְהַבַּיִת הַזֶּה אֲשֶׁר הָיָה עֶלְיוֹן לְכָל־עֹבֵר
עָלָיו יִשֹּׁם וְאָמַר בַּמֶּה עָשָׂה יְהֹוָה כָּכָה לָאָרֶץ הַזֹּאת וְלַבַּיִת הַזֶּה:
22 וְאָמְרוּ עַל אֲשֶׁר עָזְבוּ אֶת־יְהֹוָה אֱלֹהֵי אֲבֹתֵיהֶם אֲשֶׁר הוֹצִיאָם
מֵאֶרֶץ מִצְרַיִם וַיַּחֲזִיקוּ בֵּאלֹהִים אֲחֵרִים וַיִּשְׁתַּחֲווּ לָהֶם וַיַּעַבְדוּם
עַל־כֵּן הֵבִיא עֲלֵיהֶם אֵת כָּל־הָרָעָה הַזֹּאת:

ח 8

א וַיְהִי מִקֵּץ עֶשְׂרִים שָׁנָה אֲשֶׁר בָּנָה שְׁלֹמֹה אֶת־בֵּית יְהֹוָה
2 וְאֶת־בֵּיתוֹ: וְהֶעָרִים אֲשֶׁר נָתַן חוּרָם לִשְׁלֹמֹה בָּנָה שְׁלֹמֹה
3 אֹתָם וַיּוֹשֶׁב שָׁם אֶת־בְּנֵי יִשְׂרָאֵל: וַיֵּלֶךְ שְׁלֹמֹה חֲמָת צוֹבָה וַיֶּחֱזַק

4 עָלֶיהָ: וַיִּבֶן אֶת־תַּדְמֹר בַּמִּדְבָּר וְאֵת כָּל־עָרֵי הַמִּסְכְּנוֹת אֲשֶׁר

5 בָּנָה בַּחֲמָת: וַיִּבֶן אֶת־בֵּית חוֹרוֹן הָעֶלְיוֹן וְאֶת־בֵּית חוֹרוֹן הַתַּחְתּוֹן

6 עָרֵי מָצוֹר חוֹמוֹת דְּלָתַיִם וּבְרִיחַ: וְאֶת־בַּעֲלָת וְאֵת כָּל־עָרֵי
הַמִּסְכְּנוֹת אֲשֶׁר הָיוּ לִשְׁלֹמֹה וְאֵת כָּל־עָרֵי הָרֶכֶב וְאֵת עָרֵי
הַפָּרָשִׁים וְאֵת כָּל־חֵשֶׁק שְׁלֹמֹה אֲשֶׁר חָשַׁק לִבְנוֹת בִּירוּשָׁלַ͏ִם

7 וּבַלְּבָנוֹן וּבְכֹל אֶרֶץ מֶמְשַׁלְתּוֹ: כָּל־הָעָם הַנּוֹתָר מִן־הַחִתִּי
וְהָאֱמֹרִי וְהַפְּרִזִּי וְהַחִוִּי וְהַיְבוּסִי אֲשֶׁר לֹא מִיִּשְׂרָאֵל הֵמָּה:

8 מִן־בְּנֵיהֶם אֲשֶׁר נוֹתְרוּ אַחֲרֵיהֶם בָּאָרֶץ אֲשֶׁר לֹא־כִלּוּם בְּנֵי

9 יִשְׂרָאֵל וַיַּעֲלֵם שְׁלֹמֹה לְמַס עַד הַיּוֹם הַזֶּה: וּמִן־בְּנֵי יִשְׂרָאֵל אֲשֶׁר
לֹא־נָתַן שְׁלֹמֹה לַעֲבָדִים לִמְלַאכְתּוֹ כִּי הֵמָּה אַנְשֵׁי מִלְחָמָה וְשָׂרֵי
שָׁלִשָׁיו וְשָׂרֵי רִכְבּוֹ וּפָרָשָׁיו:

10 וְאֵלֶּה שָׂרֵי הַנִּצִּיבִים אֲשֶׁר־לַמֶּלֶךְ שְׁלֹמֹה חֲמִשִּׁים וּמָאתָיִם
הָרֹדִים בָּעָם: וְאֶת־בַּת־פַּרְעֹה הֶעֱלָה שְׁלֹמֹה מֵעִיר דָּוִיד

11 לַבַּיִת אֲשֶׁר־בָּנָה לָהּ כִּי אָמַר לֹא־תֵשֵׁב אִשָּׁה לִי בְּבֵית דָּוִיד
מֶלֶךְ־יִשְׂרָאֵל כִּי־קֹדֶשׁ הֵמָּה אֲשֶׁר־בָּאָה אֲלֵיהֶם אֲרוֹן יְהֹוָה:

12 אָז הֶעֱלָה שְׁלֹמֹה עֹלוֹת לַיהֹוָה עַל מִזְבַּח יְהֹוָה אֲשֶׁר

13 בָּנָה לִפְנֵי הָאוּלָם: וּבִדְבַר־יוֹם בְּיוֹם לְהַעֲלוֹת כְּמִצְוַת מֹשֶׁה
לַשַּׁבָּתוֹת וְלֶחֳדָשִׁים וְלַמּוֹעֲדוֹת שָׁלוֹשׁ פְּעָמִים בַּשָּׁנָה בְּחַג הַמַּצּוֹת

14 וּבְחַג הַשָּׁבֻעוֹת וּבְחַג הַסֻּכּוֹת: וַיַּעֲמֵד כְּמִשְׁפַּט דָּוִיד־אָבִיו אֶת־
מַחְלְקוֹת הַכֹּהֲנִים עַל־עֲבֹדָתָם וְהַלְוִיִּם עַל־מִשְׁמְרוֹתָם לְהַלֵּל
וּלְשָׁרֵת נֶגֶד הַכֹּהֲנִים לִדְבַר־יוֹם בְּיוֹמוֹ וְהַשּׁוֹעֲרִים בְּמַחְלְקוֹתָם

15 לְשַׁעַר וָשָׁעַר כִּי כֵן מִצְוַת דָּוִיד אִישׁ־הָאֱלֹהִים: וְלֹא־סָרוּ מִצְוַת

16 הַמֶּלֶךְ עַל־הַכֹּהֲנִים וְהַלְוִיִּם לְכָל־דָּבָר וְלָאֹצָרוֹת: וַתִּכֹּן כָּל־
מְלֶאכֶת שְׁלֹמֹה עַד־הַיּוֹם מוּסַד בֵּית־יְהֹוָה וְעַד־כְּלֹתוֹ שָׁלֵם
בֵּית יְהֹוָה:

17 אָז הָלַךְ שְׁלֹמֹה לְעֶצְיוֹן גֶּבֶר וְאֶל־אֵילוֹת עַל־שְׂפַת הַיָּם

18 בְּאֶרֶץ אֱדוֹם: וַיִּשְׁלַח־לוֹ חוּרָם בְּיַד־עֲבָדָיו אֳנִיּוֹת וַעֲבָדִים
יוֹדְעֵי יָם וַיָּבֹאוּ עִם־עַבְדֵי שְׁלֹמֹה אוֹפִירָה וַיִּקְחוּ מִשָּׁם אַרְבַּע־
מֵאוֹת וַחֲמִשִּׁים כִּכַּר זָהָב וַיָּבִיאוּ אֶל־הַמֶּלֶךְ שְׁלֹמֹה:

ט 9

א וּמַלְכַּת־שְׁבָא שָׁמְעָה אֶת־שֵׁמַע שְׁלֹמֹה וַתָּבוֹא לְנַסּוֹת אֶת־
שְׁלֹמֹה בְחִידוֹת בִּירוּשָׁלַ͏ִם בְּחַיִל כָּבֵד מְאֹד וּגְמַלִּים נֹשְׂאִים
בְּשָׂמִים וְזָהָב לָרֹב וְאֶבֶן יְקָרָה וַתָּבוֹא אֶל־שְׁלֹמֹה וַתְּדַבֵּר
2 עִמּוֹ אֵת כָּל־אֲשֶׁר הָיָה עִם־לְבָבָהּ: וַיַּגֶּד־לָהּ שְׁלֹמֹה אֶת־
כָּל־דְּבָרֶיהָ וְלֹא־נֶעְלַם דָּבָר מִשְּׁלֹמֹה אֲשֶׁר לֹא הִגִּיד לָהּ:
3 וַתֵּרֶא מַלְכַּת־שְׁבָא אֵת חָכְמַת שְׁלֹמֹה וְהַבַּיִת אֲשֶׁר בָּנָה:
4 וּמַאֲכַל שֻׁלְחָנוֹ וּמוֹשַׁב עֲבָדָיו וּמַעֲמַד מְשָׁרְתָיו וּמַלְבּוּשֵׁיהֶם
וּמַשְׁקָיו וּמַלְבּוּשֵׁיהֶם וַעֲלִיָּתוֹ אֲשֶׁר יַעֲלֶה בֵּית יְהוָה וְלֹא־
5 הָיָה עוֹד בָּהּ רוּחַ: וַתֹּאמֶר אֶל־הַמֶּלֶךְ אֱמֶת הַדָּבָר אֲשֶׁר
6 שָׁמַעְתִּי בְּאַרְצִי עַל־דְּבָרֶיךָ וְעַל־חָכְמָתֶךָ: וְלֹא־הֶאֱמַנְתִּי
לְדִבְרֵיהֶם עַד אֲשֶׁר־בָּאתִי וַתִּרְאֶינָה עֵינַי וְהִנֵּה לֹא הֻגַּד־
לִי חֲצִי מַרְבִּית חָכְמָתֶךָ יָסַפְתָּ עַל־הַשְּׁמוּעָה אֲשֶׁר שָׁמָעְתִּי:
7 אַשְׁרֵי אֲנָשֶׁיךָ וְאַשְׁרֵי עֲבָדֶיךָ אֵלֶּה הָעֹמְדִים לְפָנֶיךָ תָּמִיד
8 וְשֹׁמְעִים אֶת־חָכְמָתֶךָ: יְהִי יְהוָה אֱלֹהֶיךָ בָּרוּךְ אֲשֶׁר חָפֵץ
בְּךָ לְתִתְּךָ עַל־כִּסְאוֹ לְמֶלֶךְ לַיהוָה אֱלֹהֶיךָ בְּאַהֲבַת אֱלֹהֶיךָ
אֶת־יִשְׂרָאֵל לְהַעֲמִידוֹ לְעוֹלָם וַיִּתֶּנְךָ עֲלֵיהֶם לְמֶלֶךְ לַעֲשׂוֹת
9 מִשְׁפָּט וּצְדָקָה: וַתִּתֵּן לַמֶּלֶךְ מֵאָה וְעֶשְׂרִים כִּכַּר זָהָב וּבְשָׂמִים
לָרֹב מְאֹד וְאֶבֶן יְקָרָה וְלֹא הָיָה כַּבֹּשֶׂם הַהוּא אֲשֶׁר נָתְנָה מַלְכַּת־
י שְׁבָא לַמֶּלֶךְ שְׁלֹמֹה: וְגַם עַבְדֵי חִירָם וְעַבְדֵי שְׁלֹמֹה אֲשֶׁר־הֵבִיאוּ
11 זָהָב מֵאוֹפִיר הֵבִיאוּ עֲצֵי אַלְגּוּמִּים וְאֶבֶן יְקָרָה: וַיַּעַשׂ הַמֶּלֶךְ
אֶת־עֲצֵי הָאַלְגּוּמִּים מְסִלּוֹת לְבֵית־יְהוָה וּלְבֵית הַמֶּלֶךְ וְכִנֹּרוֹת
12 וּנְבָלִים לַשָּׁרִים וְלֹא־נִרְאוּ כָהֵם לְפָנִים בְּאֶרֶץ יְהוּדָה: וְהַמֶּלֶךְ
שְׁלֹמֹה נָתַן לְמַלְכַּת־שְׁבָא אֶת־כָּל־חֶפְצָהּ אֲשֶׁר שָׁאָלָה מִלְּבַד
אֲשֶׁר־הֵבִיאָה אֶל־הַמֶּלֶךְ וַתַּהֲפֹךְ וַתֵּלֶךְ לְאַרְצָהּ הִיא וַעֲבָדֶיהָ:
13 וַיְהִי מִשְׁקַל הַזָּהָב אֲשֶׁר־בָּא לִשְׁלֹמֹה בְּשָׁנָה אֶחָת שֵׁשׁ מֵאוֹת
14 וְשִׁשִּׁים וָשֵׁשׁ כִּכְּרֵי זָהָב: לְבַד מֵאַנְשֵׁי הַתָּרִים וְהַסֹּחֲרִים מְבִיאִים
וְכָל־מַלְכֵי עֲרַב וּפַחוֹת הָאָרֶץ מְבִיאִים זָהָב וָכֶסֶף לִשְׁלֹמֹה:

טו וַיַּעַשׂ הַמֶּלֶךְ שְׁלֹמֹה מָאתַיִם צִנָּה זָהָב שָׁחוּט שֵׁשׁ מֵאוֹת זָהָב שָׁחוּט

16 יַעֲלֶה עַל־הַצִּנָּה הָאֶחָת: וּשְׁלֹשׁ־מֵאוֹת מָגִנִּים זָהָב שָׁחוּט שְׁלֹשׁ
מֵאוֹת זָהָב יַעֲלֶה עַל־הַמָּגֵן הָאֶחָת וַיִּתְּנֵם הַמֶּלֶךְ בְּבֵית יַעַר
הַלְּבָנוֹן:

17 וַיַּעַשׂ הַמֶּלֶךְ כִּסֵּא שֵׁן גָּדוֹל וַיְצַפֵּהוּ זָהָב טָהוֹר: וְשֵׁשׁ מַעֲלוֹת
18 לַכִּסֵּא וְכֶבֶשׁ בַּזָּהָב לַכִּסֵּא מָאֳחָזִים וְיָדוֹת מִזֶּה וּמִזֶּה עַל־מְקוֹם

19 הַשָּׁבֶת וּשְׁנַיִם אֲרָיוֹת עֹמְדִים אֵצֶל הַיָּדוֹת: וּשְׁנֵים עָשָׂר אֲרָיוֹת
עֹמְדִים שָׁם עַל־שֵׁשׁ הַמַּעֲלוֹת מִזֶּה וּמִזֶּה לֹא־נַעֲשָׂה כֵן לְכָל־

כ מַמְלָכָה: וְכֹל כְּלֵי מַשְׁקֵה הַמֶּלֶךְ שְׁלֹמֹה זָהָב וְכֹל כְּלֵי בֵּית־
יַעַר הַלְּבָנוֹן זָהָב סָגוּר אֵין כֶּסֶף נֶחְשָׁב בִּימֵי שְׁלֹמֹה לִמְאוּמָה:

21 כִּי־אֳנִיּוֹת לַמֶּלֶךְ הֹלְכוֹת תַּרְשִׁישׁ עִם עַבְדֵי חוּרָם אַחַת
לְשָׁלוֹשׁ שָׁנִים תָּבוֹאנָה אֳנִיּוֹת תַּרְשִׁישׁ נֹשְׂאוֹת זָהָב וָכֶסֶף שֶׁנְהַבִּים
וְקוֹפִים וְתֻכִּיִּים:

22 וַיִּגְדַּל הַמֶּלֶךְ שְׁלֹמֹה מִכֹּל מַלְכֵי הָאָרֶץ לְעֹשֶׁר וְחָכְמָה:

23 וְכֹל מַלְכֵי הָאָרֶץ מְבַקְשִׁים אֶת־פְּנֵי שְׁלֹמֹה לִשְׁמֹעַ אֶת־חָכְמָתוֹ
24 אֲשֶׁר־נָתַן הָאֱלֹהִים בְּלִבּוֹ: וְהֵם מְבִיאִים אִישׁ מִנְחָתוֹ כְּלֵי־כֶסֶף
וּכְלֵי זָהָב וּשְׂלָמוֹת נֵשֶׁק וּבְשָׂמִים סוּסִים וּפְרָדִים דְּבַר־שָׁנָה
בְּשָׁנָה:

כה וַיְהִי לִשְׁלֹמֹה אַרְבַּעַת אֲלָפִים אֻרְיוֹת סוּסִים וּמַרְכָּבוֹת וּשְׁנֵים־
עָשָׂר אֶלֶף פָּרָשִׁים וַיַּנִּיחֵם בְּעָרֵי הָרֶכֶב וְעִם־הַמֶּלֶךְ בִּירוּשָׁלָם:

26 וַיְהִי מוֹשֵׁל בְּכָל־הַמְּלָכִים מִן־הַנָּהָר וְעַד־אֶרֶץ פְּלִשְׁתִּים וְעַד
22 גְּבוּל מִצְרָיִם: וַיִּתֵּן הַמֶּלֶךְ אֶת־הַכֶּסֶף בִּירוּשָׁלַם כָּאֲבָנִים וְאֵת
28 הָאֲרָזִים נָתַן כַּשִּׁקְמִים אֲשֶׁר־בַּשְּׁפֵלָה לָרֹב: וּמוֹצִיאִים סוּסִים
29 מִמִּצְרַיִם וּמִכָּל־הָאֲרָצוֹת: וּשְׁאָר דִּבְרֵי שְׁלֹמֹה הָרִאשֹׁנִים
וְהָאַחֲרוֹנִים הֲלֹא־הֵם כְּתוּבִים עַל־דִּבְרֵי נָתָן הַנָּבִיא וְעַל־נְבוּאַת
אֲחִיָּה הַשִּׁילוֹנִי וּבַחֲזוֹת יֶעְדִּי הַחֹזֶה עַל־יָרָבְעָם בֶּן־נְבָט:

ל וַיִּמְלֹךְ שְׁלֹמֹה בִירוּשָׁלַם עַל־כָּל־יִשְׂרָאֵל אַרְבָּעִים שָׁנָה: וַיִּשְׁכַּב
31 שְׁלֹמֹה עִם־אֲבֹתָיו וַיִּקְבְּרֻהוּ בְּעִיר דָּוִיד אָבִיו וַיִּמְלֹךְ רְחַבְעָם
בְּנוֹ תַּחְתָּיו:

א וַיֵּ֣לֶךְ רְחַבְעָ֔ם שְׁכֶ֑מָה כִּ֥י שְׁכֶ֛ם בָּ֥אוּ כָל־יִשְׂרָאֵ֖ל לְהַמְלִ֥יךְ
2 אֹתֽוֹ: וַיְהִ֞י כִּשְׁמֹ֨עַ יָרָבְעָ֤ם בֶּן־נְבָט֙ וְה֣וּא בְמִצְרַ֔יִם אֲשֶׁ֣ר
3 בָּרַ֗ח מִפְּנֵ֛י שְׁלֹמֹ֥ה הַמֶּ֖לֶךְ וַיָּ֣שָׁב יָרָבְעָ֣ם מִמִּצְרָ֑יִם: וַֽיִּשְׁלְחוּ֙
וַיִּקְרְאוּ־ל֔וֹ וַיָּבֹ֥א יָרָבְעָ֖ם וְכָל־יִשְׂרָאֵ֑ל וַֽיְדַבְּר֔וּ אֶל־רְחַבְעָ֖ם
4 לֵאמֹֽר: אָבִ֖יךָ הִקְשָׁ֣ה אֶת־עֻלֵּ֑נוּ וְעַתָּ֡ה הָקֵל֩ מֵעֲבֹדַ֨ת אָבִ֜יךָ
5 הַקָּשָׁ֗ה וּמֵעֻלּ֛וֹ הַכָּבֵ֛ד אֲשֶׁר־נָתַ֥ן עָלֵ֖ינוּ וְנַֽעַבְדֶֽךָ: וַיֹּ֣אמֶר אֲלֵהֶ֔ם
ע֛וֹד שְׁלֹ֥שֶׁת יָמִ֖ים וְשׁ֣וּבוּ אֵלָ֑י וַיֵּ֖לֶךְ הָעָֽם:

6 וַיִּוָּעַ֞ץ הַמֶּ֣לֶךְ רְחַבְעָ֗ם אֶת־הַזְּקֵנִים֙ אֲשֶׁר־הָי֣וּ עֹֽמְדִ֗ים לִפְנֵ֛י
שְׁלֹמֹ֥ה אָבִ֖יו בִּֽהְיֹת֣וֹ חַ֑י לֵאמֹ֕ר אֵ֚יךְ אַתֶּ֣ם נֽוֹעָצִ֔ים לְהָשִׁ֥יב
7 לָֽעָם־הַזֶּ֖ה דָּבָֽר: וַיְדַבְּר֨וּ אֵלָ֜יו לֵאמֹ֗ר אִם־תִּֽהְיֶ֨ה לְט֜וֹב לְהָעָ֣ם
הַזֶּ֗ה וּרְצִיתָם֙ וְדִבַּרְתָּ֣ אֲלֵהֶ֔ם דְּבָרִ֖ים טוֹבִ֑ים וְהָ֥יוּ לְךָ֛ עֲבָדִ֖ים כָּל־
8 הַיָּמִֽים: וַֽיַּעֲזֹ֛ב אֶת־עֲצַ֥ת הַזְּקֵנִ֖ים אֲשֶׁ֣ר יְעָצֻ֑הוּ וַיִּוָּעַ֕ץ אֶת־הַיְלָדִ֗ים
9 אֲשֶׁ֤ר גָּֽדְלוּ֙ אִתּ֔וֹ הָעֹֽמְדִ֖ים לְפָנָֽיו: וַיֹּ֣אמֶר אֲלֵהֶ֗ם מָ֚ה אַתֶּ֣ם נֽוֹעָצִ֔ים
וְנָשִׁ֥יב דָּבָ֖ר אֶת־הָעָ֣ם הַזֶּ֑ה אֲשֶׁ֨ר דִּבְּר֤וּ אֵלַי֙ לֵאמֹ֔ר הָקֵל֙ מִן־הָעֹ֔ל
י אֲשֶׁר־נָתַ֥ן אָבִ֖יךָ עָלֵֽינוּ: וַיְדַבְּר֣וּ אִתּ֗וֹ הַיְלָדִים֙ אֲשֶׁ֨ר גָּֽדְל֣וּ אִתּוֹ֮
לֵאמֹ֒ר֒ כֹּ֣ה תֹאמַ֣ר לָעָ֡ם אֲשֶׁר־דִּבְּר֣וּ אֵלֶ֩יךָ֩ לֵאמֹ֨ר אָבִ֜יךָ הִכְבִּ֣יד
אֶת־עֻלֵּ֗נוּ וְאַתָּה֙ הָקֵ֣ל מֵֽעָלֵ֔ינוּ כֹּ֚ה תֹּאמַ֣ר אֲלֵהֶ֔ם קָֽטָנִּ֥י עָבָ֖ה מִמָּתְנֵ֥י
11 אָבִֽי: וְעַתָּ֗ה אָבִי֙ הֶעְמִ֤יס עֲלֵיכֶם֙ עֹ֣ל כָּבֵ֔ד וַאֲנִ֖י אֹסִ֣יף עַל־עֻלְּכֶ֑ם
אָבִ֗י יִסַּ֤ר אֶתְכֶם֙ בַּשּׁוֹטִ֔ים וַאֲנִ֖י בָּעַקְרַבִּֽים:
12 וַיָּבֹ֨א יָרָבְעָ֤ם וְכָל־הָעָם֙ אֶל־רְחַבְעָ֔ם בַּיּ֖וֹם הַשְּׁלִשִׁ֑י כַּאֲשֶׁ֨ר
13 דִּבֶּ֤ר הַמֶּ֨לֶךְ֙ לֵאמֹ֔ר שׁ֥וּבוּ אֵלַ֖י בַּיּ֣וֹם הַשְּׁלִשִֽׁי: וַיַּעֲנֵ֥ם הַמֶּ֖לֶךְ קָשָׁ֑ה
14 וַֽיַּעֲזֹב֙ הַמֶּ֣לֶךְ רְחַבְעָ֔ם אֵ֖ת עֲצַ֣ת הַזְּקֵנִ֑ים וַיְדַבֵּ֤ר אֲלֵהֶם֙
כַּעֲצַ֣ת הַיְלָדִ֣ים לֵאמֹ֔ר אַכְבִּיד֙ אֶת־עֻלְּכֶ֔ם וַאֲנִ֖י אֹסִ֣יף עָלָ֑יו
טו אָבִ֗י יִסַּ֤ר אֶתְכֶם֙ בַּשּׁוֹטִ֔ים וַאֲנִ֖י בָּעַקְרַבִּֽים: וְלֹֽא־שָׁמַ֥ע הַמֶּ֖לֶךְ
אֶל־הָעָ֑ם כִּֽי־הָיְתָ֤ה נְסִבָּה֙ מֵעִ֣ם הָֽאֱלֹהִ֔ים לְמַ֜עַן הָקִ֣ים יְהוָ֗ה
אֶת־דְּבָרוֹ֙ אֲשֶׁ֣ר דִּבֶּ֗ר בְּיַד֙ אֲחִיָּ֣הוּ הַשִּֽׁלוֹנִ֔י אֶל־יָרָבְעָ֖ם בֶּן־
16 נְבָֽט: וְכָל־יִשְׂרָאֵ֗ל כִּ֣י לֹֽא־שָׁמַ֤ע הַמֶּ֨לֶךְ֙ לָהֶ֔ם וַיָּשִׁ֣יבוּ הָעָ֣ם
אֶת־הַמֶּ֣לֶךְ לֵאמֹ֗ר מַה־לָּ֨נוּ חֵ֜לֶק בְּדָוִ֗יד וְלֹֽא־נַחֲלָה֙ בְּבֶן־יִשַׁ֔י

אִישׁ לְאֹהָלֶיךָ יִשְׂרָאֵל עַתָּה רְאֵה בֵיתְךָ דָּוִיד וַיֵּלֶךְ כָּל־
יִשְׂרָאֵל לְאֹהָלָיו:

17   וּבְנֵי יִשְׂרָאֵל הַיֹּשְׁבִים בְּעָרֵי יְהוּדָה וַיִּמְלֹךְ עֲלֵיהֶם רְחַבְעָם:

18   וַיִּשְׁלַח הַמֶּלֶךְ רְחַבְעָם אֶת־הֲדֹרָם אֲשֶׁר עַל־הַמַּס וַיִּרְגְּמוּ־
בוֹ בְנֵי־יִשְׂרָאֵל אֶבֶן וַיָּמֹת וְהַמֶּלֶךְ רְחַבְעָם הִתְאַמֵּץ לַעֲלוֹת
בַּמֶּרְכָּבָה לָנוּס יְרוּשָׁלָ͏ִם: וַיִּפְשְׁעוּ יִשְׂרָאֵל בְּבֵית דָּוִיד עַד
הַיּוֹם הַזֶּה:

יא 11

א   וַיָּבֹא רְחַבְעָם יְרוּשָׁלַ͏ִם וַיַּקְהֵל אֶת־בֵּית־יְהוּדָה וּבִנְיָמִן מֵאָה
וּשְׁמוֹנִים אֶלֶף בָּחוּר עֹשֵׂה מִלְחָמָה לְהִלָּחֵם עִם־יִשְׂרָאֵל לְהָשִׁיב
אֶת־הַמַּמְלָכָה לִרְחַבְעָם:

2
3   וַיְהִי דְּבַר־יְהוָה אֶל־שְׁמַעְיָהוּ אִישׁ־הָאֱלֹהִים לֵאמֹר: אֱמֹר
אֶל־רְחַבְעָם בֶּן־שְׁלֹמֹה מֶלֶךְ יְהוּדָה וְאֶל כָּל־יִשְׂרָאֵל בִּיהוּדָה

4   וּבִנְיָמִן לֵאמֹר: כֹּה אָמַר יְהוָה לֹא תַעֲלוּ וְלֹא־תִלָּחֲמוּ עִם־אֲחֵיכֶם
שׁוּבוּ אִישׁ לְבֵיתוֹ כִּי מֵאִתִּי נִהְיָה הַדָּבָר הַזֶּה וַיִּשְׁמְעוּ אֶת־דִּבְרֵי
יְהוָה וַיָּשֻׁבוּ מִלֶּכֶת אֶל־יָרָבְעָם:

5
6   וַיֵּשֶׁב רְחַבְעָם בִּירוּשָׁלָ͏ִם וַיִּבֶן עָרִים לְמָצוֹר בִּיהוּדָה: וַיִּבֶן אֶת־

7   בֵּית־לֶחֶם וְאֶת־עֵיטָם וְאֶת־תְּקוֹעַ: וְאֶת־בֵּית־צוּר וְאֶת־שׂוֹכוֹ

8
9   וְאֶת־עֲדֻלָּם: וְאֶת־גַּת וְאֶת־מָרֵשָׁה וְאֶת־זִיף: וְאֶת־אֲדוֹרַיִם

י   וְאֶת־לָכִישׁ וְאֶת־עֲזֵקָה: וְאֶת־צָרְעָה וְאֶת־אַיָּלוֹן וְאֶת־חֶבְרוֹן

11   אֲשֶׁר בִּיהוּדָה וּבְבִנְיָמִן עָרֵי מְצֻרוֹת: וַיְחַזֵּק אֶת־הַמְּצֻרוֹת וַיִּתֵּן

12   בָּהֶם נְגִידִים וְאֹצְרוֹת מַאֲכָל וְשֶׁמֶן וָיָיִן: וּבְכָל־עִיר וָעִיר צִנּוֹת
וּרְמָחִים וַיְחַזְּקֵם לְהַרְבֵּה מְאֹד וַיְהִי־לוֹ יְהוּדָה וּבִנְיָמִן:

13   וְהַכֹּהֲנִים וְהַלְוִיִּם אֲשֶׁר בְּכָל־יִשְׂרָאֵל הִתְיַצְּבוּ עָלָיו מִכָּל־

14   גְּבוּלָם: כִּי־עָזְבוּ הַלְוִיִּם אֶת־מִגְרְשֵׁיהֶם וַאֲחֻזָּתָם וַיֵּלְכוּ לִיהוּדָה

טו   וְלִירוּשָׁלָ͏ִם כִּי־הִזְנִיחָם יָרָבְעָם וּבָנָיו מִכַּהֵן לַיהוָה: וַיַּעֲמֶד־לוֹ

16   כֹּהֲנִים לַבָּמוֹת וְלַשְּׂעִירִים וְלָעֲגָלִים אֲשֶׁר עָשָׂה: וְאַחֲרֵיהֶם מִכֹּל
שִׁבְטֵי יִשְׂרָאֵל הַנֹּתְנִים אֶת־לְבָבָם לְבַקֵּשׁ אֶת־יְהוָה אֱלֹהֵי יִשְׂרָאֵל

17 בָּאוּ יְרוּשָׁלַ͏ִם לִזְבּוֹחַ לַיהֹוָה אֱלֹהֵי אֲבוֹתֵיהֶם: וַיְחַזְּקוּ אֶת־
מַלְכוּת יְהוּדָה וַיְאַמְּצוּ אֶת־רְחַבְעָם בֶּן־שְׁלֹמֹה לְשָׁנִים שָׁלוֹשׁ
כִּי הָלְכוּ בְּדֶרֶךְ דָּוִיד וּשְׁלֹמֹה לְשָׁנִים שָׁלוֹשׁ:

18 וַיִּקַּח־לוֹ רְחַבְעָם אִשָּׁה אֶת־מַחֲלַת בַּן־יְרִימוֹת בֶּן־דָּוִיד

19 אֲבִיהַיִל בַּת־אֱלִיאָב בֶּן־יִשָׁי: וַתֵּלֶד לוֹ בָּנִים אֶת־יְעוּשׁ וְאֶת־
כ שְׁמַרְיָה וְאֶת־זָהַם: וְאַחֲרֶיהָ לָקַח אֶת־מַעֲכָה בַת־אַבְשָׁלוֹם וַתֵּלֶד

21 לוֹ אֶת־אֲבִיָּה וְאֶת־עַתַּי וְאֶת־זִיזָא וְאֶת־שְׁלֹמִית: וַיֶּאֱהַב רְחַבְעָם
אֶת־מַעֲכָה בַת־אַבְשָׁלוֹם מִכָּל־נָשָׁיו וּפִילַגְשָׁיו כִּי נָשִׁים שְׁמוֹנֶה
עֶשְׂרֵה נָשָׂא וּפִילַגְשִׁים שִׁשִּׁים וַיּוֹלֶד עֶשְׂרִים וּשְׁמוֹנָה בָּנִים וְשִׁשִּׁים

22 בָּנוֹת: וַיַּעֲמֵד לָרֹאשׁ רְחַבְעָם אֶת־אֲבִיָּה בֶן־מַעֲכָה לְנָגִיד בְּאֶחָיו

23 כִּי לְהַמְלִיכוֹ: וַיָּבֶן וַיִּפְרֹץ מִכָּל־בָּנָיו לְכָל־אַרְצוֹת יְהוּדָה וּבִנְיָמִן
לְכֹל עָרֵי הַמְּצֻרוֹת וַיִּתֵּן לָהֶם הַמָּזוֹן לָרֹב וַיִּשְׁאַל הֲמוֹן נָשִׁים:

יב 12

א וַיְהִי כְּהָכִין מַלְכוּת רְחַבְעָם וּכְחֶזְקָתוֹ עָזַב אֶת־תּוֹרַת יְהֹוָה
וְכָל־יִשְׂרָאֵל עִמּוֹ:

2 וַיְהִי בַּשָּׁנָה הַחֲמִישִׁית לַמֶּלֶךְ רְחַבְעָם עָלָה שִׁישַׁק מֶלֶךְ־מִצְרַיִם

3 עַל־יְרוּשָׁלָ͏ִם כִּי מָעֲלוּ בַּיהֹוָה: בְּאֶלֶף וּמָאתַיִם רֶכֶב וּבְשִׁשִּׁים
אֶלֶף פָּרָשִׁים וְאֵין מִסְפָּר לָעָם אֲשֶׁר־בָּאוּ עִמּוֹ מִמִּצְרַיִם לוּבִים

4 סֻכִּיִּים וְכוּשִׁים: וַיִּלְכֹּד אֶת־עָרֵי הַמְּצֻרוֹת אֲשֶׁר לִיהוּדָה וַיָּבֹא
עַד־יְרוּשָׁלָ͏ִם:

ה וּשְׁמַעְיָה הַנָּבִיא בָּא אֶל־רְחַבְעָם וְשָׂרֵי יְהוּדָה אֲשֶׁר־נֶאֶסְפוּ
אֶל־יְרוּשָׁלַ͏ִם מִפְּנֵי שִׁישָׁק וַיֹּאמֶר לָהֶם כֹּה־אָמַר יְהֹוָה אַתֶּם עֲזַבְתֶּם

6 אֹתִי וְאַף־אֲנִי עָזַבְתִּי אֶתְכֶם בְּיַד־שִׁישָׁק: וַיִּכָּנְעוּ שָׂרֵי־יִשְׂרָאֵל

7 וְהַמֶּלֶךְ וַיֹּאמְרוּ צַדִּיק יְהֹוָה: וּבִרְאוֹת יְהֹוָה כִּי נִכְנָעוּ הָיָה דְבַר־
יְהֹוָה אֶל־שְׁמַעְיָה לֵאמֹר נִכְנְעוּ לֹא אַשְׁחִיתֵם וְנָתַתִּי לָהֶם כִּמְעַט

8 לִפְלֵיטָה וְלֹא־תִתַּךְ חֲמָתִי בִּירוּשָׁלַ͏ִם בְּיַד־שִׁישָׁק: כִּי יִהְיוּ־לוֹ
לַעֲבָדִים וְיֵדְעוּ עֲבוֹדָתִי וַעֲבוֹדַת מַמְלְכוֹת הָאֲרָצוֹת:

9 וַיַּעַל שִׁישַׁק מֶלֶךְ־מִצְרַיִם עַל־יְרוּשָׁלַ͏ִם וַיִּקַּח אֶת־אֹצְרוֹת

בֵּית־יְהֹוָה וְאֶת־אֹצְרוֹת בֵּית הַמֶּלֶךְ אֶת־הַכֹּל לָקָח וַיִּקַּח אֶת־
מָגִנֵּי הַזָּהָב אֲשֶׁר עָשָׂה שְׁלֹמֹה: וַיַּעַשׂ הַמֶּלֶךְ רְחַבְעָם תַּחְתֵּיהֶם
מָגִנֵּי נְחֹשֶׁת וְהִפְקִיד עַל־יַד שָׂרֵי הָרָצִים הַשֹּׁמְרִים פֶּתַח בֵּית
הַמֶּלֶךְ: וַיְהִי מִדֵּי־בוֹא הַמֶּלֶךְ בֵּית יְהֹוָה בָּאוּ הָרָצִים וּנְשָׂאוּם

11

וֶהֱשִׁיבוּם אֶל־תָּא הָרָצִים: וּבְהִכָּנְעוֹ שָׁב מִמֶּנּוּ אַף־יְהֹוָה וְלֹא

12

לְהַשְׁחִית לְכָלָה וְגַם בִּיהוּדָה הָיָה דְּבָרִים טוֹבִים:

וַיִּתְחַזֵּק הַמֶּלֶךְ רְחַבְעָם בִּירוּשָׁלַם וַיִּמְלֹךְ כִּי בֶן־אַרְבָּעִים

13

וְאַחַת שָׁנָה רְחַבְעָם בְּמָלְכוֹ וּשְׁבַע עֶשְׂרֵה שָׁנָה מָלַךְ בִּירוּשָׁלַם
הָעִיר אֲשֶׁר־בָּחַר יְהֹוָה לָשׂוּם אֶת־שְׁמוֹ שָׁם מִכֹּל שִׁבְטֵי יִשְׂרָאֵל
וְשֵׁם אִמּוֹ נַעֲמָה הָעַמֹּנִית: וַיַּעַשׂ הָרָע כִּי לֹא הֵכִין לִבּוֹ לִדְרוֹשׁ

14

אֶת־יְהֹוָה:

וְדִבְרֵי רְחַבְעָם הָרִאשֹׁנִים וְהָאַחֲרוֹנִים הֲלֹא־הֵם כְּתוּבִים

טו

בְּדִבְרֵי שְׁמַעְיָה הַנָּבִיא וְעִדּוֹ הַחֹזֶה לְהִתְיַחֵשׂ וּמִלְחֲמוֹת רְחַבְעָם
וְיָרָבְעָם כָּל־הַיָּמִים: וַיִּשְׁכַּב רְחַבְעָם עִם־אֲבֹתָיו וַיִּקָּבֵר בְּעִיר

16

דָּוִיד וַיִּמְלֹךְ אֲבִיָּה בְנוֹ תַּחְתָּיו:

יג 13

בִּשְׁנַת שְׁמוֹנֶה עֶשְׂרֵה לַמֶּלֶךְ יָרָבְעָם וַיִּמְלֹךְ אֲבִיָּה עַל־יְהוּדָה:

א

שָׁלוֹשׁ שָׁנִים מָלַךְ בִּירוּשָׁלַם וְשֵׁם אִמּוֹ מִיכָיָהוּ בַת־אוּרִיאֵל מִן־

2

גִּבְעָה וּמִלְחָמָה הָיְתָה בֵּין אֲבִיָּה וּבֵין יָרָבְעָם: וַיֶּאְסֹר אֲבִיָּה אֶת־

3

הַמִּלְחָמָה בְּחַיִל גִּבּוֹרֵי מִלְחָמָה אַרְבַּע־מֵאוֹת אֶלֶף אִישׁ בָּחוּר
וְיָרָבְעָם עָרַךְ עִמּוֹ מִלְחָמָה בִּשְׁמוֹנֶה מֵאוֹת אֶלֶף אִישׁ בָּחוּר גִּבּוֹר
חָיִל:

וַיָּקָם אֲבִיָּה מֵעַל לְהַר צְמָרַיִם אֲשֶׁר בְּהַר אֶפְרָיִם וַיֹּאמֶר

4

שְׁמָעוּנִי יָרָבְעָם וְכָל־יִשְׂרָאֵל: הֲלֹא לָכֶם לָדַעַת כִּי יְהֹוָה אֱלֹהֵי

ה

יִשְׂרָאֵל נָתַן מַמְלָכָה לְדָוִיד עַל־יִשְׂרָאֵל לְעוֹלָם לוֹ וּלְבָנָיו בְּרִית
מֶלַח: וַיָּקָם יָרָבְעָם בֶּן־נְבָט עֶבֶד שְׁלֹמֹה בֶן־דָּוִיד וַיִּמְרֹד עַל־

6

אֲדֹנָיו: וַיִּקָּבְצוּ עָלָיו אֲנָשִׁים רֵקִים בְּנֵי בְלִיַּעַל וַיִּתְאַמְּצוּ עַל־

7

רְחַבְעָם בֶּן־שְׁלֹמֹה וּרְחַבְעָם הָיָה נַעַר וְרַךְ־לֵבָב וְלֹא הִתְחַזַּק

לִפְנֵיהֶם: וְעַתָּה אַתֶּם אֹמְרִים לְהִתְחַזֵּק לִפְנֵי מַמְלֶכֶת יְהֹוָה 8
בְּיַד בְּנֵי דָוִיד וְאַתֶּם הָמוֹן רָב וְעִמָּכֶם עֶגְלֵי זָהָב אֲשֶׁר עָשָׂה
לָכֶם יָרָבְעָם לֵאלֹהִים: הֲלֹא הִדַּחְתֶּם אֶת־כֹּהֲנֵי יְהֹוָה אֶת־ 9
בְּנֵי אַהֲרֹן וְהַלְוִיִּם וַתַּעֲשׂוּ לָכֶם כֹּהֲנִים כְּעַמֵּי הָאֲרָצוֹת כָּל־
הַבָּא לְמַלֵּא יָדוֹ בְּפַר בֶּן־בָּקָר וְאֵילִם שִׁבְעָה וְהָיָה כֹהֵן
לְלֹא אֱלֹהִים: וַאֲנַחְנוּ יְהֹוָה אֱלֹהֵינוּ וְלֹא עֲזַבְנֻהוּ וְכֹהֲנִים י
מְשָׁרְתִים לַיהֹוָה בְּנֵי אַהֲרֹן וְהַלְוִיִּם בַּמְּלָאכֶת: וּמַקְטִרִים 11
לַיהֹוָה עֹלוֹת בַּבֹּקֶר־בַּבֹּקֶר וּבָעֶרֶב־בָּעֶרֶב וּקְטֹרֶת־סַמִּים
וּמַעֲרֶכֶת לֶחֶם עַל־הַשֻּׁלְחָן הַטָּהוֹר וּמְנוֹרַת הַזָּהָב וְנֵרֹתֶיהָ
לְבָעֵר בָּעֶרֶב בָּעֶרֶב כִּי שֹׁמְרִים אֲנַחְנוּ אֶת־מִשְׁמֶרֶת יְהֹוָה
אֱלֹהֵינוּ וְאַתֶּם עֲזַבְתֶּם אֹתוֹ: וְהִנֵּה עִמָּנוּ בָרֹאשׁ הָאֱלֹהִים 12
וְכֹהֲנָיו וַחֲצֹצְרוֹת הַתְּרוּעָה לְהָרִיעַ עֲלֵיכֶם בְּנֵי יִשְׂרָאֵל אַל־
תִּלָּחֲמוּ עִם־יְהֹוָה אֱלֹהֵי־אֲבֹתֵיכֶם כִּי־לֹא תַצְלִיחוּ: וְיָרָבְעָם 13
הֵסֵב אֶת־הַמַּאְרָב לָבוֹא מֵאַחֲרֵיהֶם וַיִּהְיוּ לִפְנֵי יְהוּדָה וְהַמַּאְרָב
מֵאַחֲרֵיהֶם: וַיִּפְנוּ יְהוּדָה וְהִנֵּה לָהֶם הַמִּלְחָמָה פָּנִים וְאָחוֹר וַיִּצְעֲקוּ 14
לַיהֹוָה וְהַכֹּהֲנִים מַחְצְרִים בַּחֲצֹצְרוֹת: וַיָּרִיעוּ אִישׁ יְהוּדָה וַיְהִי טו
בְּהָרִיעַ אִישׁ יְהוּדָה וְהָאֱלֹהִים נָגַף אֶת־יָרָבְעָם וְכָל־יִשְׂרָאֵל לִפְנֵי
אֲבִיָּה וִיהוּדָה: וַיָּנוּסוּ בְנֵי־יִשְׂרָאֵל מִפְּנֵי יְהוּדָה וַיִּתְּנֵם אֱלֹהִים 16
בְּיָדָם: וַיַּכּוּ בָהֶם אֲבִיָּה וְעַמּוֹ מַכָּה רַבָּה וַיִּפְּלוּ חֲלָלִים מִיִּשְׂרָאֵל 17
חֲמֵשׁ־מֵאוֹת אֶלֶף אִישׁ בָּחוּר: וַיִּכָּנְעוּ בְנֵי־יִשְׂרָאֵל בָּעֵת הַהִיא 18
וַיֶּאֶמְצוּ בְּנֵי יְהוּדָה כִּי נִשְׁעֲנוּ עַל־יְהֹוָה אֱלֹהֵי אֲבוֹתֵיהֶם:
וַיִּרְדֹּף אֲבִיָּה אַחֲרֵי יָרָבְעָם וַיִּלְכֹּד מִמֶּנּוּ עָרִים אֶת־בֵּית־אֵל וְאֶת־ 19
בְּנוֹתֶיהָ וְאֶת־יְשָׁנָה וְאֶת־בְּנוֹתֶיהָ וְאֶת־עֶפְרוֹן וּבְנֹתֶיהָ: וְלֹא־עָצַר כ
כֹּחַ־יָרָבְעָם עוֹד בִּימֵי אֲבִיָּהוּ וַיִּגְּפֵהוּ יְהֹוָה וַיָּמֹת:
וַיִּתְחַזֵּק אֲבִיָּהוּ וַיִּשָּׂא־לוֹ נָשִׁים אַרְבַּע עֶשְׂרֵה וַיּוֹלֶד עֶשְׂרִים 21
וּשְׁנַיִם בָּנִים וְשֵׁשׁ עֶשְׂרֵה בָּנוֹת: וְיֶתֶר דִּבְרֵי אֲבִיָּה וּדְרָכָיו 22
וּדְבָרָיו כְּתוּבִים בְּמִדְרַשׁ הַנָּבִיא עִדּוֹ: וַיִּשְׁכַּב אֲבִיָּה עִם־ 23
אֲבֹתָיו וַיִּקְבְּרוּ אֹתוֹ בְּעִיר דָּוִיד וַיִּמְלֹךְ אָסָא בְנוֹ תַּחְתָּיו
בְּיָמָיו שָׁקְטָה הָאָרֶץ עֶשֶׂר שָׁנִים:

יד 14

וַיַּעַשׂ אָסָא הַטּוֹב וְהַיָּשָׁר בְּעֵינֵי יְהוָה אֱלֹהָיו: וַיָּסַר אֶת־ 2 א
מִזְבְּחוֹת הַנֵּכָר וְהַבָּמוֹת וַיְשַׁבֵּר אֶת־הַמַּצֵּבוֹת וַיְגַדַּע אֶת־
הָאֲשֵׁרִים: וַיֹּאמֶר לִיהוּדָה לִדְרוֹשׁ אֶת־יְהוָה אֱלֹהֵי אֲבוֹתֵיהֶם 3
וְלַעֲשׂוֹת הַתּוֹרָה וְהַמִּצְוָה: וַיָּסַר מִכָּל־עָרֵי יְהוּדָה אֶת־הַבָּמוֹת 4
וְאֶת־הַחַמָּנִים וַתִּשְׁקֹט הַמַּמְלָכָה לְפָנָיו: וַיִּבֶן עָרֵי מְצוּרָה בִּיהוּדָה ה
כִּי שָׁקְטָה הָאָרֶץ וְאֵין־עִמּוֹ מִלְחָמָה בַּשָּׁנִים הָאֵלֶּה כִּי־הֵנִיחַ יְהוָה
לוֹ: וַיֹּאמֶר לִיהוּדָה נִבְנֶה אֶת־הֶעָרִים הָאֵלֶּה וְנָסֵב חוֹמָה וּמִגְדָּלִים 6
דְּלָתַיִם וּבְרִיחִים עוֹדֶנּוּ הָאָרֶץ לְפָנֵינוּ כִּי דָרַשְׁנוּ אֶת־יְהוָה אֱלֹהֵינוּ
דָּרַשְׁנוּ וַיָּנַח לָנוּ מִסָּבִיב וַיִּבְנוּ וַיַּצְלִיחוּ:

וַיְהִי לְאָסָא חַיִל נֹשֵׂא צִנָּה וָרֹמַח מִיהוּדָה שְׁלֹשׁ מֵאוֹת אֶלֶף 7
וּמִבִּנְיָמִן נֹשְׂאֵי מָגֵן וְדֹרְכֵי קֶשֶׁת מָאתַיִם וּשְׁמוֹנִים אָלֶף כָּל־אֵלֶּה
גִּבּוֹרֵי חָיִל: וַיֵּצֵא אֲלֵיהֶם זֶרַח הַכּוּשִׁי בְּחַיִל אֶלֶף אֲלָפִים 8
וּמַרְכָּבוֹת שְׁלֹשׁ מֵאוֹת וַיָּבֹא עַד־מָרֵשָׁה: וַיֵּצֵא אָסָא לְפָנָיו וַיַּעַרְכוּ 9
מִלְחָמָה בְּגֵיא צְפַתָה לְמָרֵשָׁה: וַיִּקְרָא אָסָא אֶל־יְהוָה אֱלֹהָיו י
וַיֹּאמַר יְהוָה אֵין־עִמְּךָ לַעְזוֹר בֵּין רַב לְאֵין כֹּחַ עָזְרֵנוּ יְהוָה אֱלֹהֵינוּ
כִּי־עָלֶיךָ נִשְׁעַנּוּ וּבְשִׁמְךָ בָאנוּ עַל־הֶהָמוֹן הַזֶּה יְהוָה אֱלֹהֵינוּ
אַתָּה אַל־יַעְצֹר עִמְּךָ אֱנוֹשׁ:

וַיִּגֹּף יְהוָה אֶת־הַכּוּשִׁים לִפְנֵי אָסָא וְלִפְנֵי יְהוּדָה וַיָּנֻסוּ הַכּוּשִׁים: 11
וַיִּרְדְּפֵם אָסָא וְהָעָם אֲשֶׁר־עִמּוֹ עַד־לִגְרָר וַיִּפֹּל מִכּוּשִׁים לְאֵין 12
לָהֶם מִחְיָה כִּי־נִשְׁבְּרוּ לִפְנֵי־יְהוָה וְלִפְנֵי מַחֲנֵהוּ וַיִּשְׂאוּ שָׁלָל הַרְבֵּה
מְאֹד: וַיַּכּוּ אֵת כָּל־הֶעָרִים סְבִיבוֹת גְּרָר כִּי־הָיָה פַחַד־יְהוָה 13
עֲלֵיהֶם וַיָּבֹזּוּ אֶת־כָּל־הֶעָרִים כִּי־בִזָּה רַבָּה הָיְתָה בָהֶם:
וְגַם־אָהֳלֵי מִקְנֶה הִכּוּ וַיִּשְׁבּוּ צֹאן לָרֹב וּגְמַלִּים וַיָּשֻׁבוּ יְרוּשָׁלָםִ: 14

טו 15

וַעֲזַרְיָהוּ בֶּן־עוֹדֵד הָיְתָה עָלָיו רוּחַ אֱלֹהִים: וַיֵּצֵא לִפְנֵי 2 א
אָסָא וַיֹּאמֶר לוֹ שְׁמָעוּנִי אָסָא וְכָל־יְהוּדָה וּבִנְיָמִן יְהוָה עִמָּכֶם

בִּהְיוֹתְכֶם עִמּוֹ וְאִם־תִּדְרְשֻׁהוּ יִמָּצֵא לָכֶם וְאִם־תַּעַזְבֻהוּ יַעֲזֹב
אֶתְכֶם:

3 וְיָמִים רַבִּים לְיִשְׂרָאֵל לְלֹא אֱלֹהֵי אֱמֶת וּלְלֹא כֹּהֵן מוֹרֶה וּלְלֹא
4 תוֹרָה: וַיָּשָׁב בַּצַּר־לוֹ עַל־יְהֹוָה אֱלֹהֵי יִשְׂרָאֵל וַיְבַקְשֻׁהוּ וַיִּמָּצֵא
5 לָהֶם: וּבָעִתִּים הָהֵם אֵין שָׁלוֹם לַיּוֹצֵא וְלַבָּא כִּי מְהוּמוֹת רַבּוֹת
6 עַל כָּל־יֹשְׁבֵי הָאֲרָצוֹת: וְכֻתְּתוּ גוֹי־בְּגוֹי וְעִיר בְּעִיר כִּי־אֱלֹהִים
7 הֲמָמָם בְּכָל־צָרָה: וְאַתֶּם חִזְקוּ וְאַל־יִרְפּוּ יְדֵיכֶם כִּי יֵשׁ שָׂכָר
לִפְעֻלַּתְכֶם:

8 וְכִשְׁמֹעַ אָסָא הַדְּבָרִים הָאֵלֶּה וְהַנְּבוּאָה עֹדֵד הַנָּבִיא הִתְחַזַּק
וַיַּעֲבֵר הַשִּׁקּוּצִים מִכָּל־אֶרֶץ יְהוּדָה וּבִנְיָמִן וּמִן־הֶעָרִים אֲשֶׁר
לָכַד מֵהַר אֶפְרָיִם וַיְחַדֵּשׁ אֶת־מִזְבַּח יְהֹוָה אֲשֶׁר לִפְנֵי אוּלָם יְהֹוָה:
9 וַיִּקְבֹּץ אֶת־כָּל־יְהוּדָה וּבִנְיָמִן וְהַגָּרִים עִמָּהֶם מֵאֶפְרַיִם וּמְנַשֶּׁה
וּמִשִּׁמְעוֹן כִּי־נָפְלוּ עָלָיו מִיִּשְׂרָאֵל לָרֹב בִּרְאֹתָם כִּי־יְהֹוָה אֱלֹהָיו
עִמּוֹ:

10 וַיִּקָּבְצוּ יְרוּשָׁלַ͏ִם בַּחֹדֶשׁ הַשְּׁלִשִׁי לִשְׁנַת חֲמֵשׁ־עֶשְׂרֵה לְמַלְכוּת
11 אָסָא: וַיִּזְבְּחוּ לַיהֹוָה בַּיּוֹם הַהוּא מִן־הַשָּׁלָל הֵבִיאוּ בָּקָר שְׁבַע
12 מֵאוֹת וְצֹאן שִׁבְעַת אֲלָפִים: וַיָּבֹאוּ בַבְּרִית לִדְרוֹשׁ אֶת־יְהֹוָה
13 אֱלֹהֵי אֲבוֹתֵיהֶם בְּכָל־לְבָבָם וּבְכָל־נַפְשָׁם: וְכֹל אֲשֶׁר לֹא־
יִדְרֹשׁ לַיהֹוָה אֱלֹהֵי־יִשְׂרָאֵל יוּמָת לְמִן־קָטֹן וְעַד־גָּדוֹל לְמֵאִישׁ
14 וְעַד־אִשָּׁה: וַיִּשָּׁבְעוּ לַיהֹוָה בְּקוֹל גָּדוֹל וּבִתְרוּעָה וּבַחֲצֹצְרוֹת
15 וּבְשׁוֹפָרוֹת: וַיִּשְׂמְחוּ כָל־יְהוּדָה עַל־הַשְּׁבוּעָה כִּי בְכָל־לְבָבָם
נִשְׁבָּעוּ וּבְכָל־רְצוֹנָם בִּקְשֻׁהוּ וַיִּמָּצֵא לָהֶם וַיָּנַח יְהֹוָה לָהֶם מִסָּבִיב:
16 וְגַם־מַעֲכָה אֵם אָסָא הַמֶּלֶךְ הֱסִירָהּ מִגְּבִירָה אֲשֶׁר־עָשְׂתָה
לַאֲשֵׁרָה מִפְלָצֶת וַיִּכְרֹת אָסָא אֶת־מִפְלַצְתָּהּ וַיָּדֶק וַיִּשְׂרֹף בְּנַחַל
17 קִדְרוֹן: וְהַבָּמוֹת לֹא־סָרוּ מִיִּשְׂרָאֵל רַק לְבַב־אָסָא הָיָה שָׁלֵם
18 כָּל־יָמָיו: וַיָּבֵא אֶת־קָדְשֵׁי אָבִיו וְקָדָשָׁיו בֵּית הָאֱלֹהִים כֶּסֶף
19 וְזָהָב וְכֵלִים: וּמִלְחָמָה לֹא הָיָתָה עַד שְׁנַת־שְׁלֹשִׁים וְחָמֵשׁ לְמַלְכוּת
אָסָא:

יו 16

א בִּשְׁנַת שְׁלֹשִׁים וָשֵׁשׁ לְמַלְכוּת אָסָא עָלָה בַּעְשָׁא מֶלֶךְ־יִשְׂרָאֵל
עַל־יְהוּדָה וַיִּבֶן אֶת־הָרָמָה לְבִלְתִּי תֵּת יוֹצֵא וָבָא לְאָסָא מֶלֶךְ

2 יְהוּדָה: וַיֹּצֵא אָסָא כֶּסֶף וְזָהָב מֵאֹצְרוֹת בֵּית יְהֹוָה וּבֵית הַמֶּלֶךְ

3 וַיִּשְׁלַח אֶל־בֶּן־הֲדַד מֶלֶךְ אֲרָם הַיּוֹשֵׁב בְּדַרְמֶשֶׂק לֵאמֹר: בְּרִית
בֵּינִי וּבֵינֶךָ וּבֵין אָבִי וּבֵין אָבִיךָ הִנֵּה שָׁלַחְתִּי לְךָ כֶּסֶף וְזָהָב לֵךְ

4 הָפֵר בְּרִיתְךָ אֶת־בַּעְשָׁא מֶלֶךְ יִשְׂרָאֵל וְיַעֲלֶה מֵעָלָי: וַיִּשְׁמַע
בֶּן־הֲדַד אֶל־הַמֶּלֶךְ אָסָא וַיִּשְׁלַח אֶת־שָׂרֵי הַחֲיָלִים אֲשֶׁר־לוֹ
אֶל־עָרֵי יִשְׂרָאֵל וַיַּכּוּ אֶת־עִיּוֹן וְאֶת־דָּן וְאֵת אָבֵל מָיִם וְאֵת כָּל־

5 מִסְכְּנוֹת עָרֵי נַפְתָּלִי: וַיְהִי כִּשְׁמֹעַ בַּעְשָׁא וַיֶּחְדַּל מִבְּנוֹת אֶת־

6 הָרָמָה וַיַּשְׁבֵּת אֶת־מְלַאכְתּוֹ: וְאָסָא הַמֶּלֶךְ לָקַח אֶת־כָּל־יְהוּדָה
וַיִּשְׂאוּ אֶת־אַבְנֵי הָרָמָה וְאֶת־עֵצֶיהָ אֲשֶׁר בָּנָה בַּעְשָׁא וַיִּבֶן בָּהֶם
אֶת־גֶּבַע וְאֶת־הַמִּצְפָּה:

7 וּבָעֵת הַהִיא בָּא חֲנָנִי הָרֹאֶה אֶל־אָסָא מֶלֶךְ יְהוּדָה וַיֹּאמֶר
אֵלָיו בְּהִשָּׁעֶנְךָ עַל־מֶלֶךְ אֲרָם וְלֹא נִשְׁעַנְתָּ עַל־יְהֹוָה אֱלֹהֶיךָ

8 עַל־כֵּן נִמְלַט חֵיל מֶלֶךְ־אֲרָם מִיָּדֶךָ: הֲלֹא הַכּוּשִׁים וְהַלּוּבִים
הָיוּ לְחַיִל לָרֹב לְרֶכֶב וּלְפָרָשִׁים לְהַרְבֵּה מְאֹד וּבְהִשָּׁעֶנְךָ עַל־

9 יְהֹוָה נְתָנָם בְּיָדֶךָ: כִּי יְהֹוָה עֵינָיו מְשֹׁטְטוֹת בְּכָל־הָאָרֶץ
לְהִתְחַזֵּק עִם־לְבָבָם שָׁלֵם אֵלָיו נִסְכַּלְתָּ עַל־זֹאת כִּי מֵעַתָּה יֵשׁ

י עִמְּךָ מִלְחָמוֹת: וַיִּכְעַס אָסָא אֶל־הָרֹאֶה וַיִּתְּנֵהוּ בֵּית הַמַּהְפֶּכֶת

11 כִּי־בְזַעַף עִמּוֹ עַל־זֹאת וַיְרַצֵּץ אָסָא מִן־הָעָם בָּעֵת הַהִיא: וְהִנֵּה
דִּבְרֵי אָסָא הָרִאשׁוֹנִים וְהָאַחֲרוֹנִים הִנָּם כְּתוּבִים עַל־סֵפֶר

12 הַמְּלָכִים לִיהוּדָה וְיִשְׂרָאֵל: וַיֶּחֱלֶא אָסָא בִּשְׁנַת שְׁלוֹשִׁים וָתֵשַׁע
לְמַלְכוּתוֹ בְּרַגְלָיו עַד־לְמַעְלָה חָלְיוֹ וְגַם בְּחָלְיוֹ לֹא־דָרַשׁ אֶת־

13 יְהֹוָה כִּי בָּרֹפְאִים: וַיִּשְׁכַּב אָסָא עִם־אֲבֹתָיו וַיָּמָת בִּשְׁנַת אַרְבָּעִים

14 וְאַחַת לְמָלְכוֹ: וַיִּקְבְּרֻהוּ בְקִבְרֹתָיו אֲשֶׁר־כָּרָה לוֹ בְּעִיר דָּוִיד
וַיַּשְׁכִּיבֻהוּ בַּמִּשְׁכָּב אֲשֶׁר מִלֵּא בְּשָׂמִים וּזְנִים מְרֻקָּחִים בְּמִרְקַחַת
מַעֲשֶׂה וַיִּשְׂרְפוּ־לוֹ שְׂרֵפָה גְדוֹלָה עַד־לִמְאֹד:

יז 17

‎^א‏ וַיִּמְלֹךְ יְהוֹשָׁפָט בְּנוֹ תַּחְתָּיו וַיִּתְחַזֵּק עַל־יִשְׂרָאֵל: וַיִּתֶּן־חַיִל
‎²‏ בְּכָל־עָרֵי יְהוּדָה הַבְּצֻרוֹת וַיִּתֵּן נְצִיבִים בְּאֶרֶץ יְהוּדָה וּבְעָרֵי
‎³‏ אֶפְרַיִם אֲשֶׁר לָכַד אָסָא אָבִיו: וַיְהִי יְהוָה עִם־יְהוֹשָׁפָט כִּי הָלַךְ
‎⁴‏ בְּדַרְכֵי דָּוִיד אָבִיו הָרִאשֹׁנִים וְלֹא דָרַשׁ לַבְּעָלִים: כִּי לֵאלֹהֵי
‎^ה‏ אָבִיו דָּרָשׁ וּבְמִצְוֹתָיו הָלָךְ וְלֹא כְּמַעֲשֵׂה יִשְׂרָאֵל: וַיָּכֶן יְהוָה אֶת־
הַמַּמְלָכָה בְּיָדוֹ וַיִּתְּנוּ כָל־יְהוּדָה מִנְחָה לִיהוֹשָׁפָט וַיְהִי־לוֹ עֹשֶׁר
‎⁶‏ וְכָבוֹד לָרֹב: וַיִּגְבַּהּ לִבּוֹ בְּדַרְכֵי יְהוָה וְעוֹד הֵסִיר אֶת־הַבָּמוֹת
וְאֶת־הָאֲשֵׁרִים מִיהוּדָה:

‎⁷‏ וּבִשְׁנַת שָׁלוֹשׁ לְמָלְכוֹ שָׁלַח לְשָׂרָיו לְבֶן־חַיִל וּלְעֹבַדְיָה
‎⁸‏ וְלִזְכַרְיָה וְלִנְתַנְאֵל וּלְמִיכָיָהוּ לְלַמֵּד בְּעָרֵי יְהוּדָה: וְעִמָּהֶם הַלְוִיִּם
שְׁמַעְיָהוּ וּנְתַנְיָהוּ וּזְבַדְיָהוּ וַעֲשָׂהאֵל וּשְׁמִרִימוֹת וִיהוֹנָתָן וַאֲדֹנִיָּהוּ
וְטוֹבִיָּהוּ וְטוֹב אֲדוֹנִיָּה הַלְוִיִּם וְעִמָּהֶם אֱלִישָׁמָע וִיהוֹרָם הַכֹּהֲנִים:
‎⁹‏ וַיְלַמְּדוּ בִּיהוּדָה וְעִמָּהֶם סֵפֶר תּוֹרַת יְהוָה וַיָּסֹבּוּ בְּכָל־עָרֵי
‎^י‏ יְהוּדָה וַיְלַמְּדוּ בָעָם: וַיְהִי פַּחַד יְהוָה עַל כָּל־מַמְלְכוֹת הָאֲרָצוֹת
‎¹¹‏ אֲשֶׁר סְבִיבוֹת יְהוּדָה וְלֹא נִלְחֲמוּ עִם־יְהוֹשָׁפָט: וּמִן־פְּלִשְׁתִּים
מְבִיאִים לִיהוֹשָׁפָט מִנְחָה וְכֶסֶף מַשָּׂא גַּם הָעַרְבִיאִים מְבִיאִים לוֹ
צֹאן אֵילִים שִׁבְעַת אֲלָפִים וּשְׁבַע מֵאוֹת וּתְיָשִׁים שִׁבְעַת אֲלָפִים
וּשְׁבַע מֵאוֹת:

‎¹²‏ וַיְהִי יְהוֹשָׁפָט הֹלֵךְ וְגָדֵל עַד־לְמָעְלָה וַיִּבֶן בִּיהוּדָה בִּירָנִיּוֹת
‎¹³‏ וְעָרֵי מִסְכְּנוֹת: וּמְלָאכָה רַבָּה הָיָה לוֹ בְּעָרֵי יְהוּדָה וְאַנְשֵׁי
‎¹⁴‏ מִלְחָמָה גִּבּוֹרֵי חַיִל בִּירוּשָׁלָ͏ִם: וְאֵלֶּה פְּקֻדָּתָם לְבֵית אֲבוֹתֵיהֶם
לִיהוּדָה שָׂרֵי אֲלָפִים עַדְנָה הַשָּׂר וְעִמּוֹ גִּבּוֹרֵי חַיִל שְׁלֹשׁ מֵאוֹת
‎^{טו}‏ אָלֶף: וְעַל־יָדוֹ יְהוֹחָנָן הַשָּׂר וְעִמּוֹ מָאתַיִם וּשְׁמוֹנִים אָלֶף: וְעַל־
‎¹⁶‏ יָדוֹ עֲמַסְיָה בֶן־זִכְרִי הַמִּתְנַדֵּב לַיהוָה וְעִמּוֹ מָאתַיִם אֶלֶף גִּבּוֹר
‎¹⁷‏ חָיִל: וּמִן־בִּנְיָמִן גִּבּוֹר חַיִל אֶלְיָדָע וְעִמּוֹ נֹשְׁקֵי־קֶשֶׁת וּמָגֵן מָאתַיִם
‎¹⁸‏ אָלֶף: וְעַל־יָדוֹ יְהוֹזָבָד וְעִמּוֹ מֵאָה־וּשְׁמוֹנִים אֶלֶף חֲלוּצֵי צָבָא:
‎¹⁹‏ אֵלֶּה הַמְשָׁרְתִים אֶת־הַמֶּלֶךְ מִלְּבַד אֲשֶׁר־נָתַן הַמֶּלֶךְ בְּעָרֵי
הַמִּבְצָר בְּכָל־יְהוּדָה:

יח 18

וַיְהִי לִיהוֹשָׁפָט עֹשֶׁר וְכָבוֹד לָרֹב וַיִּתְחַתֵּן לְאַחְאָב: וַיֵּרֶד ‏א
‏2 לְקֵץ שָׁנִים אֶל־אַחְאָב לְשֹׁמְרוֹן וַיִּזְבַּח־לוֹ אַחְאָב צֹאן וּבָקָר לָרֹב
וְלָעָם אֲשֶׁר עִמּוֹ וַיְסִיתֵהוּ לַעֲלוֹת אֶל־רָמֹת גִּלְעָד: וַיֹּאמֶר אַחְאָב ‏3
מֶלֶךְ־יִשְׂרָאֵל אֶל־יְהוֹשָׁפָט מֶלֶךְ יְהוּדָה הֲתֵלֵךְ עִמִּי רָמֹת גִּלְעָד
וַיֹּאמֶר לוֹ כָּמוֹנִי כָמוֹךָ וּכְעַמְּךָ עַמִּי וְעִמְּךָ בַּמִּלְחָמָה: וַיֹּאמֶר ‏4
‏5 יְהוֹשָׁפָט אֶל־מֶלֶךְ יִשְׂרָאֵל דְּרָשׁ־נָא כַיּוֹם אֶת־דְּבַר יְהוָה: וַיִּקְבֹּץ
מֶלֶךְ־יִשְׂרָאֵל אֶת־הַנְּבִאִים אַרְבַּע מֵאוֹת אִישׁ וַיֹּאמֶר אֲלֵהֶם הֲנֵלֵךְ
אֶל־רָמֹת גִּלְעָד לַמִּלְחָמָה אִם־אֶחְדָּל וַיֹּאמְרוּ עֲלֵה וְיִתֵּן הָאֱלֹהִים
‏6 בְּיַד הַמֶּלֶךְ: וַיֹּאמֶר יְהוֹשָׁפָט הַאֵין פֹּה נָבִיא לַיהוָה עוֹד
וְנִדְרְשָׁה מֵאֹתוֹ: וַיֹּאמֶר מֶלֶךְ־יִשְׂרָאֵל אֶל־יְהוֹשָׁפָט עוֹד אִישׁ־ ‏7
אֶחָד לִדְרוֹשׁ אֶת־יְהוָה מֵאֹתוֹ וַאֲנִי שְׂנֵאתִיהוּ כִּי אֵינֶנּוּ מִתְנַבֵּא עָלַי
לְטוֹבָה כִּי כָל־יָמָיו לְרָעָה הוּא מִיכָיְהוּ בֶן־יִמְלָא וַיֹּאמֶר יְהוֹשָׁפָט
‏8 אַל־יֹאמַר הַמֶּלֶךְ כֵּן: וַיִּקְרָא מֶלֶךְ יִשְׂרָאֵל אֶל־סָרִיס אֶחָד וַיֹּאמֶר
מַהֵר מִיכָהוּ בֶן־יִמְלָא: וּמֶלֶךְ יִשְׂרָאֵל וִיהוֹשָׁפָט מֶלֶךְ־יְהוּדָה ‏9
יוֹשְׁבִים אִישׁ עַל־כִּסְאוֹ מְלֻבָּשִׁים בְּגָדִים וְיֹשְׁבִים בְּגֹרֶן פֶּתַח שַׁעַר
‏י שֹׁמְרוֹן וְכָל־הַנְּבִיאִים מִתְנַבְּאִים לִפְנֵיהֶם: וַיַּעַשׂ לוֹ צִדְקִיָּהוּ בֶן־
כְּנַעֲנָה קַרְנֵי בַרְזֶל וַיֹּאמֶר כֹּה־אָמַר יְהוָה בְּאֵלֶּה תְּנַגַּח אֶת־
‏11 אֲרָם עַד־כַּלּוֹתָם: וְכָל־הַנְּבִאִים נִבְּאִים כֵּן לֵאמֹר עֲלֵה רָמֹת
גִּלְעָד וְהַצְלַח וְנָתַן יְהוָה בְּיַד הַמֶּלֶךְ: וְהַמַּלְאָךְ אֲשֶׁר־הָלַךְ ‏12
לִקְרֹא לְמִיכָיְהוּ דִּבֶּר אֵלָיו לֵאמֹר הִנֵּה דִּבְרֵי הַנְּבִאִים פֶּה־
אֶחָד טוֹב אֶל־הַמֶּלֶךְ וִיהִי־נָא דְבָרְךָ כְּאַחַד מֵהֶם וְדִבַּרְתָּ
‏13 טוֹב: וַיֹּאמֶר מִיכָיְהוּ חַי־יְהוָה כִּי אֶת־אֲשֶׁר־יֹאמַר אֱלֹהַי
אֹתוֹ אֲדַבֵּר: וַיָּבֹא אֶל־הַמֶּלֶךְ וַיֹּאמֶר הַמֶּלֶךְ אֵלָיו מִיכָה ‏14
הֲנֵלֵךְ אֶל־רָמֹת גִּלְעָד לַמִּלְחָמָה אִם־אֶחְדָּל וַיֹּאמֶר עֲלוּ
‏טו וְהַצְלִיחוּ וְיִנָּתְנוּ בְּיֶדְכֶם: וַיֹּאמֶר אֵלָיו הַמֶּלֶךְ עַד־כַּמֶּה פְעָמִים
אֲנִי מַשְׁבִּיעֶךָ אֲשֶׁר לֹא־תְדַבֵּר אֵלַי רַק־אֱמֶת בְּשֵׁם יְהוָה: וַיֹּאמֶר ‏16
רָאִיתִי אֶת־כָּל־יִשְׂרָאֵל נְפוֹצִים עַל־הֶהָרִים כַּצֹּאן אֲשֶׁר אֵין־
לָהֶן רֹעֶה וַיֹּאמֶר יְהוָה לֹא־אֲדֹנִים לָאֵלֶּה יָשׁוּבוּ אִישׁ־לְבֵיתוֹ

¹⁷ בְּשָׁלוֹם: וַיֹּאמֶר מֶלֶךְ־יִשְׂרָאֵל אֶל־יְהוֹשָׁפָט הֲלֹא אָמַרְתִּי אֵלֶיךָ
לֹא־יִתְנַבֵּא עָלַי טוֹב כִּי אִם־לְרָע:

¹⁸ וַיֹּאמֶר לָכֵן שִׁמְעוּ דְבַר־יְהוָה רָאִיתִי אֶת־יְהוָה יוֹשֵׁב עַל־

¹⁹ כִּסְאוֹ וְכָל־צְבָא הַשָּׁמַיִם עֹמְדִים עַל־יְמִינוֹ וּשְׂמֹאלוֹ: וַיֹּאמֶר
יְהוָה מִי יְפַתֶּה אֶת־אַחְאָב מֶלֶךְ־יִשְׂרָאֵל וְיַעַל וְיִפֹּל בְּרָמוֹת גִּלְעָד

²⁰ וַיֹּאמֶר זֶה אֹמֵר כָּכָה וְזֶה אֹמֵר כָּכָה: וַיֵּצֵא הָרוּחַ וַיַּעֲמֹד לִפְנֵי

²¹ יְהוָה וַיֹּאמֶר אֲנִי אֲפַתֶּנּוּ וַיֹּאמֶר יְהוָה אֵלָיו בַּמָּה: וַיֹּאמֶר אֵצֵא
וְהָיִיתִי לְרוּחַ שֶׁקֶר בְּפִי כָּל־נְבִיאָיו וַיֹּאמֶר תְּפַתֶּה וְגַם־תּוּכָל צֵא

²² וַעֲשֵׂה־כֵן: וְעַתָּה הִנֵּה נָתַן יְהוָה רוּחַ שֶׁקֶר בְּפִי נְבִיאֶיךָ אֵלֶּה
וַיהוָה דִּבֶּר עָלֶיךָ רָעָה:

²³ וַיִּגַּשׁ צִדְקִיָּהוּ בֶן־כְּנַעֲנָה וַיַּךְ אֶת־מִיכָיְהוּ עַל־הַלֶּחִי וַיֹּאמֶר

²⁴ אֵי זֶה הַדֶּרֶךְ עָבַר רוּחַ־יְהוָה מֵאִתִּי לְדַבֵּר אֹתָךְ: וַיֹּאמֶר מִיכָיְהוּ

²⁵ הִנְּךָ רֹאֶה בַּיּוֹם הַהוּא אֲשֶׁר תָּבוֹא חֶדֶר בְּחֶדֶר לְהֵחָבֵא: וַיֹּאמֶר
מֶלֶךְ יִשְׂרָאֵל קְחוּ אֶת־מִיכָיְהוּ וַהֲשִׁיבֻהוּ אֶל־אָמוֹן שַׂר־הָעִיר

²⁶ וְאֶל־יוֹאָשׁ בֶּן־הַמֶּלֶךְ: וַאֲמַרְתֶּם כֹּה אָמַר הַמֶּלֶךְ שִׂימוּ זֶה בֵּית
הַכֶּלֶא וְהַאֲכִלֻהוּ לֶחֶם לַחַץ וּמַיִם לַחַץ עַד שׁוּבִי בְשָׁלוֹם:

²⁷ וַיֹּאמֶר מִיכָיְהוּ אִם־שׁוֹב תָּשׁוּב בְּשָׁלוֹם לֹא־דִבֶּר יְהוָה בִּי וַיֹּאמֶר
שִׁמְעוּ עַמִּים כֻּלָּם:

²⁸ וַיַּעַל מֶלֶךְ־יִשְׂרָאֵל וִיהוֹשָׁפָט מֶלֶךְ־יְהוּדָה אֶל־רָמֹת גִּלְעָד:

²⁹ וַיֹּאמֶר מֶלֶךְ יִשְׂרָאֵל אֶל־יְהוֹשָׁפָט הִתְחַפֵּשׂ וָבוֹא בַמִּלְחָמָה וְאַתָּה

³⁰ לְבַשׁ בְּגָדֶיךָ וַיִּתְחַפֵּשׂ מֶלֶךְ יִשְׂרָאֵל וַיָּבֹאוּ בַּמִּלְחָמָה: וּמֶלֶךְ אֲרָם
צִוָּה אֶת־שָׂרֵי הָרֶכֶב אֲשֶׁר־לוֹ לֵאמֹר לֹא תִּלָּחֲמוּ אֶת־הַקָּטֹן

³¹ אֶת־הַגָּדוֹל כִּי אִם־אֶת־מֶלֶךְ יִשְׂרָאֵל לְבַדּוֹ: וַיְהִי כִּרְאוֹת שָׂרֵי
הָרֶכֶב אֶת־יְהוֹשָׁפָט וְהֵמָּה אָמְרוּ מֶלֶךְ־יִשְׂרָאֵל הוּא וַיָּסֹבּוּ
עָלָיו לְהִלָּחֵם וַיִּזְעַק יְהוֹשָׁפָט וַיהוָה עֲזָרוֹ וַיְסִיתֵם אֱלֹהִים

³² מִמֶּנּוּ: וַיְהִי כִּרְאוֹת שָׂרֵי הָרֶכֶב כִּי לֹא־הָיָה מֶלֶךְ יִשְׂרָאֵל

³³ וַיָּשׁוּבוּ מֵאַחֲרָיו: וְאִישׁ מָשַׁךְ בַּקֶּשֶׁת לְתֻמּוֹ וַיַּךְ אֶת־מֶלֶךְ
יִשְׂרָאֵל בֵּין הַדְּבָקִים וּבֵין הַשִּׁרְיָן וַיֹּאמֶר לָרַכָּב הֲפֹךְ יָדְךָ

³⁴ וְהוֹצֵאתַנִי מִן־הַמַּחֲנֶה כִּי הָחֳלֵיתִי: וַתַּעַל הַמִּלְחָמָה בַּיּוֹם

הַהוּא וּמֶלֶךְ יִשְׂרָאֵל הָיָה מַעֲמִיד בַּמֶּרְכָּבָה נֹכַח אֲרָם עַד־
הָעֶרֶב וַיָּמָת לְעֵת בּוֹא הַשָּׁמֶשׁ:

יט 19

2 א וַיָּשָׁב יְהוֹשָׁפָט מֶלֶךְ־יְהוּדָה אֶל־בֵּיתוֹ בְּשָׁלוֹם לִירוּשָׁלִָם: וַיֵּצֵא
אֶל־פָּנָיו יֵהוּא בֶן־חֲנָנִי הַחֹזֶה וַיֹּאמֶר אֶל־הַמֶּלֶךְ יְהוֹשָׁפָט הֲלָרָשָׁע
לַעְזֹר וּלְשֹׂנְאֵי יְהוָה תֶּאֱהָב וּבָזֹאת עָלֶיךָ קֶצֶף מִלִּפְנֵי יְהוָה:

3 אֲבָל דְּבָרִים טוֹבִים נִמְצְאוּ עִמָּךְ כִּי־בִעַרְתָּ הָאֲשֵׁרוֹת מִן־הָאָרֶץ

4 וַהֲכִינוֹתָ לְבָבְךָ לִדְרֹשׁ הָאֱלֹהִים: וַיֵּשֶׁב יְהוֹשָׁפָט בִּירוּשָׁלִָם וַיָּשָׁב
וַיֵּצֵא בָעָם מִבְּאֵר שֶׁבַע עַד־הַר אֶפְרַיִם וַיְשִׁיבֵם אֶל־יְהוָה אֱלֹהֵי
אֲבוֹתֵיהֶם:

5 ה וַיַּעֲמֵד שֹׁפְטִים בָּאָרֶץ בְּכָל־עָרֵי יְהוּדָה הַבְּצֻרוֹת לְעִיר

6 וָעִיר: וַיֹּאמֶר אֶל־הַשֹּׁפְטִים רְאוּ מָה־אַתֶּם עֹשִׂים כִּי לֹא

7 לְאָדָם תִּשְׁפְּטוּ כִּי לַיהוָה וְעִמָּכֶם בִּדְבַר מִשְׁפָּט: וְעַתָּה יְהִי
פַחַד־יְהוָה עֲלֵיכֶם שִׁמְרוּ וַעֲשׂוּ כִּי־אֵין עִם־יְהוָה אֱלֹהֵינוּ

8 עַוְלָה וּמַשֹּׂא פָנִים וּמִקַּח־שֹׁחַד: וְגַם בִּירוּשָׁלִַם הֶעֱמִיד יְהוֹשָׁפָט
מִן־הַלְוִיִּם וְהַכֹּהֲנִים וּמֵרָאשֵׁי הָאָבוֹת לְיִשְׂרָאֵל לְמִשְׁפַּט יְהוָה

9 וְלָרִיב וַיָּשֻׁבוּ יְרוּשָׁלִָם: וַיְצַו עֲלֵיהֶם לֵאמֹר כֹּה תַעֲשׂוּן בְּיִרְאַת

י יְהוָה בֶּאֱמוּנָה וּבְלֵבָב שָׁלֵם: וְכָל־רִיב אֲשֶׁר־יָבוֹא עֲלֵיכֶם
מֵאֲחֵיכֶם הַיֹּשְׁבִים בְּעָרֵיהֶם בֵּין־דָּם לְדָם בֵּין־תּוֹרָה לְמִצְוָה
לְחֻקִּים וּלְמִשְׁפָּטִים וְהִזְהַרְתֶּם אֹתָם וְלֹא יֶאְשְׁמוּ לַיהוָה וְהָיָה־

11 קֶצֶף עֲלֵיכֶם וְעַל־אֲחֵיכֶם כֹּה תַעֲשׂוּן וְלֹא תֶאְשָׁמוּ: וְהִנֵּה אֲמַרְיָהוּ
כֹהֵן הָרֹאשׁ עֲלֵיכֶם לְכֹל דְּבַר יְהוָה וּזְבַדְיָהוּ בֶן־יִשְׁמָעֵאל הַנָּגִיד
לְבֵית־יְהוּדָה לְכֹל דְּבַר־הַמֶּלֶךְ וְשֹׁטְרִים הַלְוִיִּם לִפְנֵיכֶם חִזְקוּ
וַעֲשׂוּ וִיהִי יְהוָה עִם־הַטּוֹב:

כ 20

א וַיְהִי אַחֲרֵי־כֵן בָּאוּ בְנֵי־מוֹאָב וּבְנֵי עַמּוֹן וְעִמָּהֶם מֵהָעַמּוֹנִים

2 עַל־יְהוֹשָׁפָט לַמִּלְחָמָה: וַיָּבֹאוּ וַיַּגִּידוּ לִיהוֹשָׁפָט לֵאמֹר בָּא

עָלֶיךָ הָמוֹן רָב מֵעֵבֶר לַיָּם מֵאֲרָם וְהִנָּם בְּחַצְצוֹן תָּמָר הִיא

3 עֵין גֶּדִי: וַיִּרָא וַיִּתֵּן יְהוֹשָׁפָט אֶת־פָּנָיו לִדְרוֹשׁ לַיהוָֹה וַיִּקְרָא־

4 צוֹם עַל־כָּל־יְהוּדָה: וַיִּקָּבְצוּ יְהוּדָה לְבַקֵּשׁ מֵיְהוָֹה גַּם מִכָּל־

5 עָרֵי יְהוּדָה בָּאוּ לְבַקֵּשׁ אֶת־יְהוָֹה: וַיַּעֲמֹד יְהוֹשָׁפָט בִּקְהַל יְהוּדָה

6 וִירוּשָׁלַם בְּבֵית יְהוָֹה לִפְנֵי הֶחָצֵר הַחֲדָשָׁה: וַיֹּאמַר יְהוָֹה אֱלֹהֵי

אֲבֹתֵינוּ הֲלֹא אַתָּה־הוּא אֱלֹהִים בַּשָּׁמַיִם וְאַתָּה מוֹשֵׁל בְּכֹל

7 מַמְלְכוֹת הַגּוֹיִם וּבְיָדְךָ כֹּחַ וּגְבוּרָה וְאֵין עִמְּךָ לְהִתְיַצֵּב: הֲלֹא

אַתָּה אֱלֹהֵינוּ הוֹרַשְׁתָּ אֶת־יֹשְׁבֵי הָאָרֶץ הַזֹּאת מִלִּפְנֵי עַמְּךָ יִשְׂרָאֵל

8 וַתִּתְּנָהּ לְזֶרַע אַבְרָהָם אֹהַבְךָ לְעוֹלָם: וַיֵּשְׁבוּ־בָהּ וַיִּבְנוּ לְךָ בָהּ

9 מִקְדָּשׁ לְשִׁמְךָ לֵאמֹר: אִם־תָּבוֹא עָלֵינוּ רָעָה חֶרֶב שְׁפוֹט וְדֶבֶר

וְרָעָב נַעַמְדָה לִפְנֵי הַבַּיִת הַזֶּה וּלְפָנֶיךָ כִּי שִׁמְךָ בַּבַּיִת הַזֶּה וְנִזְעַק

י אֵלֶיךָ מִצָּרָתֵנוּ וְתִשְׁמַע וְתוֹשִׁיעַ: וְעַתָּה הִנֵּה בְנֵי־עַמּוֹן וּמוֹאָב

וְהַר־שֵׂעִיר אֲשֶׁר לֹא־נָתַתָּה לְיִשְׂרָאֵל לָבוֹא בָהֶם בְּבֹאָם

11 מֵאֶרֶץ מִצְרָיִם כִּי סָרוּ מֵעֲלֵיהֶם וְלֹא הִשְׁמִידוּם: וְהִנֵּה־הֵם

12 גֹּמְלִים עָלֵינוּ לָבוֹא לְגָרְשֵׁנוּ מִיְּרֻשָּׁתְךָ אֲשֶׁר הוֹרַשְׁתָּנוּ: אֱלֹהֵינוּ

הֲלֹא תִשְׁפָּט־בָּם כִּי אֵין בָּנוּ כֹּחַ לִפְנֵי הֶהָמוֹן הָרָב הַזֶּה הַבָּא עָלֵינוּ

13 וַאֲנַחְנוּ לֹא נֵדַע מַה־נַּעֲשֶׂה כִּי עָלֶיךָ עֵינֵינוּ: וְכָל־יְהוּדָה עֹמְדִים

לִפְנֵי יְהוָֹה גַּם־טַפָּם נְשֵׁיהֶם וּבְנֵיהֶם:

14 וְיַחֲזִיאֵל בֶּן־זְכַרְיָהוּ בֶּן־בְּנָיָה בֶּן־יְעִיאֵל בֶּן־מַתַּנְיָה הַלֵּוִי

טו מִן־בְּנֵי אָסָף הָיְתָה עָלָיו רוּחַ יְהוָֹה בְּתוֹךְ הַקָּהָל: וַיֹּאמֶר הַקְשִׁיבוּ

כָל־יְהוּדָה וְיֹשְׁבֵי יְרוּשָׁלַם וְהַמֶּלֶךְ יְהוֹשָׁפָט כֹּה־אָמַר יְהוָֹה לָכֶם

אַתֶּם אַל־תִּירְאוּ וְאַל־תֵּחַתּוּ מִפְּנֵי הֶהָמוֹן הָרָב הַזֶּה כִּי לֹא לָכֶם

16 הַמִּלְחָמָה כִּי לֵאלֹהִים: מָחָר רְדוּ עֲלֵיהֶם הִנָּם עֹלִים בְּמַעֲלֵה

17 הַצִּיץ וּמְצָאתֶם אֹתָם בְּסוֹף הַנַּחַל פְּנֵי מִדְבַּר יְרוּאֵל: לֹא לָכֶם

לְהִלָּחֵם בָּזֹאת הִתְיַצְּבוּ עִמְדוּ וּרְאוּ אֶת־יְשׁוּעַת יְהוָֹה עִמָּכֶם

יְהוּדָה וִירוּשָׁלַם אַל־תִּירְאוּ וְאַל־תֵּחַתּוּ מָחָר צְאוּ לִפְנֵיהֶם

18 וַיהוָֹה עִמָּכֶם: וַיִּקֹּד יְהוֹשָׁפָט אַפַּיִם אָרְצָה וְכָל־יְהוּדָה וְיֹשְׁבֵי

19 יְרוּשָׁלַם נָפְלוּ לִפְנֵי יְהוָֹה לְהִשְׁתַּחֲוֹת לַיהוָֹה: וַיָּקֻמוּ הַלְוִיִּם מִן־

בְּנֵי הַקְּהָתִים וּמִן־בְּנֵי הַקָּרְחִים לְהַלֵּל לַיהוָֹה אֱלֹהֵי יִשְׂרָאֵל בְּקוֹל

כ גָּדוֹל לְמָעְלָה: וַיַּשְׁכִּימוּ בַבֹּקֶר וַיֵּצְאוּ לְמִדְבַּר תְּקוֹעַ וּבְצֵאתָם
עָמַד יְהוֹשָׁפָט וַיֹּאמֶר שְׁמָעוּנִי יְהוּדָה וְיֹשְׁבֵי יְרוּשָׁלַם הַאֲמִינוּ בַּיהוָֹה

21 אֱלֹהֵיכֶם וְתֵאָמֵנוּ הַאֲמִינוּ בִנְבִיאָיו וְהַצְלִיחוּ: וַיִּוָּעַץ אֶל־הָעָם
וַיַּעֲמֵד מְשֹׁרְרִים לַיהוָֹה וּמְהַלְלִים לְהַדְרַת־קֹדֶשׁ בְּצֵאת לִפְנֵי

22 הֶחָלוּץ וְאֹמְרִים הוֹדוּ לַיהוָֹה כִּי לְעוֹלָם חַסְדּוֹ: וּבְעֵת הֵחֵלּוּ
בְרִנָּה וּתְהִלָּה נָתַן יְהוָֹה מְאָרְבִים עַל־בְּנֵי עַמּוֹן מוֹאָב וְהַר־שֵׂעִיר

23 הַבָּאִים לִיהוּדָה וַיִּנָּגֵפוּ: וַיַּעַמְדוּ בְּנֵי עַמּוֹן וּמוֹאָב עַל־יֹשְׁבֵי הַר־
שֵׂעִיר לְהַחֲרִים וּלְהַשְׁמִיד וּכְכַלּוֹתָם בְּיוֹשְׁבֵי שֵׂעִיר עָזְרוּ אִישׁ

24 בְּרֵעֵהוּ לְמַשְׁחִית: וִיהוּדָה בָּא עַל־הַמִּצְפֶּה לַמִּדְבָּר וַיִּפְנוּ

כה אֶל־הֶהָמוֹן וְהִנָּם פְּגָרִים נֹפְלִים אַרְצָה וְאֵין פְּלֵיטָה: וַיָּבֹא
יְהוֹשָׁפָט וְעַמּוֹ לָבֹז אֶת־שְׁלָלָם וַיִּמְצְאוּ בָהֶם לָרֹב וּרְכוּשׁ
וּפְגָרִים וּכְלֵי חֲמֻדוֹת וַיְנַצְּלוּ לָהֶם לְאֵין מַשָּׂא וַיִּהְיוּ יָמִים

26 שְׁלוֹשָׁה בֹּזְזִים אֶת־הַשָּׁלָל כִּי רַב־הוּא: וּבַיּוֹם הָרְבִיעִי נִקְהֲלוּ
לְעֵמֶק בְּרָכָה כִּי שָׁם בֵּרְכוּ אֶת־יְהוָֹה עַל־כֵּן קָרְאוּ אֶת־שֵׁם

27 הַמָּקוֹם הַהוּא עֵמֶק בְּרָכָה עַד־הַיּוֹם: וַיָּשֻׁבוּ כָּל־אִישׁ יְהוּדָה
וִירוּשָׁלַם וִיהוֹשָׁפָט בְּרֹאשָׁם לָשׁוּב אֶל־יְרוּשָׁלַם בְּשִׂמְחָה כִּי־

28 שִׂמְּחָם יְהוָֹה מֵאוֹיְבֵיהֶם: וַיָּבֹאוּ יְרוּשָׁלַם בִּנְבָלִים וּבְכִנֹּרוֹת

29 וּבַחֲצֹצְרוֹת אֶל־בֵּית יְהוָֹה: וַיְהִי פַּחַד אֱלֹהִים עַל כָּל־מַמְלְכוֹת

ל הָאֲרָצוֹת בְּשָׁמְעָם כִּי נִלְחַם יְהוָֹה עִם אוֹיְבֵי יִשְׂרָאֵל: וַתִּשְׁקֹט
מַלְכוּת יְהוֹשָׁפָט וַיָּנַח לוֹ אֱלֹהָיו מִסָּבִיב:

31 וַיִּמְלֹךְ יְהוֹשָׁפָט עַל־יְהוּדָה בֶּן־שְׁלֹשִׁים וְחָמֵשׁ שָׁנָה בְּמָלְכוֹ
וְעֶשְׂרִים וְחָמֵשׁ שָׁנָה מָלַךְ בִּירוּשָׁלַם וְשֵׁם אִמּוֹ עֲזוּבָה בַּת־שִׁלְחִי:

32 וַיֵּלֶךְ בְּדֶרֶךְ אָבִיו אָסָא וְלֹא־סָר מִמֶּנָּה לַעֲשׂוֹת הַיָּשָׁר בְּעֵינֵי יְהוָֹה:

33 אַךְ הַבָּמוֹת לֹא־סָרוּ וְעוֹד הָעָם לֹא־הֵכִינוּ לְבָבָם לֵאלֹהֵי

34 אֲבֹתֵיהֶם: וְיֶתֶר דִּבְרֵי יְהוֹשָׁפָט הָרִאשֹׁנִים וְהָאַחֲרֹנִים הִנָּם כְּתוּבִים
בְּדִבְרֵי יֵהוּא בֶן־חֲנָנִי אֲשֶׁר הֹעֲלָה עַל־סֵפֶר מַלְכֵי יִשְׂרָאֵל:

לה וְאַחֲרֵי־כֵן אֶתְחַבַּר יְהוֹשָׁפָט מֶלֶךְ־יְהוּדָה עִם אֲחַזְיָה מֶלֶךְ־
36 יִשְׂרָאֵל הוּא הִרְשִׁיעַ לַעֲשׂוֹת: וַיְחַבְּרֵהוּ עִמּוֹ לַעֲשׂוֹת אֳנִיּוֹת לָלֶכֶת

37 תַּרְשִׁישׁ וַיַּעֲשׂוּ אֳנִיּוֹת בְּעֶצְיוֹן גָּבֶר: וַיִּתְנַבֵּא אֱלִיעֶזֶר בֶּן־דֹּדָוָהוּ

מִמָּרֵשָׁה עַל־יְהוֹשָׁפָט לֵאמֹר כְּהִתְחַבֶּרְךָ עִם־אֲחַזְיָהוּ פָּרַץ יְהוָֹה
אֶת־מַעֲשֶׂיךָ וַיִּשָּׁבְרוּ אֳנִיּוֹת וְלֹא עָצְרוּ לָלֶכֶת אֶל־תַּרְשִׁישׁ:

כא 21

א וַיִּשְׁכַּב יְהוֹשָׁפָט עִם־אֲבֹתָיו וַיִּקָּבֵר עִם־אֲבֹתָיו בְּעִיר דָּוִיד
2 וַיִּמְלֹךְ יְהוֹרָם בְּנוֹ תַּחְתָּיו: וְלוֹ־אַחִים בְּנֵי יְהוֹשָׁפָט עֲזַרְיָה
וִיחִיאֵל וּזְכַרְיָהוּ וַעֲזַרְיָהוּ וּמִיכָאֵל וּשְׁפַטְיָהוּ כָּל־אֵלֶּה בְּנֵי
3 יְהוֹשָׁפָט מֶלֶךְ יִשְׂרָאֵל: וַיִּתֵּן לָהֶם אֲבִיהֶם מַתָּנוֹת רַבּוֹת
לְכֶסֶף וּלְזָהָב וּלְמִגְדָּנוֹת עִם־עָרֵי מְצֻרוֹת בִּיהוּדָה וְאֶת־
4 הַמַּמְלָכָה נָתַן לִיהוֹרָם כִּי־הוּא הַבְּכוֹר: וַיָּקָם יְהוֹרָם עַל־
מַמְלֶכֶת אָבִיו וַיִּתְחַזַּק וַיַּהֲרֹג אֶת־כָּל־אֶחָיו בֶּחָרֶב וְגַם מִשָּׂרֵי
יִשְׂרָאֵל:
ה בֶּן־שְׁלֹשִׁים וּשְׁתַּיִם שָׁנָה יְהוֹרָם בְּמָלְכוֹ וּשְׁמוֹנֶה שָׁנִים מָלַךְ
6 בִּירוּשָׁלָ͏ִם: וַיֵּלֶךְ בְּדֶרֶךְ מַלְכֵי יִשְׂרָאֵל כַּאֲשֶׁר עָשׂוּ בֵּית אַחְאָב
7 כִּי בַּת־אַחְאָב הָיְתָה־לּוֹ אִשָּׁה וַיַּעַשׂ הָרַע בְּעֵינֵי יְהוָֹה: וְלֹא־אָבָה
יְהוָֹה לְהַשְׁחִית אֶת־בֵּית דָּוִיד לְמַעַן הַבְּרִית אֲשֶׁר כָּרַת לְדָוִיד
8 וְכַאֲשֶׁר אָמַר לָתֵת לוֹ נִיר וּלְבָנָיו כָּל־הַיָּמִים: בְּיָמָיו פָּשַׁע אֱדוֹם
9 מִתַּחַת יַד־יְהוּדָה וַיַּמְלִיכוּ עֲלֵיהֶם מֶלֶךְ: וַיַּעֲבֹר יְהוֹרָם עִם־
שָׂרָיו וְכָל־הָרֶכֶב עִמּוֹ וַיְהִי קָם לַיְלָה וַיַּךְ אֶת־אֱדוֹם הַסּוֹבֵב אֵלָיו
י וְאֵת שָׂרֵי הָרָכֶב: וַיִּפְשַׁע אֱדוֹם מִתַּחַת יַד־יְהוּדָה עַד הַיּוֹם הַזֶּה
אָז תִּפְשַׁע לִבְנָה בָּעֵת הַהִיא מִתַּחַת יָדוֹ כִּי עָזַב אֶת־יְהוָֹה
11 אֱלֹהֵי אֲבֹתָיו: גַּם־הוּא עָשָׂה בָמוֹת בְּהָרֵי יְהוּדָה וַיֶּזֶן אֶת־
יֹשְׁבֵי יְרוּשָׁלַ͏ִם וַיַּדַּח אֶת־יְהוּדָה:
12 וַיָּבֹא אֵלָיו מִכְתָּב מֵאֵלִיָּהוּ הַנָּבִיא לֵאמֹר כֹּה אָמַר יְהוָֹה אֱלֹהֵי
דָּוִיד אָבִיךָ תַּחַת אֲשֶׁר לֹא־הָלַכְתָּ בְּדַרְכֵי יְהוֹשָׁפָט אָבִיךָ וּבְדַרְכֵי
13 אָסָא מֶלֶךְ־יְהוּדָה: וַתֵּלֶךְ בְּדֶרֶךְ מַלְכֵי יִשְׂרָאֵל וַתַּזְנֶה אֶת־יְהוּדָה
וְאֶת־יֹשְׁבֵי יְרוּשָׁלַ͏ִם כְּהַזְנוֹת בֵּית אַחְאָב וְגַם אֶת־אַחֶיךָ בֵית־
14 אָבִיךָ הַטּוֹבִים מִמְּךָ הָרָגְתָּ: הִנֵּה יְהוָֹה נֹגֵף מַגֵּפָה גְדוֹלָה
טו בְּעַמֶּךָ וּבְבָנֶיךָ וּבְנָשֶׁיךָ וּבְכָל־רְכוּשֶׁךָ: וְאַתָּה בָּחֳלָיִים רַבִּים

בְּמַחֲלֶה מֵעֶיךָ עַד־יֵצְאוּ מֵעֶיךָ מִן־הַחֹלִי יָמִים עַל־יָמִים:

16 וַיָּעַר יְהוָה עַל־יְהוֹרָם אֵת־רוּחַ הַפְּלִשְׁתִּים וְהָעַרְבִים אֲשֶׁר

17 עַל־יַד כּוּשִׁים: וַיַּעֲלוּ בִיהוּדָה וַיִּבְקָעוּהָ וַיִּשְׁבּוּ אֵת כָּל־

הָרְכוּשׁ הַנִּמְצָא לְבֵית־הַמֶּלֶךְ וְגַם־בָּנָיו וְנָשָׁיו וְלֹא נִשְׁאַר־לוֹ

18 בֵּן כִּי אִם־יְהוֹאָחָז קְטֹן בָּנָיו: וְאַחֲרֵי כָּל־זֹאת נְגָפוֹ יְהוָה

19 בְּמֵעָיו לָחֳלִי לְאֵין מַרְפֵּא: וַיְהִי לְיָמִים מִיָּמִים וּכְעֵת צֵאת

הַקֵּץ לְיָמִים שְׁנַיִם יָצְאוּ מֵעָיו עִם־חָלְיוֹ וַיָּמָת בְּתַחֲלֻאִים

כ רָעִים וְלֹא־עָשׂוּ לוֹ עַמּוֹ שְׂרֵפָה כִּשְׂרֵפַת אֲבֹתָיו: בֶּן־שְׁלֹשִׁים

וּשְׁתַּיִם הָיָה בְּמָלְכוֹ וּשְׁמוֹנֶה שָׁנִים מָלַךְ בִּירוּשָׁלָ͏ִם וַיֵּלֶךְ בְּלֹא

חֶמְדָּה וַיִּקְבְּרֻהוּ בְּעִיר דָּוִיד וְלֹא בְּקִבְרוֹת הַמְּלָכִים:

כב 22

א וַיַּמְלִיכוּ יוֹשְׁבֵי יְרוּשָׁלַ͏ִם אֶת־אֲחַזְיָהוּ בְנוֹ הַקָּטֹן תַּחְתָּיו כִּי

כָל־הָרִאשֹׁנִים הָרַג הַגְּדוּד הַבָּא בָעַרְבִים לַמַּחֲנֶה וַיִּמְלֹךְ

אֲחַזְיָהוּ בֶן־יְהוֹרָם מֶלֶךְ יְהוּדָה:

2 בֶּן־אַרְבָּעִים וּשְׁתַּיִם שָׁנָה אֲחַזְיָהוּ בְמָלְכוֹ וְשָׁנָה אַחַת מָלַךְ

3 בִּירוּשָׁלָ͏ִם וְשֵׁם אִמּוֹ עֲתַלְיָהוּ בַּת־עָמְרִי: גַּם־הוּא הָלַךְ בְּדַרְכֵי

3 בֵּית אַחְאָב כִּי אִמּוֹ הָיְתָה יוֹעַצְתּוֹ לְהַרְשִׁיעַ: וַיַּעַשׂ הָרַע בְּעֵינֵי

יְהוָה כְּבֵית אַחְאָב כִּי הֵמָּה הָיוּ־לוֹ יוֹעֲצִים אַחֲרֵי מוֹת אָבִיו

ה לְמַשְׁחִית לוֹ: גַּם בַּעֲצָתָם הָלַךְ וַיֵּלֶךְ אֶת־יְהוֹרָם בֶּן־אַחְאָב מֶלֶךְ

יִשְׂרָאֵל לַמִּלְחָמָה עַל־חֲזָאֵל מֶלֶךְ־אֲרָם בְּרָמוֹת גִּלְעָד וַיַּכּוּ

6 הָרַמִּים אֶת־יוֹרָם: וַיָּשָׁב לְהִתְרַפֵּא בְיִזְרְעֶאל כִּי הַמַּכִּים

אֲשֶׁר הִכֻּהוּ בְרָמָה בְּהִלָּחֲמוֹ אֶת־חֲזָהאֵל מֶלֶךְ אֲרָם וַעֲזַרְיָהוּ

בֶן־יְהוֹרָם מֶלֶךְ יְהוּדָה יָרַד לִרְאוֹת אֶת־יְהוֹרָם בֶּן־אַחְאָב

7 בְיִזְרְעֶאל כִּי־חֹלֶה הוּא: וּמֵאֱלֹהִים הָיְתָה תְּבוּסַת אֲחַזְיָהוּ

לָבוֹא אֶל־יוֹרָם וּבְבֹאוֹ יָצָא עִם־יְהוֹרָם אֶל־יֵהוּא בֶן־נִמְשִׁי

8 אֲשֶׁר מְשָׁחוֹ יְהוָה לְהַכְרִית אֶת־בֵּית אַחְאָב: וַיְהִי כְּהִשָּׁפֵט

יֵהוּא עִם־בֵּית אַחְאָב וַיִּמְצָא אֶת־שָׂרֵי יְהוּדָה וּבְנֵי אֲחֵי

אֲחַזְיָהוּ מְשָׁרְתִים לַאֲחַזְיָהוּ וַיַּהַרְגֵם: וַיְבַקֵּשׁ אֶת־אֲחַזְיָהוּ וַיִּלְכְּדֻהוּ 9
וְהוּא מִתְחַבֵּא בְשֹׁמְרוֹן וַיְבִאֻהוּ אֶל־יֵהוּא וַיְמִיתֻהוּ וַיִּקְבְּרֻהוּ כִּי
אָמְרוּ בֶּן־יְהוֹשָׁפָט הוּא אֲשֶׁר־דָּרַשׁ אֶת־יְהוָֹה בְּכָל־לְבָבוֹ וְאֵין
לְבֵית אֲחַזְיָהוּ לַעְצֹר כֹּחַ לְמַמְלָכָה:

וַעֲתַלְיָהוּ אֵם אֲחַזְיָהוּ רָאֲתָה כִּי מֵת בְּנָהּ וַתָּקָם וַתְּדַבֵּר   י
אֶת־כָּל־זֶרַע הַמַּמְלָכָה לְבֵית יְהוּדָה:

וַתִּקַּח יְהוֹשַׁבְעַת בַּת־הַמֶּלֶךְ אֶת־יוֹאָשׁ בֶּן־אֲחַזְיָהוּ וַתִּגְנֹב אֹתוֹ 11
מִתּוֹךְ בְּנֵי־הַמֶּלֶךְ הַמּוּמָתִים וַתִּתֵּן אֹתוֹ וְאֶת־מֵינִקְתּוֹ בַּחֲדַר
הַמִּטּוֹת וַתַּסְתִּירֵהוּ יְהוֹשַׁבְעַת בַּת־הַמֶּלֶךְ יְהוֹרָם אֵשֶׁת יְהוֹיָדָע
הַכֹּהֵן כִּי הִיא הָיְתָה אֲחוֹת אֲחַזְיָהוּ מִפְּנֵי עֲתַלְיָהוּ וְלֹא הֱמִיתָתְהוּ:
וַיְהִי אִתָּם בְּבֵית הָאֱלֹהִים מִתְחַבֵּא שֵׁשׁ שָׁנִים וַעֲתַלְיָה מֹלֶכֶת 12
עַל־הָאָרֶץ:

כג 23

וּבַשָּׁנָה הַשְּׁבִעִית הִתְחַזַּק יְהוֹיָדָע וַיִּקַּח אֶת־שָׂרֵי הַמֵּאוֹת לַעֲזַרְיָהוּ א
בֶן־יְרֹחָם וּלְיִשְׁמָעֵאל בֶּן־יְהוֹחָנָן וְלַעֲזַרְיָהוּ בֶן־עוֹבֵד וְאֶת־
מַעֲשֵׂיָהוּ בֶן־עֲדָיָהוּ וְאֶת־אֱלִישָׁפָט בֶּן־זִכְרִי עִמּוֹ בַבְּרִית: וַיָּסֹבּוּ 2
בִיהוּדָה וַיִּקְבְּצוּ אֶת־הַלְוִיִּם מִכָּל־עָרֵי יְהוּדָה וְרָאשֵׁי הָאָבוֹת
לְיִשְׂרָאֵל וַיָּבֹאוּ אֶל־יְרוּשָׁלָ͏ִם: וַיִּכְרֹת כָּל־הַקָּהָל בְּרִית בְּבֵית 3
הָאֱלֹהִים עִם־הַמֶּלֶךְ וַיֹּאמֶר לָהֶם הִנֵּה בֶן־הַמֶּלֶךְ יִמְלֹךְ כַּאֲשֶׁר
דִּבֶּר יְהוָֹה עַל־בְּנֵי דָוִיד: זֶה הַדָּבָר אֲשֶׁר תַּעֲשׂוּ הַשְּׁלִשִׁית מִכֶּם 4
בָּאֵי הַשַּׁבָּת לַכֹּהֲנִים וְלַלְוִיִּם לְשֹׁעֲרֵי הַסִּפִּים: וְהַשְּׁלִשִׁית בְּבֵית 5
הַמֶּלֶךְ וְהַשְּׁלִשִׁית בְּשַׁעַר הַיְסוֹד וְכָל־הָעָם בְּחַצְרוֹת בֵּית יְהוָֹה:
וְאַל־יָבוֹא בֵית־יְהוָֹה כִּי אִם־הַכֹּהֲנִים וְהַמְשָׁרְתִים לַלְוִיִּם הֵמָּה 6
יָבֹאוּ כִּי־קֹדֶשׁ הֵמָּה וְכָל־הָעָם יִשְׁמְרוּ מִשְׁמֶרֶת יְהוָֹה: וְהִקִּיפוּ 7
הַלְוִיִּם אֶת־הַמֶּלֶךְ סָבִיב אִישׁ וְכֵלָיו בְּיָדוֹ וְהַבָּא אֶל־הַבַּיִת
יוּמָת וִהְיוּ אֶת־הַמֶּלֶךְ בְּבֹאוֹ וּבְצֵאתוֹ: וַיַּעֲשׂוּ הַלְוִיִּם וְכָל־ 8
יְהוּדָה כְּכֹל אֲשֶׁר־צִוָּה יְהוֹיָדָע הַכֹּהֵן וַיִּקְחוּ אִישׁ אֶת־אֲנָשָׁיו

בָּאֵי הַשַּׁבָּת עִם יוֹצְאֵי הַשַּׁבָּת כִּי לֹא פָטַר יְהוֹיָדָע הַכֹּהֵן
אֶת־הַמַּחְלְקוֹת:

9 וַיִּתֵּן יְהוֹיָדָע הַכֹּהֵן לְשָׂרֵי הַמֵּאוֹת אֶת־הַחֲנִיתִים וְאֶת־הַמָּגִנּוֹת
י וְאֶת־הַשְּׁלָטִים אֲשֶׁר לַמֶּלֶךְ דָּוִיד אֲשֶׁר בֵּית הָאֱלֹהִים: וַיַּעֲמֵד
אֶת־כָּל־הָעָם וְאִישׁ שִׁלְחוֹ בְיָדוֹ מִכֶּתֶף הַבַּיִת הַיְמָנִית עַד־כֶּתֶף

11 הַבַּיִת הַשְּׂמָאלִית לַמִּזְבֵּחַ וְלַבָּיִת עַל־הַמֶּלֶךְ סָבִיב: וַיּוֹצִיאוּ אֶת־
בֶּן־הַמֶּלֶךְ וַיִּתְּנוּ עָלָיו אֶת־הַנֵּזֶר וְאֶת־הָעֵדוּת וַיַּמְלִיכוּ אֹתוֹ
וַיִּמְשָׁחֻהוּ יְהוֹיָדָע וּבָנָיו וַיֹּאמְרוּ יְחִי הַמֶּלֶךְ:

12 וַתִּשְׁמַע עֲתַלְיָהוּ אֶת־קוֹל הָעָם הָרָצִים וְהַמְהַלְלִים אֶת־הַמֶּלֶךְ
13 וַתָּבוֹא אֶל־הָעָם בֵּית יְהֹוָה: וַתֵּרֶא וְהִנֵּה הַמֶּלֶךְ עוֹמֵד עַל־עַמּוּדוֹ
בַּמָּבוֹא וְהַשָּׂרִים וְהַחֲצֹצְרוֹת עַל־הַמֶּלֶךְ וְכָל־עַם הָאָרֶץ שָׂמֵחַ
וְתוֹקֵעַ בַּחֲצֹצְרוֹת וְהַמְשׁוֹרֲרִים בִּכְלֵי הַשִּׁיר וּמוֹדִיעִים לְהַלֵּל
וַתִּקְרַע עֲתַלְיָהוּ אֶת־בְּגָדֶיהָ וַתֹּאמֶר קֶשֶׁר קָשֶׁר:

14 וַיּוֹצֵא יְהוֹיָדָע הַכֹּהֵן אֶת־שָׂרֵי הַמֵּאוֹת פְּקוּדֵי הַחַיִל וַיֹּאמֶר
אֲלֵהֶם הוֹצִיאוּהָ אֶל־מִבֵּית הַשְּׂדֵרוֹת וְהַבָּא אַחֲרֶיהָ יוּמַת בֶּחָרֶב
טו כִּי אָמַר הַכֹּהֵן לֹא תְמִיתוּהָ בֵּית יְהֹוָה: וַיָּשִׂימוּ לָהּ יָדַיִם וַתָּבוֹא
אֶל־מְבוֹא שַׁעַר־הַסּוּסִים בֵּית הַמֶּלֶךְ וַיְמִיתוּהָ שָׁם:

16 וַיִּכְרֹת יְהוֹיָדָע בְּרִית בֵּינוֹ וּבֵין כָּל־הָעָם וּבֵין הַמֶּלֶךְ לִהְיוֹת
17 לְעָם לַיהֹוָה: וַיָּבֹאוּ כָל־הָעָם בֵּית־הַבַּעַל וַיִּתְּצֻהוּ וְאֶת־
מִזְבְּחֹתָיו וְאֶת־צְלָמָיו שִׁבֵּרוּ וְאֵת מַתָּן כֹּהֵן הַבַּעַל הָרְגוּ
18 לִפְנֵי הַמִּזְבְּחוֹת: וַיָּשֶׂם יְהוֹיָדָע פְּקֻדֹּת בֵּית יְהֹוָה בְּיַד הַכֹּהֲנִים
הַלְוִיִּם אֲשֶׁר חָלַק דָּוִיד עַל־בֵּית יְהֹוָה לְהַעֲלוֹת עֹלוֹת יְהֹוָה
19 כַּכָּתוּב בְּתוֹרַת מֹשֶׁה בְּשִׂמְחָה וּבְשִׁיר עַל יְדֵי דָוִיד: וַיַּעֲמֵד
הַשּׁוֹעֲרִים עַל־שַׁעֲרֵי בֵּית יְהֹוָה וְלֹא־יָבוֹא טָמֵא לְכָל־דָּבָר:
כ וַיִּקַּח אֶת־שָׂרֵי הַמֵּאוֹת וְאֶת־הָאַדִּירִים וְאֶת־הַמּוֹשְׁלִים בָּעָם וְאֵת
כָּל־עַם הָאָרֶץ וַיּוֹרֶד אֶת־הַמֶּלֶךְ מִבֵּית יְהֹוָה וַיָּבֹאוּ בְּתוֹךְ־שַׁעַר־
הָעֶלְיוֹן בֵּית הַמֶּלֶךְ וַיּוֹשִׁיבוּ אֶת־הַמֶּלֶךְ עַל כִּסֵּא הַמַּמְלָכָה:
21 וַיִּשְׂמְחוּ כָל־עַם־הָאָרֶץ וְהָעִיר שָׁקָטָה וְאֶת־עֲתַלְיָהוּ הֵמִיתוּ
בֶּחָרֶב:

כד 24

א בֶּן־שֶׁבַע שָׁנִים יֹאָשׁ בְּמָלְכוֹ וְאַרְבָּעִים שָׁנָה מָלַךְ בִּירוּשָׁלָם
2 וְשֵׁם אִמּוֹ צִבְיָה מִבְּאֵר שָׁבַע: וַיַּעַשׂ יוֹאָשׁ הַיָּשָׁר בְּעֵינֵי יְהוָֹה
כָּל־יְמֵי יְהוֹיָדָע הַכֹּהֵן:

3
4 וַיִּשָּׂא־לוֹ יְהוֹיָדָע נָשִׁים שְׁתָּיִם וַיּוֹלֶד בָּנִים וּבָנוֹת: וַיְהִי אַחֲרֵי־
ה כֵן הָיָה עִם־לֵב יוֹאָשׁ לְחַדֵּשׁ אֶת־בֵּית יְהוָֹה: וַיִּקְבֹּץ אֶת־
הַכֹּהֲנִים וְהַלְוִיִּם וַיֹּאמֶר לָהֶם צְאוּ לְעָרֵי יְהוּדָה וְקִבְצוּ מִכָּל־
יִשְׂרָאֵל כֶּסֶף לְחַזֵּק אֶת־בֵּית אֱלֹהֵיכֶם מִדֵּי שָׁנָה בְּשָׁנָה וְאַתֶּם
6 תְּמַהֲרוּ לַדָּבָר וְלֹא מִהֲרוּ הַלְוִיִּם: וַיִּקְרָא הַמֶּלֶךְ לִיהוֹיָדָע
הָרֹאשׁ וַיֹּאמֶר לוֹ מַדּוּעַ לֹא־דָרַשְׁתָּ עַל־הַלְוִיִּם לְהָבִיא מִיהוּדָה
וּמִירוּשָׁלַ͏ִם אֶת־מַשְׂאַת מֹשֶׁה עֶבֶד־יְהוָֹה וְהַקָּהָל לְיִשְׂרָאֵל לְאֹהֶל
7 הָעֵדוּת: כִּי עֲתַלְיָהוּ הַמִּרְשַׁעַת בָּנֶיהָ פָרְצוּ אֶת־בֵּית הָאֱלֹהִים
8 וְגַם כָּל־קָדְשֵׁי בֵית־יְהוָֹה עָשׂוּ לַבְּעָלִים: וַיֹּאמֶר הַמֶּלֶךְ וַיַּעֲשׂוּ
9 אֲרוֹן אֶחָד וַיִּתְּנֻהוּ בְּשַׁעַר בֵּית־יְהוָֹה חוּצָה: וַיִּתְּנוּ־קוֹל בִּיהוּדָה
וּבִירוּשָׁלַ͏ִם לְהָבִיא לַיהוָֹה מַשְׂאַת מֹשֶׁה עֶבֶד־הָאֱלֹהִים עַל־
י יִשְׂרָאֵל בַּמִּדְבָּר: וַיִּשְׂמְחוּ כָל־הַשָּׂרִים וְכָל־הָעָם וַיָּבִיאוּ וַיַּשְׁלִיכוּ
11 לָאָרוֹן עַד־לְכַלֵּה: וַיְהִי בְּעֵת יָבִיא אֶת־הָאָרוֹן אֶל־פְּקֻדַּת
הַמֶּלֶךְ בְּיַד הַלְוִיִּם וְכִרְאוֹתָם כִּי־רַב הַכֶּסֶף וּבָא סוֹפֵר הַמֶּלֶךְ
וּפְקִיד כֹּהֵן הָרֹאשׁ וִיעָרוּ אֶת־הָאָרוֹן וְיִשָּׂאֻהוּ וִישִׁיבֻהוּ אֶל־מְקֹמוֹ
12 כֹּה עָשׂוּ לְיוֹם בְּיוֹם וַיַּאַסְפוּ כֶסֶף לָרֹב: וַיִּתְּנֻהוּ הַמֶּלֶךְ וִיהוֹיָדָע
אֶל־עוֹשֵׂה מְלֶאכֶת עֲבוֹדַת בֵּית־יְהוָֹה וַיִּהְיוּ שֹׂכְרִים חֹצְבִים
וְחָרָשִׁים לְחַדֵּשׁ בֵּית יְהוָֹה וְגַם לְחָרָשֵׁי בַרְזֶל וּנְחֹשֶׁת לְחַזֵּק
13 אֶת־בֵּית יְהוָֹה: וַיַּעֲשׂוּ עֹשֵׂי הַמְּלָאכָה וַתַּעַל אֲרוּכָה לַמְּלָאכָה
בְּיָדָם וַיַּעֲמִידוּ אֶת־בֵּית הָאֱלֹהִים עַל־מַתְכֻּנְתּוֹ וַיְאַמְּצֻהוּ:
14 וּכְכַלּוֹתָם הֵבִיאוּ לִפְנֵי הַמֶּלֶךְ וִיהוֹיָדָע אֶת־שְׁאָר הַכֶּסֶף
וַיַּעֲשֵׂהוּ כֵלִים לְבֵית־יְהוָֹה כְּלֵי שָׁרֵת וְהַעֲלוֹת וְכַפּוֹת וּכְלֵי
זָהָב וָכָסֶף וַיִּהְיוּ מַעֲלִים עֹלוֹת בְּבֵית־יְהוָֹה תָּמִיד כֹּל יְמֵי
יְהוֹיָדָע:

טו וַיִּזְקַן יְהוֹיָדָע וַיִּשְׂבַּע יָמִים וַיָּמׇת בֶּן־מֵאָה וּשְׁלֹשִׁים שָׁנָה בְּמוֹתוֹ:

16 וַיִּקְבְּרֻהוּ בְעִיר־דָּוִיד עִם־הַמְּלָכִים כִּי־עָשָׂה טוֹבָה בְּיִשְׂרָאֵל
וְעִם־הָאֱלֹהִים וּבֵיתוֹ:

17 וְאַחֲרֵי מוֹת יְהוֹיָדָע בָּאוּ שָׂרֵי יְהוּדָה וַיִּשְׁתַּחֲווּ לַמֶּלֶךְ אָז שָׁמַע
18 הַמֶּלֶךְ אֲלֵיהֶם: וַיַּעַזְבוּ אֶת־בֵּית יְהוָה אֱלֹהֵי אֲבוֹתֵיהֶם וַיַּעַבְדוּ
אֶת־הָאֲשֵׁרִים וְאֶת־הָעֲצַבִּים וַיְהִי־קֶצֶף עַל־יְהוּדָה וִירוּשָׁלַם
19 בְּאַשְׁמָתָם זֹאת: וַיִּשְׁלַח בָּהֶם נְבִאִים לַהֲשִׁיבָם אֶל־יְהוָה וַיָּעִידוּ
בָם וְלֹא הֶאֱזִינוּ:

כ וְרוּחַ אֱלֹהִים לָבְשָׁה אֶת־זְכַרְיָה בֶּן־יְהוֹיָדָע הַכֹּהֵן וַיַּעֲמֹד
מֵעַל לָעָם וַיֹּאמֶר לָהֶם כֹּה אָמַר הָאֱלֹהִים לָמָה אַתֶּם עֹבְרִים
אֶת־מִצְוֺת יְהוָה וְלֹא תַצְלִיחוּ כִּי־עֲזַבְתֶּם אֶת־יְהוָה וַיַּעֲזֹב אֶתְכֶם:
21 וַיִּקְשְׁרוּ עָלָיו וַיִּרְגְּמֻהוּ אֶבֶן בְּמִצְוַת הַמֶּלֶךְ בַּחֲצַר בֵּית יְהוָה:
22 וְלֹא־זָכַר יוֹאָשׁ הַמֶּלֶךְ הַחֶסֶד אֲשֶׁר עָשָׂה יְהוֹיָדָע אָבִיו עִמּוֹ וַיַּהֲרֹג
אֶת־בְּנוֹ וּכְמוֹתוֹ אָמַר יֵרֶא יְהוָה וְיִדְרֹשׁ:

23 וַיְהִי לִתְקוּפַת הַשָּׁנָה עָלָה עָלָיו חֵיל אֲרָם וַיָּבֹאוּ אֶל־יְהוּדָה
וִירוּשָׁלַם וַיַּשְׁחִיתוּ אֶת־כָּל־שָׂרֵי הָעָם מֵעָם וְכָל־שְׁלָלָם שִׁלְּחוּ
24 לְמֶלֶךְ דַּרְמָשֶׂק: כִּי בְמִצְעַר אֲנָשִׁים בָּאוּ חֵיל אֲרָם וַיהוָה נָתַן
בְּיָדָם חַיִל לָרֹב מְאֹד כִּי עָזְבוּ אֶת־יְהוָה אֱלֹהֵי אֲבוֹתֵיהֶם וְאֶת־
25 יוֹאָשׁ עָשׂוּ שְׁפָטִים: וּבְלֶכְתָּם מִמֶּנּוּ כִּי־עָזְבוּ אֹתוֹ בְּמַחֲלֻיִים רַבִּים
הִתְקַשְּׁרוּ עָלָיו עֲבָדָיו בִּדְמֵי בְּנֵי יְהוֹיָדָע הַכֹּהֵן וַיַּהַרְגֻהוּ עַל־
מִטָּתוֹ וַיָּמֹת וַיִּקְבְּרֻהוּ בְּעִיר דָּוִיד וְלֹא קְבָרֻהוּ בְּקִבְרוֹת הַמְּלָכִים:
26 וְאֵלֶּה הַמִּתְקַשְּׁרִים עָלָיו זָבָד בֶּן־שִׁמְעָת הָעַמּוֹנִית וִיהוֹזָבָד
27 בֶּן־שִׁמְרִית הַמּוֹאָבִית: וּבָנָיו וְרֶב הַמַּשָּׂא עָלָיו וִיסוֹד בֵּית
הָאֱלֹהִים הִנָּם כְּתוּבִים עַל־מִדְרַשׁ סֵפֶר הַמְּלָכִים וַיִּמְלֹךְ
אֲמַצְיָהוּ בְנוֹ תַּחְתָּיו:

כה 25

א בֶּן־עֶשְׂרִים וְחָמֵשׁ שָׁנָה מָלַךְ אֲמַצְיָהוּ וְעֶשְׂרִים וָתֵשַׁע שָׁנָה מָלַךְ
2 בִּירוּשָׁלָם וְשֵׁם אִמּוֹ יְהוֹעַדָּן מִירוּשָׁלָיִם: וַיַּעַשׂ הַיָּשָׁר בְּעֵינֵי יְהוָה

3 רַק לֹא בְלֵבָב שָׁלֵם: וַיְהִי כַּאֲשֶׁר חָזְקָה הַמַּמְלָכָה עָלָיו וַיַּהֲרֹג

4 אֶת־עֲבָדָיו הַמַּכִּים אֶת־הַמֶּלֶךְ אָבִיו: וְאֶת־בְּנֵיהֶם לֹא הֵמִית כִּי כַכָּתוּב בַּתּוֹרָה בְּסֵפֶר מֹשֶׁה אֲשֶׁר־צִוָּה יְהֹוָה לֵאמֹר לֹא־יָמוּתוּ אָבוֹת עַל־בָּנִים וּבָנִים לֹא־יָמוּתוּ עַל־אָבוֹת כִּי אִישׁ בְּחֶטְאוֹ יָמוּתוּ:

5 וַיִּקְבֹּץ אֲמַצְיָהוּ אֶת־יְהוּדָה וַיַּעֲמִידֵם לְבֵית־אָבוֹת לְשָׂרֵי הָאֲלָפִים וּלְשָׂרֵי הַמֵּאוֹת לְכָל־יְהוּדָה וּבִנְיָמִן וַיִּפְקְדֵם לְמִבֶּן עֶשְׂרִים שָׁנָה וָמַעְלָה וַיִּמְצָאֵם שְׁלֹשׁ־מֵאוֹת אֶלֶף בָּחוּר יוֹצֵא צָבָא

6 אֹחֵז רֹמַח וְצִנָּה: וַיִּשְׂכֹּר מִיִּשְׂרָאֵל מֵאָה אֶלֶף גִּבּוֹר חָיִל

7 בְּמֵאָה כִכַּר־כָּסֶף: וְאִישׁ הָאֱלֹהִים בָּא אֵלָיו לֵאמֹר הַמֶּלֶךְ אַל־יָבֹא עִמְּךָ צְבָא יִשְׂרָאֵל כִּי אֵין יְהֹוָה עִם־יִשְׂרָאֵל כֹּל

8 בְּנֵי אֶפְרָיִם: כִּי אִם־בֹּא אַתָּה עֲשֵׂה חֲזַק לַמִּלְחָמָה יַכְשִׁילְךָ הָאֱלֹהִים לִפְנֵי אוֹיֵב כִּי יֶשׁ־כֹּחַ בֵּאלֹהִים לַעְזוֹר וּלְהַכְשִׁיל:

9 וַיֹּאמֶר אֲמַצְיָהוּ לְאִישׁ הָאֱלֹהִים וּמַה־לַּעֲשׂוֹת לִמְאַת הַכִּכָּר אֲשֶׁר נָתַתִּי לִגְדוּד יִשְׂרָאֵל וַיֹּאמֶר אִישׁ הָאֱלֹהִים יֵשׁ לַיהֹוָה

י לָתֶת לְךָ הַרְבֵּה מִזֶּה: וַיַּבְדִּילֵם אֲמַצְיָהוּ לְהַגְּדוּד אֲשֶׁר־בָּא אֵלָיו מֵאֶפְרַיִם לָלֶכֶת לִמְקוֹמָם וַיִּחַר אַפָּם מְאֹד בִּיהוּדָה וַיָּשׁוּבוּ לִמְקוֹמָם בָּחֳרִי־אָף:

11 וַאֲמַצְיָהוּ הִתְחַזַּק וַיִּנְהַג אֶת־עַמּוֹ וַיֵּלֶךְ גֵּיא הַמֶּלַח וַיַּךְ אֶת־

12 בְּנֵי שֵׂעִיר עֲשֶׂרֶת אֲלָפִים: וַעֲשֶׂרֶת אֲלָפִים חַיִּים שָׁבוּ בְּנֵי יְהוּדָה וַיְבִיאוּם לְרֹאשׁ הַסָּלַע וַיַּשְׁלִיכוּם מֵרֹאשׁ הַסֶּלַע וְכֻלָּם נִבְקָעוּ:

13 וּבְנֵי הַגְּדוּד אֲשֶׁר הֵשִׁיב אֲמַצְיָהוּ מִלֶּכֶת עִמּוֹ לַמִּלְחָמָה וַיִּפְשְׁטוּ בְּעָרֵי יְהוּדָה מִשֹּׁמְרוֹן וְעַד־בֵּית חוֹרוֹן וַיַּכּוּ מֵהֶם שְׁלֹשֶׁת אֲלָפִים וַיָּבֹזּוּ בִּזָּה רַבָּה:

14 וַיְהִי אַחֲרֵי בוֹא אֲמַצְיָהוּ מֵהַכּוֹת אֶת־אֲדוֹמִים וַיָּבֵא אֶת־אֱלֹהֵי בְּנֵי שֵׂעִיר וַיַּעֲמִידֵם לוֹ לֵאלֹהִים וְלִפְנֵיהֶם יִשְׁתַּחֲוֶה וְלָהֶם יְקַטֵּר:

טו וַיִּחַר־אַף יְהֹוָה בַּאֲמַצְיָהוּ וַיִּשְׁלַח אֵלָיו נָבִיא וַיֹּאמֶר לוֹ לָמָה דָרַשְׁתָּ אֶת־אֱלֹהֵי הָעָם אֲשֶׁר לֹא־הִצִּילוּ אֶת־עַמָּם מִיָּדֶךָ:

16 וַיְהִי בְּדַבְּרוֹ אֵלָיו וַיֹּאמֶר לוֹ הַלְיוֹעֵץ לַמֶּלֶךְ נְתַנּוּךָ חֲדַל לְךָ לָמָה

יָכוֹף וַיֶּחְדַּל הַנָּבִיא וַיֹּאמֶר יָדַעְתִּי כִּי־יָעַץ אֱלֹהִים לְהַשְׁחִיתֶךָ
כִּי־עָשִׂיתָ זֹּאת וְלֹא שָׁמַעְתָּ לַעֲצָתִי:

17 וַיִּוָּעַץ אֲמַצְיָהוּ מֶלֶךְ יְהוּדָה וַיִּשְׁלַח אֶל־יוֹאָשׁ בֶּן־יְהוֹאָחָז
18 בֶּן־יֵהוּא מֶלֶךְ יִשְׂרָאֵל לֵאמֹר לְךָ נִתְרָאֶה פָנִים: וַיִּשְׁלַח יוֹאָשׁ
מֶלֶךְ־יִשְׂרָאֵל אֶל־אֲמַצְיָהוּ מֶלֶךְ־יְהוּדָה לֵאמֹר הַחוֹחַ אֲשֶׁר
בַּלְּבָנוֹן שָׁלַח אֶל־הָאֶרֶז אֲשֶׁר בַּלְּבָנוֹן לֵאמֹר תְּנָה אֶת־בִּתְּךָ לִבְנִי
לְאִשָּׁה וַתַּעֲבֹר חַיַּת הַשָּׂדֶה אֲשֶׁר בַּלְּבָנוֹן וַתִּרְמֹס אֶת־הַחוֹחַ:
19 אָמַרְתָּ הִנֵּה הִכִּיתָ אֶת־אֱדוֹם וּנְשָׂאֲךָ לִבְּךָ לְהַכְבִּיד עַתָּה שְׁבָה
כ בְּבֵיתֶךָ לָמָּה תִתְגָּרֶה בְּרָעָה וְנָפַלְתָּ אַתָּה וִיהוּדָה עִמָּךְ: וְלֹא־
שָׁמַע אֲמַצְיָהוּ כִּי מֵהָאֱלֹהִים הִיא לְמַעַן תִּתָּם בְּיָד כִּי דָרְשׁוּ אֶת
21 אֱלֹהֵי אֱדוֹם: וַיַּעַל יוֹאָשׁ מֶלֶךְ־יִשְׂרָאֵל וַיִּתְרָאוּ פָנִים הוּא
22 וַאֲמַצְיָהוּ מֶלֶךְ־יְהוּדָה בְּבֵית שֶׁמֶשׁ אֲשֶׁר לִיהוּדָה: וַיִּנָּגֶף יְהוּדָה
23 לִפְנֵי יִשְׂרָאֵל וַיָּנֻסוּ אִישׁ לְאֹהָלָיו: וְאֵת אֲמַצְיָהוּ מֶלֶךְ־יְהוּדָה
בֶּן־יוֹאָשׁ בֶּן־יְהוֹאָחָז תָּפַשׂ יוֹאָשׁ מֶלֶךְ־יִשְׂרָאֵל בְּבֵית שָׁמֶשׁ
וַיְבִיאֵהוּ יְרוּשָׁלַם וַיִּפְרֹץ בְּחוֹמַת יְרוּשָׁלַם מִשַּׁעַר אֶפְרַיִם עַד־
24 שַׁעַר הַפּוֹנֶה אַרְבַּע מֵאוֹת אַמָּה: וְכָל־הַזָּהָב וְהַכֶּסֶף וְאֵת כָּל־
הַכֵּלִים הַנִּמְצְאִים בְּבֵית־הָאֱלֹהִים עִם־עֹבֵד אֱדוֹם וְאֶת־אוֹצְרוֹת
בֵּית הַמֶּלֶךְ וְאֵת בְּנֵי הַתַּעֲרֻבוֹת וַיָּשָׁב שֹׁמְרוֹן:
כה וַיְחִי אֲמַצְיָהוּ בֶן־יוֹאָשׁ מֶלֶךְ יְהוּדָה אַחֲרֵי מוֹת יוֹאָשׁ בֶּן־
26 יְהוֹאָחָז מֶלֶךְ יִשְׂרָאֵל חֲמֵשׁ עֶשְׂרֵה שָׁנָה: וְיֶתֶר דִּבְרֵי אֲמַצְיָהוּ
הָרִאשֹׁנִים וְהָאַחֲרוֹנִים הֲלֹא הִנָּם כְּתוּבִים עַל־סֵפֶר מַלְכֵי יְהוּדָה
27 וְיִשְׂרָאֵל: וּמֵעֵת אֲשֶׁר־סָר אֲמַצְיָהוּ מֵאַחֲרֵי יְהוָה וַיִּקְשְׁרוּ עָלָיו
קֶשֶׁר בִּירוּשָׁלַם וַיָּנָס לָכִישָׁה וַיִּשְׁלְחוּ אַחֲרָיו לָכִישָׁה וַיְמִיתֻהוּ שָׁם:
28 וַיִּשָּׂאֻהוּ עַל־הַסּוּסִים וַיִּקְבְּרוּ אֹתוֹ עִם־אֲבֹתָיו בְּעִיר יְהוּדָה:

כו 26

א וַיִּקְחוּ כָל־עַם יְהוּדָה אֶת־עֻזִּיָּהוּ וְהוּא בֶּן־שֵׁשׁ עֶשְׂרֵה שָׁנָה
2 וַיַּמְלִיכוּ אֹתוֹ תַּחַת אָבִיו אֲמַצְיָהוּ: הוּא בָּנָה אֶת־אֵילוֹת
וַיְשִׁיבֶהָ לִיהוּדָה אַחֲרֵי שְׁכַב־הַמֶּלֶךְ עִם־אֲבֹתָיו:

בֶּן־שֵׁשׁ עֶשְׂרֵה שָׁנָה עֻזִּיָּהוּ בְמָלְכוֹ וַחֲמִשִּׁים וּשְׁתַּיִם שָׁנָה 3

מָלַךְ בִּירוּשָׁלָ͏ִם וְשֵׁם אִמּוֹ יְכָילְיָה מִן־יְרוּשָׁלָ͏ִם: וַיַּעַשׂ הַיָּשָׁר 4

בְּעֵינֵי יְהוָה כְּכֹל אֲשֶׁר־עָשָׂה אֲמַצְיָהוּ אָבִיו: וַיְהִי לִדְרֹשׁ 5

אֱלֹהִים בִּימֵי זְכַרְיָהוּ הַמֵּבִין בִּרְאֹת הָאֱלֹהִים וּבִימֵי דָּרְשׁוֹ

אֶת־יְהוָה הִצְלִיחוֹ הָאֱלֹהִים: וַיֵּצֵא וַיִּלָּחֶם בַּפְּלִשְׁתִּים וַיִּפְרֹץ 6

אֶת־חוֹמַת גַּת וְאֵת חוֹמַת יַבְנֵה וְאֵת חוֹמַת אַשְׁדּוֹד וַיִּבְנֶה עָרִים

בְּאַשְׁדּוֹד וּבַפְּלִשְׁתִּים: וַיַּעְזְרֵהוּ הָאֱלֹהִים עַל־פְּלִשְׁתִּים וְעַל־ 7

הָעַרְבִיים הַיֹּשְׁבִים בְּגוּר־בָּעַל וְהַמְּעוּנִים: וַיִּתְּנוּ הָעַמּוֹנִים מִנְחָה 8

לְעֻזִּיָּהוּ וַיֵּלֶךְ שְׁמוֹ עַד־לְבוֹא מִצְרַיִם כִּי הֶחֱזִיק עַד־לְמָעְלָה:

וַיִּבֶן עֻזִּיָּהוּ מִגְדָּלִים בִּירוּשָׁלַ͏ִם עַל־שַׁעַר הַפִּנָּה וְעַל־שַׁעַר הַגַּיְא 9

וְעַל־הַמִּקְצוֹעַ וַיְחַזְּקֵם: וַיִּבֶן מִגְדָּלִים בַּמִּדְבָּר וַיַּחְצֹב בֹּרוֹת רַבִּים י

כִּי מִקְנֶה־רַּב הָיָה לוֹ וּבַשְּׁפֵלָה וּבַמִּישׁוֹר אִכָּרִים וְכֹרְמִים בֶּהָרִים

וּבַכַּרְמֶל כִּי־אֹהֵב אֲדָמָה הָיָה:

וַיְהִי לְעֻזִּיָּהוּ חַיִל עֹשֵׂה מִלְחָמָה יוֹצְאֵי צָבָא לִגְדוּד בְּמִסְפַּר 11

פְּקֻדָּתָם בְּיַד יְעוּאֵל הַסּוֹפֵר וּמַעֲשֵׂיָהוּ הַשּׁוֹטֵר עַל יַד־חֲנַנְיָהוּ

מִשָּׂרֵי הַמֶּלֶךְ: כֹּל מִסְפַּר רָאשֵׁי הָאָבוֹת לְגִבּוֹרֵי חָיִל אַלְפַּיִם 12

וְשֵׁשׁ מֵאוֹת: וְעַל־יָדָם חֵיל צָבָא שְׁלֹשׁ מֵאוֹת אֶלֶף וְשִׁבְעַת אֲלָפִים 13

וַחֲמֵשׁ מֵאוֹת עוֹשֵׂי מִלְחָמָה בְּכֹחַ חָיִל לַעְזֹר לַמֶּלֶךְ עַל־הָאוֹיֵב:

וַיָּכֶן לָהֶם עֻזִּיָּהוּ לְכָל־הַצָּבָא מָגִנִּים וּרְמָחִים וְכוֹבָעִים וְשִׁרְיֹנוֹת 14

וּקְשָׁתוֹת וּלְאַבְנֵי קְלָעִים: וַיַּעַשׂ בִּירוּשָׁלַ͏ִם חִשְּׁבֹנוֹת מַחֲשֶׁבֶת חוֹשֵׁב טו

לִהְיוֹת עַל־הַמִּגְדָּלִים וְעַל־הַפִּנּוֹת לִירוֹא בַּחִצִּים וּבָאֲבָנִים גְּדֹלוֹת

וַיֵּצֵא שְׁמוֹ עַד־לְמֵרָחוֹק כִּי־הִפְלִיא לְהֵעָזֵר עַד כִּי־חָזָק:

וּכְחֶזְקָתוֹ גָּבַהּ לִבּוֹ עַד־לְהַשְׁחִית וַיִּמְעַל בַּיהוָה אֱלֹהָיו וַיָּבֹא אֶל־ 16

הֵיכַל יְהוָה לְהַקְטִיר עַל־מִזְבַּח הַקְּטֹרֶת: וַיָּבֹא אַחֲרָיו עֲזַרְיָהוּ 17

הַכֹּהֵן וְעִמּוֹ כֹּהֲנִים לַיהוָה שְׁמוֹנִים בְּנֵי־חָיִל: וַיַּעַמְדוּ עַל־עֻזִּיָּהוּ 18

הַמֶּלֶךְ וַיֹּאמְרוּ לוֹ לֹא־לְךָ עֻזִּיָּהוּ לְהַקְטִיר לַיהוָה כִּי לַכֹּהֲנִים

בְּנֵי־אַהֲרֹן הַמְקֻדָּשִׁים לְהַקְטִיר צֵא מִן־הַמִּקְדָּשׁ כִּי מָעַלְתָּ וְלֹא־

לְךָ לְכָבוֹד מֵיְהוָה אֱלֹהִים: וַיִּזְעַף עֻזִּיָּהוּ וּבְיָדוֹ מִקְטֶרֶת לְהַקְטִיר 19

וּבְזַעְפּוֹ עִם־הַכֹּהֲנִים וְהַצָּרַעַת זָרְחָה בְמִצְחוֹ לִפְנֵי הַכֹּהֲנִים

כ בְּבֵית יְהוָה מֵעַל לְמִזְבַּח הַקְּטֹרֶת: וַיִּפֶן אֵלָיו עֲזַרְיָהוּ כֹהֵן
הָרֹאשׁ וְכָל־הַכֹּהֲנִים וְהִנֵּה־הוּא מְצֹרָע בְּמִצְחוֹ וַיַּבְהִלוּהוּ מִשָּׁם
21 וְגַם־הוּא נִדְחַף לָצֵאת כִּי נִגְּעוֹ יְהוָה: וַיְהִי עֻזִּיָּהוּ הַמֶּלֶךְ מְצֹרָע
עַד־יוֹם מוֹתוֹ וַיֵּשֶׁב בֵּית הַחָפְשׁוּת מְצֹרָע כִּי נִגְזַר מִבֵּית יְהוָה וְיוֹתָם
22 בְּנוֹ עַל־בֵּית הַמֶּלֶךְ שׁוֹפֵט אֶת־עַם הָאָרֶץ: וְיֶתֶר דִּבְרֵי עֻזִּיָּהוּ
23 הָרִאשֹׁנִים וְהָאַחֲרֹנִים כָּתַב יְשַׁעְיָהוּ בֶן־אָמוֹץ הַנָּבִיא: וַיִּשְׁכַּב
עֻזִּיָּהוּ עִם־אֲבֹתָיו וַיִּקְבְּרוּ אֹתוֹ עִם־אֲבֹתָיו בִּשְׂדֵה הַקְּבוּרָה אֲשֶׁר
לַמְּלָכִים כִּי אָמְרוּ מְצוֹרָע הוּא וַיִּמְלֹךְ יוֹתָם בְּנוֹ תַּחְתָּיו:

כז 27

א בֶּן־עֶשְׂרִים וְחָמֵשׁ שָׁנָה יוֹתָם בְּמָלְכוֹ וְשֵׁשׁ־עֶשְׂרֵה שָׁנָה מָלַךְ
2 בִּירוּשָׁלָםִ וְשֵׁם אִמּוֹ יְרוּשָׁה בַּת־צָדוֹק: וַיַּעַשׂ הַיָּשָׁר בְּעֵינֵי יְהוָה
כְּכֹל אֲשֶׁר־עָשָׂה עֻזִּיָּהוּ אָבִיו רַק לֹא־בָא אֶל־הֵיכַל יְהוָה וְעוֹד
3 הָעָם מַשְׁחִיתִים: הוּא בָּנָה אֶת־שַׁעַר בֵּית־יְהוָה הָעֶלְיוֹן וּבְחוֹמַת
4 הָעֹפֶל בָּנָה לָרֹב: וְעָרִים בָּנָה בְּהַר יְהוּדָה וּבֶחֳרָשִׁים בָּנָה
5 בִּירָנִיּוֹת וּמִגְדָּלִים: וְהוּא נִלְחַם עִם־מֶלֶךְ בְּנֵי־עַמּוֹן וַיֶּחֱזַק עֲלֵיהֶם
וַיִּתְּנוּ־לוֹ בְנֵי־עַמּוֹן בַּשָּׁנָה הַהִיא מֵאָה כִּכַּר־כֶּסֶף וַעֲשֶׂרֶת אֲלָפִים
כֹּרִים חִטִּים וּשְׂעוֹרִים עֲשֶׂרֶת אֲלָפִים זֹאת הֵשִׁיבוּ לוֹ בְּנֵי עַמּוֹן
6 וּבַשָּׁנָה הַשֵּׁנִית וְהַשְּׁלִשִׁית: וַיִּתְחַזֵּק יוֹתָם כִּי הֵכִין דְּרָכָיו
7 לִפְנֵי יְהוָה אֱלֹהָיו: וְיֶתֶר דִּבְרֵי יוֹתָם וְכָל־מִלְחֲמֹתָיו וּדְרָכָיו
8 הִנָּם כְּתוּבִים עַל־סֵפֶר מַלְכֵי יִשְׂרָאֵל וִיהוּדָה: בֶּן־עֶשְׂרִים וְחָמֵשׁ
9 שָׁנָה הָיָה בְּמָלְכוֹ וְשֵׁשׁ־עֶשְׂרֵה שָׁנָה מָלַךְ בִּירוּשָׁלָםִ: וַיִּשְׁכַּב יוֹתָם
עִם־אֲבֹתָיו וַיִּקְבְּרוּ אֹתוֹ בְּעִיר דָּוִיד וַיִּמְלֹךְ אָחָז בְּנוֹ תַּחְתָּיו:

כח 28

א בֶּן־עֶשְׂרִים שָׁנָה אָחָז בְּמָלְכוֹ וְשֵׁשׁ־עֶשְׂרֵה שָׁנָה מָלַךְ בִּירוּשָׁלָםִ
2 וְלֹא־עָשָׂה הַיָּשָׁר בְּעֵינֵי יְהוָה כְּדָוִיד אָבִיו: וַיֵּלֶךְ בְּדַרְכֵי מַלְכֵי
3 יִשְׂרָאֵל וְגַם מַסֵּכוֹת עָשָׂה לַבְּעָלִים: וְהוּא הִקְטִיר בְּגֵיא בֶן־הִנֹּם
וַיַּבְעֵר אֶת־בָּנָיו בָּאֵשׁ כְּתֹעֲבוֹת הַגּוֹיִם אֲשֶׁר הֹרִישׁ יְהוָה מִפְּנֵי

4 בְּנֵי יִשְׂרָאֵל: וַיְזַבֵּחַ וַיְקַטֵּר בַּבָּמוֹת וְעַל־הַגְּבָעוֹת וְתַחַת כָּל־עֵץ

5 רַעֲנָן: וַיִּתְּנֵהוּ יְהוָה אֱלֹהָיו בְּיַד־מֶלֶךְ אֲרָם וַיַּכּוּ־בוֹ וַיִּשְׁבּוּ מִמֶּנּוּ
שִׁבְיָה גְדוֹלָה וַיָּבִיאוּ דַּרְמָשֶׂק וְגַם בְּיַד־מֶלֶךְ יִשְׂרָאֵל נִתָּן וַיַּךְ־בּוֹ

6 מַכָּה גְדוֹלָה: וַיַּהֲרֹג פֶּקַח בֶּן־רְמַלְיָהוּ בִּיהוּדָה מֵאָה וְעֶשְׂרִים
אֶלֶף בְּיוֹם אֶחָד הַכֹּל בְּנֵי־חָיִל בְּעָזְבָם אֶת־יְהוָה אֱלֹהֵי אֲבוֹתָם:

7 וַיַּהֲרֹג זִכְרִי גִּבּוֹר אֶפְרַיִם אֶת־מַעֲשֵׂיָהוּ בֶּן־הַמֶּלֶךְ וְאֶת־עַזְרִיקָם

8 נְגִיד הַבַּיִת וְאֶת־אֶלְקָנָה מִשְׁנֵה הַמֶּלֶךְ: וַיִּשְׁבּוּ בְנֵי־יִשְׂרָאֵל
מֵאֲחֵיהֶם מָאתַיִם אֶלֶף נָשִׁים בָּנִים וּבָנוֹת וְגַם־שָׁלָל רָב בָּזְזוּ
מֵהֶם וַיָּבִיאוּ אֶת־הַשָּׁלָל לְשֹׁמְרוֹן:

9 וְשָׁם הָיָה נָבִיא לַיהוָה עֹדֵד שְׁמוֹ וַיֵּצֵא לִפְנֵי הַצָּבָא הַבָּא
לְשֹׁמְרוֹן וַיֹּאמֶר לָהֶם הִנֵּה בַּחֲמַת יְהוָה אֱלֹהֵי־אֲבוֹתֵיכֶם עַל־

10 יְהוּדָה נְתָנָם בְּיֶדְכֶם וַתַּהַרְגוּ־בָם בְּזַעַף עַד לַשָּׁמַיִם הִגִּיעַ: וְעַתָּה
בְּנֵי־יְהוּדָה וִירוּשָׁלַ͏ִם אַתֶּם אֹמְרִים לִכְבֹּשׁ לַעֲבָדִים וְלִשְׁפָחוֹת

11 לָכֶם הֲלֹא רַק־אַתֶּם עִמָּכֶם אֲשָׁמוֹת לַיהוָה אֱלֹהֵיכֶם: וְעַתָּה
שְׁמָעוּנִי וְהָשִׁיבוּ הַשִּׁבְיָה אֲשֶׁר שְׁבִיתֶם מֵאֲחֵיכֶם כִּי חֲרוֹן

12 אַף־יְהוָה עֲלֵיכֶם: וַיָּקֻמוּ אֲנָשִׁים מֵרָאשֵׁי בְנֵי־אֶפְרַיִם עֲזַרְיָהוּ
בֶן־יְהוֹחָנָן בֶּרֶכְיָהוּ בֶן־מְשִׁלֵּמוֹת וִיחִזְקִיָּהוּ בֶן־שַׁלֻּם וַעֲמָשָׂא

13 בֶן־חַדְלָי עַל־הַבָּאִים מִן־הַצָּבָא: וַיֹּאמְרוּ לָהֶם לֹא־תָבִיאוּ
אֶת־הַשִּׁבְיָה הֵנָּה כִּי לְאַשְׁמַת יְהוָה עָלֵינוּ אַתֶּם אֹמְרִים לְהֹסִיף
עַל־חַטֹּאתֵנוּ וְעַל־אַשְׁמָתֵנוּ כִּי־רַבָּה אַשְׁמָה לָנוּ וַחֲרוֹן אָף עַל־

14 יִשְׂרָאֵל: וַיַּעֲזֹב הֶחָלוּץ אֶת־הַשִּׁבְיָה וְאֶת־הַבִּזָּה לִפְנֵי הַשָּׂרִים

15 וְכָל־הַקָּהָל: וַיָּקֻמוּ הָאֲנָשִׁים אֲשֶׁר־נִקְּבוּ בְשֵׁמוֹת וַיַּחֲזִיקוּ בַשִּׁבְיָה
וְכָל־מַעֲרֻמֵּיהֶם הִלְבִּישׁוּ מִן־הַשָּׁלָל וַיַּלְבִּשׁוּם וַיַּנְעִלוּם וַיַּאֲכִלוּם
וַיַּשְׁקוּם וַיְסֻכוּם וַיְנַהֲלוּם בַּחֲמֹרִים לְכָל־כּוֹשֵׁל וַיְבִיאוּם יְרֵחוֹ עִיר־
הַתְּמָרִים אֵצֶל אֲחֵיהֶם וַיָּשׁוּבוּ שֹׁמְרוֹן:

16 בָּעֵת הַהִיא שָׁלַח הַמֶּלֶךְ אָחָז עַל־מַלְכֵי אַשּׁוּר לַעְזֹר לוֹ:

17
18 וְעוֹד אֲדוֹמִים בָּאוּ וַיַּכּוּ בִיהוּדָה וַיִּשְׁבּוּ־שֶׁבִי: וּפְלִשְׁתִּים פָּשְׁטוּ
בְּעָרֵי הַשְּׁפֵלָה וְהַנֶּגֶב לִיהוּדָה וַיִּלְכְּדוּ אֶת־בֵּית־שֶׁמֶשׁ וְאֶת־אַיָּלוֹן
וְאֶת־הַגְּדֵרוֹת וְאֶת־שׂוֹכוֹ וּבְנוֹתֶיהָ וְאֶת־תִּמְנָה וּבְנוֹתֶיהָ וְאֶת־

19 גִּמְזוֹ וְאֶת־בְּנוֹתֶיהָ וַיֵּשְׁבוּ שָׁם: כִּי־הִכְנִיעַ יְהוָֹה אֶת־יְהוּדָה
בַּעֲבוּר אָחָז מֶלֶךְ־יִשְׂרָאֵל כִּי הִפְרִיעַ בִּיהוּדָה וּמָעוֹל מַעַל
כ בַּיהוָֹה: וַיָּבֹא עָלָיו תִּלְגַּת פִּלְנְאֶסֶר מֶלֶךְ אַשּׁוּר וַיָּצַר לוֹ
21 וְלֹא חֲזָקוֹ: כִּי־חָלַק אָחָז אֶת־בֵּית יְהוָֹה וְאֶת־בֵּית הַמֶּלֶךְ
22 וְהַשָּׂרִים וַיִּתֵּן לְמֶלֶךְ אַשּׁוּר וְלֹא לְעֶזְרָה לוֹ: וּבְעֵת הָצֵר
23 לוֹ וַיּוֹסֶף לִמְעוֹל בַּיהוָֹה הוּא הַמֶּלֶךְ אָחָז: וַיִּזְבַּח לֵאלֹהֵי
דַרְמֶשֶׂק הַמַּכִּים בּוֹ וַיֹּאמֶר כִּי אֱלֹהֵי מַלְכֵי־אֲרָם הֵם מַעְזְרִים
אֹתָם לָהֶם אֲזַבֵּחַ וְיַעְזְרוּנִי וְהֵם הָיוּ־לוֹ לְהַכְשִׁילוֹ וּלְכָל־
24 יִשְׂרָאֵל: וַיֶּאֱסֹף אָחָז אֶת־כְּלֵי בֵית־הָאֱלֹהִים וַיְקַצֵּץ אֶת־
כְּלֵי בֵית־הָאֱלֹהִים וַיִּסְגֹּר אֶת־דַּלְתוֹת בֵּית־יְהוָֹה וַיַּעַשׂ לוֹ
כה מִזְבְּחוֹת בְּכָל־פִּנָּה בִּירוּשָׁלָם: וּבְכָל־עִיר וָעִיר לִיהוּדָה עָשָׂה
בָמוֹת לְקַטֵּר לֵאלֹהִים אֲחֵרִים וַיַּכְעֵס אֶת־יְהוָֹה אֱלֹהֵי אֲבֹתָיו:
26 וְיֶתֶר דְּבָרָיו וְכָל־דְּרָכָיו הָרִאשֹׁנִים וְהָאַחֲרוֹנִים הִנָּם כְּתוּבִים
27 עַל־סֵפֶר מַלְכֵי יְהוּדָה וְיִשְׂרָאֵל: וַיִּשְׁכַּב אָחָז עִם־אֲבֹתָיו
וַיִּקְבְּרֻהוּ בָעִיר בִּירוּשָׁלַם כִּי לֹא הֱבִיאֻהוּ לְקִבְרֵי מַלְכֵי יִשְׂרָאֵל
וַיִּמְלֹךְ יְחִזְקִיָּהוּ בְנוֹ תַּחְתָּיו:

כט 29

א יְחִזְקִיָּהוּ מָלַךְ בֶּן־עֶשְׂרִים וְחָמֵשׁ שָׁנָה וְעֶשְׂרִים וָתֵשַׁע שָׁנָה
2 מָלַךְ בִּירוּשָׁלָם וְשֵׁם אִמּוֹ אֲבִיָּה בַּת־זְכַרְיָהוּ: וַיַּעַשׂ הַיָּשָׁר
3 בְּעֵינֵי יְהוָֹה כְּכֹל אֲשֶׁר־עָשָׂה דָּוִיד אָבִיו: הוּא בַשָּׁנָה הָרִאשׁוֹנָה
לְמָלְכוֹ בַּחֹדֶשׁ הָרִאשׁוֹן פָּתַח אֶת־דַּלְתוֹת בֵּית־יְהוָֹה וַיְחַזְּקֵם:
4 וַיָּבֵא אֶת־הַכֹּהֲנִים וְאֶת־הַלְוִיִּם וַיַּאַסְפֵם לִרְחוֹב הַמִּזְרָח: וַיֹּאמֶר
ה לָהֶם שְׁמָעוּנִי הַלְוִיִּם עַתָּה הִתְקַדְּשׁוּ וְקַדְּשׁוּ אֶת־בֵּית יְהוָֹה אֱלֹהֵי
6 אֲבֹתֵיכֶם וְהוֹצִיאוּ אֶת־הַנִּדָּה מִן־הַקֹּדֶשׁ: כִּי־מָעֲלוּ אֲבֹתֵינוּ
וְעָשׂוּ הָרַע בְּעֵינֵי־יְהוָֹה אֱלֹהֵינוּ וַיַּעַזְבֻהוּ וַיַּסֵּבּוּ פְנֵיהֶם מִמִּשְׁכַּן
7 יְהוָֹה וַיִּתְּנוּ־עֹרֶף: גַּם סָגְרוּ דַּלְתוֹת הָאוּלָם וַיְכַבּוּ אֶת־הַנֵּרוֹת
וּקְטֹרֶת לֹא הִקְטִירוּ וְעֹלָה לֹא־הֶעֱלוּ בַקֹּדֶשׁ לֵאלֹהֵי יִשְׂרָאֵל:
8 וַיְהִי קֶצֶף יְהוָֹה עַל־יְהוּדָה וִירוּשָׁלָם וַיִּתְּנֵם לְזַוַעָה לְשַׁמָּה וְלִשְׁרֵקָה

9 כַּאֲשֶׁר אַתֶּם רֹאִים בְּעֵינֵיכֶם: וְהִנֵּה נָפְלוּ אֲבוֹתֵינוּ בֶּחָרֶב

י וּבָנֵינוּ וּבְנוֹתֵינוּ וְנָשֵׁינוּ בַּשְּׁבִי עַל־זֹאת: עַתָּה עִם־לְבָבִי לִכְרוֹת

11 בְּרִית לַיהוָה אֱלֹהֵי יִשְׂרָאֵל וְיָשֹׁב מִמֶּנּוּ חֲרוֹן אַפּוֹ: בָּנַי עַתָּה אַל־
תִּשָּׁלוּ כִּי־בָכֶם בָּחַר יְהוָה לַעֲמֹד לְפָנָיו לְשָׁרְתוֹ וְלִהְיוֹת לוֹ
מְשָׁרְתִים וּמַקְטִירִים:

12 וַיָּקֻמוּ הַלְוִיִּם מַחַת בֶּן־עֲמָשַׂי וְיוֹאֵל בֶּן־עֲזַרְיָהוּ מִן־בְּנֵי הַקְּהָתִי
וּמִן־בְּנֵי מְרָרִי קִישׁ בֶּן־עַבְדִּי וַעֲזַרְיָהוּ בֶּן־יְהַלֶּלְאֵל וּמִן־

13 הַגֵּרְשֻׁנִּי יוֹאָח בֶּן־זִמָּה וְעֵדֶן בֶּן־יוֹאָח: וּמִן־בְּנֵי אֱלִיצָפָן שִׁמְרִי

14 וִיעִיאֵל וּמִן־בְּנֵי אָסָף זְכַרְיָהוּ וּמַתַּנְיָהוּ: וּמִן־בְּנֵי הֵימָן יְחִואֵל

טו וְשִׁמְעִי וּמִן־בְּנֵי יְדוּתוּן שְׁמַעְיָה וְעֻזִּיאֵל: וַיַּאַסְפוּ אֶת־אֲחֵיהֶם
וַיִּתְקַדְּשׁוּ וַיָּבֹאוּ כְמִצְוַת הַמֶּלֶךְ בְּדִבְרֵי יְהוָה לְטַהֵר בֵּית יְהוָה:

16 וַיָּבֹאוּ הַכֹּהֲנִים לִפְנִימָה בֵית־יְהוָה לְטַהֵר וַיּוֹצִיאוּ אֵת כָּל־הַטֻּמְאָה
אֲשֶׁר מָצְאוּ בְּהֵיכַל יְהוָה לַחֲצַר בֵּית יְהוָה וַיְקַבְּלוּ הַלְוִיִּם לְהוֹצִיא

17 לְנַחַל־קִדְרוֹן חוּצָה: וַיָּחֵלּוּ בְּאֶחָד לַחֹדֶשׁ הָרִאשׁוֹן לְקַדֵּשׁ וּבְיוֹם
שְׁמוֹנָה לַחֹדֶשׁ בָּאוּ לְאוּלָם יְהוָה וַיְקַדְּשׁוּ אֶת־בֵּית־יְהוָה לְיָמִים

18 שְׁמוֹנָה וּבְיוֹם שִׁשָּׁה עָשָׂר לַחֹדֶשׁ הָרִאשׁוֹן כִּלּוּ: וַיָּבוֹאוּ פְנִימָה
אֶל־חִזְקִיָּהוּ הַמֶּלֶךְ וַיֹּאמְרוּ טִהַרְנוּ אֶת־כָּל־בֵּית יְהוָה אֶת־מִזְבַּח
הָעוֹלָה וְאֶת־כָּל־כֵּלָיו וְאֶת־שֻׁלְחַן הַמַּעֲרֶכֶת וְאֶת־כָּל־כֵּלָיו:

19 וְאֵת כָּל־הַכֵּלִים אֲשֶׁר הִזְנִיחַ הַמֶּלֶךְ אָחָז בְּמַלְכוּתוֹ בְּמַעֲלוֹ הֵכַנּוּ
וְהִקְדָּשְׁנוּ וְהִנָּם לִפְנֵי מִזְבַּח יְהוָה:

כ וַיַּשְׁכֵּם יְחִזְקִיָּהוּ הַמֶּלֶךְ וַיֶּאֱסֹף אֵת שָׂרֵי הָעִיר וַיַּעַל בֵּית יְהוָה:

21 וַיָּבִיאוּ פָרִים־שִׁבְעָה וְאֵילִים שִׁבְעָה וּכְבָשִׂים שִׁבְעָה וּצְפִירֵי עִזִּים
שִׁבְעָה לְחַטָּאת עַל־הַמַּמְלָכָה וְעַל־הַמִּקְדָּשׁ וְעַל־יְהוּדָה וַיֹּאמֶר

22 לִבְנֵי אַהֲרֹן הַכֹּהֲנִים לְהַעֲלוֹת עַל־מִזְבַּח יְהוָה: וַיִּשְׁחֲטוּ הַבָּקָר
וַיְקַבְּלוּ הַכֹּהֲנִים אֶת־הַדָּם וַיִּזְרְקוּ הַמִּזְבֵּחָה וַיִּשְׁחֲטוּ הָאֵלִים וַיִּזְרְקוּ

23 הַדָּם הַמִּזְבֵּחָה וַיִּשְׁחֲטוּ הַכְּבָשִׂים וַיִּזְרְקוּ הַדָּם הַמִּזְבֵּחָה: וַיַּגִּישׁוּ
אֶת־שְׂעִירֵי הַחַטָּאת לִפְנֵי הַמֶּלֶךְ וְהַקָּהָל וַיִּסְמְכוּ יְדֵיהֶם עֲלֵיהֶם:

24 וַיִּשְׁחָטוּם הַכֹּהֲנִים וַיְחַטְּאוּ אֶת־דָּמָם הַמִּזְבֵּחָה לְכַפֵּר עַל־כָּל־

כה יִשְׂרָאֵל כִּי לְכָל־יִשְׂרָאֵל אָמַר הַמֶּלֶךְ הָעוֹלָה וְהַחַטָּאת: וַיַּעֲמֵד

אֶת־הַלְוִיִּם בֵּית יְהֹוָה בִּמְצִלְתַּיִם בִּנְבָלִים וּבְכִנֹּרוֹת בְּמִצְוַת דָּוִיד
וְגָד חֹזֵה־הַמֶּלֶךְ וְנָתָן הַנָּבִיא כִּי בְיַד־יְהֹוָה הַמִּצְוָה בְּיַד־נְבִיאָיו:

26
27 וַיַּעַמְדוּ הַלְוִיִּם בִּכְלֵי דָוִיד וְהַכֹּהֲנִים בַּחֲצֹצְרוֹת: וַיֹּאמֶר חִזְקִיָּהוּ
לְהַעֲלוֹת הָעֹלָה לְהַמִּזְבֵּחַ וּבְעֵת הֵחֵל הָעוֹלָה הֵחֵל שִׁיר־יְהֹוָה

28 וְהַחֲצֹצְרוֹת וְעַל־יְדֵי כְּלֵי דָוִיד מֶלֶךְ יִשְׂרָאֵל: וְכָל־הַקָּהָל
מִשְׁתַּחֲוִים וְהַשִּׁיר מְשׁוֹרֵר וְהַחֲצֹצְרוֹת מַחְצְצְרִים הַכֹּל עַד לִכְלוֹת

29 הָעֹלָה: וּכְכַלּוֹת לְהַעֲלוֹת כָּרְעוּ הַמֶּלֶךְ וְכָל־הַנִּמְצְאִים אִתּוֹ

ל וַיִּשְׁתַּחֲווּ: וַיֹּאמֶר יְחִזְקִיָּהוּ הַמֶּלֶךְ וְהַשָּׂרִים לַלְוִיִּם לְהַלֵּל לַיהֹוָה
בְּדִבְרֵי דָוִיד וְאָסָף הַחֹזֶה וַיְהַלְלוּ עַד־לְשִׂמְחָה וַיִּקְּדוּ וַיִּשְׁתַּחֲווּ:

31 וַיַּעַן יְחִזְקִיָּהוּ וַיֹּאמֶר עַתָּה מִלֵּאתֶם יֶדְכֶם לַיהֹוָה גֹּשׁוּ וְהָבִיאוּ
זְבָחִים וְתוֹדוֹת לְבֵית יְהֹוָה וַיָּבִיאוּ הַקָּהָל זְבָחִים וְתוֹדוֹת וְכָל־

32 נְדִיב לֵב עֹלוֹת: וַיְהִי מִסְפַּר הָעֹלָה אֲשֶׁר־הֵבִיאוּ הַקָּהָל בָּקָר
שִׁבְעִים אֵילִים מֵאָה כְּבָשִׂים מָאתָיִם לְעֹלָה לַיהֹוָה כָּל־אֵלֶּה:

33
34 וְהַקֳּדָשִׁים בָּקָר שֵׁשׁ מֵאוֹת וְצֹאן שְׁלֹשֶׁת אֲלָפִים: רַק הַכֹּהֲנִים
הָיוּ לִמְעָט וְלֹא יָכְלוּ לְהַפְשִׁיט אֶת־כָּל־הָעֹלוֹת וַיְחַזְּקוּם אֲחֵיהֶם
הַלְוִיִּם עַד־כְּלוֹת הַמְּלָאכָה וְעַד־יִתְקַדְּשׁוּ הַכֹּהֲנִים כִּי הַלְוִיִּם

35 יִשְׁרֵי לֵבָב לְהִתְקַדֵּשׁ מֵהַכֹּהֲנִים: וְגַם־עֹלָה לָרֹב בְּחֶלְבֵי
36 הַשְּׁלָמִים וּבַנְּסָכִים לָעֹלָה וַתִּכּוֹן עֲבוֹדַת בֵּית־יְהֹוָה: וַיִּשְׂמַח
יְחִזְקִיָּהוּ וְכָל־הָעָם עַל הַהֵכִין הָאֱלֹהִים לָעָם כִּי בְּפִתְאֹם
הָיָה הַדָּבָר:

ל 30

א וַיִּשְׁלַח יְחִזְקִיָּהוּ עַל־כָּל־יִשְׂרָאֵל וִיהוּדָה וְגַם־אִגְּרוֹת כָּתַב
עַל־אֶפְרַיִם וּמְנַשֶּׁה לָבוֹא לְבֵית־יְהֹוָה בִּירוּשָׁלַ͏ִם לַעֲשׂוֹת פֶּסַח

2 לַיהֹוָה אֱלֹהֵי יִשְׂרָאֵל: וַיִּוָּעַץ הַמֶּלֶךְ וְשָׂרָיו וְכָל־הַקָּהָל בִּירוּשָׁלָ͏ִם

3 לַעֲשׂוֹת הַפֶּסַח בַּחֹדֶשׁ הַשֵּׁנִי: כִּי לֹא יָכְלוּ לַעֲשֹׂתוֹ בָּעֵת הַהִיא
כִּי הַכֹּהֲנִים לֹא־הִתְקַדְּשׁוּ לְמַדַּי וְהָעָם לֹא־נֶאֶסְפוּ לִירוּשָׁלָ͏ִם:

4 וַיִּישַׁר הַדָּבָר בְּעֵינֵי הַמֶּלֶךְ וּבְעֵינֵי כָּל־הַקָּהָל: וַיַּעֲמִידוּ דָבָר
לְהַעֲבִיר קוֹל בְּכָל־יִשְׂרָאֵל מִבְּאֵר־שֶׁבַע וְעַד־דָּן לָבוֹא לַעֲשׂוֹת

פֶּסַח לַיהוָה אֱלֹהֵי־יִשְׂרָאֵל בִּירוּשָׁלָ֑ם כִּי לֹא לָרֹב עָשׂוּ
כַּכָּתֽוּב:

6 וַיֵּלְכוּ הָרָצִים בָּאִגְּרֹות מִיַּד הַמֶּ֫לֶךְ וְשָׂרָיו בְּכָל־יִשְׂרָאֵל וִיהוּדָה
וּכְמִצְוַת הַמֶּ֫לֶךְ לֵאמֹר בְּנֵי יִשְׂרָאֵל שׁוּבוּ אֶל־יְהוָה אֱלֹהֵי אַבְרָהָם
יִצְחָק וְיִשְׂרָאֵל וְיָשֹׁב אֶל־הַפְּלֵיטָה הַנִּשְׁאֶרֶת לָכֶם מִכַּף מַלְכֵי
7 אַשּֽׁוּר: וְאַל־תִּֽהְיוּ כַּאֲבֹתֵיכֶם וְכַאֲחֵיכֶם אֲשֶׁר מָעֲלוּ בַּֽיהוָה
8 אֱלֹהֵי אֲבוֹתֵיהֶם וַיִּתְּנֵם לְשַׁמָּה כַּאֲשֶׁר אַתֶּם רֹאִים: עַתָּה אַל־
תַּקְשׁוּ עָרְפְּכֶם כַּאֲבוֹתֵיכֶם תְּנוּ־יָד לַיהוָה וּבֹאוּ לְמִקְדָּשׁוֹ אֲשֶׁר
הִקְדִּישׁ לְעוֹלָם וְעִבְדוּ אֶת־יְהוָה אֱלֹהֵיכֶם וְיָשֹׁב מִכֶּם חֲרוֹן אַפּֽוֹ:
9 כִּי בְשׁוּבְכֶם עַל־יְהוָה אֲחֵיכֶם וּבְנֵיכֶם לְרַחֲמִים לִפְנֵי שׁוֹבֵיהֶם
וְלָשׁוּב לָאָרֶץ הַזֹּאת כִּי־חַנּוּן וְרַחוּם יְהוָה אֱלֹהֵיכֶם וְלֹא־יָסִיר
י פָּנִים מִכֶּם אִם־תָּשׁוּבוּ אֵלָֽיו: וַיִּהְיוּ הָרָצִים עֹבְרִים מֵעִיר לָעִיר
בְּאֶרֶץ־אֶפְרַיִם וּמְנַשֶּׁה וְעַד־זְבֻלוּן וַיִּהְיוּ מַשְׂחִיקִים עֲלֵיהֶם
11 וּמַלְעִגִים בָּם: אַךְ אֲנָשִׁים מֵאָשֵׁר וּמְנַשֶּׁה וּמִזְּבֻלוּן נִכְנְעוּ וַיָּבֹאוּ
12 לִירוּשָׁלָֽ͏ִם: גַּם בִּיהוּדָה הָיְתָה יַד הָאֱלֹהִים לָתֵת לָהֶם לֵב
13 אֶחָד לַעֲשׂוֹת מִצְוַת הַמֶּ֫לֶךְ וְהַשָּׂרִים בִּדְבַר יְהוָֽה: וַיֵּאָסְפוּ
יְרוּשָׁלַ͏ִם עַם־רָב לַעֲשׂוֹת אֶת־חַג הַמַּצּוֹת בַּחֹדֶשׁ הַשֵּׁנִי קָהָל
14 לָרֹב מְאֹֽד: וַיָּקֻ֫מוּ וַיָּסִירוּ אֶת־הַמִּזְבְּחוֹת אֲשֶׁר בִּירוּשָׁלָ֑ם
טו וְאֵת כָּל־הַמְקַטְּרוֹת הֵסִירוּ וַיַּשְׁלִיכוּ לְנַחַל קִדְרֹֽון: וַיִּשְׁחֲטוּ
הַפֶּ֫סַח בְּאַרְבָּעָה עָשָׂר לַחֹדֶשׁ הַשֵּׁנִי וְהַכֹּהֲנִים וְהַלְוִיִּם נִכְלְמוּ
16 וַיִּֽתְקַדְּשׁוּ וַיָּבִיאוּ עֹלוֹת בֵּית יְהוָֽה: וַיַּֽעַמְדוּ עַל־עָמְדָם כְּמִשְׁפָּטָם
כְּתוֹרַת מֹשֶׁה אִישׁ הָאֱלֹהִים הַכֹּהֲנִים זֹרְקִים אֶת־הַדָּם מִיַּד הַלְוִיִּֽם:
17 כִּי־רַבַּת בַּקָּהָל אֲשֶׁר לֹא־הִתְקַדָּ֑שׁוּ וְהַלְוִיִּם עַל־שְׁחִיטַת הַפְּסָחִים
18 לְכֹל לֹא טָהוֹר לְהַקְדִּישׁ לַיהוָֽה: כִּי מַרְבִּית הָעָם רַבַּת מֵאֶפְרַיִם
וּמְנַשֶּׁה יִשָּׂשכָר וּזְבֻלוּן לֹא הִטֶּהָ֑רוּ כִּי־אָכְלוּ אֶת־הַפֶּ֫סַח בְּלֹא
כַכָּתוּב כִּי הִתְפַּלֵּל יְחִזְקִיָּ֫הוּ עֲלֵיהֶם לֵאמֹר יְהוָה הַטּוֹב יְכַפֵּר
19 בְּעַֽד: כָּל־לְבָבוֹ הֵכִין לִדְרוֹשׁ הָאֱלֹהִים יְהוָה אֱלֹהֵי אֲבוֹתָיו
כ וְלֹא כְּטָהֳרַת הַקֹּֽדֶשׁ: וַיִּשְׁמַע יְהוָה אֶל־יְחִזְקִיָּ֑הוּ וַיִּרְפָּא אֶת־
הָעָֽם:

21 וַיַּעֲשׂוּ בְנֵי־יִשְׂרָאֵל הַנִּמְצְאִים בִּירוּשָׁלַם אֶת־חַג הַמַּצּוֹת שִׁבְעַת
יָמִים בְּשִׂמְחָה גְדוֹלָה וּמְהַלֲלִים לַיהוָה יוֹם בְּיוֹם הַלְוִיִּם וְהַכֹּהֲנִים

22 בִּכְלֵי עֹז לַיהוָה: וַיְדַבֵּר יְחִזְקִיָּהוּ עַל־לֵב כָּל־הַלְוִיִּם הַמַּשְׂכִּילִים
שֵׂכֶל־טוֹב לַיהוָה וַיֹּאכְלוּ אֶת־הַמּוֹעֵד שִׁבְעַת הַיָּמִים מְזַבְּחִים

23 זִבְחֵי שְׁלָמִים וּמִתְוַדִּים לַיהוָה אֱלֹהֵי אֲבוֹתֵיהֶם: וַיִּוָּעֲצוּ כָּל־
הַקָּהָל לַעֲשׂוֹת שִׁבְעַת יָמִים אֲחֵרִים וַיַּעֲשׂוּ שִׁבְעַת־יָמִים שִׂמְחָה:

24 כִּי חִזְקִיָּהוּ מֶלֶךְ־יְהוּדָה הֵרִים לַקָּהָל אֶלֶף פָּרִים וְשִׁבְעַת
אֲלָפִים צֹאן וְהַשָּׂרִים הֵרִימוּ לַקָּהָל פָּרִים אֶלֶף וְצֹאן עֲשֶׂרֶת

כה אֲלָפִים וַיִּתְקַדְּשׁוּ כֹהֲנִים לָרֹב: וַיִּשְׂמְחוּ כָּל־קְהַל יְהוּדָה
וְהַכֹּהֲנִים וְהַלְוִיִּם וְכָל־הַקָּהָל הַבָּאִים מִיִּשְׂרָאֵל וְהַגֵּרִים הַבָּאִים

26 מֵאֶרֶץ יִשְׂרָאֵל וְהַיּוֹשְׁבִים בִּיהוּדָה: וַתְּהִי שִׂמְחָה גְדוֹלָה בִּירוּשָׁלָם
כִּי מִימֵי שְׁלֹמֹה בֶן־דָּוִיד מֶלֶךְ יִשְׂרָאֵל לֹא כָזֹאת בִּירוּשָׁלָם:

27 וַיָּקֻמוּ הַכֹּהֲנִים הַלְוִיִּם וַיְבָרֲכוּ אֶת־הָעָם וַיִּשָּׁמַע בְּקוֹלָם וַתָּבוֹא
תְפִלָּתָם לִמְעוֹן קָדְשׁוֹ לַשָּׁמָיִם:

לא 31

א וּכְכַלּוֹת כָּל־זֹאת יָצְאוּ כָל־יִשְׂרָאֵל הַנִּמְצְאִים לְעָרֵי יְהוּדָה
וַיְשַׁבְּרוּ הַמַּצֵּבוֹת וַיְגַדְּעוּ הָאֲשֵׁרִים וַיְנַתְּצוּ אֶת־הַבָּמוֹת וְאֶת־
הַמִּזְבְּחֹת מִכָּל־יְהוּדָה וּבִנְיָמִן וּבְאֶפְרַיִם וּמְנַשֶּׁה עַד־לְכַלֵּה

2 וַיָּשׁוּבוּ כָּל־בְּנֵי יִשְׂרָאֵל אִישׁ לַאֲחֻזָּתוֹ לְעָרֵיהֶם: וַיַּעֲמֵד יְחִזְקִיָּהוּ
אֶת־מַחְלְקוֹת הַכֹּהֲנִים וְהַלְוִיִּם עַל־מַחְלְקוֹתָם אִישׁ כְּפִי עֲבֹדָתוֹ
לַכֹּהֲנִים וְלַלְוִיִּם לְעֹלָה וְלִשְׁלָמִים לְשָׁרֵת וּלְהֹדוֹת וּלְהַלֵּל בְּשַׁעֲרֵי

3 מַחֲנוֹת יְהוָה: וּמְנָת הַמֶּלֶךְ מִן־רְכוּשׁוֹ לָעֹלוֹת לְעֹלוֹת הַבֹּקֶר
וְהָעֶרֶב וְהָעֹלוֹת לַשַּׁבָּתוֹת וְלֶחֳדָשִׁים וְלַמֹּעֲדִים כַּכָּתוּב בְּתוֹרַת

4 יְהוָה: וַיֹּאמֶר לָעָם לְיוֹשְׁבֵי יְרוּשָׁלַם לָתֵת מְנָת הַכֹּהֲנִים
5 וְהַלְוִיִּם לְמַעַן יֶחֶזְקוּ בְּתוֹרַת יְהוָה: וְכִפְרֹץ הַדָּבָר הִרְבּוּ
בְנֵי־יִשְׂרָאֵל רֵאשִׁית דָּגָן תִּירוֹשׁ וְיִצְהָר וּדְבַשׁ וְכֹל תְּבוּאַת

6 שָׂדֶה וּמַעְשַׂר הַכֹּל לָרֹב הֵבִיאוּ: וּבְנֵי יִשְׂרָאֵל וִיהוּדָה הַיּוֹשְׁבִים

בְּעָרֵי יְהוּדָה גַּם־הֵם מַעְשַׂר בָּקָר וָצֹאן וּמַעְשַׂר קָדָשִׁים הַמְקֻדָּשִׁים

7 לַיהוָה אֱלֹהֵיהֶם הֵבִיאוּ וַיִּתְּנוּ עֲרֵמוֹת עֲרֵמוֹת: בַּחֹדֶשׁ הַשְּׁלִשִׁי

8 הֵחֵלּוּ הָעֲרֵמוֹת לְיִסּוֹד וּבַחֹדֶשׁ הַשְּׁבִיעִי כִּלּוּ: וַיָּבֹאוּ יְחִזְקִיָּהוּ
וְהַשָּׂרִים וַיִּרְאוּ אֶת־הָעֲרֵמוֹת וַיְבָרְכוּ אֶת־יְהוָה וְאֵת עַמּוֹ
יִשְׂרָאֵל:

9 וַיִּדְרֹשׁ יְחִזְקִיָּהוּ עַל־הַכֹּהֲנִים וְהַלְוִיִּם עַל־הָעֲרֵמוֹת: וַיֹּאמֶר
אֵלָיו עֲזַרְיָהוּ הַכֹּהֵן הָרֹאשׁ לְבֵית צָדוֹק וַיֹּאמֶר מֵהָחֵל הַתְּרוּמָה
לָבִיא בֵית־יְהוָה אָכוֹל וְשָׂבוֹעַ וְהוֹתֵר עַד־לָרוֹב כִּי יְהוָה
בֵּרַךְ אֶת־עַמּוֹ וְהַנּוֹתָר אֶת־הֶהָמוֹן הַזֶּה:

11
12 וַיֹּאמֶר יְחִזְקִיָּהוּ לְהָכִין לְשָׁכוֹת בְּבֵית יְהוָה וַיָּכִינוּ: וַיָּבִיאוּ
אֶת־הַתְּרוּמָה וְהַמַּעֲשֵׂר וְהַקֳּדָשִׁים בֶּאֱמוּנָה וַעֲלֵיהֶם נָגִיד כּוֹנַנְיָהוּ

13 הַלֵּוִי וְשִׁמְעִי אָחִיהוּ מִשְׁנֶה: וִיחִיאֵל וַעֲזַזְיָהוּ וְנַחַת וַעֲשָׂהאֵל וִירִימוֹת
וְיוֹזָבָד וֶאֱלִיאֵל וְיִסְמַכְיָהוּ וּמַחַת וּבְנָיָהוּ פְּקִידִים מִיַּד כּוֹנַנְיָהוּ
וְשִׁמְעִי אָחִיו בְּמִפְקַד יְחִזְקִיָּהוּ הַמֶּלֶךְ וַעֲזַרְיָהוּ נְגִיד בֵּית־הָאֱלֹהִים:

14 וְקוֹרֵא בֶן־יִמְנָה הַלֵּוִי הַשּׁוֹעֵר לַמִּזְרָחָה עַל נִדְבוֹת הָאֱלֹהִים לָתֵת
15 תְּרוּמַת יְהוָה וְקָדְשֵׁי הַקֳּדָשִׁים: וְעַל־יָדוֹ עֵדֶן וּמִנְיָמִן וְיֵשׁוּעַ
וּשְׁמַעְיָהוּ אֲמַרְיָהוּ וּשְׁכַנְיָהוּ בְּעָרֵי הַכֹּהֲנִים בֶּאֱמוּנָה לָתֵת לַאֲחֵיהֶם

16 בְּמַחְלְקוֹת כַּגָּדוֹל כַּקָּטָן: מִלְּבַד הִתְיַחְשָׂם לִזְכָרִים מִבֶּן שָׁלוֹשׁ
שָׁנִים וּלְמַעְלָה לְכָל־הַבָּא לְבֵית־יְהוָה לִדְבַר־יוֹם בְּיוֹמוֹ

17 לַעֲבוֹדָתָם בְּמִשְׁמְרוֹתָם כְּמַחְלְקוֹתֵיהֶם: וְאֵת הִתְיַחֵשׂ הַכֹּהֲנִים
לְבֵית אֲבוֹתֵיהֶם וְהַלְוִיִּם מִבֶּן עֶשְׂרִים שָׁנָה וּלְמָעְלָה בְּמִשְׁמְרוֹתֵיהֶם

18 בְּמַחְלְקוֹתֵיהֶם: וּלְהִתְיַחֵשׂ בְּכָל־טַפָּם נְשֵׁיהֶם וּבְנֵיהֶם וּבְנוֹתֵיהֶם

19 לְכָל־קָהָל כִּי בֶאֱמוּנָתָם יִתְקַדְּשׁוּ־קֹדֶשׁ: וְלִבְנֵי אַהֲרֹן הַכֹּהֲנִים
בִּשְׂדֵי מִגְרַשׁ עָרֵיהֶם בְּכָל־עִיר וָעִיר אֲנָשִׁים אֲשֶׁר נִקְּבוּ בְּשֵׁמוֹת

20 לָתֵת מָנוֹת לְכָל־זָכָר בַּכֹּהֲנִים וּלְכָל־הִתְיַחֵשׂ בַּלְוִיִּם: וַיַּעַשׂ כָּזֹאת
יְחִזְקִיָּהוּ בְּכָל־יְהוּדָה וַיַּעַשׂ הַטּוֹב וְהַיָּשָׁר וְהָאֱמֶת לִפְנֵי יְהוָה

21 אֱלֹהָיו: וּבְכָל־מַעֲשֶׂה אֲשֶׁר־הֵחֵל בַּעֲבוֹדַת בֵּית־הָאֱלֹהִים
וּבַתּוֹרָה וּבַמִּצְוָה לִדְרֹשׁ לֵאלֹהָיו בְּכָל־לְבָבוֹ עָשָׂה וְהִצְלִיחַ:

לב 32

א אַחֲרֵי הַדְּבָרִים וְהָאֱמֶת הָאֵלֶּה בָּא סַנְחֵרִיב מֶלֶךְ־אַשּׁוּר וַיָּבֹא

2 בִיהוּדָה וַיִּחַן עַל־הֶעָרִים הַבְּצֻרוֹת וַיֹּאמֶר לְבִקְעָם אֵלָיו: וַיַּרְא

3 יְחִזְקִיָּהוּ כִּי־בָא סַנְחֵרִיב וּפָנָיו לַמִּלְחָמָה עַל־יְרוּשָׁלָ͏ִם: וַיִּוָּעַץ עִם־שָׂרָיו וְגִבֹּרָיו לִסְתּוֹם אֶת־מֵימֵי הָעֲיָנוֹת אֲשֶׁר מִחוּץ לָעִיר

4 וַיַּעְזְרֻהוּ: וַיִּקָּבְצוּ עַם־רָב וַיִּסְתְּמוּ אֶת־כָּל־הַמַּעְיָנוֹת וְאֶת־הַנַּחַל הַשּׁוֹטֵף בְּתוֹךְ־הָאָרֶץ לֵאמֹר לָמָה יָבוֹאוּ מַלְכֵי אַשּׁוּר וּמָצְאוּ

5 מַיִם רַבִּים: וַיִּתְחַזַּק וַיִּבֶן אֶת־כָּל־הַחוֹמָה הַפְּרוּצָה וַיַּעַל עַל־ הַמִּגְדָּלוֹת וְלַחוּצָה הַחוֹמָה אַחֶרֶת וַיְחַזֵּק אֶת־הַמִּלּוֹא עִיר דָּוִיד

6 וַיַּעַשׂ שֶׁלַח לָרֹב וּמָגִנִּים: וַיִּתֵּן שָׂרֵי מִלְחָמוֹת עַל־הָעָם וַיִּקְבְּצֵם

7 אֵלָיו אֶל־רְחוֹב שַׁעַר הָעִיר וַיְדַבֵּר עַל־לְבָבָם לֵאמֹר: חִזְקוּ וְאִמְצוּ אַל־תִּירְאוּ וְאַל־תֵּחַתּוּ מִפְּנֵי מֶלֶךְ אַשּׁוּר וּמִלִּפְנֵי כָּל־

8 הֶהָמוֹן אֲשֶׁר־עִמּוֹ כִּי־עִמָּנוּ רַב מֵעִמּוֹ: עִמּוֹ זְרוֹעַ בָּשָׂר וְעִמָּנוּ יְהוָה אֱלֹהֵינוּ לְעָזְרֵנוּ וּלְהִלָּחֵם מִלְחֲמֹתֵינוּ וַיִּסָּמְכוּ הָעָם עַל־דִּבְרֵי יְחִזְקִיָּהוּ מֶלֶךְ־יְהוּדָה:

9 אַחַר זֶה שָׁלַח סַנְחֵרִיב מֶלֶךְ־אַשּׁוּר עֲבָדָיו יְרוּשָׁלַיְמָה וְהוּא עַל־לָכִישׁ וְכָל־מֶמְשַׁלְתּוֹ עִמּוֹ עַל־יְחִזְקִיָּהוּ מֶלֶךְ יְהוּדָה וְעַל־

י כָּל־יְהוּדָה אֲשֶׁר בִּירוּשָׁלַ͏ִם לֵאמֹר: כֹּה אָמַר סַנְחֵרִיב מֶלֶךְ־אַשּׁוּר

11 עַל־מָה אַתֶּם בֹּטְחִים וְיֹשְׁבִים בְּמָצוֹר בִּירוּשָׁלָ͏ִם: הֲלֹא יְחִזְקִיָּהוּ מַסִּית אֶתְכֶם לָתֵת אֶתְכֶם לָמוּת בְּרָעָב וּבְצָמָא לֵאמֹר יְהוָה

12 אֱלֹהֵינוּ יַצִּילֵנוּ מִכַּף מֶלֶךְ אַשּׁוּר: הֲלֹא־הוּא יְחִזְקִיָּהוּ הֵסִיר אֶת־ בָּמֹתָיו וְאֶת־מִזְבְּחֹתָיו וַיֹּאמֶר לִיהוּדָה וְלִירוּשָׁלַ͏ִם לֵאמֹר לִפְנֵי

13 מִזְבֵּחַ אֶחָד תִּשְׁתַּחֲווּ וְעָלָיו תַּקְטִירוּ: הֲלֹא תֵדְעוּ מֶה עָשִׂיתִי אֲנִי וַאֲבוֹתַי לְכֹל עַמֵּי הָאֲרָצוֹת הֲיָכוֹל יָכְלוּ אֱלֹהֵי גּוֹיֵ הָאֲרָצוֹת

14 לְהַצִּיל אֶת־אַרְצָם מִיָּדִי: מִי בְּכָל־אֱלֹהֵי הַגּוֹיִם הָאֵלֶּה אֲשֶׁר הֶחֱרִימוּ אֲבוֹתַי אֲשֶׁר יָכוֹל לְהַצִּיל אֶת־עַמּוֹ מִיָּדִי כִּי יוּכַל

טו אֱלֹהֵיכֶם לְהַצִּיל אֶתְכֶם מִיָּדִי: וְעַתָּה אַל־יַשִּׁיא אֶתְכֶם חִזְקִיָּהוּ וְאַל־יַסִּית אֶתְכֶם כָּזֹאת וְאַל־תַּאֲמִינוּ לוֹ כִּי־לֹא יוּכַל כָּל־אֱלוֹהַּ

כָּל־גּוֹי וּמַמְלָכָה לְהַצִּיל עַמּוֹ מִיָּדִי וּמִיַּד אֲבוֹתַי אַף כִּי־אֱלֹהֵיכֶם

16 לֹא־יַצִּילוּ אֶתְכֶם מִיָּדִי: וְעוֹד דִּבְּרוּ עֲבָדָיו עַל־יְהוָה הָאֱלֹהִים

17 וְעַל יְחִזְקִיָּהוּ עַבְדּוֹ: וּסְפָרִים כָּתַב לְחָרֵף לַיהוָה אֱלֹהֵי יִשְׂרָאֵל וְלֵאמֹר עָלָיו לֵאמֹר כֵּאלֹהֵי גּוֹיֵי הָאֲרָצוֹת אֲשֶׁר לֹא־הִצִּילוּ עַמָּם

18 מִיָּדִי כֵּן לֹא־יַצִּיל אֱלֹהֵי יְחִזְקִיָּהוּ עַמּוֹ מִיָּדִי: וַיִּקְרְאוּ בְקוֹל־ גָּדוֹל יְהוּדִית עַל־עַם יְרוּשָׁלַ͏ִם אֲשֶׁר עַל־הַחוֹמָה לְיָרְאָם וּלְבַהֲלָם

19 לְמַעַן יִלְכְּדוּ אֶת־הָעִיר: וַיְדַבְּרוּ אֶל־אֱלֹהֵי יְרוּשָׁלָ͏ִם כְּעַל אֱלֹהֵי עַמֵּי הָאָרֶץ מַעֲשֵׂה יְדֵי הָאָדָם:

כ וַיִּתְפַּלֵּל יְחִזְקִיָּהוּ הַמֶּלֶךְ וִישַׁעְיָהוּ בֶן־אָמוֹץ הַנָּבִיא עַל־זֹאת

21 וַיִּזְעֲקוּ הַשָּׁמָיִם: וַיִּשְׁלַח יְהוָה מַלְאָךְ וַיַּכְחֵד כָּל־גִּבּוֹר חַיִל וְנָגִיד וְשָׂר בְּמַחֲנֵה מֶלֶךְ אַשּׁוּר וַיָּשָׁב בְּבֹשֶׁת פָּנִים לְאַרְצוֹ וַיָּבֹא בֵּית

22 אֱלֹהָיו וּמִצִיאָיו מֵעָיו שָׁם הִפִּילֻהוּ בֶחָרֶב: וַיּוֹשַׁע יְהוָה אֶת־ יְחִזְקִיָּהוּ וְאֵת יֹשְׁבֵי יְרוּשָׁלַ͏ִם מִיַּד סַנְחֵרִיב מֶלֶךְ־אַשּׁוּר וּמִיַּד־כֹּל

23 וַיְנַהֲלֵם מִסָּבִיב: וְרַבִּים מְבִיאִים מִנְחָה לַיהוָה לִירוּשָׁלַ͏ִם וּמִגְדָּנוֹת לִיחִזְקִיָּהוּ מֶלֶךְ יְהוּדָה וַיִּנַּשֵּׂא לְעֵינֵי כָל־הַגּוֹיִם מֵאַחֲרֵי־כֵן:

24 בַּיָּמִים הָהֵם חָלָה יְחִזְקִיָּהוּ עַד־לָמוּת וַיִּתְפַּלֵּל אֶל־יְהוָה

25 וַיֹּאמֶר לוֹ וּמוֹפֵת נָתַן לוֹ: וְלֹא־כִגְמֻל עָלָיו הֵשִׁיב יְחִזְקִיָּהוּ

26 כִּי גָבַהּ לִבּוֹ וַיְהִי עָלָיו קֶצֶף וְעַל־יְהוּדָה וִירוּשָׁלָ͏ִם: וַיִּכָּנַע יְחִזְקִיָּהוּ בְּגֹבַהּ לִבּוֹ הוּא וְיֹשְׁבֵי יְרוּשָׁלָ͏ִם וְלֹא־בָא עֲלֵיהֶם

27 קֶצֶף יְהוָה בִּימֵי יְחִזְקִיָּהוּ: וַיְהִי לִיחִזְקִיָּהוּ עֹשֶׁר וְכָבוֹד הַרְבֵּה מְאֹד וְאֹצָרוֹת עָשָׂה־לוֹ לְכֶסֶף וּלְזָהָב וּלְאֶבֶן יְקָרָה וְלִבְשָׂמִים

28 וּלְמָגִנִּים וּלְכֹל כְּלֵי חֶמְדָּה: וּמִסְכְּנוֹת לִתְבוּאַת דָּגָן וְתִירוֹשׁ וְיִצְהָר

29 וְאֻרָוֹת לְכָל־בְּהֵמָה וּבְהֵמָה וַעֲדָרִים לָאֲוֵרוֹת: וְעָרִים עָשָׂה לוֹ וּמִקְנֵה־צֹאן וּבָקָר לָרֹב כִּי נָתַן־לוֹ אֱלֹהִים רְכוּשׁ רַב מְאֹד:

ל וְהוּא יְחִזְקִיָּהוּ סָתַם אֶת־מוֹצָא מֵימֵי גִיחוֹן הָעֶלְיוֹן וַיַּישְׁרֵם לְמַטָּה

31 מַעְרָבָה לְעִיר דָּוִיד וַיַּצְלַח יְחִזְקִיָּהוּ בְּכָל־מַעֲשֵׂהוּ: וְכֵן בִּמְלִיצֵי שָׂרֵי בָּבֶל הַמְשַׁלְּחִים עָלָיו לִדְרֹשׁ הַמּוֹפֵת אֲשֶׁר הָיָה בָאָרֶץ עֲזָבוֹ הָאֱלֹהִים לְנַסּוֹתוֹ לָדַעַת כָּל־בִּלְבָבוֹ:

32 וְיֶתֶר דִּבְרֵי יְחִזְקִיָּהוּ וַחֲסָדָיו הִנָּם כְּתוּבִים בַּחֲזוֹן יְשַׁעְיָהוּ בֶן־

³³ אָמוֹץ הַנָּבִיא עַל־סֵפֶר מַלְכֵי יְהוּדָה וְיִשְׂרָאֵל: וַיִּשְׁכַּב יְחִזְקִיָּהוּ
עִם־אֲבֹתָיו וַיִּקְבְּרֻהוּ בְּמַעֲלֵה קִבְרֵי בְנֵי־דָוִיד וְכָבוֹד עָשׂוּ־לוֹ
בְמוֹתוֹ כָּל־יְהוּדָה וְיֹשְׁבֵי יְרוּשָׁלַם וַיִּמְלֹךְ מְנַשֶּׁה בְנוֹ תַּחְתָּיו:

לג 33

^א בֶּן־שְׁתֵּים עֶשְׂרֵה שָׁנָה מְנַשֶּׁה בְמָלְכוֹ וַחֲמִשִּׁים וְחָמֵשׁ שָׁנָה
² מָלַךְ בִּירוּשָׁלָם: וַיַּעַשׂ הָרַע בְּעֵינֵי יְהוָה כְּתוֹעֲבוֹת הַגּוֹיִם
³ אֲשֶׁר הוֹרִישׁ יְהוָה מִפְּנֵי בְּנֵי יִשְׂרָאֵל: וַיָּשָׁב וַיִּבֶן אֶת־הַבָּמוֹת
אֲשֶׁר נִתַּץ יְחִזְקִיָּהוּ אָבִיו וַיָּקֶם מִזְבְּחוֹת לַבְּעָלִים וַיַּעַשׂ אֲשֵׁרוֹת
⁴ וַיִּשְׁתַּחוּ לְכָל־צְבָא הַשָּׁמַיִם וַיַּעֲבֹד אֹתָם: וּבָנָה מִזְבְּחוֹת בְּבֵית
^ה יְהוָה אֲשֶׁר אָמַר יְהוָה בִּירוּשָׁלַם יִהְיֶה־שְּׁמִי לְעוֹלָם: וַיִּבֶן מִזְבְּחוֹת
⁶ לְכָל־צְבָא הַשָּׁמַיִם בִּשְׁתֵּי חַצְרוֹת בֵּית־יְהוָה: וְהוּא הֶעֱבִיר אֶת־
בָּנָיו בָּאֵשׁ בְּגֵי בֶן־הִנֹּם וְעוֹנֵן וְנִחֵשׁ וְכִשֵּׁף וְעָשָׂה אוֹב וְיִדְּעוֹנִי הִרְבָּה
⁷ לַעֲשׂוֹת הָרַע בְּעֵינֵי יְהוָה לְהַכְעִיסוֹ: וַיָּשֶׂם אֶת־פֶּסֶל הַסֶּמֶל אֲשֶׁר
עָשָׂה בְּבֵית הָאֱלֹהִים אֲשֶׁר אָמַר אֱלֹהִים אֶל־דָּוִיד וְאֶל־שְׁלֹמֹה
בְנוֹ בַּבַּיִת הַזֶּה וּבִירוּשָׁלַם אֲשֶׁר בָּחַרְתִּי מִכֹּל שִׁבְטֵי יִשְׂרָאֵל אָשִׂים
⁸ אֶת־שְׁמִי לְעֵילוֹם: וְלֹא אֹסִיף לְהָסִיר אֶת־רֶגֶל יִשְׂרָאֵל מֵעַל
הָאֲדָמָה אֲשֶׁר הֶעֱמַדְתִּי לַאֲבוֹתֵיכֶם רַק אִם־יִשְׁמְרוּ לַעֲשׂוֹת
אֵת כָּל־אֲשֶׁר צִוִּיתִים לְכָל־הַתּוֹרָה וְהַחֻקִּים וְהַמִּשְׁפָּטִים בְּיַד־
⁹ מֹשֶׁה: וַיֶּתַע מְנַשֶּׁה אֶת־יְהוּדָה וְיֹשְׁבֵי יְרוּשָׁלָם לַעֲשׂוֹת רָע מִן־
הַגּוֹיִם אֲשֶׁר הִשְׁמִיד יְהוָה מִפְּנֵי בְּנֵי יִשְׂרָאֵל:
^י וַיְדַבֵּר יְהוָה אֶל־מְנַשֶּׁה וְאֶל־עַמּוֹ וְלֹא הִקְשִׁיבוּ: וַיָּבֵא יְהוָה
¹¹ עֲלֵיהֶם אֶת־שָׂרֵי הַצָּבָא אֲשֶׁר לְמֶלֶךְ אַשּׁוּר וַיִּלְכְּדוּ אֶת־
¹² מְנַשֶּׁה בַּחֹחִים וַיַּאַסְרֻהוּ בַּנְחֻשְׁתַּיִם וַיּוֹלִיכֻהוּ בָּבֶלָה: וּכְהָצֵר לוֹ
חִלָּה אֶת־פְּנֵי יְהוָה אֱלֹהָיו וַיִּכָּנַע מְאֹד מִלִּפְנֵי אֱלֹהֵי אֲבֹתָיו:
¹³ וַיִּתְפַּלֵּל אֵלָיו וַיֵּעָתֶר לוֹ וַיִּשְׁמַע תְּחִנָּתוֹ וַיְשִׁיבֵהוּ יְרוּשָׁלַם לְמַלְכוּתוֹ
¹⁴ וַיֵּדַע מְנַשֶּׁה כִּי יְהוָה הוּא הָאֱלֹהִים: וְאַחֲרֵי־כֵן בָּנָה חוֹמָה חִיצוֹנָה
לְעִיר־דָּוִיד מַעֲרָבָה לְגִיחוֹן בַּנַּחַל וְלָבוֹא בְשַׁעַר הַדָּגִים וְסָבַב
לָעֹפֶל וַיַּגְבִּיהֶהָ מְאֹד וַיָּשֶׂם שָׂרֵי־חַיִל בְּכָל־הֶעָרִים הַבְּצֻרוֹת

טו וַיָּסַר אֶת־אֱלֹהֵי הַנֵּכָר וְאֶת־הַסֶּמֶל מִבֵּית יְהוָֹה בִּיהוּדָה׃

וְכָל־הַמִּזְבְּחוֹת אֲשֶׁר בָּנָה בְּהַר בֵּית־יְהוָֹה וּבִירוּשָׁלַָם וַיַּשְׁלֵךְ

16 חוּצָה לָעִיר׃ וַיָּכֶן אֶת־מִזְבַּח יְהוָֹה וַיִּזְבַּח עָלָיו זִבְחֵי שְׁלָמִים

17 וְתוֹדָה וַיֹּאמֶר לִיהוּדָה לַעֲבוֹד אֶת־יְהוָֹה אֱלֹהֵי יִשְׂרָאֵל׃ אֲבָל

18 עוֹד הָעָם זֹבְחִים בַּבָּמוֹת רַק לַיהוָֹה אֱלֹהֵיהֶם׃ וְיֶתֶר דִּבְרֵי מְנַשֶּׁה

וּתְפִלָּתוֹ אֶל־אֱלֹהָיו וְדִבְרֵי הַחֹזִים הַמְדַבְּרִים אֵלָיו בְּשֵׁם יְהוָֹה

19 אֱלֹהֵי יִשְׂרָאֵל הִנָּם עַל־דִּבְרֵי מַלְכֵי יִשְׂרָאֵל׃ וּתְפִלָּתוֹ וְהֵעָתֶר־

לוֹ וְכָל־חַטָּאתוֹ וּמַעְלוֹ וְהַמְּקֹמוֹת אֲשֶׁר בָּנָה בָהֶם בָּמוֹת וְהֶעֱמִיד

הָאֲשֵׁרִים וְהַפְּסִלִים לִפְנֵי הִכָּנְעוֹ הִנָּם כְּתוּבִים עַל דִּבְרֵי חוֹזָי׃

כ וַיִּשְׁכַּב מְנַשֶּׁה עִם־אֲבֹתָיו וַיִּקְבְּרֻהוּ בֵיתוֹ וַיִּמְלֹךְ אָמוֹן בְּנוֹ

תַּחְתָּיו׃

21 בֶּן־עֶשְׂרִים וּשְׁתַּיִם שָׁנָה אָמוֹן בְּמָלְכוֹ וּשְׁתַּיִם שָׁנִים מָלַךְ

22 בִּירוּשָׁלָָם׃ וַיַּעַשׂ הָרַע בְּעֵינֵי יְהוָֹה כַּאֲשֶׁר עָשָׂה מְנַשֶּׁה אָבִיו

וּלְכָל־הַפְּסִילִים אֲשֶׁר עָשָׂה מְנַשֶּׁה אָבִיו זִבַּח אָמוֹן וַיַּעַבְדֵם׃

23 וְלֹא נִכְנַע מִלִּפְנֵי יְהוָֹה כְּהִכָּנַע מְנַשֶּׁה אָבִיו כִּי הוּא אָמוֹן

24 הִרְבָּה אַשְׁמָה׃ וַיִּקְשְׁרוּ עָלָיו עֲבָדָיו וַיְמִיתֻהוּ בְּבֵיתוֹ׃ וַיַּכּוּ עַם־

כה הָאָרֶץ אֵת כָּל־הַקֹּשְׁרִים עַל־הַמֶּלֶךְ אָמוֹן וַיַּמְלִיכוּ עַם־הָאָרֶץ

אֶת־יֹאשִׁיָּהוּ בְנוֹ תַּחְתָּיו׃

לד 34

א בֶּן־שְׁמוֹנֶה שָׁנִים יֹאשִׁיָּהוּ בְמָלְכוֹ וּשְׁלֹשִׁים וְאַחַת שָׁנָה מָלַךְ

2 בִּירוּשָׁלָָם׃ וַיַּעַשׂ הַיָּשָׁר בְּעֵינֵי יְהוָֹה וַיֵּלֶךְ בְּדַרְכֵי דָּוִיד אָבִיו

3 וְלֹא־סָר יָמִין וּשְׂמֹאול׃ וּבִשְׁמוֹנֶה שָׁנִים לְמָלְכוֹ וְהוּא עוֹדֶנּוּ נַעַר

הֵחֵל לִדְרוֹשׁ לֵאלֹהֵי דָּוִיד אָבִיו וּבִשְׁתֵּים עֶשְׂרֵה שָׁנָה הֵחֵל לְטַהֵר

אֶת־יְהוּדָה וִירוּשָׁלַָם מִן־הַבָּמוֹת וְהָאֲשֵׁרִים וְהַפְּסִלִים וְהַמַּסֵּכוֹת׃

4 וַיְנַתְּצוּ לְפָנָיו אֵת מִזְבְּחוֹת הַבְּעָלִים וְהַחַמָּנִים אֲשֶׁר־לְמַעְלָה

מֵעֲלֵיהֶם גִּדֵּעַ וְהָאֲשֵׁרִים וְהַפְּסִלִים וְהַמַּסֵּכוֹת שִׁבַּר וְהֵדַק וַיִּזְרֹק

ה עַל־פְּנֵי הַקְּבָרִים הַזֹּבְחִים לָהֶם׃ וְעַצְמוֹת כֹּהֲנִים שָׂרַף עַל־

6 מִזְבְּחוֹתָם וַיְטַהֵר אֶת־יְהוּדָה וְאֶת־יְרוּשָׁלָָם׃ וּבְעָרֵי מְנַשֶּׁה

7 וְאֶפְרַיִם וְשִׁמְעוֹן וְעַד־נַפְתָּלִי בְּחַר בָּתֵּיהֶם סָבִיב: וַיְנַתֵּץ אֶת־
הַמִּזְבְּחוֹת וְאֶת־הָאֲשֵׁרִים וְהַפְּסִלִים כִּתַּת לְהָדַק וְכָל־הַחַמָּנִים
גִּדַּע בְּכָל־אֶרֶץ יִשְׂרָאֵל וַיָּשָׁב לִירוּשָׁלָם:

8 וּבִשְׁנַת שְׁמוֹנֶה עֶשְׂרֵה לְמָלְכוֹ לְטַהֵר הָאָרֶץ וְהַבָּיִת שָׁלַח אֶת־
שָׁפָן בֶּן־אֲצַלְיָהוּ וְאֶת־מַעֲשֵׂיָהוּ שַׂר־הָעִיר וְאֵת יוֹאָח בֶּן־יוֹאָחָז

9 הַמַּזְכִּיר לְחַזֵּק אֶת־בֵּית יְהוָה אֱלֹהָיו: וַיָּבֹאוּ אֶל־חִלְקִיָּהוּ הַכֹּהֵן
הַגָּדוֹל וַיִּתְּנוּ אֶת־הַכֶּסֶף הַמּוּבָא בֵית־אֱלֹהִים אֲשֶׁר אָסְפוּ הַלְוִיִּם
שֹׁמְרֵי הַסַּף מִיַּד מְנַשֶּׁה וְאֶפְרַיִם וּמִכֹּל שְׁאֵרִית יִשְׂרָאֵל וּמִכָּל־

י יְהוּדָה וּבִנְיָמִן וַיָּשֻׁבִי יְרוּשָׁלָם: וַיִּתְּנוּ עַל־יַד עֹשֵׂה הַמְּלָאכָה
הַמֻּפְקָדִים בְּבֵית יְהוָה וַיִּתְּנוּ אֹתוֹ עוֹשֵׂי הַמְּלָאכָה אֲשֶׁר עֹשִׂים

11 בְּבֵית יְהוָה לִבְדּוֹק וּלְחַזֵּק הַבָּיִת: וַיִּתְּנוּ לֶחָרָשִׁים וְלַבֹּנִים לִקְנוֹת
אַבְנֵי מַחְצֵב וְעֵצִים לַמְחַבְּרוֹת וּלְקָרוֹת אֶת־הַבָּתִּים אֲשֶׁר

12 הִשְׁחִיתוּ מַלְכֵי יְהוּדָה: וְהָאֲנָשִׁים עֹשִׂים בֶּאֱמוּנָה בַּמְּלָאכָה
וַעֲלֵיהֶם מֻפְקָדִים יַחַת וְעֹבַדְיָהוּ הַלְוִיִּם מִן־בְּנֵי מְרָרִי וּזְכַרְיָה
וּמְשֻׁלָּם מִן־בְּנֵי הַקְּהָתִים לְנַצֵּחַ וְהַלְוִיִּם כָּל־מֵבִין בִּכְלֵי־שִׁיר:

13 וְעַל הַסַּבָּלִים וּמְנַצְּחִים לְכֹל עֹשֵׂה מְלָאכָה לַעֲבוֹדָה וַעֲבוֹדָה
14 וּמֵהַלְוִיִּם סוֹפְרִים וְשֹׁטְרִים וְשׁוֹעֲרִים: וּבְהוֹצִיאָם אֶת־הַכֶּסֶף
הַמּוּבָא בֵּית יְהוָה מָצָא חִלְקִיָּהוּ הַכֹּהֵן אֶת־סֵפֶר תּוֹרַת־יְהוָה

טו בְּיַד־מֹשֶׁה: וַיַּעַן חִלְקִיָּהוּ וַיֹּאמֶר אֶל־שָׁפָן הַסּוֹפֵר סֵפֶר הַתּוֹרָה
16 מָצָאתִי בְּבֵית יְהוָה וַיִּתֵּן חִלְקִיָּהוּ אֶת־הַסֵּפֶר אֶל־שָׁפָן: וַיָּבֵא
שָׁפָן אֶת־הַסֵּפֶר אֶל־הַמֶּלֶךְ וַיָּשֶׁב עוֹד אֶת־הַמֶּלֶךְ דָּבָר לֵאמֹר

17 כֹּל אֲשֶׁר־נִתַּן בְּיַד־עֲבָדֶיךָ הֵם עֹשִׂים: וַיַּתִּיכוּ אֶת־הַכֶּסֶף הַנִּמְצָא
בְּבֵית־יְהוָה וַיִּתְּנוּהוּ עַל־יַד הַמֻּפְקָדִים וְעַל־יַד עוֹשֵׂי הַמְּלָאכָה:

18 וַיַּגֵּד שָׁפָן הַסּוֹפֵר לַמֶּלֶךְ לֵאמֹר סֵפֶר נָתַן לִי חִלְקִיָּהוּ הַכֹּהֵן
19 וַיִּקְרָא־בוֹ שָׁפָן לִפְנֵי הַמֶּלֶךְ: וַיְהִי כִּשְׁמֹעַ הַמֶּלֶךְ אֵת דִּבְרֵי
כ הַתּוֹרָה וַיִּקְרַע אֶת־בְּגָדָיו: וַיְצַו הַמֶּלֶךְ אֶת־חִלְקִיָּהוּ וְאֶת־
אֲחִיקָם בֶּן־שָׁפָן וְאֶת־עַבְדּוֹן בֶּן־מִיכָה וְאֵת שָׁפָן הַסּוֹפֵר

21 וְאֵת עֲשָׂיָה עֶבֶד־הַמֶּלֶךְ לֵאמֹר: לְכוּ דִרְשׁוּ אֶת־יְהוָה בַּעֲדִי
וּבְעַד הַנִּשְׁאָר בְּיִשְׂרָאֵל וּבִיהוּדָה עַל־דִּבְרֵי הַסֵּפֶר אֲשֶׁר

נִמְצָא כִּי־גְדוֹלָה חֲמַת־יְהֹוָה אֲשֶׁר נִתְּכָה בָנוּ עַל אֲשֶׁר לֹא־
שָׁמְרוּ אֲבוֹתֵינוּ אֶת־דְּבַר יְהֹוָה לַעֲשׂוֹת כְּכָל־הַכָּתוּב עַל־
הַסֵּפֶר הַזֶּה: 22 וַיֵּלֶךְ חִלְקִיָּהוּ וַאֲשֶׁר הַמֶּלֶךְ אֶל־חֻלְדָּה הַנְּבִיאָה
אֵשֶׁת שַׁלֻּם בֶּן־תָּוְקְהַת בֶּן־חַסְרָה שׁוֹמֵר הַבְּגָדִים וְהִיא יוֹשֶׁבֶת
בִירוּשָׁלַםִ בַּמִּשְׁנֶה וַיְדַבְּרוּ אֵלֶיהָ כָּזֹאת: 23 וַתֹּאמֶר לָהֶם כֹּה־אָמַר
24 יְהֹוָה אֱלֹהֵי יִשְׂרָאֵל אִמְרוּ לָאִישׁ אֲשֶׁר־שָׁלַח אֶתְכֶם אֵלָי: כֹּה
אָמַר יְהֹוָה הִנְנִי מֵבִיא רָעָה עַל־הַמָּקוֹם הַזֶּה וְעַל־יוֹשְׁבָיו אֵת
כָּל־הָאָלוֹת הַכְּתוּבוֹת עַל־הַסֵּפֶר אֲשֶׁר קָרְאוּ לִפְנֵי מֶלֶךְ יְהוּדָה:
כה תַּחַת אֲשֶׁר עֲזָבוּנִי וַיְקַטְּרוּ לֵאלֹהִים אֲחֵרִים לְמַעַן הַכְעִיסֵנִי בְּכֹל
26 מַעֲשֵׂי יְדֵיהֶם וְתִתַּךְ חֲמָתִי בַּמָּקוֹם הַזֶּה וְלֹא תִכְבֶּה: וְאֶל־מֶלֶךְ
יְהוּדָה הַשֹּׁלֵחַ אֶתְכֶם לִדְרוֹשׁ בַּיהֹוָה כֹּה תֹאמְרוּ אֵלָיו   כֹּה־אָמַר
27 יְהֹוָה אֱלֹהֵי יִשְׂרָאֵל הַדְּבָרִים אֲשֶׁר שָׁמָעְתָּ: יַעַן רַךְ־לְבָבְךָ
וַתִּכָּנַע מִלִּפְנֵי אֱלֹהִים בְּשָׁמְעֲךָ אֶת־דְּבָרָיו עַל־הַמָּקוֹם הַזֶּה
וְעַל־יֹשְׁבָיו וַתִּכָּנַע לְפָנַי וַתִּקְרַע אֶת־בְּגָדֶיךָ וַתֵּבְךְּ לְפָנָי וְגַם־
28 אֲנִי שָׁמַעְתִּי נְאֻם־יְהֹוָה: הִנְנִי אֹסִפְךָ אֶל־אֲבֹתֶיךָ וְנֶאֱסַפְתָּ
אֶל־קִבְרוֹתֶיךָ בְּשָׁלוֹם וְלֹא־תִרְאֶינָה עֵינֶיךָ בְּכֹל הָרָעָה אֲשֶׁר
אֲנִי מֵבִיא עַל־הַמָּקוֹם הַזֶּה וְעַל־יֹשְׁבָיו וַיָּשִׁיבוּ אֶת־הַמֶּלֶךְ
29 דָּבָר: וַיִּשְׁלַח הַמֶּלֶךְ וַיֶּאֱסֹף אֶת־כָּל־זִקְנֵי יְהוּדָה וִירוּשָׁלָםִ:
ל וַיַּעַל הַמֶּלֶךְ בֵּית־יְהֹוָה וְכָל־אִישׁ יְהוּדָה וְיֹשְׁבֵי יְרוּשָׁלַםִ וְהַכֹּהֲנִים
וְהַלְוִיִּם וְכָל־הָעָם מִגָּדוֹל וְעַד־קָטָן וַיִּקְרָא בְאָזְנֵיהֶם אֶת־כָּל־
31 דִּבְרֵי סֵפֶר הַבְּרִית הַנִּמְצָא בֵּית יְהֹוָה: וַיַּעֲמֹד הַמֶּלֶךְ עַל־עָמְדוֹ
וַיִּכְרֹת אֶת־הַבְּרִית לִפְנֵי יְהֹוָה לָלֶכֶת אַחֲרֵי יְהֹוָה וְלִשְׁמוֹר אֶת־
מִצְוֹתָיו וְעֵדְוֹתָיו וְחֻקָּיו בְּכָל־לְבָבוֹ וּבְכָל־נַפְשׁוֹ לַעֲשׂוֹת אֶת־
32 דִּבְרֵי הַבְּרִית הַכְּתוּבִים עַל־הַסֵּפֶר הַזֶּה: וַיַּעֲמֵד אֶת כָּל־הַנִּמְצָא
בִירוּשָׁלַםִ וּבִנְיָמִן וַיַּעֲשׂוּ יֹשְׁבֵי יְרוּשָׁלַםִ כִּבְרִית אֱלֹהִים אֱלֹהֵי
33 אֲבוֹתֵיהֶם: וַיָּסַר יֹאשִׁיָּהוּ אֶת־כָּל־הַתּוֹעֵבוֹת מִכָּל־הָאֲרָצוֹת
אֲשֶׁר לִבְנֵי יִשְׂרָאֵל וַיַּעֲבֵד אֵת כָּל־הַנִּמְצָא בְּיִשְׂרָאֵל לַעֲבוֹד
אֶת־יְהֹוָה אֱלֹהֵיהֶם כָּל־יָמָיו לֹא סָרוּ מֵאַחֲרֵי יְהֹוָה אֱלֹהֵי
אֲבוֹתֵיהֶם:

לה 35

א וַיַּעַשׂ יֹאשִׁיָּהוּ בִירוּשָׁלִַם פֶּסַח לַיהוָה וַיִּשְׁחֲטוּ הַפֶּסַח בְּאַרְבָּעָה

2 עָשָׂר לַחֹדֶשׁ הָרִאשׁוֹן: וַיַּעֲמֵד הַכֹּהֲנִים עַל־מִשְׁמְרוֹתָם וַיְחַזְּקֵם

3 לַעֲבוֹדַת בֵּית יְהוָה: וַיֹּאמֶר לַלְוִיִּם הַמְּבוֹנִים לְכָל־יִשְׂרָאֵל הַקְּדוֹשִׁים לַיהוָה תְּנוּ אֶת־אֲרוֹן־הַקֹּדֶשׁ בַּבַּיִת אֲשֶׁר בָּנָה שְׁלֹמֹה בֶן־דָּוִיד מֶלֶךְ יִשְׂרָאֵל אֵין־לָכֶם מַשָּׂא בַּכָּתֵף עַתָּה עִבְדוּ אֶת־

4 יְהוָה אֱלֹהֵיכֶם וְאֵת עַמּוֹ יִשְׂרָאֵל: וְהִכּוֹנוּ לְבֵית־אֲבוֹתֵיכֶם כְּמַחְלְקוֹתֵיכֶם בִּכְתָב דָּוִיד מֶלֶךְ יִשְׂרָאֵל וּבְמִכְתַּב שְׁלֹמֹה בְנוֹ:

ה וְעִמְדוּ בַקֹּדֶשׁ לִפְלֻגּוֹת בֵּית הָאָבוֹת לַאֲחֵיכֶם בְּנֵי הָעָם וַחֲלֻקַּת

6 בֵּית־אָב לַלְוִיִּם: וְשַׁחֲטוּ הַפָּסַח וְהִתְקַדְּשׁוּ וְהָכִינוּ לַאֲחֵיכֶם

7 לַעֲשׂוֹת כִּדְבַר־יְהוָה בְּיַד־מֹשֶׁה: וַיָּרֶם יֹאשִׁיָּהוּ לִבְנֵי הָעָם צֹאן כְּבָשִׂים וּבְנֵי־עִזִּים הַכֹּל לַפְּסָחִים לְכָל־הַנִּמְצָא לְמִסְפַּר שְׁלֹשִׁים

8 אֶלֶף וּבָקָר שְׁלֹשֶׁת אֲלָפִים אֵלֶּה מֵרְכוּשׁ הַמֶּלֶךְ: וְשָׂרָיו לִנְדָבָה לָעָם לַכֹּהֲנִים וְלַלְוִיִּם הֵרִימוּ חִלְקִיָּה וּזְכַרְיָהוּ וִיחִיאֵל נְגִידֵי בֵּית הָאֱלֹהִים לַכֹּהֲנִים נָתְנוּ לַפְּסָחִים אַלְפַּיִם וְשֵׁשׁ

9 מֵאוֹת וּבָקָר שְׁלֹשׁ מֵאוֹת: וְכָנַנְיָהוּ וּשְׁמַעְיָהוּ וּנְתַנְאֵל אֶחָיו וַחֲשַׁבְיָהוּ וִיעִיאֵל וְיוֹזָבָד שָׂרֵי הַלְוִיִּם הֵרִימוּ לַלְוִיִּם לַפְּסָחִים

י חֲמֵשֶׁת אֲלָפִים וּבָקָר חֲמֵשׁ מֵאוֹת: וַתִּכּוֹן הָעֲבוֹדָה וַיַּעַמְדוּ הַכֹּהֲנִים

11 עַל־עָמְדָם וְהַלְוִיִּם עַל־מַחְלְקוֹתָם כְּמִצְוַת הַמֶּלֶךְ: וַיִּשְׁחֲטוּ

12 הַפָּסַח וַיִּזְרְקוּ הַכֹּהֲנִים מִיָּדָם וְהַלְוִיִּם מַפְשִׁיטִים: וַיָּסִירוּ הָעֹלָה לְתִתָּם לְמִפְלַגּוֹת לְבֵית־אָבוֹת לִבְנֵי הָעָם לְהַקְרִיב לַיהוָה כַּכָּתוּב

13 בְּסֵפֶר מֹשֶׁה וְכֵן לַבָּקָר: וַיְבַשְּׁלוּ הַפֶּסַח בָּאֵשׁ כַּמִּשְׁפָּט וְהַקֳּדָשִׁים

14 בִּשְּׁלוּ בַּסִּירוֹת וּבַדְּוָדִים וּבַצֵּלָחוֹת וַיָּרִיצוּ לְכָל־בְּנֵי הָעָם: וְאַחַר הֵכִינוּ לָהֶם וְלַכֹּהֲנִים כִּי הַכֹּהֲנִים בְּנֵי אַהֲרֹן בְּהַעֲלוֹת הָעוֹלָה וְהַחֲלָבִים עַד־לָיְלָה וְהַלְוִיִּם הֵכִינוּ לָהֶם וְלַכֹּהֲנִים בְּנֵי אַהֲרֹן:

טו וְהַמְשֹׁרֲרִים בְּנֵי־אָסָף עַל־מַעֲמָדָם כְּמִצְוַת דָּוִיד וְאָסָף וְהֵימָן וִידֻתוּן חוֹזֵה הַמֶּלֶךְ וְהַשֹּׁעֲרִים לְשַׁעַר וָשָׁעַר אֵין לָהֶם לָסוּר מֵעַל

16 עֲבֹדָתָם כִּי־אֲחֵיהֶם הַלְוִיִּם הֵכִינוּ לָהֶם: וַתִּכּוֹן כָּל־עֲבוֹדַת יְהוָה
בַּיּוֹם הַהוּא לַעֲשׂוֹת הַפֶּסַח וְהַעֲלוֹת עֹלוֹת עַל מִזְבַּח יְהוָה כְּמִצְוַת
17 הַמֶּלֶךְ יֹאשִׁיָּהוּ: וַיַּעֲשׂוּ בְנֵי־יִשְׂרָאֵל הַנִּמְצְאִים אֶת־הַפֶּסַח בָּעֵת
18 הַהִיא וְאֶת־חַג הַמַּצּוֹת שִׁבְעַת יָמִים: וְלֹא־נַעֲשָׂה פֶסַח כָּמֹהוּ
בְּיִשְׂרָאֵל מִימֵי שְׁמוּאֵל הַנָּבִיא וְכָל־מַלְכֵי יִשְׂרָאֵל לֹא־עָשׂוּ כַּפֶּסַח
אֲשֶׁר־עָשָׂה יֹאשִׁיָּהוּ וְהַכֹּהֲנִים וְהַלְוִיִּם וְכָל־יְהוּדָה וְיִשְׂרָאֵל הַנִּמְצָא
19 וְיוֹשְׁבֵי יְרוּשָׁלָ͏ִם: בִּשְׁמוֹנֶה עֶשְׂרֵה שָׁנָה לְמַלְכוּת יֹאשִׁיָּהוּ נַעֲשָׂה
הַפֶּסַח הַזֶּה:

20a כ   וַיִּישְׁרוּ מַעֲשֵׂי יֹאשִׁיָּהוּ לִפְנֵי יְהוָה בְּלֵבָב שָׁלֵם: וְעָלָיו לְפָנִים
20b כָּתוּב [עַל בָּעֲרוֹ אֶת בָּמוֹת סוֹרְרֵי בֵית יִשְׂרָאֵל: כַּכָּתוּב] עַל
20c הַחַטָּאִים וְהַפֹּשְׁעִים בַּיהוָה מִכָּל־גּוֹי וּמַמְלָכָה: וַיַּכְעִיסוּהוּ בְּבִגְדָם
וַיָּקֶם דְּבַר יְהוָה עַל יִשְׂרָאֵל:

20d וְאַחֲרֵי כָל־זֹאת אֲשֶׁר עָשָׂה יֹאשִׁיָּהוּ עָלָה נְכוֹ מֶלֶךְ־מִצְרַיִם
21 לְהִלָּחֵם בְּכַרְכְּמִישׁ עַל־פְּרָת וַיֵּצֵא לִקְרָאתוֹ יֹאשִׁיָּהוּ: וַיִּשְׁלַח
אֵלָיו מַלְאָכִים לֵאמֹר מַה־לִּי וָלָךְ מֶלֶךְ יְהוּדָה לֹא־עָלֶיךָ אַתָּה
הַיּוֹם כִּי אֶל־בֵּית מִלְחַמְתִּי וֵאלֹהִים אָמַר לְבַהֲלֵנִי חֲדַל־לְךָ
22 מֵאֱלֹהִים אֲשֶׁר־עִמִּי וְאַל־יַשְׁחִיתֶךָ: וְלֹא־הֵסֵב יֹאשִׁיָּהוּ פָנָיו מִמֶּנּוּ
כִּי לְהִלָּחֶם־בּוֹ הִתְחַפֵּשׂ וְלֹא שָׁמַע אֶל־דִּבְרֵי נְכֹה מִפִּי אֱלֹהִים
23 וַיָּבֹא לְהִלָּחֵם בְּבִקְעַת מְגִדּוֹ: וַיֹּרוּ הַיֹּרִים לַמֶּלֶךְ יֹאשִׁיָּהוּ
24 וַיֹּאמֶר הַמֶּלֶךְ לַעֲבָדָיו הַעֲבִירוּנִי כִּי הָחֳלֵיתִי מְאֹד: וַיַּעֲבִירֻהוּ
עֲבָדָיו מִן־הַמֶּרְכָּבָה וַיַּרְכִּיבֻהוּ עַל רֶכֶב הַמִּשְׁנֶה אֲשֶׁר־לוֹ
וַיּוֹלִיכֻהוּ יְרוּשָׁלַ͏ִם וַיָּמָת וַיִּקָּבֵר בְּקִבְרוֹת אֲבֹתָיו וְכָל־יְהוּדָה
וִירוּשָׁלַ͏ִם מִתְאַבְּלִים עַל־יֹאשִׁיָּהוּ:

25 כה   וַיְקוֹנֵן יִרְמְיָהוּ עַל־יֹאשִׁיָּהוּ וַיֹּאמְרוּ כָל־הַשָּׁרִים וְהַשָּׁרוֹת
בְּקִינוֹתֵיהֶם עַל־יֹאשִׁיָּהוּ עַד־הַיּוֹם וַיִּתְּנוּם לְחֹק עַל־יִשְׂרָאֵל וְהִנָּם
26 כְּתוּבִים עַל־הַקִּינוֹת: וְיֶתֶר דִּבְרֵי יֹאשִׁיָּהוּ וַחֲסָדָיו כַּכָּתוּב בְּתוֹרַת
27 יְהוָה: וּדְבָרָיו הָרִאשֹׁנִים וְהָאַחֲרֹנִים הִנָּם כְּתוּבִים עַל־סֵפֶר
מַלְכֵי־יִשְׂרָאֵל וִיהוּדָה:

לו 36

א וַיִּקְחוּ עַם־הָאָרֶץ אֶת־יְהוֹאָחָז בֶּן־יֹאשִׁיָּהוּ וַיַּמְלִיכֻהוּ תַחַת
אָבִיו בִּירוּשָׁלָם: בֶּן־שָׁלוֹשׁ וְעֶשְׂרִים שָׁנָה יוֹאָחָז בְּמָלְכוֹ וּשְׁלֹשָׁה 2
חֳדָשִׁים מָלַךְ בִּירוּשָׁלָם: וַיְסִירֵהוּ מֶלֶךְ־מִצְרַיִם בִּירוּשָׁלָם וַיַּעֲנֹשׁ 3
אֶת־הָאָרֶץ מֵאָה כִכַּר־כֶּסֶף וְכִכַּר זָהָב: וַיַּמְלֵךְ מֶלֶךְ־מִצְרַיִם 4
אֶת־אֶלְיָקִים אָחִיו עַל־יְהוּדָה וִירוּשָׁלַם וַיַּסֵּב אֶת־שְׁמוֹ יְהוֹיָקִים
וְאֶת־יוֹאָחָז אָחִיו לָקַח נְכֹה וַיְבִיאֵהוּ מִצְרָיְמָה:

ה בֶּן־עֶשְׂרִים וְחָמֵשׁ שָׁנָה יְהוֹיָקִים בְּמָלְכוֹ וְאַחַת עֶשְׂרֵה שָׁנָה
מָלַךְ בִּירוּשָׁלָם וַיַּעַשׂ הָרַע בְּעֵינֵי יְהוָה אֱלֹהָיו: עָלָיו עָלָה 6
נְבוּכַדְנֶאצַּר מֶלֶךְ בָּבֶל וַיַּאַסְרֵהוּ בַּנְחֻשְׁתַּיִם לְהֹלִיכוֹ בָּבֶלָה:
וּמִכְּלֵי בֵּית יְהוָה הֵבִיא נְבוּכַדְנֶאצַּר לְבָבֶל וַיִּתְּנֵם בְּהֵיכָלוֹ בְּבָבֶל: 7
וְיֶתֶר דִּבְרֵי יְהוֹיָקִים וְתֹעֲבֹתָיו אֲשֶׁר־עָשָׂה וְהַנִּמְצָא עָלָיו הִנָּם 8
כְּתוּבִים עַל־סֵפֶר מַלְכֵי יִשְׂרָאֵל וִיהוּדָה וַיִּמְלֹךְ יְהוֹיָכִין בְּנוֹ
תַּחְתָּיו:

ט בֶּן־שְׁמוֹנֶה שָׁנִים יְהוֹיָכִין בְּמָלְכוֹ וּשְׁלֹשָׁה חֳדָשִׁים וַעֲשֶׂרֶת יָמִים
מָלַךְ בִּירוּשָׁלַם וַיַּעַשׂ הָרַע בְּעֵינֵי יְהוָה: וְלִתְשׁוּבַת הַשָּׁנָה י
שָׁלַח הַמֶּלֶךְ נְבוּכַדְנֶאצַּר וַיְבִאֵהוּ בָבֶלָה עִם־כְּלֵי חֶמְדַּת בֵּית־
יְהוָה וַיַּמְלֵךְ אֶת־צִדְקִיָּהוּ אָחִיו עַל־יְהוּדָה וִירוּשָׁלָם:

יא בֶּן־עֶשְׂרִים וְאַחַת שָׁנָה צִדְקִיָּהוּ בְמָלְכוֹ וְאַחַת עֶשְׂרֵה שָׁנָה
מָלַךְ בִּירוּשָׁלָם: וַיַּעַשׂ הָרַע בְּעֵינֵי יְהוָה אֱלֹהָיו לֹא נִכְנַע 12
מִלִּפְנֵי יִרְמְיָהוּ הַנָּבִיא מִפִּי יְהוָה: וְגַם בַּמֶּלֶךְ נְבוּכַדְנֶאצַּר 13
מָרָד אֲשֶׁר הִשְׁבִּיעוֹ בֵּאלֹהִים וַיֶּקֶשׁ אֶת־עָרְפּוֹ וַיְאַמֵּץ אֶת־
לְבָבוֹ מִשּׁוּב אֶל־יְהוָה אֱלֹהֵי יִשְׂרָאֵל: גַּם כָּל־שָׂרֵי הַכֹּהֲנִים 14
וְהָעָם הִרְבּוּ לִמְעוֹל־מַעַל כְּכֹל תֹּעֲבוֹת הַגּוֹיִם וַיְטַמְּאוּ אֶת־
בֵּית יְהוָה אֲשֶׁר הִקְדִּישׁ בִּירוּשָׁלָם: וַיִּשְׁלַח יְהוָה אֱלֹהֵי אֲבוֹתֵיהֶם טו
אֲלֵיהֶם בְּיַד מַלְאָכָיו הַשְׁכֵּם וְשָׁלוֹחַ כִּי־חָמַל עַל־עַמּוֹ וְעַל־
מְעוֹנוֹ: וַיִּהְיוּ מַלְעִבִים בְּמַלְאֲכֵי הָאֱלֹהִים וּבוֹזִים דְּבָרָיו 16
וּמִתַּעְתְּעִים בִּנְבִאָיו עַד עֲלוֹת חֲמַת־יְהוָה בְּעַמּוֹ עַד־לְאֵין מַרְפֵּא:

17 וַיַּעַל עֲלֵיהֶם אֶת־מֶלֶךְ כַּשְׂדִּיים וַיַּהֲרֹג בַּחוּרֵיהֶם בַּחֶרֶב בְּבֵית
מִקְדָּשָׁם וְלֹא חָמַל עַל־בָּחוּר וּבְתוּלָה זָקֵן וְיָשֵׁשׁ הַכֹּל נָתַן בְּיָדוֹ:

18 וְכֹל כְּלֵי בֵּית הָאֱלֹהִים הַגְּדֹלִים וְהַקְּטַנִּים וְאֹצְרוֹת בֵּית יְהֹוָה
19 וְאֹצְרוֹת הַמֶּלֶךְ וְשָׂרָיו הַכֹּל הֵבִיא בָבֶל: וַיִּשְׂרְפוּ אֶת־בֵּית
הָאֱלֹהִים וַיְנַתְּצוּ אֵת חוֹמַת יְרוּשָׁלָם וְכָל־אַרְמְנוֹתֶיהָ שָׂרְפוּ בָאֵשׁ

כ וְכָל־כְּלֵי מַחֲמַדֶּיהָ לְהַשְׁחִית: וַיֶּגֶל הַשְּׁאֵרִית מִן־הַחֶרֶב אֶל־
21 בָּבֶל וַיִּהְיוּ־לוֹ וּלְבָנָיו לַעֲבָדִים עַד־מְלֹךְ מַלְכוּת פָּרָס: לְמַלֹּאות
דְּבַר־יְהֹוָה בְּפִי יִרְמְיָהוּ עַד־רָצְתָה הָאָרֶץ אֶת־שַׁבְּתוֹתֶיהָ
כָּל־יְמֵי הָשַׁמָּה שָׁבָתָה לְמַלֹּאות שִׁבְעִים שָׁנָה:

EZRA א 1

א וּבִשְׁנַת אַחַת לְכוֹרֶשׁ מֶלֶךְ פָּרַס לִכְלוֹת דְּבַר־יְהֹוָה מִפִּי יִרְמְיָה
הֵעִיר יְהֹוָה אֶת־רוּחַ כֹּרֶשׁ מֶלֶךְ־פָּרַס וַיַּעֲבֶר־קוֹל בְּכָל־
2 מַלְכוּתוֹ וְגַם־בְּמִכְתָּב לֵאמֹר: כֹּה אָמַר כֹּרֶשׁ מֶלֶךְ פָּרַס כֹּל
מַמְלְכוֹת הָאָרֶץ נָתַן לִי יְהֹוָה אֱלֹהֵי הַשָּׁמַיִם וְהוּא פָּקַד עָלַי
3 לִבְנוֹת־לוֹ בַיִת בִּירוּשָׁלַם אֲשֶׁר בִּיהוּדָה: מִי־בָכֶם מִכָּל־עַמּוֹ
יְהִי אֱלֹהָיו עִמּוֹ וְיַעַל לִירוּשָׁלַם אֲשֶׁר בִּיהוּדָה וְיִבֶן אֶת־בֵּית
4 יְהֹוָה אֱלֹהֵי יִשְׂרָאֵל הוּא הָאֱלֹהִים אֲשֶׁר בִּירוּשָׁלָם: וְכָל־הַנִּשְׁאָר
מִכָּל־הַמְּקֹמוֹת אֲשֶׁר־הוּא גָר־שָׁם יְנַשְּׂאֻהוּ אַנְשֵׁי מְקֹמוֹ בְּכֶסֶף
וּבְזָהָב וּבִרְכוּשׁ וּבִבְהֵמָה עִם־הַנְּדָבָה לְבֵית הָאֱלֹהִים אֲשֶׁר
בִּירוּשָׁלָם:

ה וַיָּקוּמוּ רָאשֵׁי הָאָבוֹת לִיהוּדָה וּבִנְיָמִן וְהַכֹּהֲנִים וְהַלְוִיִּם לְכֹל
הֵעִיר הָאֱלֹהִים אֶת־רוּחוֹ לַעֲלוֹת לִבְנוֹת אֶת־בֵּית יְהֹוָה אֲשֶׁר
6 בִּירוּשָׁלָם: וְכָל־סְבִיבֹתֵיהֶם חִזְּקוּ בִידֵיהֶם בִּכְלֵי־כֶסֶף בַּזָּהָב
בָּרְכוּשׁ וּבַבְּהֵמָה וּבַמִּגְדָּנוֹת לְבַד עַל־כָּל־הִתְנַדֵּב:
7 וְהַמֶּלֶךְ כּוֹרֶשׁ הוֹצִיא אֶת־כְּלֵי בֵית־יְהֹוָה אֲשֶׁר הוֹצִיא
8 נְבוּכַדְנֶצַּר מִירוּשָׁלַם וַיִּתְּנֵם בְּבֵית אֱלֹהָיו: וַיּוֹצִיאֵם כּוֹרֶשׁ מֶלֶךְ
פָּרַס עַל־יַד מִתְרְדָת הַגִּזְבָּר וַיִּסְפְּרֵם לְשֵׁשְׁבַּצַּר הַנָּשִׂיא לִיהוּדָה:

9 וְאֵלֶּה מִסְפָּרָם אֲגַרְטְלֵי זָהָב שְׁלֹשִׁים אֲגַרְטְלֵי כֶסֶף אָלֶף

י מַחֲלָפִים תִּשְׁעָה וְעֶשְׂרִים: כְּפוֹרֵי זָהָב שְׁלֹשִׁים כְּפוֹרֵי כֶסֶף

11 מִשְׁנִים אַרְבַּע מֵאוֹת וַעֲשָׂרָה כֵּלִים אֲחֵרִים אָלֶף: כָּל־כֵּלִים
לַזָּהָב וְלַכֶּסֶף חֲמֵשֶׁת אֲלָפִים וְאַרְבַּע מֵאוֹת הַכֹּל הֶעֱלָה שֵׁשְׁבַּצַּר
עִם הֵעָלוֹת הַגּוֹלָה מִבָּבֶל לִירוּשָׁלָם:

47b וַיִּכְתֹּב לוֹ כֹּרֶשׁ הַמֶּלֶךְ אִגְּרוֹת עַל כָּל־הָאֲחַשְׁדַּרְפְּנִים
וְהַפַּחֲווֹת וְהַשָּׂרִים וְהַסְּגָנִים אֲשֶׁר יְשַׁלְּחוּ אֹתוֹ וְאֶת־כָּל־הָעֹלִים

48 עִמּוֹ לִבְנוֹת יְרוּשָׁלָם: וּלְכָל פַּחֲווֹת עֵבֶר הַנָּהָר וְלַאֲשֶׁר בַּלְּבָנוֹן
כָּתַב אִגְּרוֹת לְהָבִיא עֲצֵי אֲרָזִים מִן הַלְּבָנוֹן אֶל יְרוּשָׁלַם וְכִי יִבְנוּ

49 עִמּוֹ אֶת הָעִיר: וַיִּכְתֹּב לְכָל־הַיְּהוּדִים הָעֹלִים מִן הַמַּלְכוּת אֶל
יְהוּדָה עַל הַדְּרוֹר כָּל־שַׁלִּיט וְסֶגֶן וּפֶחָה וַאֲחַשְׁדַּרְפָּן לֹא יָבוֹא

50 אֶל שַׁעֲרֵיהֶם: וְכָל הָאָרֶץ אֲשֶׁר יֹאחֲזוּ אֲשֶׁר תִּהְיֶה לָהֶם בְּלֹא מִדָּה
וְכִי יַעַזְבוּ הָאֲדוֹמִים אֶת־הַכְּפָרִים אֲשֶׁר אָחֲזוּ מִן הַיְּהוּדִים:

51 וְלָתֵת לִבְנְיַן בֵּית הָאֱלֹהִים כִּכָּרִים עֶשְׂרִים שָׁנָה בְשָׁנָה עַד אֲשֶׁר

52 יִבָּנֶה: וּלְהַעֲלוֹת עוֹלוֹת עַל הַמִּזְבֵּחַ יוֹם בְּיוֹם כַּמִּצְוָה עֲלֵיהֶם

53 לְהַקְרִיב כִּכָּרִים אֲחֵרוֹת עֶשֶׂר שָׁנָה בְשָׁנָה: וַאֲשֶׁר יִהְיֶה דְּרוֹר

54 לְכָל־הָעוֹלִים מִבָּבֶל לִבְנוֹת הָעִיר לָהֶם וְלִבְנֵיהֶם: וּלְכָל־
הַכֹּהֲנִים הָעוֹלִים כָּתַב הַמִּנָּת וּכְתֹנֶת הַכֹּהֲנִים אֲשֶׁר הֵמָּה

55 מְשָׁרְתִים בָּהּ: וְלַלְוִיִּם כָּתַב לָתֵת מְנָתָם עַד הַיּוֹם אֲשֶׁר יְכַלֶּה

56 הַבַּיִת וִירוּשָׁלַם לְהִבָּנוֹת: וּלְכָל־הַשֹּׁמְרִים אֶת הָעִיר כָּתַב לָתֵת
לָהֶם חֲלָקִים וּמָנוֹת:

62 וַיְבָרְכוּ אֶת־אֱלֹהֵי אֲבוֹתֵיהֶם כִּי נָתַן לָהֶם רְוָחָה וַהֲנָחָה:

63 לַעֲלוֹת וְלִבְנוֹת יְרוּשָׁלַם וּבֵית הָאֱלֹהִים אֲשֶׁר נִקְרָא שְׁמוֹ עָלָיו
וַיִּשְׂמְחוּ בְשִׁירִים וּבְחֶדְוָה שִׁבְעַת יָמִים:

5:1 וְאַחַר הַדְּבָרִים הָאֵלֶּה נִבְחֲרוּ רָאשֵׁי בֵית אָבוֹת לְשִׁבְטֵיהֶם
לַעֲלוֹת וּנְשֵׁיהֶם וּבְנֵיהֶם וּבְנוֹתֵיהֶם וְעַבְדֵיהֶם וְאַמְהוֹתֵיהֶם

2 וּבְהֶמְתָּם: וַיִּשְׁלַח כּוֹרֶשׁ עִמָּם פָּרָשִׁים אָלֶף עַד לְהָשִׁיב אוֹתָם

3 לִירוּשָׁלַם בְּשָׁלוֹם: וְכָל־אֲחֵיהֶם מְשַׂחֲקִים בְּשִׁירִים וּבְתֻפִּים
וּבִמְצִלְתַּיִם וְשִׁלְּחִים אוֹתָם בַּעֲלוֹתָם:

1 Es 4:47b–

וְאֵלֶּה שְׁמוֹת הָאֲנָשִׁים הָעֹלִים לְבֵית אֲבוֹתָם לְשִׁבְטֵיהֶם 4

לְהִתְיַחֲשָׂם: מֵהַכֹּהֲנִים בְּנֵי פִינְחָס בְּנֵי אַהֲרֹן יֵשׁוּעַ בֶּן יוֹצָדָק בֶּן־ ה

שְׂרָיָה וַיָּקָם בּוֹ זְרֻבָּבֶל בֶּן־שְׁאַלְתִּיאֵל מִבֵּית דָּוִיד מִמִּשְׁפַּחַת פֶּרֶץ

מַשֶּׁבֶט יְהוּדָה: בַּשָּׁנָה הַשֵּׁנִית לְמַלְכוּת כּוֹרֶשׁ מֶלֶךְ פָּרָס בְּחֹדֶשׁ 6

נִיסָן בְּאֶחָד לַחֹדֶשׁ:

ב 2

וְאֵלֶּה בְּנֵי הַמְּדִינָה הָעֹלִים מִשְּׁבִי הַגּוֹלָה אֲשֶׁר הֶגְלָה נְבוּכַדְנֶצּוֹר א

מֶלֶךְ־בָּבֶל לְבָבֶל וַיָּשׁוּבוּ לִירוּשָׁלַ͏ִם וִיהוּדָה אִישׁ לְעִירוֹ: אֲשֶׁר־ 2

בָּאוּ עִם־זְרֻבָּבֶל יֵשׁוּעַ נְחֶמְיָה שְׂרָיָה רְעֵלָיָה מָרְדֳּכַי בִּלְשָׁן מִסְפָּר

בִּגְוַי רְחוּם בַּעֲנָה מִסְפַּר אַנְשֵׁי עַם יִשְׂרָאֵל: בְּנֵי פַרְעֹשׁ אַלְפַּיִם 3

מֵאָה שִׁבְעִים וּשְׁנָיִם: בְּנֵי שְׁפַטְיָה שְׁלֹשׁ מֵאוֹת שִׁבְעִים וּשְׁנָיִם: 4

בְּנֵי אָרַח שְׁבַע מֵאוֹת חֲמִשָּׁה וְשִׁבְעִים: בְּנֵי־פַחַת מוֹאָב לִבְנֵי ה
6

יֵשׁוּעַ יוֹאָב אַלְפַּיִם שְׁמֹנֶה מֵאוֹת וּשְׁנֵים עָשָׂר: בְּנֵי עֵילָם 7

אֶלֶף מָאתַיִם חֲמִשִּׁים וְאַרְבָּעָה: בְּנֵי זַתּוּא תְּשַׁע מֵאוֹת וְאַרְבָּעִים 8

וַחֲמִשָּׁה: בְּנֵי זַכָּי שְׁבַע מֵאוֹת וְשִׁשִּׁים: בְּנֵי בָנִי שֵׁשׁ מֵאוֹת אַרְבָּעִים 9

וּשְׁנָיִם: בְּנֵי בֵבַי שֵׁשׁ מֵאוֹת עֶשְׂרִים וּשְׁלֹשָׁה: בְּנֵי עַזְגָּד אֶלֶף 11
12

מָאתַיִם עֶשְׂרִים וּשְׁנָיִם: בְּנֵי אֲדֹנִיקָם שֵׁשׁ מֵאוֹת שִׁשִּׁים וְשִׁשָּׁה: 13

בְּנֵי בִגְוַי אַלְפַּיִם חֲמִשִּׁים וְשִׁשָּׁה: בְּנֵי עָדִין אַרְבַּע מֵאוֹת חֲמִשִּׁים 14
טו

וְאַרְבָּעָה: בְּנֵי־אָטֵר לִיחִזְקִיָּה תִּשְׁעִים וּשְׁמֹנָה: בְּנֵי בֵצָי שְׁלֹשׁ 16
17

מֵאוֹת עֶשְׂרִים וּשְׁלֹשָׁה: בְּנֵי יוֹרָה מֵאָה וּשְׁנֵים עָשָׂר: בְּנֵי חָשֻׁם 18
19

מָאתַיִם עֶשְׂרִים וּשְׁלֹשָׁה: בְּנֵי גִבָּר תִּשְׁעִים וַחֲמִשָּׁה: בְּנֵי בֵית־ כ
21

לֶחֶם מֵאָה עֶשְׂרִים וּשְׁלֹשָׁה: אַנְשֵׁי נְטֹפָה חֲמִשִּׁים וְשִׁשָּׁה: אַנְשֵׁי 22
23

עֲנָתוֹת מֵאָה עֶשְׂרִים וּשְׁמֹנָה: בְּנֵי עַזְמָוֶת אַרְבָּעִים וּשְׁנָיִם: בְּנֵי 24
כה

קִרְיַת עָרִים כְּפִירָה וּבְאֵרֹת שְׁבַע מֵאוֹת וְאַרְבָּעִים וּשְׁלֹשָׁה:

בְּנֵי הָרָמָה וָגֶבַע שֵׁשׁ מֵאוֹת עֶשְׂרִים וְאֶחָד: אַנְשֵׁי מִכְמָס מֵאָה 26
27

עֶשְׂרִים וּשְׁנָיִם: אַנְשֵׁי בֵיתְאֵל וְהָעָי מָאתַיִם עֶשְׂרִים וּשְׁלֹשָׁה: 28

בְּנֵי נְבוֹ חֲמִשִּׁים וּשְׁנָיִם: בְּנֵי מַגְבִּישׁ מֵאָה חֲמִשִּׁים וְשִׁשָּׁה: 29
ל

בְּנֵי עֵילָם אַחֵר אֶלֶף מָאתַיִם חֲמִשִּׁים וְאַרְבָּעָה: בְּנֵי חָרִם 31
32

‏33 שְׁלֹשׁ מֵאוֹת וְעֶשְׂרִים: בְּנֵי־לֹד חָדִיד וְאוֹנוֹ שְׁבַע מֵאוֹת עֶשְׂרִים

‏34 וַחֲמִשָּׁה: בְּנֵי יְרֵחוֹ שְׁלֹשׁ מֵאוֹת אַרְבָּעִים וַחֲמִשָּׁה: בְּנֵי סְנָאָה
‏לה

‏36 שְׁלֹשֶׁת אֲלָפִים וְשֵׁשׁ מֵאוֹת וּשְׁלֹשִׁים: הַכֹּהֲנִים בְּנֵי יְדַעְיָה לְבֵית

‏37 יֵשׁוּעַ תְּשַׁע מֵאוֹת שִׁבְעִים וּשְׁלֹשָׁה: בְּנֵי אִמֵּר אֶלֶף חֲמִשִּׁים וּשְׁנָיִם:

‏38 בְּנֵי פַשְׁחוּר אֶלֶף מָאתַיִם אַרְבָּעִים וְשִׁבְעָה: בְּנֵי חָרִם אֶלֶף
‏39

‏מ וְשִׁבְעָה עָשָׂר: הַלְוִיִּם בְּנֵי־יֵשׁוּעַ וְקַדְמִיאֵל לִבְנֵי הוֹדַוְיָה שִׁבְעִים

‏41 וְאַרְבָּעָה: הַמְשֹׁרְרִים בְּנֵי אָסָף מֵאָה עֶשְׂרִים וּשְׁמֹנָה: בְּנֵי

‏42 הַשֹּׁעֲרִים בְּנֵי־שַׁלּוּם בְּנֵי־אָטֵר בְּנֵי־טַלְמֹן בְּנֵי־עַקּוּב בְּנֵי חֲטִיטָא

‏43 בְּנֵי שֹׁבָי הַכֹּל מֵאָה שְׁלֹשִׁים וְתִשְׁעָה: הַנְּתִינִים בְּנֵי־צִיחָא

‏44 בְּנֵי־חֲשׂוּפָא בְּנֵי טַבָּעוֹת: בְּנֵי־קֵרֹס בְּנֵי־סִיעֲהָא בְּנֵי פָדוֹן:

‏מה בְּנֵי־לְבָנָה בְּנֵי־חֲגָבָה בְּנֵי עַקּוּב: בְּנֵי־חָגָב בְּנֵי־שַׁמְלַי בְּנֵי
‏46

‏47 חָנָן: בְּנֵי־גִדֵּל בְּנֵי־גַחַר בְּנֵי רְאָיָה: בְּנֵי־רְצִין בְּנֵי־נְקוֹדָא בְּנֵי
‏48

‏49 גַזָּם: בְּנֵי־עֻזָּא בְּנֵי־פָסֵחַ בְּנֵי בֵסָי: בְּנֵי־אַסְנָה בְּנֵי־מְעוּנִים

‏51 בְּנֵי נְפִיסִים: בְּנֵי־בַקְבּוּק בְּנֵי־חֲקוּפָא בְּנֵי חַרְחוּר: בְּנֵי־
‏52

‏53 בַצְלוּת בְּנֵי־מְחִידָא בְּנֵי חַרְשָׁא: בְּנֵי־בַרְקוֹס בְּנֵי־סִיסְרָא

‏54 בְּנֵי־תָמַח: בְּנֵי נְצִיחַ בְּנֵי חֲטִיפָא: בְּנֵי עַבְדֵי שְׁלֹמֹה בְּנֵי־
‏נה

‏56 סֹטַי בְּנֵי הַסֹּפֶרֶת בְּנֵי פְרוּדָא: בְּנֵי־יַעֲלָה בְּנֵי־דַרְקוֹן בְּנֵי

‏57 גִדֵּל: בְּנֵי שְׁפַטְיָה בְּנֵי־חַטִּיל בְּנֵי פֹּכֶרֶת הַצְּבָיִים בְּנֵי אָמִי:

‏58 כָּל־הַנְּתִינִים וּבְנֵי עַבְדֵי שְׁלֹמֹה שְׁלֹשׁ מֵאוֹת תִּשְׁעִים וּשְׁנָיִם:

‏59 וְאֵלֶּה הָעֹלִים מִתֵּל מֶלַח תֵּל חַרְשָׁא כְּרוּב אַדָּן אִמֵּר וְלֹא

‏ס יָכְלוּ לְהַגִּיד בֵּית־אֲבוֹתָם וְזַרְעָם אִם מִיִּשְׂרָאֵל הֵם: בְּנֵי־דְלָיָה
בְּנֵי־טוֹבִיָּה בְּנֵי נְקוֹדָא שֵׁשׁ מֵאוֹת חֲמִשִּׁים וּשְׁנָיִם:

‏61 וּמִבְּנֵי הַכֹּהֲנִים בְּנֵי חֳבַיָּה בְּנֵי הַקּוֹץ בְּנֵי בַרְזִלַּי אֲשֶׁר לָקַח

‏62 מִבְּנוֹת בַּרְזִלַּי הַגִּלְעָדִי אִשָּׁה וַיִּקָּרֵא עַל־שְׁמָם: אֵלֶּה בִּקְשׁוּ

‏63 כְתָבָם הַמִּתְיַחֲשִׂים וְלֹא נִמְצָאוּ וַיְגֹאֲלוּ מִן־הַכְּהֻנָּה: וַיֹּאמֶר
הַתִּרְשָׁתָא לָהֶם אֲשֶׁר לֹא־יֹאכְלוּ מִקֹּדֶשׁ הַקֳּדָשִׁים עַד עֲמֹד כֹּהֵן

‏64 לְאוּרִים וּלְתֻמִּים: כָּל־הַקָּהָל כְּאֶחָד אַרְבַּע רִבּוֹא אַלְפַּיִם שְׁלֹשׁ

‏סה מֵאוֹת שִׁשִּׁים: מִלְּבַד עַבְדֵיהֶם וְאַמְהֹתֵיהֶם אֵלֶּה שִׁבְעַת אֲלָפִים
שְׁלֹשׁ מֵאוֹת שְׁלֹשִׁים וְשִׁבְעָה וְלָהֶם מְשֹׁרְרִים וּמְשֹׁרְרוֹת מָאתָיִם:

66 סוּסֵיהֶם שְׁבַע מֵאוֹת שְׁלֹשִׁים וְשִׁשָּׁה פִּרְדֵיהֶם מָאתַיִם אַרְבָּעִים

67 וַחֲמִשָּׁה: גְּמַלֵּיהֶם אַרְבַּע מֵאוֹת שְׁלֹשִׁים וַחֲמִשָּׁה חֲמֹרִים שֵׁשֶׁת
אֲלָפִים שְׁבַע מֵאוֹת וְעֶשְׂרִים:

68 וּמֵרָאשֵׁי הָאָבוֹת בְּבוֹאָם לְבֵית יְהֹוָה אֲשֶׁר בִּירוּשָׁלָ͏ִם הִתְנַדְּבוּ

69 לְבֵית הָאֱלֹהִים לְהַעֲמִידוֹ עַל־מְכוֹנוֹ: כְּכֹחָם נָתְנוּ לְאוֹצַר
הַמְּלָאכָה זָהָב דַּרְכְּמוֹנִים שֵׁשׁ־רִבֹּאות וָאֶלֶף וְכֶסֶף מָנִים חֲמֵשֶׁת
אֲלָפִים וְכָתְנֹת כֹּהֲנִים מֵאָה:

ע וַיֵּשְׁבוּ הַכֹּהֲנִים וְהַלְוִיִּם וּמִן־הָעָם וְהַמְשֹׁרְרִים וְהַשּׁוֹעֲרִים
וְהַנְּתִינִים בְּעָרֵיהֶם וְכָל־יִשְׂרָאֵל בְּעָרֵיהֶם:

ג 3

א וַיִּגַּע הַחֹדֶשׁ הַשְּׁבִיעִי וּבְנֵי יִשְׂרָאֵל בֶּעָרִים וַיֵּאָסְפוּ הָעָם כְּאִישׁ

2 אֶחָד אֶל־יְרוּשָׁלָ͏ִם: וַיָּקָם יֵשׁוּעַ בֶּן־יוֹצָדָק וְאֶחָיו הַכֹּהֲנִים וּזְרֻבָּבֶל
בֶּן־שְׁאַלְתִּיאֵל וְאֶחָיו וַיִּבְנוּ אֶת־מִזְבַּח אֱלֹהֵי יִשְׂרָאֵל לְהַעֲלוֹת

3 עָלָיו עֹלוֹת כַּכָּתוּב בְּתוֹרַת מֹשֶׁה אִישׁ הָאֱלֹהִים: וַיָּכִינוּ הַמִּזְבֵּחַ
עַל־מְכוֹנֹתָו כִּי בְּאֵימָה עֲלֵיהֶם מֵעַמֵּי הָאֲרָצוֹת וַיַּעַל עָלָיו עֹלוֹת

4 לַיהֹוָה עֹלוֹת לַבֹּקֶר וְלָעָרֶב: וַיַּעֲשׂוּ אֶת־חַג הַסֻּכּוֹת כַּכָּתוּב וְעֹלַת

ה יוֹם בְּיוֹם בְּמִסְפָּר כְּמִשְׁפַּט דְּבַר־יוֹם בְּיוֹמוֹ: וְאַחֲרֵי־כֵן עֹלַת
תָּמִיד וְלֶחֳדָשִׁים וּלְכָל־מוֹעֲדֵי יְהֹוָה הַמְקֻדָּשִׁים וּלְכֹל מִתְנַדֵּב נְדָבָה

6 לַיהֹוָה: מִיּוֹם אֶחָד לַחֹדֶשׁ הַשְּׁבִיעִי הֵחֵלּוּ לְהַעֲלוֹת עֹלוֹת לַיהֹוָה

7 וְהֵיכַל יְהֹוָה לֹא יֻסָּד: וַיִּתְּנוּ־כֶסֶף לַחֹצְבִים וְלֶחָרָשִׁים וּמַאֲכָל
וּמִשְׁתֶּה וָשֶׁמֶן לַצִּדֹנִים וְלַצֹּרִים לְהָבִיא עֲצֵי אֲרָזִים מִן־הַלְּבָנוֹן
אֶל־יָם יָפוֹא כְּרִשְׁיוֹן כּוֹרֶשׁ מֶלֶךְ־פָּרַס עֲלֵיהֶם:

8 וּבַשָּׁנָה הַשֵּׁנִית לְבוֹאָם אֶל־בֵּית הָאֱלֹהִים לִירוּשָׁלַ͏ִם בַּחֹדֶשׁ
הַשֵּׁנִי הֵחֵלּוּ זְרֻבָּבֶל בֶּן־שְׁאַלְתִּיאֵל וְיֵשׁוּעַ בֶּן־יוֹצָדָק וּשְׁאָר
אֲחֵיהֶם הַכֹּהֲנִים וְהַלְוִיִּם וְכָל־הַבָּאִים מֵהַשְּׁבִי יְרוּשָׁלַ͏ִם וַיַּעֲמִידוּ
אֶת־הַלְוִיִּם מִבֶּן עֶשְׂרִים שָׁנָה וָמַעְלָה לְנַצֵּחַ עַל־מְלֶאכֶת בֵּית־

9 יְהֹוָה: וַיַּעֲמֹד יֵשׁוּעַ בָּנָיו וְאֶחָיו קַדְמִיאֵל וּבָנָיו בְּנֵי־יְהוּדָה כְּאֶחָד
לְנַצֵּחַ עַל־עֹשֵׂה הַמְּלָאכָה בְּבֵית הָאֱלֹהִים בְּנֵי חֵנָדָד בְּנֵי בְנֵיהֶם

וַאֲחֵיהֶם הַלְוִיִּם: וַיִּסְדוּ הַבֹּנִים אֶת־הֵיכַל יְהֹוָה וַיַּעֲמִידוּ הַכֹּהֲנִים ‪י‬
מְלֻבָּשִׁים בַּחֲצֹצְרוֹת וְהַלְוִיִּם בְּנֵי־אָסָף בַּמְצִלְתַּיִם לְהַלֵּל אֶת־
יְהֹוָה עַל־יְדֵי דָוִיד מֶלֶךְ־יִשְׂרָאֵל: וַיַּעֲנוּ בְּהַלֵּל וּבְהוֹדֹת לַיהֹוָה ‪11‬
כִּי טוֹב כִּי־לְעוֹלָם חַסְדּוֹ עַל־יִשְׂרָאֵל וְכָל־הָעָם הֵרִיעוּ תְרוּעָה
גְדוֹלָה בְהַלֵּל לַיהֹוָה עַל הוּסַד בֵּית־יְהֹוָה: וְרַבִּים מֵהַכֹּהֲנִים ‪12‬
וְהַלְוִיִּם וְרָאשֵׁי הָאָבוֹת הַזְּקֵנִים אֲשֶׁר רָאוּ אֶת־הַבַּיִת הָרִאשׁוֹן
בְּיָסְדוֹ זֶה הַבַּיִת בְּעֵינֵיהֶם בֹּכִים בְּקוֹל גָּדוֹל וְרַבִּים בִּתְרוּעָה
בְשִׂמְחָה לְהָרִים קוֹל: וְאֵין הָעָם מַכִּירִים קוֹל תְּרוּעַת הַשִּׂמְחָה ‪13‬
לְקוֹל בְּכִי הָעָם כִּי הָעָם מְרִיעִים תְּרוּעָה גְדוֹלָה וְהַקּוֹל נִשְׁמַע
עַד־לְמֵרָחוֹק:

ד 4

וַיִּשְׁמְעוּ צָרֵי יְהוּדָה וּבִנְיָמִן כִּי־בְנֵי הַגּוֹלָה בּוֹנִים הֵיכָל לַיהֹוָה ‪א‬
אֱלֹהֵי יִשְׂרָאֵל: וַיִּגְּשׁוּ אֶל־זְרֻבָּבֶל וְאֶל־רָאשֵׁי הָאָבוֹת וַיֹּאמְרוּ ‪2‬
לָהֶם נִבְנֶה עִמָּכֶם כִּי כָכֶם נִדְרוֹשׁ לֵאלֹהֵיכֶם וְלֹא אֲנַחְנוּ זֹבְחִים
מִימֵי אֵסַר חַדֹּן מֶלֶךְ אַשּׁוּר הַמַּעֲלֶה אֹתָנוּ פֹּה: וַיֹּאמֶר לָהֶם ‪3‬
זְרֻבָּבֶל וְיֵשׁוּעַ וּשְׁאָר רָאשֵׁי הָאָבוֹת לְיִשְׂרָאֵל לֹא־לָכֶם וָלָנוּ
לִבְנוֹת בַּיִת לֵאלֹהֵינוּ כִּי אֲנַחְנוּ יַחַד נִבְנֶה לַיהֹוָה אֱלֹהֵי יִשְׂרָאֵל
כַּאֲשֶׁר צִוָּנוּ הַמֶּלֶךְ כּוֹרֶשׁ מֶלֶךְ פָּרָס: וַיְהִי עַם הָאָרֶץ מְרַפִּים ‪4‬
יְדֵי עַם־יְהוּדָה וּמְבַלֲהִים אוֹתָם לִבְנוֹת: וְסֹכְרִים עֲלֵיהֶם יוֹעֲצִים ‪ה‬
לְהָפֵר עֲצָתָם כָּל־יְמֵי כּוֹרֶשׁ מֶלֶךְ פָּרַס וְעַד־מַלְכוּת דָּרְיָוֶשׁ
מֶלֶךְ פָּרָס:

וּבְמַלְכוּת אֲחַשְׁוֵרוֹשׁ בִּתְחִלַּת מַלְכוּתוֹ כָּתְבוּ שִׂטְנָה בִשְׁלָם מִתְרְדָת ‪6‬
טָבְאֵל וּשְׁאָר כְּנָוֹתָיו שָׂטְנָה עַל יֹשְׁבֵי יְהוּדָה וִירוּשָׁלַ͏ִם וּכְתָב
הַנִּשְׁתְּוָן כָּתוּב אֲרָמִית וּמְתֻרְגָּם [ארמית]:
וּבִימֵי אַרְתַּחְשַׁשְׂתָּא כָּתַב רְחוּם בְּעֵל־טְעֵם וְשִׁמְשַׁי סָפְרָא ‪7‬
אִגְּרָה חֲדָה עַל יְרוּשְׁלֶם לְאַרְתַּחְשַׁשְׂתְּא מַלְכָּא כְּנֵמָא: [אֱדַיִן ‪8‬
רְחוּם בְּעֵל־טְעֵם וְשִׁמְשַׁי סָפְרָא וּשְׁאָר כְּנָוָתְהוֹן פַּרְתְּכָיֵא טַרְפְּלָיֵא

פָּרְסָיֵא אַרְכְּוָיֵא בָבְלָיֵא שׁוּשַׁנְכָיֵא דִּי־הוּא עֵלְמָיֵא: וּשְׁאָר אֻמַּיָּא י

דִּי הַגְלִי אָסְנַפַּר רַבָּא וְיַקִּירָא וְהוֹתֵב הִמּוֹ בְּקִרְיָה דִּי שָׁמְרָיִן

וּשְׁאָר עֲבַר־נַהֲרָה:] דְּנָה פַּרְשֶׁגֶן אִגַּרְתָּא דִּי שְׁלַחוּ עֲלוֹהִי עַל 11

אַרְתַּחְשַׁשְׂתְּא מַלְכָּא עַבְדָּיךְ רְחוּם בְּעֵל־טְעֵם וְשִׁמְשַׁי סָפְרָא

וּשְׁאָר כְּנָוָתְהוֹן דַּיָּנַיָּא דִּי עֲבַר־נַהֲרָה שְׁלָם: וּכְעֶנֶת יְדִיעַ לֶהֱוֵא 12

לְמַלְכָּא דִּי יְהוּדָיֵא דִּי סְלִיקוּ מִן־לְוָתָךְ עֲלֶינָא אֲתוֹ לִירוּשְׁלֶם

קִרְיְתָא מָרָדְתָּא וּבְאִישְׁתָּא בָּנַיִן וְשׁוּרַיָּ אשׁכללו וְאֻשַּׁיָּא יַחִיטוּ:

כְּעַן יְדִיעַ לֶהֱוֵא לְמַלְכָּא דִּי הֵן קִרְיְתָא דָךְ תִּתְבְּנֵא וְשׁוּרַיָּא 13

יִשְׁתַּכְלְלוּן מִנְדָּה בְלוֹ וַהֲלָךְ לָא יִנְתְּנוּן וְאַפְּתֹם מַלְכִים תְּהַנְזִק:

כְּעַן כָּל־קֳבֵל דִּי־מְלַח הֵיכְלָא מְלַחְנָא וְעַרְוַת מַלְכָּא לָא־אַרִיךְ 14

לָנָא לְמֶחֱזֵא עַל־דְּנָה שְׁלַחְנָא וְהוֹדַעְנָא לְמַלְכָּא: דִּי יְבַקַּר טו

בִּסְפַר־דָּכְרָנַיָּא דִּי אֲבָהָתָךְ וּתְהַשְׁכַּח בִּסְפַר דָּכְרָנַיָּא וְתִנְדַּע

דִּי קִרְיְתָא דָךְ קִרְיָא מָרָדָא וּמְהַנְזְקַת מַלְכִין וּמְדִנָן וְאֶשְׁתַּדּוּר

עָבְדִין בְּגַוַּהּ מִן־יוֹמָת עָלְמָא עַל־דְּנָה קִרְיְתָא דָךְ הָחָרְבַת:

מְהוֹדְעִין אֲנַחְנָה לְמַלְכָּא דִּי הֵן קִרְיְתָא דָךְ תִּתְבְּנֵא וְשׁוּרַיָּה 16

יִשְׁתַּכְלְלוּן לָקֳבֵל דְּנָה חֲלָק בַּעֲבַר נַהֲרָא לָא אִתַי לָךְ:

פִּתְגָמָא שְׁלַח מַלְכָּא עַל־רְחוּם בְּעֵל־טְעֵם וְשִׁמְשַׁי סָפְרָא 17

וּשְׁאָר כְּנָוָתְהוֹן דִּי יָתְבִין בְּשָׁמְרָיִן וּשְׁאָר עֲבַר־נַהֲרָה שְׁלָם וּכְעֶת:

נִשְׁתְּוָנָא דִּי שְׁלַחְתּוּן עֲלֶינָא מְפָרַשׁ קֱרִי קֳדָמָי: וּמִנִּי שִׂים טְעֵם 18 19

וּבַקַּרוּ וְהַשְׁכַּחוּ דִּי קִרְיְתָא דָךְ מִן־יוֹמָת עָלְמָא עַל־מַלְכִין

מִתְנַשְּׂאָה וּמְרַד וְאֶשְׁתַּדּוּר מִתְעֲבֶד־בַּהּ: וּמַלְכִין תַּקִּיפִין הֲווֹ כ

עַל־יְרוּשְׁלֶם וְשַׁלִּיטִין בְּכֹל עֲבַר נַהֲרָה וּמִנְדָּה בְלוֹ וַהֲלָךְ מִתְיְהֵב

לְהוֹן: כְּעַן שִׂימוּ טְעֵם לְבַטָּלָא גֻּבְרַיָּא אִלֵּךְ וְקִרְיְתָא דָךְ לָא 21

תִתְבְּנֵא עַד־מִנִּי טַעְמָא יִתְּשָׂם: וּזְהִירִין הֲווֹ שָׁלוּ לְמֶעְבַּד עַל־ 22

דְּנָה לְמָה יִשְׂגֵּא חֲבָלָא לְהַנְזָקַת מַלְכִין:

אֱדַיִן מִן־דִּי פַּרְשֶׁגֶן נִשְׁתְּוָנָא דִּי אַרְתַּחְשַׁשְׂתְּא מַלְכָּא קֱרִי 23

קֳדָם־רְחוּם וְשִׁמְשַׁי סָפְרָא וּכְנָוָתְהוֹן אֲזַלוּ בִבְהִילוּ לִירוּשְׁלֶם

עַל־יְהוּדָיֵא וּבַטִּלוּ הִמּוֹ בְּאֶדְרָע וְחָיִל: 24

כה בֵּאדַיִן בְּטֵלַת עֲבִידַת בֵּית־אֱלָהָא דִּי בִּירוּשְׁלֶם וַהֲוַת בָּטְלָא
עַד שְׁנַת תַּרְתֵּין לְמַלְכוּת דָּרְיָוֶשׁ מֶלֶךְ פָּרָס:

ה 5

א וְהִתְנַבִּי חַגַּי נְבִיאָה וּזְכַרְיָה בַר־עִדּוֹא נְבִיאַיָּא עַל־יְהוּדָיֵא דִּי
בִיהוּד וּבִירוּשְׁלֶם בְּשֻׁם אֱלָהּ יִשְׂרָאֵל עֲלֵיהוֹן:

2 בֵּאדַיִן קָמוּ זְרֻבָּבֶל בַּר־שְׁאַלְתִּיאֵל וְיֵשׁוּעַ בַּר־יוֹצָדָק וְשָׁרִיו
לְמִבְנֵא בֵּית אֱלָהָא דִּי בִּירוּשְׁלֶם וְעִמְּהוֹן נְבִיאַיָּא דִי־אֱלָהָא
מְסָעֲדִין לְהוֹן:

3 בֵּהּ־זִמְנָא אֲתָה עֲלֵיהוֹן תַּתְּנַי פַּחַת עֲבַר־נַהֲרָה
וּשְׁתַר בּוֹזְנַי וּכְנָוָתְהוֹן וְכֵן אָמְרִין לְהֹם מַן־שָׂם לְכֹם טְעֵם בַּיְתָא
דְנָה לִבְּנֵא וְאֻשַּׁרְנָא דְנָה לְשַׁכְלָלָה:

4 אֱדַיִן כְּנֵמָא אֲמַרְנָא לְהֹם מַן־אִנּוּן שְׁמָהָת גֻּבְרַיָּא דִּי־דְנָה
בִנְיָנָא בָּנַיִן: וְעֵין אֱלָהֲהֹם הֲוָת עַל־שָׂבֵי יְהוּדָיֵא וְלָא־בַטִּלוּ

5 הִמּוֹ עַד־טַעְמָא לְדָרְיָוֶשׁ יְהָךְ וֶאֱדַיִן יְתִיבוּן נִשְׁתְּוָנָא עַל־דְּנָה:

6 פַּרְשֶׁגֶן אִגַּרְתָּא דִּי־שְׁלַח תַּתְּנַי פַּחַת עֲבַר־נַהֲרָה וּשְׁתַר בּוֹזְנַי

7 וּכְנָוָתֵהּ אֲפַרְסְכָיֵא דִּי בַּעֲבַר נַהֲרָה עַל־דָּרְיָוֶשׁ מַלְכָּא: פִּתְגָמָא
שְׁלַחוּ עֲלוֹהִי וְכִדְנָה כְּתִיב בְּגַוֵּהּ לְדָרְיָוֶשׁ מַלְכָּא שְׁלָמָא כֹלָּא:

8 יְדִיעַ לֶהֱוֵא לְמַלְכָּא דִּי אֲזַלְנָא לִיהוּד מְדִינְתָּא לְבֵית אֱלָהָא
רַבָּא וְהוּא מִתְבְּנֵא אֶבֶן גְּלָל וְאָע מִתְּשָׂם בְּכֻתְלַיָּא וַעֲבִידְתָּא דָךְ

9 אָסְפַּרְנָא מִתְעַבְדָא וּמַצְלַח בְּיֶדְהֹם: אֱדַיִן שְׁאֵלְנָא לְשָׂבַיָּא אִלֵּךְ
כְּנֵמָא אֲמַרְנָא לְהֹם מַן־שָׂם לְכֹם טְעֵם בַּיְתָא דְנָה לְמִבְנְיָה

י וְאֻשַּׁרְנָא דְנָה לְשַׁכְלָלָה: וְאַף שְׁמָהָתְהֹם שְׁאֵלְנָא לְהֹם לְהוֹדָעוּתָךְ
דִּי נִכְתֻּב שֻׁם גֻּבְרַיָּא דִּי בְרָאשֵׁיהֹם:

11 וּכְנֵמָא פִתְגָמָא הֲתִיבוּנָא לְמֵמַר אֲנַחְנָא הִמּוֹ עַבְדוֹהִי דִי־אֱלָהּ
שְׁמַיָּא וְאַרְעָא וּבָנַיִן בַּיְתָא דִּי־הֲוָה בְנֵה מִקַּדְמַת דְּנָה שְׁנִין שַׂגִּיאָן

12 וּמֶלֶךְ לְיִשְׂרָאֵל רַב בְּנָהִי וְשַׁכְלְלֵהּ: לָהֵן מִן־דִּי הַרְגִּזוּ אֲבָהָתַנָא
לֶאֱלָהּ שְׁמַיָּא יְהַב הִמּוֹ בְּיַד נְבוּכַדְנֶצַּר מֶלֶךְ־בָּבֶל כַּסְדָּיָא וּבַיְתָה

13 דְנָה סַתְרֵהּ וְעַמָּה הַגְלִי לְבָבֶל: בְּרַם בִּשְׁנַת חֲדָה לְכוֹרֶשׁ מַלְכָּא

14 דִּי בָבֶל כּוֹרֶשׁ מַלְכָּא שָׂם טְעֵם בֵּית־אֱלָהָא דְנָה לִבְּנֵא: וְאַף
מָאנַיָּא דִי בֵית־אֱלָהָא דִי דַהֲבָה וְכַסְפָּא דִּי נְבוּכַדְנֶצַּר הַנְפֵּק
מִן־הֵיכְלָא דִי בִירוּשְׁלֶם וְהֵיבֵל הִמּוֹ לְהֵיכְלָא דִי בָבֶל הַנְפֵּק
הִמּוֹ כּוֹרֶשׁ מַלְכָּא מִן־הֵיכְלָא דִי בָבֶל וִיהִיבוּ לְשֵׁשְׁבַּצַּר שְׁמֵהּ
15 דִּי פֶחָה שָׂמֵהּ: וַאֲמַר־לֵהּ אֵלֶּה מָאנַיָּא שֵׂא אֵזֶל־אֲחֵת הִמּוֹ
בְּהֵיכְלָא דִי בִירוּשְׁלֶם וּבֵית אֱלָהָא יִתְבְּנֵא עַל־אַתְרֵהּ:

16 אֱדַיִן שֵׁשְׁבַּצַּר דֵּךְ אֲתָא יְהַב אֻשַּׁיָּא דִי־בֵית אֱלָהָא דִי בִירוּשְׁלֶם
17 וּמִן־אֱדַיִן וְעַד־כְּעַן מִתְבְּנֵא וְלָא שְׁלִם: וּכְעַן הֵן עַל־מַלְכָּא
טָב יִתְבַּקַּר בְּבֵית גִּנְזַיָּא דִי מַלְכָּא תַמָּה דִּי בְּבָבֶל הֵן אִיתַי דִּי מִן־
כּוֹרֶשׁ מַלְכָּא שִׂים טְעֵם לְמִבְנֵא בֵּית־אֱלָהָא דֵךְ בִּירוּשְׁלֶם וּרְעוּת
מַלְכָּא עַל־דְּנָה יִשְׁלַח עֲלֶינָא:

6 ו

א בֵּאדַיִן דָּרְיָוֶשׁ מַלְכָּא שָׂם טְעֵם וּבַקַּרוּ בְּבֵית סִפְרַיָּא דִּי גִנְזַיָּא
2 מְהַחֲתִין תַּמָּה בְּבָבֶל: וְהִשְׁתְּכַח בְּאַחְמְתָא בְּבִירְתָא דִּי בְּמָדַי
מְדִינְתָּא מְגִלָּה חֲדָה וְכֵן־כְּתִיב בְּגַוַּהּ דִּכְרוֹנָה:
3 בִּשְׁנַת חֲדָה לְכוֹרֶשׁ מַלְכָּא כּוֹרֶשׁ מַלְכָּא שָׂם טְעֵם בֵּית אֱלָהָא
בִירוּשְׁלֶם בַּיְתָא יִתְבְּנֵא אֲתַר דִּי־דָבְחִין דִּבְחִין וְאֻשּׁוֹהִי מְסוֹבְלִין
4 רוּמֵהּ אַמִּין שִׁתִּין פְּתָיֵהּ אַמִּין שִׁתִּין: נִדְבָּכִין דִּי־אֶבֶן גְּלָל תְּלָתָא
5 וְנִדְבָּךְ דִּי־אָע חֲדַת וְנִפְקְתָא מִן־בֵּית מַלְכָּא תִּתְיְהִב: וְאַף מָאנֵי
בֵית־אֱלָהָא דִי דַהֲבָה וְכַסְפָּא דִּי נְבוּכַדְנֶצַּר הַנְפֵּק מִן־הֵיכְלָא
דִי־בִירוּשְׁלֶם וְהֵיבֵל לְבָבֶל יַהֲתִיבוּן וִיהָךְ לְהֵיכְלָא דִי־בִירוּשְׁלֶם
לְאַתְרֵהּ וְתַחֵת בְּבֵית אֱלָהָא:
6 כְּעַן תַּתְּנַי פַּחַת עֲבַר־נַהֲרָה שְׁתַר בּוֹזְנַי וּכְנָוָתְהוֹן אֲפַרְסְכָיֵא
7 דִּי בַּעֲבַר נַהֲרָה רַחִיקִין הֲווֹ מִן־תַּמָּה: שְׁבֻקוּ לַעֲבִידַת בֵּית־
אֱלָהָא דֵךְ פַּחַת יְהוּדָיֵא וּלְשָׂבֵי יְהוּדָיֵא בֵּית־אֱלָהָא דֵךְ יִבְנוֹן
8 עַל־אַתְרֵהּ: וּמִנִּי שִׂים טְעֵם לְמָא דִי־תַעַבְדוּן עִם־שָׂבֵי יְהוּדָיֵא
אִלֵּךְ לְמִבְנֵא בֵּית־אֱלָהָא דֵךְ וּמִנִּכְסֵי מַלְכָּא דִּי מִדַּת עֲבַר

נַהֲרָה אָסְפַּרְנָא נִפְקְתָא תֶּהֱוֵא מִתְיַהֲבָא לְגֻבְרַיָּא אִלֵּךְ דִּי־לָא

9 לְבַטָּלָא: וּמָה חַשְׁחָן וּבְנֵי תוֹרִין וְדִכְרִין וְאִמְּרִין לַעֲלָוָן לֶאֱלָהּ
שְׁמַיָּא חִנְטִין מְלַח חֲמַר וּמְשַׁח כְּמֵאמַר כָּהֲנַיָּא דִי־בִירוּשְׁלֶם

י לֶהֱוֵא מִתְיְהֵב לְהֹם יוֹם בְּיוֹם דִּי־לָא שָׁלוּ: דִּי־לֶהֱוֹן מְהַקְרְבִין

11 נִיחוֹחִין לֶאֱלָהּ שְׁמַיָּא וּמְצַלַּיִן לְחַיֵּי מַלְכָּא וּבְנוֹהִי: וּמִנִּי שִׂים
טְעֵם דִּי כָל־אֱנָשׁ דִּי יְהַשְׁנֵא פִּתְגָמָא דְנָה יִתְנְסַח אָע מִן־בַּיְתֵהּ

12 וּזְקִיף יִתְמְחֵא עֲלֹהִי וּבַיְתֵהּ נְוָלוּ יִתְעֲבֵד עַל־דְּנָה: וֵאלָהָא דִּי־
שַׁכִּן שְׁמֵהּ תַּמָּה יְמַגַּר כָּל־מֶלֶךְ וְעַם דִּי יִשְׁלַח יְדֵהּ לְהַשְׁנָיָה
לְחַבָּלָה בֵּית־אֱלָהָא דֵךְ דִּי בִירוּשְׁלֶם אֲנָה דָרְיָוֶשׁ שָׂמֵת טְעֵם
אָסְפַּרְנָא יִתְעֲבִד:

13 אֱדַיִן תַּתְּנַי פַּחַת עֲבַר־נַהֲרָה שְׁתַר בּוֹזְנַי וּכְנָוָתְהוֹן לָקֳבֵל דִּי־
14 שְׁלַח דָּרְיָוֶשׁ מַלְכָּא כְּנֵמָא אָסְפַּרְנָא עֲבַדוּ: וְשָׂבֵי יְהוּדָיֵא בָּנַיִן
וּמַצְלְחִין בִּנְבוּאַת חַגַּי נְבִיָּאה וּזְכַרְיָה בַר־עִדּוֹא וּבְנוֹ וְשַׁכְלִלוּ מִן־
טַעַם אֱלָהּ יִשְׂרָאֵל וּמִטְּעֵם כּוֹרֶשׁ וְדָרְיָוֶשׁ וְאַרְתַּחְשַׁשְׂתְּא מֶלֶךְ

טו פָּרָס: וְשֵׁיצִיא בַּיְתָה דְנָה עַד יוֹם תְּלָתָה לִירַח אֲדָר דִּי־הִיא

16 שְׁנַת־שֵׁשׁ לְמַלְכוּת דָּרְיָוֶשׁ מַלְכָּא: וַעֲבַדוּ בְנֵי־יִשְׂרָאֵל כָּהֲנַיָּא

17 וְלֵוָיֵא וּשְׁאָר בְּנֵי־גָלוּתָא חֲנֻכַּת בֵּית־אֱלָהָא דְנָה בְּחֶדְוָה: וְהַקְרִבוּ
לַחֲנֻכַּת בֵּית־אֱלָהָא דְנָה תּוֹרִין מְאָה דִּכְרִין מָאתַיִן אִמְּרִין אַרְבַּע
מְאָה וּצְפִירֵי עִזִּין לְחַטָּיָא עַל־כָּל־יִשְׂרָאֵל תְּרֵי עֲשַׂר לְמִנְיָן שִׁבְטֵי

18 יִשְׂרָאֵל: וַהֲקִימוּ כָהֲנַיָּא בִּפְלֻגָּתְהוֹן וְלֵוָיֵא בְּמַחְלְקָתְהוֹן עַל־
עֲבִידַת אֱלָהָא דִּי בִירוּשְׁלֶם כִּכְתָב סְפַר מֹשֶׁה:

19 וַיַּעֲשׂוּ בְנֵי־הַגּוֹלָה אֶת־הַפָּסַח בְּאַרְבָּעָה עָשָׂר לַחֹדֶשׁ הָרִאשׁוֹן:

כ כִּי הִטַּהֲרוּ הַכֹּהֲנִים וְהַלְוִיִּם כְּאֶחָד כֻּלָּם טְהוֹרִים וַיִּשְׁחֲטוּ הַפֶּסַח

21 לְכָל־בְּנֵי הַגּוֹלָה וְלַאֲחֵיהֶם הַכֹּהֲנִים וְלָהֶם: וַיֹּאכְלוּ בְנֵי־יִשְׂרָאֵל
הַשָּׁבִים מֵהַגּוֹלָה וְכֹל הַנִּבְדָּל מִטֻּמְאַת גּוֹיֵ־הָאָרֶץ אֲלֵהֶם לִדְרשׁ

22 לַיהֹוָה אֱלֹהֵי יִשְׂרָאֵל: וַיַּעֲשׂוּ חַג־מַצּוֹת שִׁבְעַת יָמִים בְּשִׂמְחָה
כִּי שִׂמְּחָם יְהֹוָה וְהֵסֵב לֵב מֶלֶךְ־אַשּׁוּר עֲלֵיהֶם לְחַזֵּק יְדֵיהֶם
בִּמְלֶאכֶת בֵּית־הָאֱלֹהִים אֱלֹהֵי יִשְׂרָאֵל:

ז 7

א וְאַחַר הַדְּבָרִים הָאֵלֶּה בְּמַלְכוּת אַרְתַּחְשַׁסְתְּא מֶלֶךְ־פָּרָס עֶזְרָא

2 בֶּן־שְׂרָיָה בֶּן־עֲזַרְיָה בֶּן־חִלְקִיָּה: בֶּן־שַׁלּוּם בֶּן־צָדוֹק בֶּן־

3 אֲחִיטוּב: בֶּן־אֲמַרְיָה בֶן־עֲזַרְיָה בֶּן־מְרָיוֹת: בֶּן־זְרַחְיָה בֶן־
4

5 עֻזִּי בֶן־בֻּקִּי: בֶּן־אֲבִישׁוּעַ בֶּן־פִּינְחָס בֶּן־אֶלְעָזָר בֶּן־אַהֲרֹן הַכֹּהֵן

6 הָרֹאשׁ: הוּא עֶזְרָא עָלָה מִבָּבֶל וְהוּא סוֹפֵר מָהִיר בְּתוֹרַת מֹשֶׁה
אֲשֶׁר־נָתַן יְהוָה אֱלֹהֵי יִשְׂרָאֵל וַיִּתֶּן־לוֹ הַמֶּלֶךְ כְּיַד־יְהוָה אֱלֹהָיו

7 עָלָיו כֹּל בַּקָּשָׁתוֹ: וַיַּעֲלוּ מִבְּנֵי־יִשְׂרָאֵל וּמִן־הַכֹּהֲנִים וְהַלְוִיִּם
וְהַמְשֹׁרְרִים וְהַשֹּׁעֲרִים וְהַנְּתִינִים אֶל־יְרוּשָׁלָם בִּשְׁנַת־שֶׁבַע

8 לְאַרְתַּחְשַׁסְתְּא הַמֶּלֶךְ: וַיָּבֹא יְרוּשָׁלַם בַּחֹדֶשׁ הַחֲמִישִׁי הִיא שְׁנַת

9 הַשְּׁבִיעִית לַמֶּלֶךְ: כִּי בְּאֶחָד לַחֹדֶשׁ הָרִאשׁוֹן הוּא יְסֻד הַמַּעֲלָה
מִבָּבֶל וּבְאֶחָד לַחֹדֶשׁ הַחֲמִישִׁי בָּא אֶל־יְרוּשָׁלַם כְּיַד־אֱלֹהָיו

י הַטּוֹבָה עָלָיו: כִּי עֶזְרָא הֵכִין לְבָבוֹ לִדְרֹשׁ אֶת־תּוֹרַת יְהוָה
וְלַעֲשֹׂת וּלְלַמֵּד בְּיִשְׂרָאֵל חֹק וּמִשְׁפָּט:

11 וְזֶה פַּרְשֶׁגֶן הַנִּשְׁתְּוָן אֲשֶׁר נָתַן הַמֶּלֶךְ אַרְתַּחְשַׁסְתְּא לְעֶזְרָא
הַכֹּהֵן הַסֹּפֵר סֹפֵר דִּבְרֵי מִצְוֹת־יְהוָה וְחֻקָּיו עַל־יִשְׂרָאֵל:

12 אַרְתַּחְשַׁסְתְּא מֶלֶךְ מַלְכַיָּא לְעֶזְרָא כָהֲנָא סָפַר דָּתָא דִי אֱלָהּ

13 שְׁמַיָּא גְּמִיר וּכְעֶנֶת: מִנִּי שִׂים טְעֵם דִּי כָל־מִתְנַדַּב בְּמַלְכוּתִי

14 מִן־עַמָּא יִשְׂרָאֵל וְכָהֲנוֹהִי וְלֵוָיֵא לִמְהָךְ לִירוּשְׁלֶם עִמָּךְ יְהָךְ:
כָּל־קֳבֵל דִּי מִן־קֳדָם מַלְכָּא וְשִׁבְעַת יָעֲטֹהִי שְׁלִיחַ לְבַקָּרָה עַל־

טו יְהוּד וְלִירוּשְׁלֶם בְּדָת אֱלָהָךְ דִּי בִידָךְ: וּלְהֵיבָלָה כְּסַף וּדְהַב
דִּי־מַלְכָּא וְיָעֲטוֹהִי הִתְנַדַּבוּ לֶאֱלָהּ יִשְׂרָאֵל דִּי בִירוּשְׁלֶם מִשְׁכְּנֵהּ:

16 וְכֹל כְּסַף וּדְהַב דִּי תְהַשְׁכַּח בְּכֹל מְדִינַת בָּבֶל עִם הִתְנַדָּבוּת עַמָּא

17 וְכָהֲנַיָּא מִתְנַדְּבִין לְבֵית אֱלָהֲהֹם דִּי בִירוּשְׁלֶם: כָּל־קֳבֵל דְּנָה
אָסְפַּרְנָא תִקְנֵא בְּכַסְפָּא דְנָה תּוֹרִין דִּכְרִין אִמְּרִין וּמִנְחָתְהוֹן
וְנִסְכֵּיהוֹן וּתְקָרֵב הִמּוֹ עַל־מַדְבְּחָא דִּי בֵית אֱלָהֲכֹם דִּי בִירוּשְׁלֶם:

18 וּמָה דִּי עֲלָיךְ וְעַל־אֶחָיךְ יֵיטַב בִּשְׁאָר כַּסְפָּא וְדַהֲבָה לְמֶעְבַּד

19 כִּרְעוּת אֱלָהֲכֹם תַּעַבְדוּן: וּמָאנַיָּא דִּי מִתְיַהֲבִין לָךְ לְפָלְחָן בֵּית

כ אֱלָהָךְ הַשְׁלֵם קֳדָם אֱלָהּ יְרוּשְׁלֶם: וּשְׁאָר חַשְׁחוּת בֵּית אֱלָהָךְ

21 דִּי־יִפֶּל לָךְ לְמִנְתַּן תִּנְתֵּן מִן־בֵּית גִּנְזֵי מַלְכָּא: וּמִנִּי אֲנָה אַרְתַּחְשַׁסְתְּא מַלְכָּא שִׂים טְעֵם לְכֹל גִּזַּבְרַיָּא דִּי בַּעֲבַר נַהֲרָה דִּי כָל־דִּי יִשְׁאֲלֶנְכוֹן עֶזְרָא כָהֲנָא סָפַר דָּתָא דִּי־אֱלָהּ שְׁמַיָּא אָסְפַּרְנָא

22 יִתְעֲבִד: עַד־כְּסַף כַּכְּרִין מְאָה וְעַד־חִנְטִין כֹּרִין מְאָה וְעַד־חֲמַר בַּתִּין מְאָה וְעַד־בַּתִּין מְשַׁח מְאָה וּמְלַח דִּי־לָא כְתָב:

23 כָּל־דִּי מִן־טַעַם אֱלָהּ שְׁמַיָּא יִתְעֲבֵד אַדְרַזְדָּא לְבֵית אֱלָהּ שְׁמַיָּא

24 דִּי לְמָה לֶהֱוֵא קְצַף עַל־מַלְכוּת מַלְכָּא וּבְנוֹהִי: וּלְכֹם מְהוֹדְעִין דִּי כָל־כָּהֲנַיָּא וְלֵוָיֵא זַמָּרַיָּא תָרָעַיָּא נְתִינַיָּא וּפָלְחֵי בֵּית אֱלָהָא

כה דְּנָה מִנְדָּה בְלוֹ וַהֲלָךְ לָא שַׁלִּיט לְמִרְמֵא עֲלֵיהֹם: וְאַנְתְּ עֶזְרָא כְּחָכְמַת אֱלָהָךְ דִּי־בִידָךְ מֶנִּי שָׁפְטִין וְדַיָּנִין דִּי לֶהֱוֹן דָּאנִין לְכָל־עַמָּא דִּי בַּעֲבַר נַהֲרָה לְכָל־יָדְעֵי דָּתֵי אֱלָהָךְ וְדִי לָא יָדַע תְּהוֹדְעוּן:

26 וְכָל־דִּי־לָא לֶהֱוֵא עָבֵד דָּתָא דִּי־אֱלָהָךְ וְדָתָא דִּי מַלְכָּא אָסְפַּרְנָא דִּינָה לֶהֱוֵא מִתְעֲבֵד מִנֵּהּ הֵן לְמוֹת הֵן לִשְׁרֹשׁו הֵן־לַעֲנָשׁ נִכְסִין וְלֶאֱסוּרִין:

27 בָּרוּךְ יְהֹוָה אֱלֹהֵי אֲבֹתֵינוּ אֲשֶׁר נָתַן כָּזֹאת בְּלֵב הַמֶּלֶךְ לְפָאֵר

28 אֶת־בֵּית יְהֹוָה אֲשֶׁר בִּירוּשָׁלָם: וְעָלַי הִטָּה־חֶסֶד לִפְנֵי הַמֶּלֶךְ וְיוֹעֲצָיו וּלְכָל־שָׂרֵי הַמֶּלֶךְ הַגִּבֹּרִים וַאֲנִי הִתְחַזַּקְתִּי כְּיַד־יְהֹוָה אֱלֹהַי עָלַי וָאֶקְבְּצָה מִיִּשְׂרָאֵל רָאשִׁים לַעֲלוֹת עִמִּי:

ח 8

א וְאֵלֶּה רָאשֵׁי אֲבֹתֵיהֶם וְהִתְיַחֲשָׂם הָעֹלִים עִמִּי בְּמַלְכוּת

2 אַרְתַּחְשַׁסְתְּא הַמֶּלֶךְ מִבָּבֶל: מִבְּנֵי פִינְחָס גֵּרְשֹׁם מִבְּנֵי אִיתָמָר

3 דָּנִיֵּאל מִבְּנֵי דָוִיד חַטּוּשׁ: מִבְּנֵי שְׁכַנְיָה מִבְּנֵי פַרְעֹשׁ זְכַרְיָה וְעִמּוֹ

4 הִתְיַחֵשׂ לִזְכָרִים מֵאָה וַחֲמִשִּׁים: מִבְּנֵי פַּחַת מוֹאָב אֶלְיְהוֹעֵינַי

ה בֶּן־זְרַחְיָה וְעִמּוֹ מָאתַיִם הַזְּכָרִים: מִבְּנֵי שְׁכַנְיָה בֶּן־יַחֲזִיאֵל וְעִמּוֹ

6 שְׁלֹשׁ מֵאוֹת הַזְּכָרִים: וּמִבְּנֵי עָדִין עֶבֶד בֶּן־יוֹנָתָן וְעִמּוֹ חֲמִשִּׁים

7 הַזְּכָרִים: וּמִבְּנֵי עֵילָם יְשַׁעְיָה בֶּן־עֲתַלְיָה וְעִמּוֹ שִׁבְעִים הַזְּכָרִים:

8 וּמִבְּנֵי שְׁפַטְיָה זְבַדְיָה בֶּן־מִיכָאֵל וְעִמּוֹ שְׁמֹנִים הַזְּכָרִים: מִבְּנֵי

9 יוֹאָב עֹבַדְיָה בֶּן־יְחִיאֵל וְעִמּוֹ מָאתַיִם וּשְׁמֹנָה עָשָׂר הַזְּכָרִים: וּמִבְּנֵי

11 שְׁלוֹמִית בֶּן־יוֹסִפְיָה וְעִמּוֹ מֵאָה וְשִׁשִּׁים הַזְּכָרִים: וּמִבְּנֵי בֵבַי זְכַרְיָה

12 בֶּן־בֵּבָי וְעִמּוֹ עֶשְׂרִים וּשְׁמֹנָה הַזְּכָרִים: וּמִבְּנֵי עַזְגָּד יוֹחָנָן בֶּן־

13 הַקָּטָן וְעִמּוֹ מֵאָה וַעֲשָׂרָה הַזְּכָרִים: וּמִבְּנֵי אֲדֹנִיקָם אַחֲרֹנִים וְאֵלֶּה

14 שְׁמוֹתָם אֱלִיפֶלֶט יְעִיאֵל וּשְׁמַעְיָה וְעִמָּהֶם שִׁשִּׁים הַזְּכָרִים: וּמִבְּנֵי

בִגְוַי עוּתַי וְזַבּוּד וְעִמּוֹ שִׁבְעִים הַזְּכָרִים:

טו וָאֶקְבְּצֵם אֶל־הַנָּהָר הַבָּא אֶל־אַהֲוָא וַנַּחֲנֶה־שָׁם יָמִים שְׁלֹשָׁה

16 וָאָבִינָה בָעָם וּבַכֹּהֲנִים וּמִבְּנֵי לֵוִי לֹא־מָצָאתִי שָׁם: וָאֶשְׁלְחָה

לֶאֱלִיעֶזֶר לַאֲרִיאֵל לִשְׁמַעְיָה וּלְאֶלְנָתָן וּלְיָרִיב וּלְאֶלְנָתָן וּלְנָתָן

17 וְלִזְכַרְיָה וְלִמְשֻׁלָּם רָאשִׁים וּלְיוֹיָרִיב וּלְאֶלְנָתָן מְבִינִים: וָאֲצַוֶּה

אוֹתָם עַל־אִדּוֹ הָרֹאשׁ בְּכָסִפְיָא הַמָּקוֹם וָאָשִׂימָה בְּפִיהֶם דְּבָרִים

לְדַבֵּר אֶל־אִדּוֹ אָחִיו הַנְּתוּנִים בְּכָסִפְיָא הַמָּקוֹם לְהָבִיא־לָנוּ

18 מְשָׁרְתִים לְבֵית אֱלֹהֵינוּ:   וַיָּבִיאוּ לָנוּ כְּיַד־אֱלֹהֵינוּ הַטּוֹבָה עָלֵינוּ

אִישׁ שֶׂכֶל מִבְּנֵי מַחְלִי בֶּן־לֵוִי בֶּן־יִשְׂרָאֵל וְשֵׁרֵבְיָה וּבָנָיו וְאֶחָיו

19 שְׁמֹנָה עָשָׂר: וְאֶת־חֲשַׁבְיָה וְאִתּוֹ יְשַׁעְיָה מִבְּנֵי מְרָרִי אֶחָיו וּבְנֵיהֶם

כ עֶשְׂרִים: וּמִן־הַנְּתִינִים שֶׁנָּתַן דָּוִיד וְהַשָּׂרִים לַעֲבֹדַת הַלְוִיִּם נְתִינִים

21 מָאתַיִם וְעֶשְׂרִים כֻּלָּם נִקְּבוּ בְשֵׁמוֹת: וָאֶקְרָא שָׁם צוֹם עַל־הַנָּהָר

אַהֲוָא לְהִתְעַנּוֹת לִפְנֵי אֱלֹהֵינוּ לְבַקֵּשׁ מִמֶּנּוּ דֶּרֶךְ יְשָׁרָה לָנוּ וּלְטַפֵּנוּ

22 וּלְכָל־רְכוּשֵׁנוּ:   כִּי בֹשְׁתִּי לִשְׁאוֹל מִן־הַמֶּלֶךְ חַיִל וּפָרָשִׁים לְעָזְרֵנוּ

מֵאוֹיֵב בַּדָּרֶךְ כִּי־אָמַרְנוּ לַמֶּלֶךְ לֵאמֹר יַד־אֱלֹהֵינוּ עַל־כָּל־

23 מְבַקְשָׁיו לְטוֹבָה וְעֻזּוֹ וְאַפּוֹ עַל כָּל־עֹזְבָיו: וַנָּצוּמָה וַנְּבַקְשָׁה

24 מֵאֱלֹהֵינוּ עַל־זֹאת וַיֵּעָתֵר לָנוּ:   וָאַבְדִּילָה מִשָּׂרֵי הַכֹּהֲנִים שְׁנֵים

כה עָשָׂר לְשֵׁרֵבְיָה חֲשַׁבְיָה וְעִמָּהֶם מֵאֲחֵיהֶם עֲשָׂרָה: וָאֶשְׁקוֹלָה לָהֶם

אֶת־הַכֶּסֶף וְאֶת־הַזָּהָב וְאֶת־הַכֵּלִים תְּרוּמַת בֵּית־אֱלֹהֵינוּ

26 הַהֵרִימוּ הַמֶּלֶךְ וְיֹעֲצָיו וְשָׂרָיו וְכָל־יִשְׂרָאֵל הַנִּמְצָאִים: וָאֶשְׁקְלָה

עַל־יָדָם כֶּסֶף כִּכָּרִים שֵׁשׁ־מֵאוֹת וַחֲמִשִּׁים וּכְלֵי־כֶסֶף מֵאָה

27 לְכִכָּרִים זָהָב מֵאָה כִכָּר: וּכְפֹרֵי זָהָב עֶשְׂרִים לַאֲדַרְכֹּנִים אָלֶף

28 וּכְלֵי נְחֹשֶׁת מֻצְהָב טוֹבָה שְׁנַיִם חֲמוּדֹת כַּזָּהָב: וָאֹמְרָה אֲלֵהֶם
אַתֶּם קֹדֶשׁ לַיהוָֹה וְהַכֵּלִים קֹדֶשׁ וְהַכֶּסֶף וְהַזָּהָב נְדָבָה לַיהוָֹה
29 אֱלֹהֵי אֲבֹתֵיכֶם: שִׁקְדוּ וְשִׁמְרוּ עַד תִּשְׁקְלוּ לִפְנֵי שָׂרֵי הַכֹּהֲנִים
וְהַלְוִיִּם וְשָׂרֵי־הָאָבוֹת לְיִשְׂרָאֵל בִּירוּשָׁלָ͏ִם הַלִּשְׁכוֹת בֵּית יְהוָֹה:
ל וְקִבְּלוּ הַכֹּהֲנִים וְהַלְוִיִּם מִשְׁקַל הַכֶּסֶף וְהַזָּהָב וְהַכֵּלִים לְהָבִיא
לִירוּשָׁלָ͏ִם לְבֵית אֱלֹהֵינוּ:

31 וַנִּסְעָה מִנְּהַר אַהֲוָא בִּשְׁנֵים עָשָׂר לַחֹדֶשׁ הָרִאשׁוֹן לָלֶכֶת יְרוּשָׁלָ͏ִם
וְיַד אֱלֹהֵינוּ הָיְתָה עָלֵינוּ וַיַּצִּילֵנוּ מִכַּף אוֹיֵב וְאוֹרֵב עַל־הַדָּרֶךְ:
32 וַנָּבוֹא יְרוּשָׁלָ͏ִם וַנֵּשֶׁב שָׁם יָמִים שְׁלֹשָׁה: וּבַיּוֹם הָרְבִיעִי נִשְׁקַל
33 הַכֶּסֶף וְהַזָּהָב וְהַכֵּלִים בְּבֵית אֱלֹהֵינוּ עַל יַד מְרֵמוֹת בֶּן־אוּרִיָּה
הַכֹּהֵן וְעִמּוֹ אֶלְעָזָר בֶּן־פִּינְחָס וְעִמָּהֶם יוֹזָבָד בֶּן־יֵשׁוּעַ וְנוֹעַדְיָה
34 בֶן־בִּנּוּי הַלְוִיִּם: בְּמִסְפָּר בְּמִשְׁקָל לַכֹּל וַיִּכָּתֵב כָּל־הַמִּשְׁקָל
בָּעֵת הַהִיא:

לה הַבָּאִים מֵהַשְּׁבִי בְנֵי־הַגּוֹלָה הִקְרִיבוּ עֹלוֹת לֵאלֹהֵי יִשְׂרָאֵל
פָּרִים שְׁנֵים־עָשָׂר עַל־כָּל־יִשְׂרָאֵל אֵילִים תִּשְׁעִים וְשִׁשָּׁה כְּבָשִׂים
שִׁבְעִים וְשִׁבְעָה צְפִירֵי חַטָּאת שְׁנֵים עָשָׂר הַכֹּל עוֹלָה לַיהוָֹה:
36 וַיִּתְּנוּ אֶת־דָּתֵי הַמֶּלֶךְ לַאֲחַשְׁדַּרְפְּנֵי הַמֶּלֶךְ וּפַחֲווֹת עֵבֶר הַנָּהָר
וְנִשְּׂאוּ אֶת־הָעָם וְאֶת־בֵּית הָאֱלֹהִים:

NEHEMIAH

7:69 וּמִקְצָת רָאשֵׁי הָאָבוֹת נָתְנוּ לַמְּלָאכָה הַתִּרְשָׁתָא נָתַן לָאוֹצָר זָהָב
דַּרְכְּמֹנִים אֶלֶף מִזְרָקוֹת חֲמִשִּׁים כָּתְנוֹת כֹּהֲנִים שְׁלֹשִׁים וַחֲמֵשׁ
ע מֵאוֹת: וּמֵרָאשֵׁי הָאָבוֹת נָתְנוּ לְאוֹצַר הַמְּלָאכָה זָהָב דַּרְכְּמוֹנִים
71 שְׁתֵּי רִבּוֹת וְכֶסֶף מָנִים אַלְפַּיִם וּמָאתָיִם: וַאֲשֶׁר נָתְנוּ שְׁאֵרִית הָעָם
זָהָב דַּרְכְּמֹנִים שְׁתֵּי רִבּוֹא וְכֶסֶף מָנִים אַלְפָּיִם וְכָתְנוֹת כֹּהֲנִים
72 שִׁשִּׁים וְשִׁבְעָה: וַיֵּשְׁבוּ הַכֹּהֲנִים וְהַלְוִיִּם וְהַשּׁוֹעֲרִים וְהַמְשֹׁרְרִים
וּמִן־הָעָם וְהַנְּתִינִים וְכָל־יִשְׂרָאֵל בְּעָרֵיהֶם
וַיִּגַּע הַחֹדֶשׁ הַשְּׁבִיעִי וּבְנֵי יִשְׂרָאֵל בְּעָרֵיהֶם:

ח 8

א וַיֵּאָסְפ֣וּ כָל־הָעָ֞ם כְּאִ֣ישׁ אֶחָ֗ד אֶל־הָֽרְחוֹב֙ אֲשֶׁ֣ר לִפְנֵ֣י שַֽׁעַר־
הַמָּ֔יִם וַיֹּֽאמְרוּ֙ לְעֶזְרָ֣א הַסֹּפֵ֔ר לְהָבִ֗יא אֶת־סֵ֙פֶר֙ תּוֹרַ֣ת מֹשֶׁ֔ה אֲשֶׁר־

2 צִוָּ֥ה יְהוָ֖ה אֶת־יִשְׂרָאֵֽל: וַיָּבִ֣יא עֶזְרָ֣א הַ֠כֹּהֵן אֶֽת־הַתּוֹרָ֞ה לִפְנֵ֣י
הַקָּהָ֗ל מֵאִ֣ישׁ וְעַד־אִשָּׁ֔ה וְכֹ֖ל מֵבִ֣ין לִשְׁמֹ֑עַ בְּי֥וֹם אֶחָ֖ד לַחֹ֥דֶשׁ

3 הַשְּׁבִיעִֽי: וַיִּקְרָא־ב֡וֹ לִפְנֵ֣י הָרְח֡וֹב אֲשֶׁ֣ר לִפְנֵֽי שַֽׁעַר־הַמַּ֜יִם מִן־
הָא֣וֹר עַד־מַחֲצִ֣ית הַיּ֗וֹם נֶ֛גֶד הָאֲנָשִׁ֥ים וְהַנָּשִׁ֖ים וְהַמְּבִינִ֑ים וְאָזְנֵ֥י

4 כָל־הָעָ֖ם אֶל־סֵ֥פֶר הַתּוֹרָֽה: וַיַּעֲמֹ֣ד עֶזְרָ֣א הַסֹּפֵ֗ר עַֽל־מִגְדַּל־
עֵץ֮ אֲשֶׁ֣ר עָשׂ֣וּ לַדָּבָר֒ וַיַּֽעֲמֹ֣ד אֶצְל֡וֹ מַתִּתְיָ֡ה וְשֶׁ֡מַע וַ֠עֲנָיָה
וְאוּרִיָּ֧ה וְחִלְקִיָּ֛ה וּמַעֲשֵׂיָ֖ה עַל־יְמִינ֑וֹ וּמִשְּׂמֹאל֗וֹ פְּ֠דָיָה וּמִֽישָׁאֵ֧ל
וּמַלְכִּיָּ֛ה וְחָשֻׁ֥ם וְחַשְׁבַּדָּ֖נָה זְכַרְיָ֥ה מְשֻׁלָּֽם:

ה וַיִּפְתַּ֨ח עֶזְרָ֤א הַסֵּ֙פֶר֙ לְעֵינֵ֣י כָל־הָעָ֔ם כִּֽי־מֵעַ֥ל כָּל־הָעָ֖ם הָיָ֑ה

6 וּכְפִתְח֖וֹ עָֽמְד֣וּ כָל־הָעָֽם: וַיְבָ֣רֶךְ עֶזְרָ֔א אֶת־יְהוָ֥ה הָאֱלֹהִ֖ים
הַגָּד֑וֹל וַיַּעֲנ֨וּ כָל־הָעָ֜ם אָמֵ֤ן ׀ אָמֵן֙ בְּמֹ֣עַל יְדֵיהֶ֔ם וַיִּקְּד֧וּ וַיִּֽשְׁתַּחֲוֻֽ

7 לַֽיהוָ֖ה אַפַּ֥יִם אָֽרְצָה: וְיֵשׁ֡וּעַ וּבָנִ֡י וְשֵׁרֵ֣בְיָ֣ה ׀ יָמִ֡ין עַקּ֡וּב שַׁבְּתַ֣י ׀ הֽוֹדִיָּ֡ה
מַעֲשֵׂיָ֡ה קְלִיטָ֣א עֲזַרְיָ֣ה יוֹזָבָ֡ד חָנָ֡ן פְּלָאיָ֡ה וְהַלְוִיִּ֡ם מְבִינִ֣ים אֶת־

8 הָעָ֖ם לַתּוֹרָ֑ה וְהָעָ֖ם עַל־עָמְדָֽם: וַֽיִּקְרְא֥וּ בַסֵּ֛פֶר בְּתוֹרַ֥ת הָאֱלֹהִ֖ים
מְפֹרָ֑שׁ וְשׂ֣וֹם שֶׂ֔כֶל וַיָּבִ֖ינוּ בַּמִּקְרָֽא:

9 וַיֹּ֣אמֶר נְחֶמְיָ֣ה ה֣וּא הַתִּרְשָׁ֡תָא וְעֶזְרָ֣א הַכֹּהֵ֣ן ׀ הַסֹּפֵ֡ר וְהַלְוִיִּ֡ם
הַמְּבִינִ֣ים אֶת־הָעָם֮ לְכָל־הָעָם֒ הַיּ֤וֹם קָדֹֽשׁ־הוּא֙ לַיהוָ֣ה אֱלֹֽהֵיכֶ֔ם
אַל־תִּֽתְאַבְּל֖וּ וְאַל־תִּבְכּ֑וּ כִּ֤י בוֹכִים֙ כָּל־הָעָ֔ם כְּשָׁמְעָ֖ם אֶת־

י דִּבְרֵ֥י הַתּוֹרָֽה: וַיֹּ֣אמֶר לָהֶ֗ם לְכוּ֩ אִכְל֨וּ מַשְׁמַנִּ֜ים וּשְׁת֣וּ מַֽמְתַקִּ֗ים
וְשִׁלְח֤וּ מָנוֹת֙ לְאֵ֣ין נָכ֣וֹן ל֔וֹ כִּֽי־קָד֥וֹשׁ הַיּ֖וֹם לַאֲדֹנֵ֑ינוּ וְאַל־תֵּ֣עָצֵ֔בוּ

11 כִּֽי־חֶדְוַ֥ת יְהוָ֖ה הִ֥יא מָֽעֻזְּכֶֽם: וְהַלְוִיִּ֞ם מַחְשִׁ֤ים לְכָל־הָעָם֙ לֵאמֹ֔ר

12 הַ֔סּוּ כִּ֥י הַיּ֖וֹם קָדֹ֑שׁ וְאַל־תֵּעָצֵֽבוּ: וַיֵּלְכ֨וּ כָל־הָעָ֜ם לֶאֱכֹ֤ל וְלִשְׁתּוֹת֙
וּלְשַׁלַּ֣ח מָנ֔וֹת וְלַעֲשׂ֖וֹת שִׂמְחָ֣ה גְדוֹלָ֑ה כִּ֤י הֵבִ֙ינוּ֙ בַּדְּבָרִ֔ים אֲשֶׁ֥ר
הוֹדִ֖יעוּ לָהֶֽם:

13 וּבַיּ֣וֹם הַשֵּׁנִ֡י נֶאֶסְפוּ֩ רָאשֵׁ֨י הָאָב֜וֹת לְכָל־הָעָ֗ם הַכֹּֽהֲנִ֖ים וְהַלְוִיִּ֑ם

14 אֶל־עֶזְרָ֣א הַסֹּפֵ֔ר וּֽלְהַשְׂכִּ֖יל אֶל־דִּבְרֵ֣י הַתּוֹרָ֑ה וַֽיִּמְצְא֖וּ כָּת֥וּב

בַּתּוֹרָה אֲשֶׁר צִוָּה יְהֹוָה בְּיַד־מֹשֶׁה אֲשֶׁר יֵשְׁבוּ בְנֵי־יִשְׂרָאֵל בַּסֻּכּוֹת

¹⁵ בֶּחָג בַּחֹדֶשׁ הַשְּׁבִיעִי: וַאֲשֶׁר יַשְׁמִיעוּ וְיַעֲבִירוּ קוֹל בְּכָל־עָרֵיהֶם וּבִירוּשָׁלַם לֵאמֹר צְאוּ הָהָר וְהָבִיאוּ עֲלֵי־זַיִת וַעֲלֵי עֵץ־שֶׁמֶן וַעֲלֵי הֲדַס וַעֲלֵי תְמָרִים וַעֲלֵי עֵץ עָבֹת לַעֲשֹׂת סֻכֹּת כַּכָּתוּב:

¹⁶ וַיֵּצְאוּ הָעָם וַיָּבִיאוּ וַיַּעֲשׂוּ לָהֶם סֻכּוֹת אִישׁ עַל־גַּגּוֹ וּבְחַצְרֹתֵיהֶם וּבְחַצְרוֹת בֵּית הָאֱלֹהִים וּבִרְחוֹב שַׁעַר הַמַּיִם וּבִרְחוֹב שַׁעַר

¹⁷ אֶפְרָיִם: וַיַּעֲשׂוּ כָל־הַקָּהָל הַשָּׁבִים מִן־הַשְּׁבִי סֻכּוֹת וַיֵּשְׁבוּ בַסֻּכּוֹת כִּי לֹא־עָשׂוּ מִימֵי יֵשׁוּעַ בִּן־נוּן כֵּן בְּנֵי יִשְׂרָאֵל עַד

¹⁸ הַיּוֹם הַהוּא וַתְּהִי שִׂמְחָה גְדוֹלָה מְאֹד: וַיִּקְרָא בְּסֵפֶר תּוֹרַת הָאֱלֹהִים יוֹם בְּיוֹם מִן־הַיּוֹם הָרִאשׁוֹן עַד הַיּוֹם הָאַחֲרוֹן וַיַּעֲשׂוּ־ חָג שִׁבְעַת יָמִים וּבַיּוֹם הַשְּׁמִינִי עֲצֶרֶת כַּמִּשְׁפָּט:

EZRA

עזרא ט 9

^א וּכְכַלּוֹת אֵלֶּה נִגְּשׁוּ אֵלַי הַשָּׂרִים לֵאמֹר לֹא־נִבְדְּלוּ הָעָם יִשְׂרָאֵל וְהַכֹּהֲנִים וְהַלְוִיִּם מֵעַמֵּי הָאֲרָצוֹת כְּתוֹעֲבֹתֵיהֶם לַכְּנַעֲנִי

² הַחִתִּי הַפְּרִזִּי הַיְבוּסִי הָעַמֹּנִי הַמֹּאָבִי הַמִּצְרִי וְהָאֱמֹרִי: כִּי־נָשְׂאוּ מִבְּנֹתֵיהֶם לָהֶם וְלִבְנֵיהֶם וְהִתְעָרְבוּ זֶרַע הַקֹּדֶשׁ בְּעַמֵּי הָאֲרָצוֹת וְיַד הַשָּׂרִים וְהַסְּגָנִים הָיְתָה בַּמַּעַל הַזֶּה רִאשׁוֹנָה:

³ וּכְשָׁמְעִי אֶת־הַדָּבָר הַזֶּה קָרַעְתִּי אֶת־בִּגְדִי וּמְעִילִי וָאֶמְרְטָה

⁴ מִשְּׂעַר רֹאשִׁי וּזְקָנִי וָאֵשְׁבָה מְשׁוֹמֵם: וְאֵלַי יֵאָסְפוּ כֹּל חָרֵד בְּדִבְרֵי אֱלֹהֵי־יִשְׂרָאֵל עַל מַעַל הַגּוֹלָה וַאֲנִי יֹשֵׁב מְשׁוֹמֵם עַד לְמִנְחַת

⁵ הָעָרֶב: וּבְמִנְחַת הָעֶרֶב קַמְתִּי מִתַּעֲנִיתִי וּבְקָרְעִי בִגְדִי וּמְעִילִי

⁶ וָאֶכְרְעָה עַל־בִּרְכַּי וָאֶפְרְשָׂה כַפַּי אֶל־יְהֹוָה אֱלֹהָי: וָאֹמְרָה אֱלֹהַי בֹּשְׁתִּי וְנִכְלַמְתִּי לְהָרִים אֱלֹהַי פָּנַי אֵלֶיךָ כִּי־עֲוֹנֹתֵינוּ רָבוּ

⁷ לְמַעְלָה רֹּאשׁ וְאַשְׁמָתֵנוּ גָדְלָה עַד לַשָּׁמָיִם: מִימֵי אֲבֹתֵינוּ

אֲנַחְנוּ בְּאַשְׁמָה גְדֹלָה עַד הַיּוֹם הַזֶּה וּבַעֲוֹנֹתֵינוּ נִתַּנּוּ אֲנַחְנוּ
מְלָכֵינוּ כֹהֲנֵינוּ בְּיַד מַלְכֵי הָאֲרָצוֹת בַּחֶרֶב בַּשְּׁבִי וּבַבִּזָּה

8 וּבְבֹשֶׁת פָּנִים כְּהַיּוֹם הַזֶּה: וְעַתָּה כִּמְעַט־רֶגַע הָיְתָה תְחִנָּה
מֵאֵת יְהֹוָה אֱלֹהֵינוּ לְהַשְׁאִיר לָנוּ פְּלֵיטָה וְלָתֶת־לָנוּ יָתֵד
בִּמְקוֹם קָדְשׁוֹ לְהָאִיר עֵינֵינוּ אֱלֹהֵינוּ וּלְתִתֵּנוּ מִחְיָה מְעַט

9 בְּעַבְדֻתֵנוּ: כִּי־עֲבָדִים אֲנַחְנוּ וּבְעַבְדֻתֵנוּ לֹא עֲזָבָנוּ אֱלֹהֵינוּ
וַיַּט־עָלֵינוּ חֶסֶד לִפְנֵי מַלְכֵי פָרַס לָתֶת־לָנוּ מִחְיָה לְרוֹמֵם
אֶת־בֵּית אֱלֹהֵינוּ וּלְהַעֲמִיד אֶת־חָרְבֹתָיו וְלָתֶת־לָנוּ גָדֵר בִּיהוּדָה

י וּבִירוּשָׁלָם: וְעַתָּה מַה־נֹּאמַר אֱלֹהֵינוּ אַחֲרֵי־זֹאת כִּי עָזַבְנוּ

11 מִצְוֹתֶיךָ: אֲשֶׁר צִוִּיתָ בְּיַד עֲבָדֶיךָ הַנְּבִיאִים לֵאמֹר הָאָרֶץ אֲשֶׁר
אַתֶּם בָּאִים לְרִשְׁתָּהּ אֶרֶץ נִדָּה הִיא בְּנִדַּת עַמֵּי הָאֲרָצוֹת

12 בְּתוֹעֲבֹתֵיהֶם אֲשֶׁר מִלְאוּהָ מִפֶּה אֶל־פֶּה בְּטֻמְאָתָם: וְעַתָּה
בְּנוֹתֵיכֶם אַל־תִּתְּנוּ לִבְנֵיהֶם וּבְנֹתֵיהֶם אַל־תִּשְׂאוּ לִבְנֵיכֶם וְלֹא־
תִדְרְשׁוּ שְׁלֹמָם וְטוֹבָתָם עַד־עוֹלָם לְמַעַן תֶּחֶזְקוּ וַאֲכַלְתֶּם אֶת־

13 טוּב הָאָרֶץ וְהוֹרַשְׁתֶּם לִבְנֵיכֶם עַד־עוֹלָם: וְאַחֲרֵי כָּל־הַבָּא
עָלֵינוּ בְּמַעֲשֵׂינוּ הָרָעִים וּבְאַשְׁמָתֵנוּ הַגְּדֹלָה כִּי אַתָּה אֱלֹהֵינוּ חָשַׂכְתָּ

14 לְמַטָּה מֵעֲוֹנֵנוּ וְנָתַתָּה לָּנוּ פְּלֵיטָה כָּזֹאת: הֲנָשׁוּב לְהָפֵר
מִצְוֹתֶיךָ וּלְהִתְחַתֵּן בְּעַמֵּי הַתֹּעֵבוֹת הָאֵלֶּה הֲלוֹא תֶאֱנַף־בָּנוּ עַד־
כַּלֵּה לְאֵין שְׁאֵרִית וּפְלֵיטָה:

טו יְהֹוָה אֱלֹהֵי יִשְׂרָאֵל צַדִּיק אַתָּה כִּי־נִשְׁאַרְנוּ פְלֵיטָה כְּהַיּוֹם
הַזֶּה הִנְנוּ לְפָנֶיךָ בְּאַשְׁמָתֵינוּ כִּי אֵין לַעֲמוֹד לְפָנֶיךָ עַל־זֹאת:

י 10

א וּכְהִתְפַּלֵּל עֶזְרָא וּכְהִתְוַדֹּתוֹ בֹּכֶה וּמִתְנַפֵּל לִפְנֵי בֵּית הָאֱלֹהִים
נִקְבְּצוּ אֵלָיו מִיִּשְׂרָאֵל קָהָל רַב־מְאֹד אֲנָשִׁים וְנָשִׁים וִילָדִים כִּי־
בָכוּ הָעָם הַרְבֵּה בֶכֶה:

2 וַיַּעַן שְׁכַנְיָה בֶן־יְחִיאֵל מִבְּנֵי עוֹלָם וַיֹּאמֶר לְעֶזְרָא אֲנַחְנוּ מָעַלְנוּ
בֵאלֹהֵינוּ וַנֹּשֶׁב נָשִׁים נָכְרִיּוֹת מֵעַמֵּי הָאָרֶץ וְעַתָּה יֵשׁ־מִקְוֶה

3 לְיִשְׂרָאֵל עַל־זֹאת: וְעַתָּה נִכְרָת־בְּרִית לֵאלֹהֵינוּ לְהוֹצִיא כָל־
נָשִׁים וְהַנּוֹלָד מֵהֶם בַּעֲצַת אֲדֹנָי וְהַחֲרֵדִים בְּמִצְוַת אֱלֹהֵינוּ וְכַתּוֹרָה
4 יֵעָשֶׂה: קוּם כִּי־עָלֶיךָ הַדָּבָר וַאֲנַחְנוּ עִמָּךְ חֲזַק וַעֲשֵׂה:
ה וַיָּקָם עֶזְרָא וַיַּשְׁבַּע אֶת־שָׂרֵי הַכֹּהֲנִים הַלְוִיִּם וְכָל־יִשְׂרָאֵל
6 לַעֲשׂוֹת כַּדָּבָר הַזֶּה וַיִּשָּׁבֵעוּ: וַיָּקָם עֶזְרָא מִלִּפְנֵי בֵּית הָאֱלֹהִים
וַיֵּלֶךְ אֶל־לִשְׁכַּת יְהוֹחָנָן בֶּן־אֶלְיָשִׁיב וַיֵּלֶךְ שָׁם לֶחֶם לֹא־אָכַל
7 וּמַיִם לֹא־שָׁתָה כִּי מִתְאַבֵּל עַל־מַעַל הַגּוֹלָה: וַיַּעֲבִירוּ קוֹל
8 בִּיהוּדָה וִירוּשָׁלַם לְכֹל בְּנֵי הַגּוֹלָה לְהִקָּבֵץ יְרוּשָׁלָם: וְכֹל אֲשֶׁר
לֹא־יָבוֹא לִשְׁלֹשֶׁת הַיָּמִים כַּעֲצַת הַשָּׂרִים וְהַזְּקֵנִים יָחֳרַם כָּל־
רְכוּשׁוֹ וְהוּא יִבָּדֵל מִקְּהַל הַגּוֹלָה:
9 וַיִּקָּבְצוּ כָל־אַנְשֵׁי יְהוּדָה וּבִנְיָמִן יְרוּשָׁלַם לִשְׁלֹשֶׁת הַיָּמִים
הוּא חֹדֶשׁ הַתְּשִׁיעִי בְּעֶשְׂרִים בַּחֹדֶשׁ וַיֵּשְׁבוּ כָל־הָעָם בִּרְחוֹב
בֵּית הָאֱלֹהִים מַרְעִידִים עַל־הַדָּבָר וּמֵהַגְּשָׁמִים:
י וַיָּקָם עֶזְרָא הַכֹּהֵן וַיֹּאמֶר אֲלֵהֶם אַתֶּם מְעַלְתֶּם וַתֹּשִׁיבוּ נָשִׁים
11 נָכְרִיּוֹת לְהוֹסִיף עַל־אַשְׁמַת יִשְׂרָאֵל: וְעַתָּה תְּנוּ תוֹדָה לַיהוָה
אֱלֹהֵי־אֲבֹתֵיכֶם וַעֲשׂוּ רְצוֹנוֹ וְהִבָּדְלוּ מֵעַמֵּי הָאָרֶץ וּמִן־הַנָּשִׁים
הַנָּכְרִיּוֹת:
12 וַיַּעֲנוּ כָל־הַקָּהָל וַיֹּאמְרוּ קוֹל גָּדוֹל כֵּן כִּדְבָרֶיךָ עָלֵינוּ לַעֲשׂוֹת:
13 אֲבָל הָעָם רָב וְהָעֵת גְּשָׁמִים וְאֵין כֹּחַ לַעֲמוֹד בַּחוּץ וְהַמְּלָאכָה
לֹא־לְיוֹם אֶחָד וְלֹא לִשְׁנַיִם כִּי־הִרְבִּינוּ לִפְשֹׁעַ בַּדָּבָר הַזֶּה:
14 יַעֲמְדוּ־נָא שָׂרֵינוּ לְכָל־הַקָּהָל וְכֹל אֲשֶׁר בֶּעָרֵינוּ הַהֹשִׁיב נָשִׁים
נָכְרִיּוֹת יָבֹא לְעִתִּים מְזֻמָּנִים וְעִמָּהֶם זִקְנֵי־עִיר וָעִיר וְשֹׁפְטֶיהָ
טו עַד לְהָשִׁיב חֲרוֹן אַף־אֱלֹהֵינוּ מִמֶּנּוּ עַד לַדָּבָר הַזֶּה: אַךְ יוֹנָתָן
בֶּן־עֲשָׂהאֵל וְיַחְזְיָה בֶן־תִּקְוָה עָמְדוּ עַל־זֹאת וּמְשֻׁלָּם וְשַׁבְּתַי
16 הַלֵּוִי עֲזָרֻם: וַיַּעֲשׂוּ־כֵן בְּנֵי הַגּוֹלָה וַיִּבָּדְלוּ עֶזְרָא הַכֹּהֵן אֲנָשִׁים
רָאשֵׁי הָאָבוֹת לְבֵית אֲבֹתָם וְכֻלָּם בְּשֵׁמוֹת וַיֵּשְׁבוּ בְּיוֹם אֶחָד לַחֹדֶשׁ
17 הָעֲשִׂירִי לְדַרְיוֹשׁ הַדָּבָר: וַיְכַלּוּ בַכֹּל אֲנָשִׁים הַהֹשִׁיבוּ נָשִׁים
נָכְרִיּוֹת עַד יוֹם אֶחָד לַחֹדֶשׁ הָרִאשׁוֹן:

18 וַיִּמָּצֵא מִבְּנֵי הַכֹּהֲנִים אֲשֶׁר הֹשִׁיבוּ נָשִׁים נָכְרִיּוֹת מִבְּנֵי יֵשׁוּעַ

19 בֶּן־יוֹצָדָק וְאֶחָיו מַעֲשֵׂיָה וֶאֱלִיעֶזֶר וְיָרִיב וּגְדַלְיָה: וַיִּתְּנוּ יָדָם

כ לְהוֹצִיא נְשֵׁיהֶם וַאֲשֵׁמִים אֵיל־צֹאן עַל־אַשְׁמָתָם: וּמִבְּנֵי אִמֵּר

21 חֲנָנִי וּזְבַדְיָה: וּמִבְּנֵי חָרִם מַעֲשֵׂיָה וְאֵלִיָּה וּשְׁמַעְיָה וִיחִיאֵל וְעֻזִּיָּה:

22 וּמִבְּנֵי פַּשְׁחוּר אֶלְיוֹעֵינַי מַעֲשֵׂיָה יִשְׁמָעֵאל נְתַנְאֵל יוֹזָבָד וְאֶלְעָשָׂה:

23 וּמִן־הַלְוִיִּם יוֹזָבָד וְשִׁמְעִי וְקֵלָיָה הוּא קְלִיטָא פְּתַחְיָה יְהוּדָה

24 וֶאֱלִיעֶזֶר: וּמִן־הַמְשֹׁרְרִים אֶלְיָשִׁיב וּמִן־הַשֹּׁעֲרִים שַׁלֻּם וָטֶלֶם

כה וְאוּרִי: וּמִיִּשְׂרָאֵל מִבְּנֵי פַרְעֹשׁ רַמְיָה וְיִזִּיָּה וּמַלְכִּיָּה וּמִיָּמִן

26 וְאֶלְעָזָר וּמַלְכִּיָּה וּבְנָיָה: וּמִבְּנֵי עֵילָם מַתַּנְיָה זְכַרְיָה וִיחִיאֵל

27 וְעַבְדִּי וִירֵמוֹת וְאֵלִיָּה: וּמִבְּנֵי זַתּוּא אֶלְיוֹעֵנַי אֶלְיָשִׁיב מַתַּנְיָה

28 וִירֵמוֹת וְזָבָד וַעֲזִיזָא: וּמִבְּנֵי בֵּבָי יְהוֹחָנָן חֲנַנְיָה זַבַּי עַתְלָי:

29 וּמִבְּנֵי בָּנִי מְשֻׁלָּם מַלּוּךְ וַעֲדָיָה יָשׁוּב וּשְׁאָל יְרָמוֹת: וּמִבְּנֵי
ל

פַּחַת מוֹאָב עַדְנָא וּכְלָל בְּנָיָה מַעֲשֵׂיָה מַתַּנְיָה בְּצַלְאֵל וּבִנּוּי

31 וּמְנַשֶּׁה: וּבְנֵי חָרִם אֱלִיעֶזֶר יִשִּׁיָּה מַלְכִּיָּה שְׁמַעְיָה שִׁמְעוֹן:

32 בִּנְיָמִן מַלּוּךְ שְׁמַרְיָה: מִבְּנֵי חָשֻׁם מַתְּנַי מַתַּתָּה זָבָד אֱלִיפָלֶט
33

34 יְרֵמַי מְנַשֶּׁה שִׁמְעִי: מִבְּנֵי בָנִי מַעֲדַי עַמְרָם וְאוּאֵל: בְּנָיָה
לה

36 בֵדְיָה כְּלוּהִי: וַנְיָה מְרֵמוֹת אֶלְיָשִׁיב: מַתַּנְיָה מַתְּנַי וְיַעֲשׂוֹ:
37

38 וּבָנִי וּבִנּוּי שִׁמְעִי: וְשֶׁלֶמְיָה וְנָתָן וַעֲדָיָה: מַכְנַדְבַי שָׁשַׁי שָׁרָי:
39

41 עֲזַרְאֵל וְשֶׁלֶמְיָהוּ שְׁמַרְיָה: שַׁלּוּם אֲמַרְיָה יוֹסֵף: מִבְּנֵי נְבוֹ יְעִיאֵל
42

43 מַתִּתְיָה זָבָד זְבִינָא יַדּוּ וְיוֹאֵל בְּנָיָה: כָּל־אֵלֶּה נָשְׂאִי נָשִׁים נָכְרִיּוֹת
44

וְיֵשׁ־מֵהֶם נָשִׁים וַיָּשִׂימוּ בָּנִים:

[נחמיה] ט 9

א וּבְיוֹם עֶשְׂרִים וְאַרְבָּעָה לַחֹדֶשׁ הַזֶּה נֶאֶסְפוּ בְנֵי־יִשְׂרָאֵל בְּצוֹם

2 וּבְשַׂקִּים וַאֲדָמָה עֲלֵיהֶם: וַיִּבָּדְלוּ זֶרַע יִשְׂרָאֵל מִכֹּל בְּנֵי נֵכָר

3 וַיַּעַמְדוּ וַיִּתְוַדּוּ עַל־חַטֹּאתֵיהֶם וַעֲוֹנוֹת אֲבֹתֵיהֶם: וַיָּקוּמוּ עַל־

עָמְדָם וַיִּקְרְאוּ בְּסֵפֶר תּוֹרַת יְהֹוָה אֱלֹהֵיהֶם רְבִעִית הַיּוֹם וּרְבִעִית
מִתְוַדִּים וּמִשְׁתַּחֲוִים לַיהֹוָה אֱלֹהֵיהֶם:

4 וַיָּקָם עַל־מַעֲלֵה הַלְוִיִּם יֵשׁוּעַ וּבָנִי קַדְמִיאֵל שְׁבַנְיָה בֻּנִּי שֵׁרֵבְיָה
בָּנִי כְנָנִי וַיִּזְעֲקוּ בְּקוֹל גָּדוֹל אֶל־יְהֹוָה אֱלֹהֵיהֶם: 5 וַיֹּאמְרוּ
הַלְוִיִּם יֵשׁוּעַ וְקַדְמִיאֵל בָּנִי חֲשַׁבְנְיָה שֵׁרֵבְיָה הוֹדִיָּה שְׁבַנְיָה
פְתַחְיָה קוּמוּ בָּרְכוּ אֶת־יְהֹוָה אֱלֹהֵיכֶם מִן־הָעוֹלָם עַד־הָעוֹלָם
6 וִיבָרְכוּ שֵׁם כְּבוֹדֶךָ וּמְרוֹמַם עַל־כָּל־בְּרָכָה וּתְהִלָּה: אַתָּה־
הוּא יְהֹוָה לְבַדֶּךָ אַתָּ עָשִׂיתָ אֶת־הַשָּׁמַיִם שְׁמֵי הַשָּׁמַיִם וְכָל־
צְבָאָם הָאָרֶץ וְכָל־אֲשֶׁר עָלֶיהָ הַיַּמִּים וְכָל־אֲשֶׁר בָּהֶם וְאַתָּה
7 מְחַיֶּה אֶת־כֻּלָּם וּצְבָא הַשָּׁמַיִם לְךָ מִשְׁתַּחֲוִים: אַתָּה הוּא
יְהֹוָה הָאֱלֹהִים אֲשֶׁר בָּחַרְתָּ בְּאַבְרָם וְהוֹצֵאתוֹ מֵאוּר כַּשְׂדִּים
8 וְשַׂמְתָּ שְּׁמוֹ אַבְרָהָם: וּמָצָאתָ אֶת־לְבָבוֹ נֶאֱמָן לְפָנֶיךָ וְכָרוֹת
עִמּוֹ הַבְּרִית לָתֵת אֶת־אֶרֶץ הַכְּנַעֲנִי הַחִתִּי הָאֱמֹרִי וְהַפְּרִזִּי
וְהַיְבוּסִי וְהַגִּרְגָּשִׁי לָתֵת לְזַרְעוֹ וַתָּקֶם אֶת־דְּבָרֶיךָ כִּי צַדִּיק
9 אָתָּה: וַתֵּרֶא אֶת־עֳנִי אֲבֹתֵינוּ בְּמִצְרָיִם וְאֶת־זַעֲקָתָם שָׁמַעְתָּ
10 עַל־יַם־סוּף: וַתִּתֵּן אֹתֹת וּמֹפְתִים בְּפַרְעֹה וּבְכָל־עֲבָדָיו וּבְכָל־
עַם אַרְצוֹ כִּי יָדַעְתָּ כִּי הֵזִידוּ עֲלֵיהֶם וַתַּעַשׂ־לְךָ שֵׁם כְּהַיּוֹם הַזֶּה:
11 וְהַיָּם בָּקַעְתָּ לִפְנֵיהֶם וַיַּעַבְרוּ בְתוֹךְ־הַיָּם בַּיַּבָּשָׁה וְאֶת־רֹדְפֵיהֶם
12 הִשְׁלַכְתָּ בִמְצוֹלֹת כְּמוֹ־אֶבֶן בְּמַיִם עַזִּים: וּבְעַמּוּד עָנָן הִנְחִיתָם
יוֹמָם וּבְעַמּוּד אֵשׁ לַיְלָה לְהָאִיר לָהֶם אֶת־הַדֶּרֶךְ אֲשֶׁר יֵלְכוּ־
13 בָהּ: וְעַל הַר־סִינַי יָרַדְתָּ וְדַבֵּר עִמָּהֶם מִשָּׁמָיִם וַתִּתֵּן לָהֶם
14 מִשְׁפָּטִים יְשָׁרִים וְתוֹרוֹת אֱמֶת חֻקִּים וּמִצְוֹת טוֹבִים: וְאֶת־שַׁבַּת
קָדְשְׁךָ הוֹדַעְתָּ לָהֶם וּמִצְווֹת וְחֻקִּים וְתוֹרָה צִוִּיתָ לָהֶם בְּיַד מֹשֶׁה
15 עַבְדֶּךָ: וְלֶחֶם מִשָּׁמַיִם נָתַתָּ לָהֶם לִרְעָבָם וּמַיִם מִסֶּלַע הוֹצֵאתָ
לָהֶם לִצְמָאָם וַתֹּאמֶר לָהֶם לָבוֹא לָרֶשֶׁת אֶת־הָאָרֶץ אֲשֶׁר־נָשָׂאתָ
16 אֶת־יָדְךָ לָתֵת לָהֶם: וְהֵם וַאֲבֹתֵינוּ הֵזִידוּ וַיַּקְשׁוּ אֶת־עָרְפָּם וְלֹא
17 שָׁמְעוּ אֶל־מִצְוֹתֶיךָ: וַיְמָאֲנוּ לִשְׁמֹעַ וְלֹא־זָכְרוּ נִפְלְאֹתֶיךָ אֲשֶׁר
עָשִׂיתָ עִמָּהֶם וַיַּקְשׁוּ אֶת־עָרְפָּם וַיִּתְּנוּ רֹאשׁ לָשׁוּב לְעַבְדֻתָם בְּמִרְיָם

וְאַתָּה אֱלוֹהַּ סְלִיחוֹת חַנּוּן וְרַחוּם אֶֽרֶךְ־אַפַּיִם וְרַב־וְחֶסֶד וְלֹא

18 עֲזַבְתָּם: אַף כִּי־עָשׂוּ לָהֶם עֵגֶל מַסֵּכָה וַיֹּאמְרוּ זֶה אֱלֹהֶיךָ אֲשֶׁר

19 הֶעֶלְךָ מִמִּצְרָיִם וַיַּעֲשׂוּ נֶאָצוֹת גְּדֹלוֹת: וְאַתָּה בְּרַחֲמֶיךָ הָרַבִּים

לֹא עֲזַבְתָּם בַּמִּדְבָּר אֶת־עַמּוּד הֶעָנָן לֹא־סָר מֵעֲלֵיהֶם בְּיוֹמָם

לְהַנְחֹתָם בְּהַדֶּרֶךְ וְאֶת־עַמּוּד הָאֵשׁ בְּלַיְלָה לְהָאִיר לָהֶם וְאֶת־

כ הַדֶּרֶךְ אֲשֶׁר יֵֽלְכוּ־בָהּ: וְרוּחֲךָ הַטּוֹבָה נָתַתָּ לְהַשְׂכִּילָם וּמַנְךָ

21 לֹא־מָנַעְתָּ מִפִּיהֶם וּמַיִם נָתַתָּה לָהֶם לִצְמָאָם: וְאַרְבָּעִים שָׁנָה

כִּלְכַּלְתָּם בַּמִּדְבָּר לֹא חָסֵרוּ שַׂלְמֹתֵיהֶם לֹא בָלוּ וְרַגְלֵיהֶם לֹא

22 בָצֵקוּ: וַתִּתֵּן לָהֶם מַמְלָכוֹת וַעֲמָמִים וַתַּחְלְקֵם לְפֵאָה וַיִּירְשׁוּ

אֶת־אֶרֶץ סִיחוֹן וְאֶת־אֶרֶץ מֶלֶךְ חֶשְׁבּוֹן וְאֶת־אֶרֶץ עוֹג מֶלֶךְ

23 הַבָּשָׁן: וּבְנֵיהֶם הִרְבִּיתָ כְּכֹכְבֵי הַשָּׁמָיִם וַתְּבִיאֵם אֶל־הָאָרֶץ

24 אֲשֶׁר־אָמַרְתָּ לַאֲבֹתֵיהֶם לָבוֹא לָרָשֶׁת: וַיָּבֹאוּ הַבָּנִים וַיִּירְשׁוּ

אֶת־הָאָרֶץ וַתַּכְנַע לִפְנֵיהֶם אֶת־יֹשְׁבֵי הָאָרֶץ הַכְּנַעֲנִים וַתִּתְּנֵם

בְּיָדָם וְאֶת־מַלְכֵיהֶם וְאֶת־עַמְמֵי הָאָרֶץ לַעֲשׂוֹת בָּהֶם כִּרְצוֹנָם:

כה וַיִּלְכְּדוּ עָרִים בְּצֻרוֹת וַאֲדָמָה שְׁמֵנָה וַיִּירְשׁוּ בָּתִּים מְלֵאִים־

כָּל־טוּב בֹּרוֹת חֲצוּבִים כְּרָמִים וְזֵיתִים וְעֵץ מַאֲכָל לָרֹב

26 וַיֹּאכְלוּ וַיִּשְׂבְּעוּ וַיַּשְׁמִינוּ וַיִּֽתְעַדְּנוּ בְּטוּבְךָ הַגָּדוֹל: וַיַּמְרוּ וַיִּמְרְדוּ

בָּךְ וַיַּשְׁלִכוּ אֶת־תּוֹרָתְךָ אַחֲרֵי גַוָּם וְאֶת־נְבִיאֶיךָ הָרָגוּ אֲשֶׁר־

27 הֵעִידוּ בָם לַהֲשִׁיבָם אֵלֶיךָ וַיַּעֲשׂוּ נֶאָצוֹת גְּדוֹלֹת: וַתִּתְּנֵם בְּיַד

צָרֵיהֶם וַיָּצֵרוּ לָהֶם וּבְעֵת צָרָתָם יִצְעֲקוּ אֵלֶיךָ וְאַתָּה מִשָּׁמַיִם

תִּשְׁמָע וּכְרַחֲמֶיךָ הָרַבִּים תִּתֵּן לָהֶם מוֹשִׁיעִים וְיוֹשִׁיעוּם מִיַּד

28 צָרֵיהֶם: וּכְנוֹחַ לָהֶם יָשׁוּבוּ לַעֲשׂוֹת רַע לְפָנֶיךָ וַתַּעַזְבֵם בְּיַד

אֹיְבֵיהֶם וַיִּרְדּוּ בָהֶם וַיָּשׁוּבוּ וַיִּזְעָקוּךָ וְאַתָּה מִשָּׁמַיִם תִּשְׁמַע וְתַצִּילֵם

29 כְּרַחֲמֶיךָ רַבּוֹת עִתִּים: וַתָּעַד בָּהֶם לַהֲשִׁיבָם אֶל־תּוֹרָתֶךָ וְהֵמָּה

הֵזִידוּ וְלֹא־שָׁמְעוּ לְמִצְוֹתֶיךָ וּבְמִשְׁפָּטֶיךָ חָטְאוּ־בָם אֲשֶׁר־יַעֲשֶׂה

אָדָם וְחָיָה בָהֶם וַיִּתְּנוּ כָתֵף סוֹרֶרֶת וְעָרְפָּם הִקְשׁוּ וְלֹא שָׁמֵעוּ:

ל וַתִּמְשֹׁךְ עֲלֵיהֶם שָׁנִים רַבּוֹת וַתָּעַד בָּם בְּרוּחֲךָ בְּיַד־נְבִיאֶיךָ וְלֹא

31 הֶאֱזִינוּ וַתִּתְּנֵם בְּיַד עַמֵּי הָאֲרָצֹת: וּבְרַחֲמֶיךָ הָרַבִּים לֹא־עֲשִׂיתָם

32 כָּלָה וְלֹא עֲזַבְתָּם כִּי אֵל־חַנּוּן וְרַחוּם אָתָּה: וְעַתָּה אֱלֹהֵינוּ
הָאֵל הַגָּדוֹל הַגִּבּוֹר וְהַנּוֹרָא שׁוֹמֵר הַבְּרִית וְהַחֶסֶד אַל־
יִמְעַט לְפָנֶיךָ אֵת כָּל־הַתְּלָאָה אֲשֶׁר־מְצָאַתְנוּ לִמְלָכֵינוּ לְשָׂרֵינוּ
וּלְכֹהֲנֵינוּ וְלִנְבִיאֵינוּ וְלַאֲבֹתֵינוּ וּלְכָל־עַמֶּךָ מִימֵי מַלְכֵי אַשּׁוּר
33 עַד הַיּוֹם הַזֶּה: וְאַתָּה צַדִּיק עַל כָּל־הַבָּא עָלֵינוּ כִּי־אֱמֶת עָשִׂיתָ
34 וַאֲנַחְנוּ הִרְשָׁעְנוּ: וְאֶת־מְלָכֵינוּ שָׂרֵינוּ כֹּהֲנֵינוּ וַאֲבֹתֵינוּ לֹא עָשׂוּ
תּוֹרָתֶךָ וְלֹא הִקְשִׁיבוּ אֶל־מִצְוֹתֶיךָ וּלְעֵדְוֹתֶיךָ אֲשֶׁר הַעִידֹתָ בָּהֶם:
לה וְהֵם בְּמַלְכוּתָם וּבְטוּבְךָ הָרָב אֲשֶׁר־נָתַתָּ לָהֶם וּבְאֶרֶץ הָרְחָבָה
וְהַשְּׁמֵנָה אֲשֶׁר־נָתַתָּ לִפְנֵיהֶם לֹא עֲבָדוּךָ וְלֹא־שָׁבוּ מִמַּעַלְלֵיהֶם
36 הָרָעִים: הִנֵּה אֲנַחְנוּ הַיּוֹם עֲבָדִים וְהָאָרֶץ אֲשֶׁר־נָתַתָּה לַאֲבֹתֵינוּ
37 לֶאֱכֹל אֶת־פִּרְיָהּ וְאֶת־טוּבָהּ הִנֵּה אֲנַחְנוּ עֲבָדִים עָלֶיהָ: וּתְבוּאָתָהּ
מַרְבָּה לַמְּלָכִים אֲשֶׁר־נָתַתָּה עָלֵינוּ בְּחַטֹּאותֵינוּ וְעַל־גְּוִיֹּתֵינוּ
מֹשְׁלִים וּבִבְהֶמְתֵּנוּ כִּרְצוֹנָם וּבְצָרָה גְדֹלָה אֲנָחְנוּ:

י 10

א וּבְכָל־זֹאת אֲנַחְנוּ כֹּרְתִים אֲמָנָה וְכֹתְבִים וְעַל הֶחָתוּם שָׂרֵינוּ
2 לְוִיֵּנוּ כֹּהֲנֵינוּ: וְעַל הַחֲתוּמִים נְחֶמְיָה הַתִּרְשָׁתָא בֶּן־חֲכַלְיָה
3 וְצִדְקִיָּה: שְׂרָיָה עֲזַרְיָה יִרְמְיָה: פַּשְׁחוּר אֲמַרְיָה מַלְכִּיָּה:
4
ה חַטּוּשׁ שְׁבַנְיָה מַלּוּךְ: חָרִם מְרֵמוֹת עֹבַדְיָה: דָּנִיֵּאל גִּנְּתוֹן
6
7 בָּרוּךְ: מְשֻׁלָּם אֲבִיָּה מִיָּמִן: מַעַזְיָה בִלְגַּי שְׁמַעְיָה אֵלֶּה הַכֹּהֲנִים:
8
9 וְהַלְוִיִּם יֵשׁוּעַ בֶּן־אֲזַנְיָה בִּנּוּי מִבְּנֵי חֵנָדָד קַדְמִיאֵל: וַאֲחֵיהֶם שְׁבַנְיָה
י
11 הוֹדִיָּה קְלִיטָא פְּלָאיָה חָנָן: מִיכָא רְחוֹב חֲשַׁבְיָה: זַכּוּר שֵׁרֵבְיָה
12
13 שְׁבַנְיָה: הוֹדִיָּה בָנִי בְּנִינוּ: רָאשֵׁי הָעָם פַּרְעֹשׁ פַּחַת מוֹאָב עֵילָם
14
טו זַתּוּא בָּנִי: בֻּנִּי עַזְגָּד בֵּבָי: אֲדֹנִיָּה בִגְוַי עָדִין: אָטֵר חִזְקִיָּה עַזּוּר:
16
17 הוֹדִיָּה חָשֻׁם בֵּצָי: חָרִיף עֲנָתוֹת נוֹבָי: מַגְפִּיעָשׁ מְשֻׁלָּם חֵזִיר:
18
19 מְשֵׁיזַבְאֵל צָדוֹק יַדּוּעַ: פְּלַטְיָה חָנָן עֲנָיָה: הוֹשֵׁעַ חֲנַנְיָה חַשּׁוּב:
ב
21
22 הַלּוֹחֵשׁ פִּלְחָא שׁוֹבֵק: רְחוּם חֲשַׁבְנָה מַעֲשֵׂיָה: וַאֲחִיָּה חָנָן עָנָן:
23
24
כה
26
27

מַלּוּךְ חָרִם בַּעֲנָה: וּשְׁאָר הָעָם הַכֹּהֲנִים הַלְוִיִּם הַשּׁוֹעֲרִים
הַמְשֹׁרְרִים הַנְּתִינִים וְכָל־הַנִּבְדָּל מֵעַמֵּי הָאֲרָצוֹת אֶל־תּוֹרַת
הָאֱלֹהִים נְשֵׁיהֶם בְּנֵיהֶם וּבְנֹתֵיהֶם כֹּל יוֹדֵעַ מֵבִין: מַחֲזִיקִים
עַל־אֲחֵיהֶם אַדִּירֵיהֶם וּבָאִים בְּאָלָה וּבִשְׁבוּעָה לָלֶכֶת בְּתוֹרַת
הָאֱלֹהִים אֲשֶׁר נִתְּנָה בְּיַד־מֹשֶׁה עֶבֶד־הָאֱלֹהִים וְלִשְׁמוֹר וְלַעֲשׂוֹת
אֶת־כָּל־מִצְוֺת יְהוָה אֲדֹנֵינוּ וּמִשְׁפָּטָיו וְחֻקָּיו: וַאֲשֶׁר לֹא־נִתֵּן
בְּנֹתֵינוּ לְעַמֵּי הָאָרֶץ וְאֶת־בְּנֹתֵיהֶם לֹא נִקַּח לְבָנֵינוּ: וְעַמֵּי הָאָרֶץ
הַמְבִיאִים אֶת־הַמַּקָּחוֹת וְכָל־שֶׁבֶר בְּיוֹם הַשַּׁבָּת לִמְכּוֹר לֹא־
נִקַּח מֵהֶם בַּשַּׁבָּת וּבְיוֹם קֹדֶשׁ וְנִטֹּשׁ אֶת־הַשָּׁנָה הַשְּׁבִיעִית וּמַשָּׁא
כָל־יָד: וְהֶעֱמַדְנוּ עָלֵינוּ מִצְוֺת לָתֵת עָלֵינוּ שְׁלִשִׁית הַשֶּׁקֶל בַּשָּׁנָה
לַעֲבֹדַת בֵּית אֱלֹהֵינוּ: לְלֶחֶם הַמַּעֲרֶכֶת וּמִנְחַת הַתָּמִיד וּלְעוֹלַת
הַתָּמִיד הַשַּׁבָּתוֹת הֶחֳדָשִׁים לַמּוֹעֲדִים וְלַקֳּדָשִׁים וְלַחַטָּאוֹת לְכַפֵּר
עַל־יִשְׂרָאֵל וְכָל־מְלֶאכֶת בֵּית־אֱלֹהֵינוּ: וְהַגּוֹרָלוֹת הִפַּלְנוּ עַל־
קֻרְבַּן הָעֵצִים הַכֹּהֲנִים הַלְוִיִּם וְהָעָם לְהָבִיא לְבֵית אֱלֹהֵינוּ לְבֵית־
אֲבֹתֵינוּ לְעִתִּים מְזֻמָּנִים שָׁנָה בְשָׁנָה לְבַעֵר עַל־מִזְבַּח יְהוָה אֱלֹהֵינוּ
כַּכָּתוּב בַּתּוֹרָה: וּלְהָבִיא אֶת־בִּכּוּרֵי אַדְמָתֵנוּ וּבִכּוּרֵי כָּל־פְּרִי
כָל־עֵץ שָׁנָה בְשָׁנָה לְבֵית יְהוָה: וְאֶת־בְּכֹרוֹת בָּנֵינוּ וּבְהֶמְתֵּנוּ
כַּכָּתוּב בַּתּוֹרָה וְאֶת־בְּכוֹרֵי בְקָרֵינוּ וְצֹאנֵנוּ לְהָבִיא לְבֵית אֱלֹהֵינוּ
לַכֹּהֲנִים הַמְשָׁרְתִים בְּבֵית אֱלֹהֵינוּ: וְאֶת־רֵאשִׁית עֲרִיסֹתֵינוּ
וּתְרוּמֹתֵינוּ וּפְרִי כָל־עֵץ תִּירוֹשׁ וְיִצְהָר נָבִיא לַכֹּהֲנִים אֶל־לִשְׁכוֹת
בֵּית־אֱלֹהֵינוּ וּמַעְשַׂר אַדְמָתֵנוּ לַלְוִיִּם וְהֵם הַלְוִיִּם הַמְעַשְּׂרִים בְּכֹל
עָרֵי עֲבֹדָתֵנוּ: וְהָיָה הַכֹּהֵן בֶּן־אַהֲרֹן עִם־הַלְוִיִּם בַּעְשֵׂר הַלְוִיִּם
וְהַלְוִיִּם יַעֲלוּ אֶת־מַעֲשַׂר הַמַּעֲשֵׂר לְבֵית אֱלֹהֵינוּ אֶל־הַלְּשָׁכוֹת
לְבֵית הָאוֹצָר: כִּי אֶל־הַלְּשָׁכוֹת יָבִיאוּ בְנֵי־יִשְׂרָאֵל וּבְנֵי הַלֵּוִי
אֶת־תְּרוּמַת הַדָּגָן הַתִּירוֹשׁ וְהַיִּצְהָר וְשָׁם כְּלֵי הַמִּקְדָּשׁ וְהַכֹּהֲנִים
הַמְשָׁרְתִים וְהַשּׁוֹעֲרִים וְהַמְשֹׁרְרִים וְלֹא נַעֲזֹב אֶת־בֵּית אֱלֹהֵינוּ:

נחמיה

1 א

א דִּבְרֵי נְחֶמְיָה בֶּן־חֲכַלְיָה וַיְהִי בְחֹדֶשׁ כִּסְלֵו שְׁנַת עֶשְׂרִים

2 וַאֲנִי הָיִיתִי בְּשׁוּשַׁן הַבִּירָה: וַיָּבֹא חֲנָנִי אֶחָד מֵאַחַי הוּא
וַאֲנָשִׁים מִיהוּדָה וָאֶשְׁאָלֵם עַל־הַיְּהוּדִים הַפְּלֵיטָה אֲשֶׁר־נִשְׁאֲרוּ

3 מִן־הַשֶּׁבִי וְעַל־יְרוּשָׁלָ͏ִם: וַיֹּאמְרוּ לִי הַנִּשְׁאָרִים אֲשֶׁר נִשְׁאֲרוּ מִן־
הַשְּׁבִי שָׁם בַּמְּדִינָה בְּרָעָה גְדֹלָה וּבְחֶרְפָּה וְחוֹמַת יְרוּשָׁלַ͏ִם מְפֹרָצֶת

4 וּשְׁעָרֶיהָ נִצְּתוּ בָאֵשׁ: וַיְהִי כְּשָׁמְעִי אֶת־הַדְּבָרִים הָאֵלֶּה יָשַׁבְתִּי
וָאֶבְכֶּה וָאֶתְאַבְּלָה יָמִים וָאֱהִי־צָם וּמִתְפַּלֵּל לִפְנֵי אֱלֹהֵי הַשָּׁמָיִם:

ה וָאֹמַר אָנָּא יְהוָה אֱלֹהֵי הַשָּׁמַיִם הָאֵל הַגָּדוֹל וְהַנּוֹרָא שֹׁמֵר הַבְּרִית

6 וָחֶסֶד לְאֹהֲבָיו וּלְשֹׁמְרֵי מִצְוֹתָיו: תְּהִי־נָא אָזְנְךָ קַשֶּׁבֶת וְעֵינֶיךָ
פְתוּחוֹת לִשְׁמֹעַ אֶל־תְּפִלַּת עַבְדְּךָ אֲשֶׁר אָנֹכִי מִתְפַּלֵּל לְפָנֶיךָ
הַיּוֹם יוֹמָם וָלַיְלָה עַל־בְּנֵי יִשְׂרָאֵל עֲבָדֶיךָ וּמִתְוַדֶּה עַל־חַטֹּאות

7 בְּנֵי־יִשְׂרָאֵל אֲשֶׁר חָטָאנוּ לָךְ וַאֲנִי וּבֵית־אָבִי חָטָאנוּ: חֲבֹל
חָבַלְנוּ לָךְ וְלֹא־שָׁמַרְנוּ אֶת־הַמִּצְוֹת וְאֶת־הַחֻקִּים וְאֶת־הַמִּשְׁפָּטִים

8 אֲשֶׁר צִוִּיתָ אֶת־מֹשֶׁה עַבְדֶּךָ: זְכָר־נָא אֶת־הַדָּבָר אֲשֶׁר צִוִּיתָ
אֶת־מֹשֶׁה עַבְדְּךָ לֵאמֹר אַתֶּם תִּמְעָלוּ אֲנִי אָפִיץ אֶתְכֶם בָּעַמִּים:

9 וְשַׁבְתֶּם אֵלַי וּשְׁמַרְתֶּם מִצְוֹתַי וַעֲשִׂיתֶם אֹתָם אִם־יִהְיֶה נִדַּחֲכֶם
בִּקְצֵה הַשָּׁמַיִם מִשָּׁם אֲקַבְּצֵם וַהֲבִיאֹתִים אֶל־הַמָּקוֹם אֲשֶׁר בָּחַרְתִּי

י לְשַׁכֵּן אֶת־שְׁמִי שָׁם: וְהֵם עֲבָדֶיךָ וְעַמֶּךָ אֲשֶׁר פָּדִיתָ בְּכֹחֲךָ הַגָּדוֹל

11 וּבְיָדְךָ הַחֲזָקָה: אָנָּא אֲדֹנָי תְּהִי־נָא אָזְנְךָ קַשֶּׁבֶת אֶל־תְּפִלַּת עַבְדְּךָ
וְאֶל־תְּפִלַּת עֲבָדֶיךָ הַחֲפֵצִים לְיִרְאָה אֶת־שְׁמֶךָ וְהַצְלִיחָה־נָּא
לְעַבְדְּךָ הַיּוֹם וּתְנֵהוּ לְרַחֲמִים לִפְנֵי הָאִישׁ הַזֶּה וַאֲנִי הָיִיתִי מַשְׁקֶה
לַמֶּלֶךְ:

2 ב

א וַיְהִי בְּחֹדֶשׁ נִיסָן שְׁנַת עֶשְׂרִים לְאַרְתַּחְשַׁסְתְּא הַמֶּלֶךְ יַיִן לְפָנָיו

2 וָאֶשָּׂא אֶת־הַיַּיִן וָאֶתְּנָה לַמֶּלֶךְ וְלֹא־הָיִיתִי רַע לְפָנָיו: וַיֹּאמֶר

לִי הַמֶּלֶךְ מַדּוּעַ פָּנֶיךָ רָעִים וְאַתָּה אֵינְךָ חוֹלֶה אֵין זֶה כִּי־אִם

3 רֹעַ לֵב וָאִירָא הַרְבֵּה מְאֹד: וָאֹמַר לַמֶּלֶךְ הַמֶּלֶךְ לְעוֹלָם יִחְיֶה
מַדּוּעַ לֹא־יֵרְעוּ פָנַי אֲשֶׁר הָעִיר בֵּית־קִבְרוֹת אֲבֹתַי חֲרֵבָה

4 וּשְׁעָרֶיהָ אֻכְּלוּ בָאֵשׁ: וַיֹּאמֶר לִי הַמֶּלֶךְ עַל־מַה־זֶּה אַתָּה מְבַקֵּשׁ
וָאֶתְפַּלֵּל אֶל־אֱלֹהֵי הַשָּׁמָיִם: וָאֹמַר לַמֶּלֶךְ אִם־עַל־הַמֶּלֶךְ טוֹב

5 וְאִם־יִיטַב עַבְדְּךָ לְפָנֶיךָ אֲשֶׁר תִּשְׁלָחֵנִי אֶל־יְהוּדָה אֶל־עִיר

6 קִבְרוֹת אֲבֹתַי וְאֶבְנֶנָּה: וַיֹּאמֶר לִי הַמֶּלֶךְ וְהַשֵּׁגַל יוֹשֶׁבֶת אֶצְלוֹ
עַד־מָתַי יִהְיֶה מַהֲלָכְךָ וּמָתַי תָּשׁוּב וַיִּיטַב לִפְנֵי הַמֶּלֶךְ וַיִּשְׁלָחֵנִי

7 וָאֶתְּנָה לוֹ זְמָן: וָאוֹמַר לַמֶּלֶךְ אִם־עַל־הַמֶּלֶךְ טוֹב אִגְּרוֹת יִתְּנוּ־
לִי עַל־פַּחֲווֹת עֵבֶר הַנָּהָר אֲשֶׁר יַעֲבִירוּנִי עַד אֲשֶׁר־אָבוֹא אֶל־

8 יְהוּדָה: וְאִגֶּרֶת אֶל־אָסָף שֹׁמֵר הַפַּרְדֵּס אֲשֶׁר לַמֶּלֶךְ אֲשֶׁר יִתֶּן־לִי
עֵצִים לְקָרוֹת אֶת־שַׁעֲרֵי הַבִּירָה אֲשֶׁר־לַבַּיִת וּלְחוֹמַת הָעִיר
וְלַבַּיִת אֲשֶׁר־אָבוֹא אֵלָיו וַיִּתֶּן־לִי הַמֶּלֶךְ כְּיַד־אֱלֹהַי הַטּוֹבָה

9 עָלָי: וָאָבוֹא אֶל־פַּחֲווֹת עֵבֶר הַנָּהָר וָאֶתְּנָה לָהֶם אֵת אִגְּרוֹת
הַמֶּלֶךְ וַיִּשְׁלַח עִמִּי הַמֶּלֶךְ שָׂרֵי חַיִל וּפָרָשִׁים:

י וַיִּשְׁמַע סַנְבַלַּט הַחֹרֹנִי וְטוֹבִיָּה הָעֶבֶד הָעַמֹּנִי וַיֵּרַע לָהֶם רָעָה

11 גְדֹלָה אֲשֶׁר־בָּא אָדָם לְבַקֵּשׁ טוֹבָה לִבְנֵי יִשְׂרָאֵל: וָאָבוֹא אֶל־

12 יְרוּשָׁלָ͏ִם וָאֱהִי־שָׁם יָמִים שְׁלֹשָׁה: וָאָקוּם לַיְלָה אֲנִי וַאֲנָשִׁים
מְעַט עִמִּי וְלֹא־הִגַּדְתִּי לְאָדָם מָה אֱלֹהַי נֹתֵן אֶל־לִבִּי לַעֲשׂוֹת
לִירוּשָׁלָ͏ִם וּבְהֵמָה אֵין עִמִּי כִּי אִם־הַבְּהֵמָה אֲשֶׁר אֲנִי רֹכֵב

13 בָּהּ: וָאֵצְאָה בְשַׁעַר־הַגַּיְא לַיְלָה וְאֶל־פְּנֵי עֵין הַתַּנִּין וְאֶל־
שַׁעַר הָאַשְׁפֹּת וָאֱהִי שֹׁבֵר בְּחוֹמֹת יְרוּשָׁלַ͏ִם אֲשֶׁר־הֵם פְּרוּצִים

14 וּשְׁעָרֶיהָ אֻכְּלוּ בָאֵשׁ: וָאֶעֱבֹר אֶל־שַׁעַר הָעַיִן וְאֶל־בְּרֵכַת

טו הַמֶּלֶךְ וְאֵין־מָקוֹם לַבְּהֵמָה לַעֲבֹר תַּחְתָּי: וָאֱהִי עֹלֶה בַנַּחַל
לַיְלָה וָאֱהִי שֹׁבֵר בַּחוֹמָה וָאָשׁוּב וָאָבוֹא בְּשַׁעַר הַגַּיְא וָאָשׁוּב:

16 וְהַסְּגָנִים לֹא יָדְעוּ אָנָה הָלַכְתִּי וּמָה אֲנִי עֹשֶׂה וְלַיְּהוּדִים וְלַכֹּהֲנִים
וְלַחֹרִים וְלַסְּגָנִים וּלְיֶתֶר עֹשֵׂה הַמְּלָאכָה עַד־כֵּן לֹא הִגַּדְתִּי:

17 וָאוֹמַר אֲלֵהֶם אַתֶּם רֹאִים הָרָעָה אֲשֶׁר אֲנַחְנוּ בָהּ אֲשֶׁר יְרוּשָׁלַ͏ִם
חֲרֵבָה וּשְׁעָרֶיהָ נִצְּתוּ בָאֵשׁ לְכוּ וְנִבְנֶה אֶת־חוֹמַת יְרוּשָׁלַ͏ִם וְלֹא־

18 נִהְיֶה עוֹד חֶרְפָּה: וָאַגִּיד לָהֶם אֶת־יַד אֱלֹהַי אֲשֶׁר־הִיא טוֹבָה
עָלַי וְאַף־דִּבְרֵי הַמֶּלֶךְ אֲשֶׁר אָמַר־לִי וַיֹּאמְרוּ נָקוּם וּבָנִינוּ וַיְחַזְּקוּ
יְדֵיהֶם לַטּוֹבָה:

19 וַיִּשְׁמַע סַנְבַלַּט הַחֹרֹנִי וְטֹבִיָּה הָעֶבֶד הָעַמּוֹנִי וְגֶשֶׁם הָעַרְבִי
וַיַּלְעִגוּ לָנוּ וַיִּבְזוּ עָלֵינוּ וַיֹּאמְרוּ מָה־הַדָּבָר הַזֶּה אֲשֶׁר אַתֶּם עֹשִׂים
כ הַעַל הַמֶּלֶךְ אַתֶּם מֹרְדִים: וָאָשִׁיב אוֹתָם דָּבָר וָאוֹמַר לָהֶם אֱלֹהֵי
הַשָּׁמַיִם הוּא יַצְלִיחַ לָנוּ וַאֲנַחְנוּ עֲבָדָיו נָקוּם וּבָנִינוּ וְלָכֶם אֵין־
חֵלֶק וּצְדָקָה וְזִכָּרוֹן בִּירוּשָׁלָם:

ג 3

א וַיָּקָם אֶלְיָשִׁיב הַכֹּהֵן הַגָּדוֹל וְאֶחָיו הַכֹּהֲנִים וַיִּבְנוּ אֶת־שַׁעַר הַצֹּאן
הֵמָּה קִדְּשׁוּהוּ וַיַּעֲמִידוּ דַּלְתֹתָיו וְעַד־מִגְדַּל הַמֵּאָה קִדְּשׁוּהוּ עַד
2 מִגְדַּל חֲנַנְאֵל: וְעַל־יָדוֹ בָנוּ אַנְשֵׁי יְרֵחוֹ וְעַל־יָדוֹ בָנָה זַכּוּר בֶּן־
3 אִמְרִי: וְאֵת שַׁעַר הַדָּגִים בָּנוּ בְּנֵי הַסְּנָאָה הֵמָּה קֵרוּהוּ וַיַּעֲמִידוּ
4 דַּלְתֹתָיו מַנְעוּלָיו וּבְרִיחָיו: וְעַל־יָדָם הֶחֱזִיק מְרֵמוֹת בֶּן־אוּרִיָּה
בֶּן־הַקּוֹץ וְעַל־יָדָם הֶחֱזִיק מְשֻׁלָּם בֶּן־בֶּרֶכְיָה בֶּן־מְשֵׁיזַבְאֵל
5 וְעַל־יָדָם הֶחֱזִיק צָדוֹק בֶּן־בַּעֲנָא: וְעַל־יָדָם הֶחֱזִיקוּ הַתְּקוֹעִים
6 וְאַדִּירֵיהֶם לֹא־הֵבִיאוּ צַוָּרָם בַּעֲבֹדַת אֲדֹנֵיהֶם: וְאֵת שַׁעַר הַיְשָׁנָה
הֶחֱזִיקוּ יוֹיָדָע בֶּן־פָּסֵחַ וּמְשֻׁלָּם בֶּן־בְּסוֹדְיָה הֵמָּה קֵרוּהוּ וַיַּעֲמִידוּ
7 דַּלְתֹתָיו וּמַנְעֻלָיו וּבְרִיחָיו: וְעַל־יָדָם הֶחֱזִיק מְלַטְיָה הַגִּבְעֹנִי
וְיָדוֹן הַמֵּרֹנֹתִי אַנְשֵׁי גִבְעוֹן וְהַמִּצְפָּה לְכִסֵּא פַּחַת עֵבֶר הַנָּהָר:
8 עַל־יָדוֹ הֶחֱזִיק עֻזִּיאֵל בֶּן־חַרְהֲיָה צוֹרְפִים וְעַל־יָדוֹ הֶחֱזִיק
9 חֲנַנְיָה בֶּן־הָרַקָּחִים וַיַּעַזְבוּ יְרוּשָׁלַם עַד הַחוֹמָה הָרְחָבָה: וְעַל־
י יָדָם הֶחֱזִיק רְפָיָה בֶן־חוּר שַׂר חֲצִי פֶּלֶךְ יְרוּשָׁלָם: וְעַל־יָדָם
הֶחֱזִיק יְדָיָה בֶן־חֲרוּמַף וְנֶגֶד בֵּיתוֹ וְעַל־יָדוֹ הֶחֱזִיק חַטּוּשׁ בֶּן־
11 חֲשַׁבְנְיָה: מִדָּה שֵׁנִית הֶחֱזִיק מַלְכִּיָּה בֶן־חָרִם וְחַשּׁוּב בֶּן־פַּחַת
12 מוֹאָב וְאֵת מִגְדַּל הַתַּנּוּרִים: וְעַל־יָדוֹ הֶחֱזִיק שַׁלּוּם בֶּן־הַלּוֹחֵשׁ
13 שַׂר חֲצִי פֶּלֶךְ יְרוּשָׁלָם הוּא וּבְנוֹתָיו: אֵת שַׁעַר הַגַּיְא הֶחֱזִיק חָנוּן

וְיֹשְׁבֵי זָנוֹחַ הֵמָּה בָנוּהוּ וַיַּעֲמִידוּ דַּלְתֹתָיו מַנְעֻלָיו וּבְרִיחָיו וְאֶלֶף

14 אַמָּה בַּחוֹמָה עַד שַׁעַר הָשְׁפוֹת: וְאֵת שַׁעַר הָאַשְׁפּוֹת הֶחֱזִיק
מַלְכִּיָּה בֶן רֵכָב שַׂר פֶּלֶךְ בֵּית הַכָּרֶם הוּא יִבְנֶנּוּ וְיַעֲמִיד

טו דַּלְתֹתָיו מַנְעֻלָיו וּבְרִיחָיו: וְאֵת שַׁעַר הָעַיִן הֶחֱזִיק שַׁלּוּן
בֶּן כָּל חֹזֶה שַׂר פֶּלֶךְ הַמִּצְפָּה הוּא יִבְנֶנּוּ וִיטַלְלֶנּוּ וְיַעֲמִידוּ
דַלְתֹתָיו מַנְעֻלָיו וּבְרִיחָיו וְאֵת חוֹמַת בְּרֵכַת הַשֶּׁלַח לְגַן

16 הַמֶּלֶךְ וְעַד הַמַּעֲלוֹת הַיּוֹרְדוֹת מֵעִיר דָּוִיד: אַחֲרָיו הֶחֱזִיק
נְחֶמְיָה בֶן עַזְבּוּק שַׂר חֲצִי פֶּלֶךְ בֵּית צוּר עַד נֶגֶד קִבְרֵי

17 דָוִיד וְעַד הַבְּרֵכָה הָעֲשׂוּיָה וְעַד בֵּית הַגִּבֹּרִים: אַחֲרָיו הֶחֱזִיקוּ
הַלְוִיִּם רְחוּם בֶּן בָּנִי עַל יָדוֹ הֶחֱזִיק חֲשַׁבְיָה שַׂר חֲצִי פֶלֶךְ

18 קְעִילָה לְפִלְכּוֹ: אַחֲרָיו הֶחֱזִיקוּ אֲחֵיהֶם בַּוַּי בֶּן חֵנָדָד שַׂר חֲצִי

19 פֶּלֶךְ קְעִילָה: וַיְחַזֵּק עַל יָדוֹ עֵזֶר בֶּן יֵשׁוּעַ שַׂר הַמִּצְפָּה מִדָּה
שֵׁנִית מִנֶּגֶד עֲלֹת הַנֶּשֶׁק הַמִּקְצֹעַ:

כ אַחֲרָיו הֶחֱרָה הֶחֱזִיק בָּרוּךְ
בֶּן זַבַּי מִדָּה שֵׁנִית מִן הַמִּקְצוֹעַ עַד פֶּתַח בֵּית אֶלְיָשִׁיב הַכֹּהֵן

21 הַגָּדוֹל: אַחֲרָיו הֶחֱזִיק מְרֵמוֹת בֶּן אוּרִיָּה בֶּן הַקּוֹץ מִדָּה שֵׁנִית

22 מִפֶּתַח בֵּית אֶלְיָשִׁיב וְעַד תַּכְלִית בֵּית אֶלְיָשִׁיב: וְאַחֲרָיו הֶחֱזִיקוּ

23 הַכֹּהֲנִים אַנְשֵׁי הַכִּכָּר: אַחֲרָיו הֶחֱזִיק בִּנְיָמִן וְחַשּׁוּב נֶגֶד בֵּיתָם

24 אַחֲרָיו הֶחֱזִיק עֲזַרְיָה בֶן מַעֲשֵׂיָה בֶּן עֲנָנְיָה אֵצֶל בֵּיתוֹ: אַחֲרָיו
הֶחֱזִיק בִּנּוּי בֶּן חֵנָדָד מִדָּה שֵׁנִית מִבֵּית עֲזַרְיָה עַד הַמִּקְצוֹעַ

כה וְעַד הַפִּנָּה: פָּלָל בֶּן אוּזַי מִנֶּגֶד הַמִּקְצוֹעַ וְהַמִּגְדָּל הַיּוֹצֵא מִבֵּית
הַמֶּלֶךְ הָעֶלְיוֹן אֲשֶׁר לַחֲצַר הַמַּטָּרָה אַחֲרָיו פְּדָיָה בֶן פַּרְעֹשׁ:

26 וְהַנְּתִינִים הָיוּ יֹשְׁבִים בָּעֹפֶל עַד נֶגֶד שַׁעַר הַמַּיִם לַמִּזְרָח

27 וְהַמִּגְדָּל הַיּוֹצֵא: אַחֲרָיו הֶחֱזִיקוּ הַתְּקֹעִים מִדָּה שֵׁנִית מִנֶּגֶד

28 הַמִּגְדָּל הַגָּדוֹל הַיּוֹצֵא וְעַד חוֹמַת הָעֹפֶל: מֵעַל שַׁעַר הַסּוּסִים
הֶחֱזִיקוּ הַכֹּהֲנִים אִישׁ לְנֶגֶד בֵּיתוֹ: אַחֲרָיו הֶחֱזִיק צָדוֹק בֶּן אִמֵּר

29 נֶגֶד בֵּיתוֹ וְאַחֲרָיו הֶחֱזִיק שְׁמַעְיָה בֶן שְׁכַנְיָה שֹׁמֵר שַׁעַר הַמִּזְרָח:

ל אַחֲרֵי הֶחֱזִיק חֲנַנְיָה בֶן שֶׁלֶמְיָה וְחָנוּן בֶּן צָלָף הַשִּׁשִּׁי מִדָּה שֵׁנִי

31 אַחֲרָיו הֶחֱזִיק מְשֻׁלָּם בֶּן בֶּרֶכְיָה נֶגֶד נִשְׁכָּתוֹ: אַחֲרֵי הֶחֱזִיק מַלְכִּיָּה
בֶּן הַצֹּרְפִי עַד בֵּית הַנְּתִינִים וְהָרֹכְלִים נֶגֶד שַׁעַר הַמִּפְקָד וְעַד

32 עֲלִיַּת הַפִּנָּה׃ וּבֵין עֲלִיַּת הַפִּנָּה לְשַׁעַר הַצֹּאן הֶחֱזִיקוּ הַצֹּרְפִים וְהָרֹכְלִים׃

33 וַיְהִי כַּאֲשֶׁר שָׁמַע סַנְבַלַּט כִּי־אֲנַחְנוּ בוֹנִים אֶת־הַחוֹמָה וַיִּחַר

34 לוֹ וַיִּכְעַס הַרְבֵּה וַיַּלְעֵג עַל־הַיְּהוּדִים׃ וַיֹּאמֶר לִפְנֵי אֶחָיו וְחֵיל שֹׁמְרוֹן וַיֹּאמֶר מָה הַיְּהוּדִים הָאֲמֵלָלִים עֹשִׂים הֲיַעַזְבוּ לָהֶם הֲיִזְבָּחוּ הַיְכַלּוּ בַיּוֹם הַיְחַיּוּ אֶת־הָאֲבָנִים מֵעֲרֵמוֹת הֶעָפָר

35 וְהֵמָּה שְׂרוּפוֹת׃ וְטוֹבִיָּה הָעַמֹּנִי אֶצְלוֹ וַיֹּאמֶר גַּם אֲשֶׁר־הֵם בּוֹנִים אִם־יַעֲלֶה שׁוּעָל וּפָרַץ חוֹמַת אַבְנֵיהֶם׃

36 שְׁמַע אֱלֹהֵינוּ כִּי־הָיִינוּ בוּזָה וְהָשֵׁב חֶרְפָּתָם אֶל־רֹאשָׁם

37 וּתְנֵם לְבִזָּה בְּאֶרֶץ שִׁבְיָה׃ וְאַל־תְּכַס עַל־עֲוֹנָם וְחַטָּאתָם

38 מִלְּפָנֶיךָ אַל־תִּמָּחֶה כִּי הִכְעִיסוּ לְנֶגֶד הַבּוֹנִים׃ וַנִּבְנֶה אֶת הַחוֹמָה וַתִּקָּשֵׁר כָּל־הַחוֹמָה עַד־חֶצְיָהּ וַיְהִי לֵב לָעָם לַעֲשׂוֹת׃

ד 4

א וַיְהִי כַאֲשֶׁר שָׁמַע סַנְבַלַּט וְטוֹבִיָּה וְהָעַרְבִים וְהָעַמֹּנִים וְהָאַשְׁדּוֹדִים כִּי־עָלְתָה אֲרוּכָה לְחוֹמֹת יְרוּשָׁלַם כִּי־הֵחֵלּוּ הַפְּרֻצִים לְהִסָּתֵם

2 וַיִּחַר לָהֶם מְאֹד׃ וַיִּקְשְׁרוּ כֻלָּם יַחְדָּו לָבוֹא לְהִלָּחֵם בִּירוּשָׁלָם

3 וְלַעֲשׂוֹת לוֹ תּוֹעָה׃ וַנִּתְפַּלֵּל אֶל־אֱלֹהֵינוּ וַנַּעֲמִיד מִשְׁמָר עֲלֵיהֶם

4 יוֹמָם וָלַיְלָה מִפְּנֵיהֶם׃ וַיֹּאמֶר יְהוּדָה כָּשַׁל כֹּחַ הַסַּבָּל וְהֶעָפָר

5 הַרְבֵּה וַאֲנַחְנוּ לֹא נוּכַל לִבְנוֹת בַּחוֹמָה׃ וַיֹּאמְרוּ צָרֵינוּ לֹא יֵדְעוּ וְלֹא יִרְאוּ עַד אֲשֶׁר־נָבוֹא אֶל־תּוֹכָם וַהֲרַגְנוּם וְהִשְׁבַּתְנוּ אֶת־ הַמְּלָאכָה׃

6 וַיְהִי כַּאֲשֶׁר־בָּאוּ הַיְּהוּדִים הַיֹּשְׁבִים אֶצְלָם וַיֹּאמְרוּ לָנוּ עֶשֶׂר

7 פְּעָמִים מִכָּל־הַמְּקֹמוֹת אֲשֶׁר־תָּשׁוּבוּ עָלֵינוּ׃ וָאַעֲמִיד מִתַּחְתִּיּוֹת לַמָּקוֹם מֵאַחֲרֵי לַחוֹמָה בַּצְּחִחִיים וָאַעֲמִיד אֶת־הָעָם לְמִשְׁפָּחוֹת

8 עִם־חַרְבֹתֵיהֶם רָמְחֵיהֶם וְקַשְּׁתֹתֵיהֶם׃ וָאֵרֶא וָאָקוּם וָאֹמַר אֶל־ הַחֹרִים וְאֶל־הַסְּגָנִים וְאֶל־יֶתֶר הָעָם אַל־תִּירְאוּ מִפְּנֵיהֶם אֶת־ אֲדֹנָי הַגָּדוֹל וְהַנּוֹרָא זְכֹרוּ וְהִלָּחֲמוּ עַל־אֲחֵיכֶם בְּנֵיכֶם וּבְנֹתֵיכֶם נְשֵׁיכֶם וּבָתֵּיכֶם׃

וַיְהִי כַּאֲשֶׁר שָׁמְעוּ אוֹיְבֵינוּ כִּי־נוֹדַע לָנוּ וַיָּפֶר הָאֱלֹהִים אֶת־ 9

עֲצָתָם וַנָּשׁוּב כֻּלָּנוּ אֶל־הַחוֹמָה אִישׁ אֶל־מְלַאכְתּוֹ: וַיְהִי מִן־ י

הַיּוֹם הַהוּא חֲצִי נְעָרַי עֹשִׂים בַּמְּלָאכָה וְחֶצְיָם מַחֲזִיקִים וְהָרְמָחִים

הַמָּגִנִּים וְהַקְּשָׁתוֹת וְהַשִּׁרְיֹנִים וְהַשָּׂרִים אַחֲרֵי כָּל־בֵּית יְהוּדָה: 11

הַבּוֹנִים בַּחוֹמָה וְהַנֹּשְׂאִים בַּסֵּבֶל עֹמְשִׂים בְּאַחַת יָדוֹ עֹשֶׂה בַמְּלָאכָה 11

וְאַחַת מַחֲזֶקֶת הַשָּׁלַח: וְהַבּוֹנִים אִישׁ חַרְבּוֹ אֲסוּרִים עַל־מָתְנָיו 12

וּבוֹנִים וְהַתּוֹקֵעַ בַּשּׁוֹפָר אֶצְלִי: וָאֹמַר אֶל־הַחֹרִים וְאֶל־הַסְּגָנִים 13

וְאֶל־יֶתֶר הָעָם הַמְּלָאכָה הַרְבֵּה וּרְחָבָה וַאֲנַחְנוּ נִפְרָדִים עַל־

הַחוֹמָה רְחוֹקִים אִישׁ מֵאָחִיו: בִּמְקוֹם אֲשֶׁר תִּשְׁמְעוּ אֶת־קוֹל 14

הַשּׁוֹפָר שָׁמָּה תִּקָּבְצוּ אֵלֵינוּ אֱלֹהֵינוּ יִלָּחֶם לָנוּ: וַאֲנַחְנוּ עֹשִׂים טו

בַּמְּלָאכָה וְחֶצְיָם מַחֲזִיקִים בָּרְמָחִים מֵעֲלוֹת הַשַּׁחַר עַד צֵאת

הַכּוֹכָבִים: גַּם בָּעֵת הַהִיא אָמַרְתִּי לָעָם אִישׁ וְנַעֲרוֹ יָלִינוּ בְּתוֹךְ 16

יְרוּשָׁלָ͏ִם וְהָיוּ־לָנוּ הַלַּיְלָה מִשְׁמָר וְהַיּוֹם מְלָאכָה: וְאֵין אֲנִי וְאַחַי 17

וּנְעָרַי וְאַנְשֵׁי הַמִּשְׁמָר אֲשֶׁר אַחֲרָי אֵין־אֲנַחְנוּ פֹשְׁטִים בְּגָדֵינוּ אִישׁ

שִׁלְחוֹ הַמָּיִם:

ה 5

וַתְּהִי צַעֲקַת הָעָם וּנְשֵׁיהֶם גְּדוֹלָה אֶל־אֲחֵיהֶם הַיְּהוּדִים: וְיֵשׁ א
2

אֲשֶׁר אֹמְרִים בָּנֵינוּ וּבְנֹתֵינוּ אֲנַחְנוּ רַבִּים וְנִקְחָה דָגָן וְנֹאכְלָה וְנִחְיֶה:

וְיֵשׁ אֲשֶׁר אֹמְרִים שְׂדֹתֵינוּ וּכְרָמֵינוּ וּבָתֵּינוּ אֲנַחְנוּ עֹרְבִים וְנִקְחָה 3

דָגָן בָּרָעָב: וְיֵשׁ אֲשֶׁר אֹמְרִים לָוִינוּ כֶסֶף לְמִדַּת הַמֶּלֶךְ שְׂדֹתֵינוּ 4

וּכְרָמֵינוּ: וְעַתָּה כִּבְשַׂר אַחֵינוּ בְּשָׂרֵנוּ כִּבְנֵיהֶם בָּנֵינוּ וְהִנֵּה אֲנַחְנוּ ה

כֹבְשִׁים אֶת־בָּנֵינוּ וְאֶת־בְּנֹתֵינוּ לַעֲבָדִים וְיֵשׁ מִבְּנֹתֵינוּ נִכְבָּשׁוֹת

וְאֵין־לְאֵל יָדֵנוּ וּשְׂדֹתֵינוּ וּכְרָמֵינוּ לַאֲחֵרִים: וַיִּחַר לִי מְאֹד כַּאֲשֶׁר 6

שָׁמַעְתִּי אֶת־זַעֲקָתָם וְאֵת הַדְּבָרִים הָאֵלֶּה: וַיִּמָּלֵךְ לִבִּי עָלַי 7

וָאָרִיבָה אֶת־הַחֹרִים וְאֶת־הַסְּגָנִים וָאֹמְרָה לָהֶם מַשָּׁא אִישׁ־

בְּאָחִיו אַתֶּם נֹשְׁאִים וָאֶתֵּן עֲלֵיהֶם קְהִלָּה גְדוֹלָה: וָאֹמְרָה לָהֶם 8

אֲנַחְנוּ קָנִינוּ אֶת־אַחֵינוּ הַיְּהוּדִים הַנִּמְכָּרִים לַגּוֹיִם כְּדֵי בָנוּ וְגַם־

אַתֶּם תִּמְכְּרוּ אֶת־אֲחֵיכֶם וְנִמְכְּרוּ־לָנוּ וַיַּחֲרִישׁוּ וְלֹא מָצְאוּ

9 דָּבָר: וָיֹּאמַר לֹא־טוֹב הַדָּבָר אֲשֶׁר־אַתֶּם עֹשִׂים הֲלוֹא בְּיִרְאַת

10 אֱלֹהֵינוּ תֵּלֵכוּ מֵחֶרְפַּת הַגּוֹיִם אוֹיְבֵינוּ: וְגַם־אֲנִי אַחַי וּנְעָרַי נֹשִׁים

11 בָּהֶם כֶּסֶף וְדָגָן נַעַזְבָה־נָּא אֶת־הַמַּשָּׁא הַזֶּה: הָשִׁיבוּ נָא לָהֶם

12 כְּהַיּוֹם שְׂדֹתֵיהֶם כַּרְמֵיהֶם זֵיתֵיהֶם וּבָתֵּיהֶם וּמְאַת הַכֶּסֶף וְהַדָּגָן

הַתִּירוֹשׁ וְהַיִּצְהָר אֲשֶׁר אַתֶּם נֹשִׁים בָּהֶם: וַיֹּאמְרוּ נָשִׁיב וּמֵהֶם

13 לֹא נְבַקֵּשׁ כֵּן נַעֲשֶׂה כַּאֲשֶׁר אַתָּה אוֹמֵר וָאֶקְרָא אֶת־הַכֹּהֲנִים

וָאַשְׁבִּיעֵם לַעֲשׂוֹת כַּדָּבָר הַזֶּה: גַּם־חָצְנִי נָעַרְתִּי וָאֹמְרָה כָּכָה

יְנַעֵר הָאֱלֹהִים אֶת־כָּל־הָאִישׁ אֲשֶׁר לֹא־יָקִים אֶת־הַדָּבָר הַזֶּה

מִבֵּיתוֹ וּמִיגִיעוֹ וְכָכָה יִהְיֶה נָעוּר וָרֵק וַיֹּאמְרוּ כָל־הַקָּהָל אָמֵן

14 וַיְהַלְלוּ אֶת־יְהוָֹה וַיַּעַשׂ הָעָם כַּדָּבָר הַזֶּה: גַּם מִיּוֹם אֲשֶׁר־צִוָּה

אֹתִי לִהְיוֹת פֶּחָם בְּאֶרֶץ יְהוּדָה מִשְּׁנַת עֶשְׂרִים וְעַד שְׁנַת שְׁלֹשִׁים

וּשְׁתַּיִם לְאַרְתַּחְשַׁסְתְּא הַמֶּלֶךְ שָׁנִים שְׁתֵּים עֶשְׂרֵה אֲנִי וְאַחַי לֶחֶם

טו הַפֶּחָה לֹא אָכָלְתִּי: וְהַפַּחוֹת הָרִאשֹׁנִים אֲשֶׁר־לְפָנַי הִכְבִּידוּ עַל־

הָעָם וַיִּקְחוּ מֵהֶם בְּלֶחֶם וָיַיִן אַחַר כֶּסֶף־שְׁקָלִים אַרְבָּעִים גַּם־

נַעֲרֵיהֶם שָׁלְטוּ עַל־הָעָם וַאֲנִי לֹא־עָשִׂיתִי כֵן מִפְּנֵי יִרְאַת אֱלֹהִים:

16 וְגַם בִּמְלֶאכֶת הַחוֹמָה הַזֹּאת הֶחֱזַקְתִּי וְשָׂדֶה לֹא קָנִינוּ וְכָל־נְעָרַי

17 קְבוּצִים שָׁם עַל־הַמְּלָאכָה: וְהַיְּהוּדִים וְהַסְּגָנִים מֵאָה וַחֲמִשִּׁים

18 אִישׁ וְהַבָּאִים אֵלֵינוּ מִן־הַגּוֹיִם אֲשֶׁר־סְבִיבֹתֵינוּ עַל־שֻׁלְחָנִי: וַאֲשֶׁר

הָיָה נַעֲשֶׂה לְיוֹם אֶחָד שׁוֹר אֶחָד צֹאן שֵׁשׁ בְּרֻרוֹת וְצִפֳּרִים נַעֲשׂוּ־

לִי וּבֵין עֲשֶׂרֶת יָמִים בְּכָל־יַיִן לְהַרְבֵּה וְעִם־זֶה לֶחֶם הַפֶּחָה לֹא

19 בִקַּשְׁתִּי כִּי־כָבְדָה הָעֲבֹדָה עַל־הָעָם הַזֶּה: זָכְרָה־לִּי אֱלֹהַי

לְטוֹבָה כֹּל אֲשֶׁר־עָשִׂיתִי עַל־הָעָם הַזֶּה:

ו 6

א וַיְהִי כַאֲשֶׁר נִשְׁמַע לְסַנְבַלַּט וְטוֹבִיָּה וּלְגֶשֶׁם הָעַרְבִי וּלְיֶתֶר אֹיְבֵינוּ

כִּי בָנִיתִי אֶת־הַחוֹמָה וְלֹא־נוֹתַר בָּהּ פָּרֶץ גַּם עַד־הָעֵת הַהִיא

2 דְּלָתוֹת לֹא־הֶעֱמַדְתִּי בַשְּׁעָרִים: וַיִּשְׁלַח סַנְבַלַּט וְגֶשֶׁם אֵלַי

לֵאמֹר לְכָה וְנִוָּעֲדָה יַחְדָּו בַּכְּפִירִים בְּבִקְעַת אוֹנוֹ וְהֵמָּה חֹשְׁבִים

3 לַעֲשׂוֹת לִי רָעָה: וָאֶשְׁלְחָה עֲלֵיהֶם מַלְאָכִים לֵאמֹר מְלָאכָה

גְדוֹלָה אֲנִי עֹשֶׂה וְלֹא אוּכַל לָרֶדֶת לָמָּה תִשְׁבַּת הַמְּלָאכָה כַּאֲשֶׁר

4 אַרְפֶּהָ וְיָרַדְתִּי אֲלֵיכֶם: וַיִּשְׁלְחוּ אֵלַי כַּדָּבָר הַזֶּה אַרְבַּע פְּעָמִים

5 וָאָשִׁיב אוֹתָם כַּדָּבָר הַזֶּה: וַיִּשְׁלַח אֵלַי סַנְבַלַּט כַּדָּבָר הַזֶּה פַּעַם

6 חֲמִישִׁית אֶת־נַעֲרוֹ וְאִגֶּרֶת פְּתוּחָה בְּיָדוֹ: כָּתוּב בָּהּ בַּגּוֹיִם נִשְׁמָע

וְגַשְׁמוּ אֹמֵר אַתָּה וְהַיְּהוּדִים חֹשְׁבִים לִמְרוֹד עַל־כֵּן אַתָּה בוֹנֶה

7 הַחוֹמָה וְאַתָּה הֹוֶה לָהֶם לְמֶלֶךְ כַּדְּבָרִים הָאֵלֶּה: וְגַם־נְבִיאִים

הֶעֱמַדְתָּ לִקְרֹא עָלֶיךָ בִירוּשָׁלַ͏ִם לֵאמֹר מֶלֶךְ בִּיהוּדָה וְעַתָּה יִשָּׁמַע

8 לַמֶּלֶךְ כַּדְּבָרִים הָאֵלֶּה וְעַתָּה לְכָה וְנִוָּעֲצָה יַחְדָּו: וָאֶשְׁלְחָה אֵלָיו

לֵאמֹר לֹא נִהְיָה כַּדְּבָרִים הָאֵלֶּה אֲשֶׁר אַתָּה אוֹמֵר כִּי מִלִּבְּךָ אַתָּה

9 בוֹדְאָם: כִּי כֻלָּם מְיָרְאִים אוֹתָנוּ לֵאמֹר יִרְפּוּ יְדֵיהֶם מִן־

10 הַמְּלָאכָה וְלֹא תֵעָשֶׂה וְעַתָּה חַזֵּק אֶת־יָדָי: וַאֲנִי בָאתִי בֵּית

שְׁמַעְיָה בֶן־דְּלָיָה בֶּן־מְהֵיטַבְאֵל וְהוּא עָצוּר וַיֹּאמֶר נִוָּעֵד אֶל־

בֵּית הָאֱלֹהִים אֶל־תּוֹךְ הַהֵיכָל וְנִסְגְּרָה דַּלְתוֹת הַהֵיכָל כִּי בָּאִים

11 לְהָרְגֶךָ וְלַיְלָה בָּאִים לְהָרְגֶךָ: וָאֹמְרָה הַאִישׁ כָּמוֹנִי יִבְרָח וּמִי

12 כָמוֹנִי אֲשֶׁר־יָבוֹא אֶל־הַהֵיכָל וָחָי לֹא אָבוֹא: וָאַכִּירָה וְהִנֵּה לֹא־

אֱלֹהִים שְׁלָחוֹ כִּי הַנְּבוּאָה דִּבֶּר עָלַי וְטוֹבִיָּה וְסַנְבַלַּט שְׂכָרוֹ:

13 לְמַעַן שָׂכוּר הוּא לְמַעַן אִירָא וְאֶעֱשֶׂה־כֵּן וְחָטָאתִי וְהָיָה לָהֶם

14 לְשֵׁם רָע לְמַעַן יְחָרְפוּנִי: זָכְרָה אֱלֹהַי לְטוֹבִיָּה וּלְסַנְבַלַּט כְּמַעֲשָׂיו

אֵלֶּה וְגַם לְנוֹעַדְיָה הַנְּבִיאָה וּלְיֶתֶר הַנְּבִיאִים אֲשֶׁר הָיוּ מְיָרְאִים

15 אוֹתִי: וַתִּשְׁלַם הַחוֹמָה בְּעֶשְׂרִים וַחֲמִשָּׁה לֶאֱלוּל לַחֲמִשִּׁים וּשְׁנַיִם

יוֹם:

16 וַיְהִי כַּאֲשֶׁר שָׁמְעוּ כָּל־אוֹיְבֵינוּ וַיִּרְאוּ כָּל־הַגּוֹיִם אֲשֶׁר

סְבִיבֹתֵינוּ וַיִּפְּלוּ מְאֹד בְּעֵינֵיהֶם וַיֵּדְעוּ כִּי מֵאֵת אֱלֹהֵינוּ נֶעֶשְׂתָה

17 הַמְּלָאכָה הַזֹּאת: גַּם בַּיָּמִים הָהֵם מַרְבִּים חֹרֵי יְהוּדָה אִגְּרֹתֵיהֶם

18 הוֹלְכוֹת עַל־טוֹבִיָּה וַאֲשֶׁר לְטוֹבִיָּה בָּאוֹת אֲלֵיהֶם: כִּי־רַבִּים

בִּיהוּדָה בַּעֲלֵי שְׁבוּעָה לוֹ כִּי־חָתָן הוּא לִשְׁכַנְיָה בֶן־אָרַח

19 וִיהוֹחָנָן בְּנוֹ לָקַח אֶת־בַּת־מְשֻׁלָּם בֶּן בֶּרֶכְיָה: גַּם טוֹבֹתָיו הָיוּ

אֹמְרִים לְפָנַי וּדְבָרַי הָיוּ מוֹצִיאִים לוֹ אִגְּרוֹת שָׁלַח טוֹבִיָּה

לְיָרְאֵנִי:

ז 7

א וַיְהִי כַּאֲשֶׁר נִבְנְתָה הַחוֹמָה וָאַעֲמִיד הַדְּלָתוֹת וַיִּפָּקְדוּ הַשּׁוֹעֲרִים

2 וְהַמְשֹׁרֲרִים וְהַלְוִיִּם: וָאֲצַוֶּה אֶת־חֲנָנִי אָחִי וְאֶת־חֲנַנְיָה שַׂר

הַבִּירָה עַל־יְרוּשָׁלַ͏ִם כִּי־הוּא כְאִישׁ אֱמֶת וְיָרֵא אֶת־הָאֱלֹהִים

3 מֵרַבִּים: וָיֹאמַר לָהֶם לֹא יִפָּתְחוּ שַׁעֲרֵי יְרוּשָׁלַ͏ִם עַד־חֹם הַשֶּׁמֶשׁ

וְעַד הֵם עֹמְדִים יָגִיפוּ הַדְּלָתוֹת וֶאֱחֹזוּ וְהַעֲמֵיד מִשְׁמְרוֹת יֹשְׁבֵי

4 יְרוּשָׁלַ͏ִם אִישׁ בְּמִשְׁמָרוֹ וְאִישׁ נֶגֶד בֵּיתוֹ: וְהָעִיר רַחֲבַת יָדַיִם וּגְדֹלָה

ה וְהָעָם מְעַט בְּתוֹכָהּ וְאֵין בָּתִּים בְּנוּיִם: וַיִּתֵּן אֱלֹהַי אֶל־לִבִּי

וָאֶקְבְּצָה אֶת־הַחֹרִים וְאֶת־הַסְּגָנִים וְאֶת־הָעָם לְהִתְיַחֵשׂ וָאֶמְצָא

סֵפֶר הַיַּחַשׂ הָעוֹלִים בָּרִאשׁוֹנָה וָאֶמְצָא כָּתוּב בּוֹ:

6 אֵלֶּה בְּנֵי הַמְּדִינָה הָעֹלִים מִשְּׁבִי הַגּוֹלָה אֲשֶׁר הֶגְלָה נְבוּכַדְנֶצַּר

7 מֶלֶךְ בָּבֶל וַיָּשׁוּבוּ לִירוּשָׁלַ͏ִם וְלִיהוּדָה אִישׁ לְעִירוֹ: הַבָּאִים עִם־

זְרֻבָּבֶל יֵשׁוּעַ נְחֶמְיָה עֲזַרְיָה רַעַמְיָה נַחֲמָנִי מָרְדֳּכַי בִּלְשָׁן מִסְפֶּרֶת

8 בִּגְוַי נְחוּם בַּעֲנָה מִסְפַּר אַנְשֵׁי עַם יִשְׂרָאֵל: בְּנֵי פַרְעֹשׁ אַלְפַּיִם

9 מֵאָה וְשִׁבְעִים וּשְׁנָיִם: בְּנֵי שְׁפַטְיָה שְׁלֹשׁ מֵאוֹת שִׁבְעִים וּשְׁנָיִם:

י 11 בְּנֵי אָרַח שֵׁשׁ מֵאוֹת חֲמִשִּׁים וּשְׁנָיִם: בְּנֵי־פַחַת מוֹאָב לִבְנֵי יֵשׁוּעַ

12 וְיוֹאָב אַלְפַּיִם וּשְׁמֹנֶה מֵאוֹת שְׁמֹנָה עָשָׂר: בְּנֵי עֵילָם אֶלֶף מָאתַיִם

13 חֲמִשִּׁים וְאַרְבָּעָה: בְּנֵי זַתּוּא שְׁמֹנֶה מֵאוֹת אַרְבָּעִים וַחֲמִשָּׁה:

14 טו בְּנֵי זַכָּי שְׁבַע מֵאוֹת וְשִׁשִּׁים: בְּנֵי בִנּוּי שֵׁשׁ מֵאוֹת אַרְבָּעִים וּשְׁמֹנָה:

16 17 בְּנֵי בֵבָי שֵׁשׁ מֵאוֹת עֶשְׂרִים וּשְׁמֹנָה: בְּנֵי עַזְגָּד אַלְפַּיִם שְׁלֹשׁ מֵאוֹת

18 19 עֶשְׂרִים וּשְׁנָיִם: בְּנֵי אֲדֹנִיקָם שֵׁשׁ מֵאוֹת שִׁשִּׁים וְשִׁבְעָה: בְּנֵי בִגְוָי

כ אַלְפַּיִם שִׁשִּׁים וְשִׁבְעָה: בְּנֵי עָדִין שֵׁשׁ מֵאוֹת חֲמִשִּׁים וַחֲמִשָּׁה:

21 22 בְּנֵי־אָטֵר לְחִזְקִיָּה תִּשְׁעִים וּשְׁמֹנָה: בְּנֵי חָשֻׁם שְׁלֹשׁ מֵאוֹת עֶשְׂרִים

23 24 וּשְׁמֹנָה: בְּנֵי בֵצָי שְׁלֹשׁ מֵאוֹת עֶשְׂרִים וְאַרְבָּעָה: בְּנֵי חָרִף מֵאָה

כה 26 שְׁנֵים עָשָׂר: בְּנֵי גִבְעוֹן תִּשְׁעִים וַחֲמִשָּׁה: אַנְשֵׁי בֵית־לֶחֶם וּנְטֹפָה

27 28 מֵאָה שְׁמֹנִים וּשְׁמֹנָה: אַנְשֵׁי עֲנָתוֹת מֵאָה עֶשְׂרִים וּשְׁמֹנָה: אַנְשֵׁי

29 בֵית־עַזְמָוֶת אַרְבָּעִים וּשְׁנָיִם: אַנְשֵׁי קִרְיַת יְעָרִים כְּפִירָה וּבְאֵרֹת

ל שְׁבַע מֵאוֹת אַרְבָּעִים וּשְׁלֹשָׁה: אַנְשֵׁי הָרָמָה וָגֶבַע שֵׁשׁ מֵאוֹת עֶשְׂרִים

31 32 וְאֶחָד: אַנְשֵׁי מִכְמָס מֵאָה וְעֶשְׂרִים וּשְׁנָיִם: אַנְשֵׁי בֵית־אֵל וְהָעַי

33
34 מֵאָה עֶשְׂרִים וּשְׁלֹשָׁה: אַנְשֵׁי נְבוֹ אַחֵר חֲמִשִּׁים וּשְׁנָיִם: בְּנֵי עֵילָם

לה אַחֵר אֶלֶף מָאתַיִם חֲמִשִּׁים וְאַרְבָּעָה: בְּנֵי חָרִם שְׁלֹשׁ מֵאוֹת

36
37 וְעֶשְׂרִים: בְּנֵי יְרֵחוֹ שְׁלֹשׁ מֵאוֹת אַרְבָּעִים וַחֲמִשָּׁה: בְּנֵי־לֹד חָדִיד

38 וְאוֹנוֹ שְׁבַע מֵאוֹת וְעֶשְׂרִים וְאֶחָד: בְּנֵי סְנָאָה שְׁלֹשֶׁת אֲלָפִים תְּשַׁע

39 מֵאוֹת וּשְׁלֹשִׁים: הַכֹּהֲנִים בְּנֵי יְדַעְיָה לְבֵית יֵשׁוּעַ תְּשַׁע מֵאוֹת

מ
41 שִׁבְעִים וּשְׁלֹשָׁה: בְּנֵי אִמֵּר אֶלֶף חֲמִשִּׁים וּשְׁנָיִם: בְּנֵי פַשְׁחוּר אֶלֶף

42
43 מָאתַיִם אַרְבָּעִים וְשִׁבְעָה: בְּנֵי חָרִם אֶלֶף שִׁבְעָה עָשָׂר: הַלְוִיִּם

44 בְּנֵי־יֵשׁוּעַ לְקַדְמִיאֵל לִבְנֵי לְהוֹדְוָה שִׁבְעִים וְאַרְבָּעָה: הַמְשֹׁרְרִים

מה בְּנֵי אָסָף מֵאָה אַרְבָּעִים וּשְׁמֹנָה: הַשֹּׁעֲרִים בְּנֵי־שַׁלֻּם בְּנֵי־אָטֵר

בְּנֵי־טַלְמֹן בְּנֵי־עַקּוּב בְּנֵי חֲטִיטָא בְּנֵי שֹׁבָי מֵאָה שְׁלֹשִׁים וּשְׁמֹנָה:

46
47 הַנְּתִינִים בְּנֵי־צִחָא בְּנֵי־חֲשֻׂפָא בְּנֵי טַבָּעוֹת: בְּנֵי קֵירֹס בְּנֵי־סִיעָא

48
49 בְּנֵי פָדוֹן: בְּנֵי־לְבָנָה בְּנֵי־חֲגָבָא בְּנֵי שַׁלְמָי: בְּנֵי־חָנָן בְּנֵי־גִדֵּל

נ
51 בְּנֵי גָחַר: בְּנֵי־רְאָיָה בְּנֵי־רְצִין בְּנֵי נְקוֹדָא: בְּנֵי־גַזָּם בְּנֵי־עֻזָּא

52
53 בְּנֵי פָסֵחַ: בְּנֵי־בֵסַי בְּנֵי־מְעוּנִים בְּנֵי נְפוּשְׁסִים: בְּנֵי־בַקְבּוּק

54 בְּנֵי־חֲקוּפָא בְּנֵי חַרְחוּר: בְּנֵי־בַצְלוּת בְּנֵי־מְחִידָא בְּנֵי חַרְשָׁא:

נה
56 בְּנֵי־בַרְקוֹס בְּנֵי־סִיסְרָא בְּנֵי־תָמַח: בְּנֵי נְצִיחַ בְּנֵי חֲטִיפָא:

57
58 בְּנֵי עַבְדֵי שְׁלֹמֹה בְּנֵי־סוֹטַי בְּנֵי־סֹפֶרֶת בְּנֵי פְרִידָא: בְּנֵי־יַעְלָא

59 בְּנֵי־דַרְקוֹן בְּנֵי גִדֵּל: בְּנֵי שְׁפַטְיָה בְּנֵי־חַטִּיל בְּנֵי פֹּכֶרֶת הַצְּבָיִים

ס בְּנֵי אָמוֹן: כָּל־הַנְּתִינִים וּבְנֵי עַבְדֵי שְׁלֹמֹה שְׁלֹשׁ מֵאוֹת תִּשְׁעִים
וּשְׁנָיִם:

61 וְאֵלֶּה הָעוֹלִים מִתֵּל מֶלַח תֵּל חַרְשָׁא כְּרוּב אַדּוֹן וְאִמֵּר וְלֹא

62 יָכְלוּ לְהַגִּיד בֵּית־אֲבוֹתָם וְזַרְעָם אִם מִיִּשְׂרָאֵל הֵם: בְּנֵי־דְלָיָה
בְּנֵי־טוֹבִיָּה בְּנֵי נְקוֹדָא שֵׁשׁ מֵאוֹת אַרְבָּעִים וּשְׁנָיִם:

63 וּמִן־הַכֹּהֲנִים בְּנֵי חֲבַיָּה בְּנֵי הַקּוֹץ בְּנֵי בַרְזִלַּי אֲשֶׁר לָקַח

64 מִבְּנוֹת בַּרְזִלַּי הַגִּלְעָדִי אִשָּׁה וַיִּקָּרֵא עַל־שְׁמָם: אֵלֶּה בִּקְשׁוּ

סה כְתָבָם הַמִּתְיַחֲשִׂים וְלֹא נִמְצָא וַיִּגֹּאֲלוּ מִן־הַכְּהֻנָּה: וַיֹּאמֶר
הַתִּרְשָׁתָא לָהֶם אֲשֶׁר לֹא־יֹאכְלוּ מִקֹּדֶשׁ הַקֳּדָשִׁים עַד עֲמֹד הַכֹּהֵן

66 לְאוּרִים וְתֻמִּים: כָּל־הַקָּהָל כְּאֶחָד אַרְבַּע רִבּוֹא אַלְפַּיִם שְׁלֹשׁ־

67 מֵאוֹת וְשִׁשִּׁים: מִלְּבַד עַבְדֵיהֶם וְאַמְהֹתֵיהֶם אֵלֶּה שִׁבְעַת אֲלָפִים

שְׁלֹשׁ מֵאוֹת שְׁלֹשִׁים וְשִׁבְעָה וְלָהֶם מְשֹׁרֲרִים וּמְשֹׁרֲרוֹת מָאתַיִם

68 וְאַרְבָּעִים וַחֲמִשָּׁה: גְּמַלִּים אַרְבַּע מֵאוֹת שְׁלֹשִׁים וַחֲמִשָּׁה חֲמֹרִים

שֵׁשֶׁת אֲלָפִים שְׁבַע מֵאוֹת וְעֶשְׂרִים:

יא 11

א וַיֵּשְׁבוּ שָׂרֵי־הָעָם בִּירוּשָׁלָם וּשְׁאָר הָעָם הִפִּילוּ גוֹרָלוֹת לְהָבִיא

אֶחָד מִן־הָעֲשָׂרָה לָשֶׁבֶת בִּירוּשָׁלַם עִיר הַקֹּדֶשׁ וְתֵשַׁע הַיָּדוֹת

2 בֶּעָרִים: וַיְבָרֲכוּ הָעָם לְכֹל הָאֲנָשִׁים הַמִּתְנַדְּבִים לָשֶׁבֶת בִּירוּשָׁלָם:

3 וְאֵלֶּה רָאשֵׁי הַמְּדִינָה אֲשֶׁר יָשְׁבוּ בִּירוּשָׁלָם וּבְעָרֵי יְהוּדָה יָשְׁבוּ

אִישׁ בַּאֲחֻזָּתוֹ בְּעָרֵיהֶם יִשְׂרָאֵל הַכֹּהֲנִים וְהַלְוִיִּם וְהַנְּתִינִים וּבְנֵי

4 עַבְדֵי שְׁלֹמֹה: וּבִירוּשָׁלַם יָשְׁבוּ מִבְּנֵי יְהוּדָה וּמִבְּנֵי בִנְיָמִן מִבְּנֵי

יְהוּדָה עֲתָיָה בֶן־עֻזִּיָּה בֶּן־זְכַרְיָה בֶן־אֲמַרְיָה בֶּן־שְׁפַטְיָה בֶן־

5 מַהֲלַלְאֵל מִבְּנֵי פָרֶץ: וּמַעֲשֵׂיָה בֶן־בָּרוּךְ בֶּן־כָּל־חֹזֶה בֶּן־

6 חֲזָיָה בֶן־עֲדָיָה בֶן־יוֹיָרִיב בֶּן־זְכַרְיָה בֶּן־הַשִּׁלֹנִי: כָּל־בְּנֵי־פֶרֶץ

הַיֹּשְׁבִים בִּירוּשָׁלָם אַרְבַּע מֵאוֹת שִׁשִּׁים וּשְׁמֹנָה אַנְשֵׁי־חָיִל:

7 וְאֵלֶּה בְּנֵי בִנְיָמִן סַלֻּא בֶּן־מְשֻׁלָּם בֶּן־יוֹעֵד בֶּן־פְּדָיָה בֶן־

8 קוֹלָיָה בֶן־מַעֲשֵׂיָה בֶּן־אִיתִיאֵל בֶּן־יְשַׁעְיָה: וְאַחֲרָיו גַּבַּי סַלָּי

9 תְּשַׁע מֵאוֹת עֶשְׂרִים וּשְׁמֹנָה: וְיוֹאֵל בֶּן־זִכְרִי פָּקִיד עֲלֵיהֶם וִיהוּדָה

בֶן־הַסְּנוּאָה עַל־הָעִיר מִשְׁנֶה:

11 מִן־הַכֹּהֲנִים יְדַעְיָה בֶן־יוֹיָרִיב יָכִין: שְׂרָיָה בֶן־חִלְקִיָּה בֶּן־

מְשֻׁלָּם בֶּן־צָדוֹק בֶּן־מְרָיוֹת בֶּן־אֲחִיטוּב נְגִד בֵּית הָאֱלֹהִים:

12 וַאֲחֵיהֶם עֹשֵׂה הַמְּלָאכָה לַבַּיִת שְׁמֹנֶה מֵאוֹת עֶשְׂרִים וּשְׁנָיִם וַעֲדָיָה

בֶּן־יְרֹחָם בֶּן־פְּלַלְיָה בֶּן־אַמְצִי בֶּן־זְכַרְיָה בֶּן־פַּשְׁחוּר בֶּן־

13 מַלְכִּיָּה: וְאֶחָיו רָאשִׁים לְאָבוֹת מָאתַיִם אַרְבָּעִים וּשְׁנָיִם וַעֲמַשְׂסַי

14 בֶּן־עֲזַרְאֵל בֶּן־אַחְזַי בֶּן־מְשִׁלֵּמוֹת בֶּן־אִמֵּר: וַאֲחֵיהֶם גִּבּוֹרֵי חַיִל

מֵאָה עֶשְׂרִים וּשְׁמֹנָה וּפָקִיד עֲלֵיהֶם זַבְדִּיאֵל בֶּן־הַגְּדוֹלִים:

טו וּמִן־הַלְוִיִּם שְׁמַעְיָה בֶן־חַשּׁוּב בֶּן־עַזְרִיקָם בֶּן־חֲשַׁבְיָה בֶּן־

16 בּוּנִּי: וְשַׁבְּתַי וְיוֹזָבָד עַל־הַמְּלָאכָה הַחִיצֹנָה לְבֵית הָאֱלֹהִים

17 מֵרָאשֵׁי הַלְוִיִּם: וּמַתַּנְיָה בֶן־מִיכָא בֶּן־זַבְדִּי בֶן־אָסָף רֹאשׁ

הַתְּחִלָּה יְהוֹדָה לַתְּפִלָּה וּבַקְבֻּקְיָה מִשְׁנֶה מֵאֶחָיו וְעַבְדָּא בֶּן־

18 שַׁמּוּעַ בֶּן־גָּלָל בֶּן־יְדִיתוּן: כָּל־הַלְוִיִם בְּעִיר הַקֹּדֶשׁ מָאתַיִם

19 שְׁמֹנִים וְאַרְבָּעָה: וְהַשּׁוֹעֲרִים עַקּוּב טַלְמוֹן וַאֲחֵיהֶם הַשֹּׁמְרִים

כ בַּשְּׁעָרִים מֵאָה שִׁבְעִים וּשְׁנָיִם: וּשְׁאָר יִשְׂרָאֵל הַכֹּהֲנִים הַלְוִיִם

21 בְּכָל־עָרֵי יְהוּדָה אִישׁ בְּנַחֲלָתוֹ: וְהַנְּתִינִים יֹשְׁבִים בָּעֹפֶל וְצִיחָא

22 וְגִשְׁפָּא עַל־הַנְּתִינִים: וּפְקִיד הַלְוִיִם בִּירוּשָׁלַם עֻזִּי בֶן־בָּנִי בֶּן־

חֲשַׁבְיָה בֶן־מַתַּנְיָה בֶן־מִיכָא מִבְּנֵי אָסָף הַמְשֹׁרְרִים לְנֶגֶד מְלֶאכֶת

23 בֵּית־הָאֱלֹהִים: כִּי־מִצְוַת הַמֶּלֶךְ עֲלֵיהֶם וַאֲמָנָה עַל־הַמְשֹׁרְרִים

24 דְּבַר יוֹם בְּיוֹמוֹ: וּפְתַחְיָה בֶן־מְשֵׁיזַבְאֵל מִבְּנֵי־זֶרַח בֶּן־יְהוּדָה

כה לְיַד הַמֶּלֶךְ לְכָל־דָּבָר לָעָם: וְאֶל־הַחֲצֵרִים בִּשְׂדֹתָם מִבְּנֵי

יְהוּדָה יָשְׁבוּ בְּקִרְיַת הָאַרְבַּע וּבְנֹתֶיהָ וּבְדִיבֹן וּבְנֹתֶיהָ וּבִיקַּבְצְאֵל

26 וַחֲצֵרֶיהָ: וּבְיֵשׁוּעַ וּבְמוֹלָדָה וּבְבֵית־פָּלֶט: וּבַחֲצַר שׁוּעָל וּבִבְאֵר
27

28 שֶׁבַע וּבְנֹתֶיהָ: וּבְצִקְלַג וּבִמְכֹנָה וּבִבְנֹתֶיהָ: וּבְעֵין רִמּוֹן וּבְצָרְעָה
29

ל וּבְיַרְמוּת: זָנֹחַ עֲדֻלָּם וְחַצְרֵיהֶם לָכִישׁ וּשְׂדֹתֶיהָ עֲזֵקָה וּבְנֹתֶיהָ

31 וַיַּחֲנוּ מִבְּאֵר שֶׁבַע עַד־גֵּיא הִנֹּם: וּבְנֵי בִנְיָמִן מִגֶּבַע מִכְמָשׂ וְעַיָּה

32 וּבֵית־אֵל וּבְנֹתֶיהָ: עֲנָתוֹת נֹב עֲנָנְיָה: חָצוֹר רָמָה גִּתָּיִם: חָדִיד
33

34 צְבֹעִים נְבַלָּט: לֹד וְאוֹנוֹ גֵּי הַחֲרָשִׁים: וּמִן־הַלְוִיִם מַחְלְקוֹת
לה
36 יְהוּדָה לְבִנְיָמִין:

יב 12

א וְאֵלֶּה הַכֹּהֲנִים וְהַלְוִיִם אֲשֶׁר עָלוּ עִם־זְרֻבָּבֶל בֶּן־שְׁאַלְתִּיאֵל

2 וְיֵשׁוּעַ שְׂרָיָה יִרְמְיָה עֶזְרָא: אֲמַרְיָה מַלּוּךְ חַטּוּשׁ: שְׁכַנְיָה רְחֻם
3

4 מְרֵמֹת: עִדּוֹ גִנְּתוֹי אֲבִיָּה: מִיָּמִין מַעַדְיָה בִּלְגָּה: שְׁמַעְיָה וְיוֹיָרִיב
5
6
7 יְדַעְיָה: סַלּוּ עָמוֹק חִלְקִיָּה יְדַעְיָה אֵלֶּה רָאשֵׁי הַכֹּהֲנִים וַאֲחֵיהֶם
בִּימֵי יֵשׁוּעַ:

8 וְהַלְוִיִם יֵשׁוּעַ בִּנּוּי קַדְמִיאֵל שֵׁרֵבְיָה יְהוּדָה מַתַּנְיָה עַל־הֻיְּדֹות

9 הוּא וְאֶחָיו: וּבַקְבֻּקְיָה וְעֻנּוֹ אֲחֵיהֶם לְנֶגְדָּם לְמִשְׁמָרוֹת: וְיֵשׁוּעַ
,
הוֹלִיד אֶת־יוֹיָקִים וְיוֹיָקִים הוֹלִיד אֶת־אֶלְיָשִׁיב וְאֶלְיָשִׁיב אֶת־

11 יוֹיָדָע: וְיוֹיָדָע הוֹלִיד אֶת־יוֹנָתָן וְיוֹנָתָן הוֹלִיד אֶת־יַדּוּעַ:

12 וּבִימֵי יוֹיָקִים הָיוּ כֹהֲנִים רָאשֵׁי הָאָבוֹת לִשְׂרָיָה מְרָיָה לְיִרְמְיָה
13 חֲנַנְיָה: לְעֶזְרָא מְשֻׁלָּם לַאֲמַרְיָה יְהוֹחָנָן: לִמְלוּכִי יוֹנָתָן לִשְׁבַנְיָה
14 יוֹסֵף: לְחָרִם עַדְנָא לִמְרָיוֹת חֶלְקָי: לְעִדִּיא זְכַרְיָה לְגִנְּתוֹן
16
17 מְשֻׁלָּם: לַאֲבִיָּה זִכְרִי לְמִנְיָמִין לְמוֹעַדְיָה פִּלְטָי: לְבִלְגָּה שַׁמּוּעַ
18
19 לִשְׁמַעְיָה יְהוֹנָתָן: וּלְיוֹיָרִיב מַתְּנַי לִידַעְיָה עֻזִּי: לְסַלַּי קַלָּי לְעָמוֹק
21 עֵבֶר: לְחִלְקִיָּה חֲשַׁבְיָה לִידַעְיָה נְתַנְאֵל: הַלְוִיִּם בִּימֵי אֶלְיָשִׁיב
22 יוֹיָדָע וְיוֹחָנָן וְיַדּוּעַ כְּתוּבִים רָאשֵׁי אָבוֹת וְהַכֹּהֲנִים עַל־מַלְכוּת
דָּרְיָוֶשׁ הַפָּרְסִי:

23 בְּנֵי לֵוִי רָאשֵׁי הָאָבוֹת כְּתוּבִים עַל־סֵפֶר דִּבְרֵי הַיָּמִים וְעַד־יְמֵי
24 יוֹחָנָן בֶּן־אֶלְיָשִׁיב: וְרָאשֵׁי הַלְוִיִּם חֲשַׁבְיָה שֵׁרֵבְיָה וְיֵשׁוּעַ בֶּן־
קַדְמִיאֵל וַאֲחֵיהֶם לְנֶגְדָּם לְהַלֵּל לְהוֹדוֹת בְּמִצְוַת דָּוִיד אִישׁ־
כה הָאֱלֹהִים מִשְׁמָר לְעֻמַּת מִשְׁמָר: מַתַּנְיָה וּבַקְבֻּקְיָה עֹבַדְיָה מְשֻׁלָּם
26 טַלְמוֹן עַקּוּב שֹׁמְרִים שׁוֹעֲרִים מִשְׁמָר בַּאֲסֻפֵּי הַשְּׁעָרִים: אֵלֶּה
בִּימֵי יוֹיָקִים בֶּן־יֵשׁוּעַ בֶּן־יוֹצָדָק וּבִימֵי נְחֶמְיָה הַפֶּחָה וְעֶזְרָא
הַכֹּהֵן הַסּוֹפֵר:

27 וּבַחֲנֻכַּת חוֹמַת יְרוּשָׁלַ͏ִם בִּקְשׁוּ אֶת־הַלְוִיִּם מִכָּל־מְקוֹמֹתָם
לַהֲבִיאָם לִירוּשָׁלָ͏ִם לַעֲשׂוֹת חֲנֻכָּה וְשִׂמְחָה וּבְתוֹדוֹת וּבְשִׁיר
28 מְצִלְתַּיִם נְבָלִים וּבְכִנֹּרוֹת: וַיֵּאָסְפוּ בְּנֵי הַמְשֹׁרְרִים וּמִן־הַכִּכָּר
29 סְבִיבוֹת יְרוּשָׁלַ͏ִם וּמִן־חַצְרֵי נְטֹפָתִי: וּמִבֵּית הַגִּלְגָּל וּמִשְּׂדוֹת
גֶּבַע וְעַזְמָוֶת כִּי חֲצֵרִים בָּנוּ לָהֶם הַמְשֹׁרְרִים סְבִיבוֹת יְרוּשָׁלָ͏ִם:
ל וַיִּטַּהֲרוּ הַכֹּהֲנִים וְהַלְוִיִּם וַיְטַהֲרוּ אֶת־הָעָם וְאֶת־הַשְּׁעָרִים וְאֶת־
31 הַחוֹמָה: וָאַעֲלֶה אֶת־שָׂרֵי יְהוּדָה מֵעַל לַחוֹמָה וָאַעֲמִידָה שְׁתֵּי
32 תוֹדֹת גְּדוֹלֹת וְתַהֲלֻכֹת לַיָּמִין מֵעַל לַחוֹמָה לְשַׁעַר הָאַשְׁפֹּת: וַיֵּלֶךְ
33 אַחֲרֵיהֶם הוֹשַׁעְיָה וַחֲצִי שָׂרֵי יְהוּדָה: וַעֲזַרְיָה עֶזְרָא וּמְשֻׁלָּם:
34 יְהוּדָה וּבִנְיָמִן וּשְׁמַעְיָה וְיִרְמְיָה: וּמִבְּנֵי הַכֹּהֲנִים בַּחֲצֹצְרוֹת
לה זְכַרְיָה בֶן־יוֹנָתָן בֶּן־שְׁמַעְיָה בֶן־מַתַּנְיָה בֶּן־מִיכָיָה בֶּן־זַכּוּר בֶּן־
36 אָסָף: וְאֶחָיו שְׁמַעְיָה וַעֲזַרְאֵל מִלֲלַי גִּלֲלַי מָעַי נְתַנְאֵל וִיהוּדָה
חֲנָנִי בִּכְלֵי־שִׁיר דָּוִיד אִישׁ הָאֱלֹהִים וְעֶזְרָא הַסּוֹפֵר לִפְנֵיהֶם:
37 וְעַל שַׁעַר הָעַיִן וְנֶגְדָּם עָלוּ עַל־מַעֲלוֹת עִיר דָּוִיד בַּמַּעֲלֶה לַחוֹמָה

³⁸ מֵעַל לְבֵית דָּוִיד וְעַד שַׁעַר הַמַּיִם מִזְרָח: וְהַתּוֹדָה הַשֵּׁנִית הַהוֹלֶכֶת
לְמוֹאל וַאֲנִי אַחֲרֶיהָ וַחֲצִי הָעָם מֵעַל לְהַחוֹמָה מֵעַל לְמִגְדַּל

³⁹ הַתַּנּוּרִים וְעַד הַחוֹמָה הָרְחָבָה: וּמֵעַל לְשַׁעַר־אֶפְרַיִם וְעַל־
שַׁעַר הַיְשָׁנָה וְעַל־שַׁעַר הַדָּגִים וּמִגְדַּל חֲנַנְאֵל וּמִגְדַּל הַמֵּאָה וְעַד

^מ שַׁעַר הַצֹּאן וְעָמְדוּ בְּשַׁעַר הַמַּטָּרָה: וַתַּעֲמֹדְנָה שְׁתֵּי הַתּוֹדֹת בְּבֵית

⁴¹ הָאֱלֹהִים וַאֲנִי וַחֲצִי הַסְּגָנִים עִמִּי: וְהַכֹּהֲנִים אֶלְיָקִים מַעֲשֵׂיָה

⁴² מִנְיָמִין מִיכָיָה אֶלְיוֹעֵינַי זְכַרְיָה חֲנַנְיָה בַּחֲצֹצְרוֹת: וּמַעֲשֵׂיָה
וּשְׁמַעְיָה וְאֶלְעָזָר וְעֻזִּי וִיהוֹחָנָן וּמַלְכִּיָה וְעֵילָם וָעָזֶר וַיַּשְׁמִיעוּ

⁴³ הַמְשֹׁרְרִים וְיִזְרַחְיָה הַפָּקִיד: וַיִּזְבְּחוּ בַיּוֹם הַהוּא זְבָחִים גְּדוֹלִים
וַיִּשְׂמָחוּ כִּי הָאֱלֹהִים שִׂמְּחָם שִׂמְחָה גְדוֹלָה וְגַם הַנָּשִׁים וְהַיְלָדִים

⁴⁴ שָׂמֵחוּ וַתִּשָּׁמַע שִׂמְחַת יְרוּשָׁלַם מֵרָחוֹק: וַיִּפָּקְדוּ בַיּוֹם הַהוּא
אֲנָשִׁים עַל־הַנְּשָׁכוֹת לָאוֹצָרוֹת לַתְּרוּמוֹת לָרֵאשִׁית וְלַמַּעַשְׂרוֹת
לִכְנוֹס בָּהֶם לִשְׂדֵי הֶעָרִים מְנָאוֹת הַתּוֹרָה לַכֹּהֲנִים וְלַלְוִיִּם כִּי

^{מה} שִׂמְחַת יְהוּדָה עַל־הַכֹּהֲנִים וְעַל־הַלְוִיִּם הָעֹמְדִים: וַיִּשְׁמְרוּ
מִשְׁמֶרֶת אֱלֹהֵיהֶם וּמִשְׁמֶרֶת הַטָּהֳרָה וְהַמְשֹׁרְרִים וְהַשֹּׁעֲרִים כְּמִצְוַת

⁴⁶ דָּוִיד וּשְׁלֹמֹה בְנוֹ: כִּי־בִימֵי דָוִיד וְאָסָף מִקֶּדֶם רָאשׁ הַמְשֹׁרְרִים

⁴⁷ וְשִׁיר־תְּהִלָּה וְהוֹדוֹת לֵאלֹהִים: וְכָל־יִשְׂרָאֵל בִּימֵי זְרֻבָּבֶל וּבִימֵי
נְחֶמְיָה נֹתְנִים מְנָיוֹת הַמְשֹׁרְרִים וְהַשֹּׁעֲרִים דְּבַר־יוֹם בְּיוֹמוֹ
וּמַקְדִּשִׁים לַלְוִיִּם וְהַלְוִיִּם מַקְדִּשִׁים לִבְנֵי אַהֲרֹן:

יג 13

^א בַּיּוֹם הַהוּא נִקְרָא בְּסֵפֶר מֹשֶׁה בְּאָזְנֵי הָעָם וְנִמְצָא כָתוּב בּוֹ אֲשֶׁר

² לֹא־יָבוֹא עַמֹּנִי וּמוֹאָבִי בִּקְהַל הָאֱלֹהִים עַד־עוֹלָם: כִּי לֹא
קִדְּמוּ אֶת־בְּנֵי יִשְׂרָאֵל בַּלֶּחֶם וּבַמָּיִם וַיִּשְׂכֹּר עָלָיו אֶת־בִּלְעָם

³ לְקַלְלוֹ וַיַּהֲפֹךְ אֱלֹהֵינוּ הַקְּלָלָה לִבְרָכָה: וַיְהִי כְּשָׁמְעָם אֶת־

⁴ הַתּוֹרָה וַיַּבְדִּילוּ כָל־עֵרֶב מִיִּשְׂרָאֵל: וְלִפְנֵי מִזֶּה אֶלְיָשִׁיב הַכֹּהֵן

^ה נָתוּן בְּלִשְׁכַּת בֵּית־אֱלֹהֵינוּ קָרוֹב לְטוֹבִיָּה: וַיַּעַשׂ לוֹ לִשְׁכָּה
גְדוֹלָה וְשָׁם הָיוּ לְפָנִים נֹתְנִים אֶת־הַמִּנְחָה הַלְּבוֹנָה וְהַכֵּלִים
וּמַעְשַׂר הַדָּגָן הַתִּירוֹשׁ וְהַיִּצְהָר מִצְוַת הַלְוִיִּם וְהַמְשֹׁרְרִים וְהַשּׁוֹעֲרִים

6 וּתְרוּמַת הַכֹּהֲנִים: וּבְכָל־זֶה לֹא הָיִיתִי בִירוּשָׁלָם כִּי בִשְׁנַת שְׁלֹשִׁים
וּשְׁתַּיִם לְאַרְתַּחְשַׁסְתְּא מֶלֶךְ־בָּבֶל בָּאתִי אֶל־הַמֶּלֶךְ וּלְקֵץ יָמִים
7 נִשְׁאַלְתִּי מִן־הַמֶּלֶךְ: וָאָבוֹא לִירוּשָׁלָם וָאָבִינָה בָרָעָה אֲשֶׁר
עָשָׂה אֶלְיָשִׁיב לְטוֹבִיָּה לַעֲשׂוֹת לוֹ נִשְׁכָּה בְּחַצְרֵי בֵּית הָאֱלֹהִים:
8 וַיֵּרַע לִי מְאֹד וָאַשְׁלִיכָה אֶת־כָּל־כְּלֵי בֵית טוֹבִיָּה הַחוּץ מִן־
9 הַלִּשְׁכָּה: וָאֹמְרָה וַיְטַהֲרוּ הַלְּשָׁכוֹת וָאָשִׁיבָה שָּׁם כְּלֵי בֵּית הָאֱלֹהִים
י אֶת־הַמִּנְחָה וְהַלְּבוֹנָה: וָאֵדְעָה כִּי־מְנָיוֹת הַלְוִיִּם לֹא נִתָּנָה וַיִּבְרְחוּ
11 אִישׁ־לְשָׂדֵהוּ הַלְוִיִּם וְהַמְשֹׁרְרִים עֹשֵׂי הַמְּלָאכָה: וָאָרִיבָה אֶת־
הַסְּגָנִים וָאֹמְרָה מַדּוּעַ נֶעֱזַב בֵּית־הָאֱלֹהִים וָאֶקְבְּצֵם וָאַעֲמִדֵם עַל־
12 עָמְדָם: וְכָל־יְהוּדָה הֵבִיאוּ מַעְשַׂר הַדָּגָן וְהַתִּירוֹשׁ וְהַיִּצְהָר
13 לָאוֹצָרוֹת: וָאוֹצְרָה עַל־אוֹצָרוֹת שֶׁלֶמְיָה הַכֹּהֵן וְצָדוֹק הַסּוֹפֵר
וּפְדָיָה מִן־הַלְוִיִּם וְעַל־יָדָם חָנָן בֶּן־זַכּוּר בֶּן־מַתַּנְיָה כִּי נֶאֱמָנִים
נֶחְשָׁבוּ וַעֲלֵיהֶם לַחֲלֹק לַאֲחֵיהֶם:
14 זָכְרָה־לִי אֱלֹהַי עַל־זֹאת וְאַל־תֶּמַח חֲסָדַי אֲשֶׁר עָשִׂיתִי
בְּבֵית אֱלֹהַי וּבְמִשְׁמָרָיו: בַּיָּמִים הָהֵמָּה רָאִיתִי בִיהוּדָה דֹרְכִים־
טו גִּתּוֹת בַּשַּׁבָּת וּמְבִיאִים הָעֲרֵמוֹת וְעֹמְסִים עַל־הַחֲמֹרִים וְאַף־יַיִן
עֲנָבִים וּתְאֵנִים וְכָל־מַשָּׂא וּמְבִיאִים יְרוּשָׁלַם בְּיוֹם הַשַּׁבָּת וָאָעִיד
16 בְּיוֹם מִכְרָם צָיִד: וְהַצֹּרִים יָשְׁבוּ בָהּ מְבִיאִים דָּאג וְכָל־מֶכֶר
17 וּמֹכְרִים בַּשַּׁבָּת לִבְנֵי יְהוּדָה וּבִירוּשָׁלָם: וָאָרִיבָה אֵת חֹרֵי
יְהוּדָה וָאֹמְרָה לָהֶם מָה־הַדָּבָר הָרָע הַזֶּה אֲשֶׁר אַתֶּם עֹשִׂים
18 וּמְחַלְּלִים אֶת־יוֹם הַשַּׁבָּת: הֲלוֹא כֹה עָשׂוּ אֲבֹתֵיכֶם וַיָּבֵא אֱלֹהֵינוּ
עָלֵינוּ אֵת כָּל־הָרָעָה הַזֹּאת וְעַל הָעִיר הַזֹּאת וְאַתֶּם מוֹסִיפִים
חָרוֹן עַל־יִשְׂרָאֵל לְחַלֵּל אֶת־הַשַּׁבָּת:
19 וַיְהִי כַּאֲשֶׁר צָלֲלוּ שַׁעֲרֵי יְרוּשָׁלַם לִפְנֵי הַשַּׁבָּת וָאֹמְרָה וַיִּסָּגְרוּ
הַדְּלָתוֹת וָאֹמְרָה אֲשֶׁר לֹא יִפְתָּחוּם עַד אַחַר הַשַּׁבָּת וּמִנְּעָרַי
כ הֶעֱמַדְתִּי עַל־הַשְּׁעָרִים לֹא־יָבוֹא מַשָּׂא בְּיוֹם הַשַּׁבָּת: וַיָּלִינוּ
הָרֹכְלִים וּמֹכְרֵי כָל־מִמְכָּר מִחוּץ לִירוּשָׁלָם פַּעַם וּשְׁתָּיִם:
21 וָאָעִידָה בָהֶם וָאֹמְרָה אֲלֵהֶם מַדּוּעַ אַתֶּם לֵנִים נֶגֶד הַחוֹמָה אִם־
22 תִּשְׁנוּ יָד אֶשְׁלַח בָּכֶם מִן־הָעֵת הַהִיא לֹא בָאוּ בַשַּׁבָּת: וָאֹמְרָה

לַלְוִיִּם אֲשֶׁר יִהְיוּ מִטַּהֲרִים וּבָאִים שֹׁמְרִים הַשְּׁעָרִים לְקַדֵּשׁ אֶת־
יוֹם הַשַּׁבָּת גַּם־זֹאת זָכְרָה־לִּי אֱלֹהַי וְחוּסָה עָלַי כְּרֹב חַסְדֶּךָ: גַּם ²³
בַּיָּמִים הָהֵם רָאִיתִי אֶת־הַיְּהוּדִים הֹשִׁיבוּ נָשִׁים אַשְׁדֳּדִיּוֹת
עַמֳּנִיּוֹת מוֹאֲבִיּוֹת: וּבְנֵיהֶם חֲצִי מְדַבֵּר אַשְׁדּוֹדִית וְאֵינָם מַכִּירִים ²⁴
לְדַבֵּר יְהוּדִית וְכִלְשׁוֹן עַם וָעָם: וָאָרִיב עִמָּם וָאֲקַלְלֵם וָאַכֶּה כה
מֵהֶם אֲנָשִׁים וָאֶמְרְטֵם וָאַשְׁבִּיעֵם בֵּאלֹהִים אִם־תִּתְּנוּ בְנֹתֵיכֶם
לִבְנֵיהֶם וְאִם־תִּשְׂאוּ מִבְּנֹתֵיהֶם לִבְנֵיכֶם וְלָכֶם: הֲלוֹא עַל־אֵלֶּה ²⁶
חָטָא־שְׁלֹמֹה מֶלֶךְ יִשְׂרָאֵל וּבַגּוֹיִם הָרַבִּים לֹא־הָיָה מֶלֶךְ כָּמֹהוּ
וְאָהוּב לֵאלֹהָיו הָיָה וַיִּתְּנֵהוּ אֱלֹהִים מֶלֶךְ עַל־כָּל־יִשְׂרָאֵל גַּם־
אוֹתוֹ הֶחֱטִיאוּ הַנָּשִׁים הַנָּכְרִיּוֹת: וְלָכֶם הֲנִשְׁמַע לַעֲשֹׂת אֵת כָּל־ ²⁷
הָרָעָה הַגְּדוֹלָה הַזֹּאת לִמְעֹל בֵּאלֹהֵינוּ לְהֹשִׁיב נָשִׁים נָכְרִיּוֹת:
וּמִבְּנֵי יוֹיָדָע בֶּן־אֶלְיָשִׁיב הַכֹּהֵן הַגָּדוֹל חָתָן לְסַנְבַלַּט הַחֹרֹנִי ²⁸
וָאַבְרִיחֵהוּ מֵעָלָי: זָכְרָה לָהֶם אֱלֹהָי עַל גָּאֳלֵי הַכְּהֻנָּה וּבְרִית ²⁹
הַכְּהֻנָּה וְהַלְוִיִּם: וְטִהַרְתִּים מִכָּל־נֵכָר וָאַעֲמִידָה מִשְׁמָרוֹת לַכֹּהֲנִים ל
וְלַלְוִיִּם אִישׁ בִּמְלַאכְתּוֹ: וּלְקֻרְבַּן הָעֵצִים בְּעִתִּים מְזֻמָּנוֹת ³¹
וְלַבִּכּוּרִים זָכְרָה־לִּי אֱלֹהַי לְטוֹבָה:

THE ENGLISH TRANSLATION

Chapter 35

Moreover, Josiah kept a passover unto the LORD in Jerusalem: and they killed the passover on the fourteenth *day* of the first month.

2 And he set the priests in their charges, and encouraged them to the service of the house of the LORD,

3 And said unto the Levites that taught all Israel, which were holy unto the LORD, Put the holy ark in the house which Solomon the son of David king of Israel did build; *it shall* not *be* a burden upon *your* shoulders: serve now the LORD your God, and his people Israel,

4 And prepare *yourselves* by the houses of your fathers, after your courses, according to the writing of David king of Israel, and according to the writing of Solomon his son:

5 And stand in the holy *place* according to the divisions of the families of the fathers of your brethren the people, and *after* the division of the families of the Levites.

6 So kill the passover, and sanctify yourselves, and prepare your brethren, that *they* may do according to the word of the LORD by the hand of Moses.

7 And Josiah gave to the people, of the flock, lambs and kids, all for the passover offerings, for all that were present, to the number of thirty thousand, and three thousand bullocks: these *were* of the king's substance.

8 And his princes gave willingly unto the people, to the priests, and to the Levites: Hilkiah and Zechariah and Jehiel, rulers of the house of God, gave unto the priests for the passover offerings two thousand and six hundred *small cattle*, and three hundred oxen.

9 Conaniah also, and Shemaiah and Nethaneel, his brethren, and Hashabiah and Jeiel and Jozabad, chief of the Levites, gave unto the Levites for passover offerings five thousand *small cattle*, and five hundred oxen.

10 So the service was prepared, and the priests stood in their place, and the Levites in their courses, according to the king's commandment.

11 And they killed the passover, and the priests sprinkled *the blood* from their hands, and the Levites flayed *them*.

12 And they removed the burnt offerings, that they might give according to the divisions of the families of the people, to offer unto the LORD, as *it is* written in the book of Moses. And so *did they* with the oxen.

13 And they roasted the passover with fire according to the ordinance: but the *other* holy *offerings* sod they in pots, and in caldrons, and in pans, and divided *them* speedily among all the people.

14 And afterward they made ready for themselves, and for the priests: because the priests the sons of Aaron *were busied* in offering of burnt offerings and the fat until night; therefore the Levites prepared for themselves, and for the priests the sons of Aaron.

15 And the singers the sons of Asaph *were* in their place, according to the commandment of David, and Asaph, and Heman, and Jeduthun the king's seer; and the porters *waited* at every gate; they might not depart from their service; for their brethren the Levites prepared for them.

16 So all the service of the LORD was prepared the same day, to keep the passover, and to offer burnt offerings upon the altar of the LORD, according to the commandment of king Josiah.

17 And the children of Israel that were present kept the passover at that time, and the feast of unleavened bread seven days.

18 And there was no passover like to that kept in Israel from the days of Samuel the prophet; neither did all the

kings of Israel keep such a passover as Josiah kept, and the priests, and the Levites, and all Judah and Israel that were present, and the inhabitants of Jerusalem.

19 In the eighteenth year of the reign of Josiah was this passover kept.

sdras
:21

19a The works of Josiah were upright before the LORD in perfect devotion. Concerning him it was written in former time, *how he should destroy the high places of the apostates of Israel; according to what was written* concerning those who sinned and rebelled against the LORD more than any other people or kingdom; and they provoked him to anger *by their treachery*, so that the word of the LORD was confirmed against Israel.[1]

20 Now after all these things which Josiah did, Necho king of Egypt came up to fight against Carchemish by Euphrates; and Josiah went out against him.

21 But he sent ambassadors to him, saying, What have I to do with thee, thou king of Judah? I *come* not against thee this day, but against the house wherewith I have war: for God commanded me to make haste: forbear thee from *meddling with* God, who *is* with me, that he destroy thee not.

22 Nevertheless Josiah would not turn his face from him, but disguised himself, that he might fight with him, and hearkened not unto the words of Necho from the mouth of God, and came to fight in the valley of Megiddo.

23 And the archers shot at king Josiah; and the king said to his servants, Have me away; for I am sore wounded.

24 His servants therefore took him out of that chariot, and put him in the second chariot that he had; and they brought him to Jerusalem, and he died, and was buried in *one of* the sepulchres of his fathers. And all Judah and Jerusalem mourned for Josiah.

25 And Jeremiah lamented for Josiah: and all the singing men and the singing women spake of Josiah in their lamenta-

---

[1] The emended portions of this passage are printed in italics.

tions to this day, and made them an ordinance in Israel: and, behold, they *are* written in the lamentations.

26 Now the rest of the acts of Josiah, and his goodness, according to *that which was* written in the law of the LORD,

27 And his deeds, first and last, behold, they *are* written in the book of the kings of Israel and Judah.

Chapter 36

Then the people of the land took Jehoahaz the son of Josiah, and made him king in his father's stead in Jerusalem.

2 Jehoahaz *was* twenty and three years old when he began to reign, and he reigned three months in Jerusalem.

3 And the king of Egypt put him down at Jerusalem, and condemned the land in a hundred talents of silver and a talent of gold.

4 And the king of Egypt made Eliakim his brother king over Judah and Jerusalem, and turned his name to Jehoiakim. And Necho took Jehoahaz his brother, and carried him to Egypt.

5 Jehoiakim *was* twenty and five years old when he began to reign, and he reigned eleven years in Jerusalem: and he did *that which was* evil in the sight of the LORD his God.

6 Against him came up Nebuchadnezzar king of Babylon, and bound him in fetters, to carry him to Babylon.

7 Nebuchadnezzar also carried of the vessels of the house of the LORD to Babylon, and put them in his temple at Babylon.

8 Now the rest of the acts of Jehoiakim, and his abominations which he did, and that which was found in him, behold, they *are* written in the book of the kings of Israel and Judah: and Jehoiachin his son reigned in his stead.

9 Jehoiachin *was* eight years old when he began to reign, and he reigned three months and ten days in Jerusalem: and he did *that which was* evil in the sight of the LORD.

10 And when the year was expired, king Nebuchadnezzar

sent, and brought him to Babylon, with the goodly vessels of the house of the LORD, and made Zedekiah his brother king over Judah and Jerusalem.

11 Zedekiah *was* one and twenty years old when he began to reign, and reigned eleven years in Jerusalem.

12 And he did *that which was* evil in the sight of the LORD his God, *and* humbled not himself before Jeremiah the prophet *speaking* from the mouth of the LORD.

13 And he also rebelled against king Nebuchadnezzar, who had made him swear by God: but he stiffened his neck, and hardened his heart from turning unto the LORD God of Israel.

14 Moreover all the chief of the priests, and the people, transgressed very much after all the abominations of the heathen; and polluted the house of the LORD which he had hallowed in Jerusalem.

15 And the LORD God of their fathers sent to them by his messengers, rising up betimes, and sending; because he had compassion on his people, and on his dwelling place:

16 But they mocked the messengers of God, and despised his words, and misused his prophets, until the wrath of the LORD arose against his people, till *there was* no remedy.

17 Therefore he brought upon them the king of the Chaldees, who slew their young men with the sword in the house of their sanctuary, and had no compassion upon young man or maiden, old man, or him that stooped for age: he gave *them* all into his hand.

18 And all the vessels of the house of God, great and small, and the treasures of the house of the LORD, and the treasures of the king, and of his princes; all *these* he brought to Babylon.

19 And they burnt the house of God, and brake down the wall of Jerusalem, and burnt all the palaces thereof with fire, and destroyed all the goodly vessels thereof.

20 And them that had escaped from the sword carried he away to Babylon; where they were servants to him and his sons until the reign of the kingdom of Persia:

21 To fulfil the word of the LORD by the mouth of Jeremiah, until the land had enjoyed her sabbaths: *for* as long as she lay desolate she kept sabbath, to fulfil threescore and ten years.

EZRA

Chapter 1

Now in the first year of Cyrus king of Persia, that the word of the LORD by the mouth of Jeremiah might be fulfilled, the LORD stirred up the spirit of Cyrus king of Persia, that he made a proclamation throughout all his kingdom, and *put it* also in writing, saying,

2 Thus saith Cyrus king of Persia, The LORD God of heaven hath given me all the kingdoms of the earth; and he hath charged me to build him a house at Jerusalem, which *is* in Judah.

3 Who *is there* among you of all his people? his God be with him, and let him go up to Jerusalem, which *is* in Judah, and build the house of the LORD God of Israel, (he *is* the God,) which *is* in Jerusalem.

4 And whosoever remaineth in any place where he so-journeth, let the men of his place help him with silver, and with gold, and with goods, and with beasts, besides the free-will offering for the house of God that *is* in Jerusalem.

5 Then rose up the chief of the fathers of Judah and Benjamin, and the priests, and the Levites, with all *them* whose spirit God had raised, to go up to build the house of the LORD which *is* in Jerusalem.

6 And all they that *were* about them strengthened their hands with vessels of silver, with gold, with goods, and with beasts, and with precious things, besides all *that* was willingly offered.

7 Also Cyrus the king brought forth the vessels of the house of the LORD, which Nebuchadnezzar had brought

forth out of Jerusalem, and had put them in the house of his gods;

8 Even those did Cyrus king of Persia bring forth by the hand of Mithredath the treasurer, and numbered them unto Sheshbazzar, the prince of Judah.

9 And this *is* the number of them: thirty chargers of gold, a thousand chargers of silver, nine and twenty knives,

10 Thirty basins of gold, silver basins of a second *sort* four hundred and ten, *and* other vessels a thousand.

11 All the vessels of gold and of silver *were* five thousand and four hundred. All *these* did Sheshbazzar bring up with *them of* the captivity that were brought up from Babylon unto Jerusalem.

sdras
47 12 And Cyrus the king wrote for him letters to all the satraps and governors and captains and deputies, commanding them to aid him and all those who were going up with him to build Jerusalem.

13 And he wrote letters to all the governors in the province Beyond the River, and to those in Lebanon, commanding them to bring cedar wood from Lebanon to Jerusalem, and to aid him in building the city.

14 And concerning the freedom of all the Jews who went up from his kingdom to Judea, he wrote that no ruler, deputy, governor, or satrap should forcibly enter their doors;

15 That all the territory which they should possess should be free from tribute;

16 And that the Edomites should relinquish the villages of the Jews which they had seized.

17 For the building of the temple he ordered twenty talents to be given yearly until it should be finished;

18 And for offering the whole burnt sacrifices upon the altar day by day, according as they had commandment to offer them, ten other talents yearly.

19 For all those who went up from Babylonia to build the city he commanded that freedom should be given both to them and to their children.

20 To all the priests that went up he commanded to give the wages, and the priests' garments in which they minister.

21 And to the Levites he ordered to give their portions, until the day when the house should be finished and Jerusalem builded.

22 And he commanded that all those guarding the city should be given allotments and fees.

23 Then all the people blessed the God of their fathers, because he had given them release and relief,

24 That they might go up and build Jerusalem and the house of God that is called by his name. And they held festival, with music and rejoicing, for seven days.

1 Esdras
5:1 25 After this, there were chosen to go up the chief men of the families, according to their tribes; with their wives and their sons and daughters, their men-servants and their maid-servants, and their cattle.

26 And Cyrus sent with them a thousand horsemen, to bring them to Jerusalem in safety.

26 And all their brethren, playing upon musical instruments, drums, and cymbals, sent them on their way as they went up.

27 And these are the names of the men who went up, according to their families, in their tribes, by their genealogy.

28 Of the priests, the sons of Phineas and of Aaron, Jeshua, son of Jozadak, son of Seraiah; and there rose up with him Zerubbabel, son of Shealtiel, of the house of David, of the family of Perez, of the tribe of Judah;

29 In the second year of the reign of Cyrus king of Persia, in the month of Nisan, on the first day of the month.

Chapter 2

Now these *are* the children of the province that went up out of the captivity, of those which had been carried away, whom Nebuchadnezzar the king of Babylon had carried away unto Babylon, and came again unto Jerusalem and Judah, every one unto his city;

2 Which came with Zerubbabel: Jeshua, Nehemiah, Seraiah, Reelaiah, Mordecai, Bilshan, Mispar, Bigvai, Rehum, Baanah. The number of the men of the people of Israel:

3 The children of Parosh, two thousand a hundred seventy and two.

4 The children of Shephatiah, three hundred seventy and two.

5 The children of Arah, seven hundred seventy and five.

6 The children of Pahath-moab, of the children of Jeshua *and* Joab, two thousand eight hundred and twelve.

7 The children of Elam, a thousand two hundred fifty and four.

8 The children of Zattu, nine hundred forty and five.

9 The children of Zaccai, seven hundred and threescore.

10 The children of Bani, six hundred forty and two.

11 The children of Bebai, six hundred twenty and three.

12 The children of Azgad, a thousand two hundred twenty and two.

13 The children of Adonikam, six hundred sixty and six.

14 The children of Bigvai, two thousand fifty and six.

15 The children of Adin, four hundred fifty and four.

16 The children of Ater of Hezekiah, ninety and eight.

17 The children of Bezai, three hundred twenty and three.

18 The children of Jorah, a hundred and twelve.

19 The children of Hashum, two hundred twenty and three.

20 The children of Gibbar, ninety and five.

21 The children of Beth-lehem, a hundred twenty and three.

22 The men of Netophah, fifty and six.

23 The men of Anathoth, a hundred twenty and eight.

24 The children of Azmaveth, forty and two.

25 The children of Kirjath-arim, Chephirah, and Beeroth, seven hundred and forty and three.

26 The children of Ramah and Gaba, six hundred twenty and one.

27 The men of Michmas, a hundred twenty and two.

28 The men of Beth-el and Ai, two hundred twenty and three.

29 The children of Nebo, fifty and two.

30 The children of Magbish, a hundred fifty and six.

31 The children of the other Elam, a thousand two hundred fifty and four.

32 The children of Harim, three hundred and twenty.

33 The children of Lod, Hadid, and Ono, seven hundred twenty and five.

34 The children of Jericho, three hundred forty and five.

35 The children of Senaah, three thousand and six hundred and thirty.

36 The priests: the children of Jedaiah, of the house of Jeshua, nine hundred seventy and three.

37 The children of Immer, a thousand fifty and two.

38 The children of Pashur, a thousand two hundred forty and seven.

39 The children of Harim, a thousand and seventeen.

40 The Levites: the children of Jeshua and Kadmiel, of the children of Hodaviah, seventy and four.

41 The singers: the children of Asaph, a hundred twenty and eight.

42 The children of the porters: the children of Shallum, the children of Ater, the children of Talmon, the children of Akkub, the children of Hatita, the children of Shobai, *in* all a hundred thirty and nine.

43 The Nethinim: the children of Ziha, the children of Hasupha, the children of Tabbaoth,

44 The children of Keros, the children of Siaha, the children of Padon,

45 The children of Lebanah, the children of Hagabah, the children of Akkub,

46 The children of Hagab, the children of Shalmai, the children of Hanan,

47 The children of Giddel, the children of Gahar, the children of Reaiah,

48 The children of Rezin, the children of Nekoda, the children of Gazzam,

49 The children of Uzza, the children of Paseah, the children of Besai,

50 The children of Asnah, the children of Mehunim, the children of Nephusim,

51 The children of Bakbuk, the children of Hakupha, the children of Harhur,

52 The children of Bazluth, the children of Mehida, the children of Harsha,

53 The children of Barkos, the children of Sisera, the children of Thamah,

54 The children of Neziah, the children of Hatipha.

55 The children of Solomon's servants: the children of Sotai, the children of Sophereth, the children of Peruda,

56 The children of Jaalah, the children of Darkon, the children of Giddel,

57 The children of Shephatiah, the children of Hattil, the children of Pochereth of Zebaim, the children of Ami.

58 All the Nethinim, and the children of Solomon's servants, *were* three hundred ninety and two.

59 And these *were* they which went up from Tel-melah, Tel-harsa, Cherub, Addan, *and* Immer: but they could not show their father's house, and their seed, whether they *were* of Israel:

60 The children of Delaiah, the children of Tobiah, the children of Nekoda, six hundred fifty and two.

61 And of the children of the priests: the children of Habaiah, the children of Koz, the children of Barzillai; which took a wife of the daughters of Barzillai the Gileadite, and was called after their name:

62 These sought their register *among* those that were reckoned

by genealogy, but they were not found: therefore were they, as polluted, put from the priesthood.

63 And the Tirshatha said unto them, that they should not eat of the most holy things, till there stood up a priest with Urim and with Thummim.

64 The whole congregation together *was* forty and two thousand three hundred *and* threescore,

65 Besides their servants and their maids, of whom *there were* seven thousand three hundred thirty and seven: and *there were* among them two hundred singing men and singing women.

66 Their horses *were* seven hundred thirty and six; their mules, two hundred forty and five;

67 Their camels, four hundred thirty and five; *their* asses, six thousand seven hundred and twenty.

68 And *some* of the chief of the fathers, when they came to the house of the LORD which *is* at Jerusalem, offered freely for the house of God to set it up in his place:

69 They gave after their ability unto the treasure of the work threescore and one thousand drams of gold, and five thousand pounds of silver, and one hundred priests' garments.

70 So the priests, and the Levites, and *some* of the people, and the singers, and the porters, and the Nethinim, dwelt in their cities, and all Israel in their cities.

Chapter 3

And when the seventh month was come, and the children of Israel *were* in the cities, the people gathered themselves together as one man to Jerusalem.

2 Then stood up Jeshua the son of Jozadak, and his brethren the priests, and Zerubbabel the son of Shealtiel, and his brethren, and builded the altar of the God of Israel, to offer burnt offerings thereon, as *it is* written in the law of Moses the man of God.

3 And they set the altar upon his bases; for fear *was* upon

them because of the people of those countries: and they offered burnt offerings thereon unto the LORD, *even* burnt offerings morning and evening.

4 They kept also the feast of tabernacles, as *it is* written, and *offered* the daily burnt offerings by number, according to the custom, as the duty of every day required;

5 And afterward *offered* the continual burnt offering, both of the new moons, and of all the set feasts of the LORD that were consecrated, and of every one that willingly offered a freewill offering unto the LORD.

6 From the first day of the seventh month began they to offer burnt offerings unto the LORD. But the foundation of the temple of the LORD was not *yet* laid.

7 They gave money also unto the masons, and to the carpenters; and meat, and drink, and oil, unto them of Zidon, and to them of Tyre, to bring cedar trees from Lebanon to the sea of Joppa, according to the grant that they had of Cyrus king of Persia.

8 Now in the second year of their coming unto the house of God at Jerusalem, in the second month, began Zerubbabel the son of Shealtiel, and Jeshua the son of Jozadak, and the remnant of their brethren the priests and the Levites, and all they that were come out of the captivity unto Jerusalem; and appointed the Levites, from twenty years old and up-ward, to set forward the work of the house of the LORD.

9 Then stood Jeshua *with* his sons and his brethren, Kadmiel and his sons, the sons of Judah, together, to set forward the workmen in the house of God: the sons of Henadad, *with* their sons and their brethren the Levites.

10 And when the builders laid the foundation of the temple of the LORD, they set the priests in their apparel with trumpets, and the Levites the sons of Asaph with cymbals, to praise the LORD, after the ordinance of David king of Israel.

11 And they sang together by course in praising and giving thanks unto the LORD; because *he is* good, for his mercy *endureth* for ever toward Israel. And all the people shouted

with a great shout, when they praised the LORD, because the foundation of the house of the LORD was laid.

12 But many of the priests and Levites and chief of the fathers, *who were* ancient men, that had seen the first house, when the foundation of this house was laid before their eyes, wept with a loud voice; and many shouted aloud for joy:

13 So that the people could not discern the noise of the shout of joy from the noise of the weeping of the people: for the people shouted with a loud shout, and the noise was heard afar off.

Chapter 4

Now when the adversaries of Judah and Benjamin heard that the children of the captivity builded the temple unto the LORD God of Israel;

2 Then they came to Zerubbabel, and to the chief of the fathers, and said unto them, Let us build with you: for we seek your God, as ye *do;* and we do sacrifice unto him since the days of Esarhaddon king of Assur, which brought us up hither.

3 But Zerubbabel, and Jeshua, and the rest of the chief of the fathers of Israel, said unto them, Ye have nothing to do with us to build a house unto our God; but we ourselves together will build unto the LORD God of Israel, as king Cyrus the king of Persia hath commanded us.

4 Then the people of the land weakened the hands of the people of Judah, and troubled them in building,

5 And hired counselors against them, to frustrate their purpose, all the days of Cyrus king of Persia, even until the reign of Darius king of Persia.

6 In the reign of Ahasuerus, at the beginning of his reign, wrote Bishlam, Mithredath, Tabeel and the rest of their companions an accusation against the inhabitants of Judah and Jerusalem.

7 The text of the document was written in Aramaic, and it was translated.

8 And in the days of Artaxerxes, Rehum the chancellor and Shimshai the scribe wrote a letter against Jerusalem to Artaxerxes the king in this sort:

9 Then *wrote* Rehum the chancellor, and Shimshai the scribe, and the rest of their companions; the Dinaites, the Apharsathchites, the Tarpelites, the Apharsites, the Archevites, the Babylonians, the Susanchites, the Dehavites, *and* the Elamites,

10 And the rest of the nations whom the great and noble Asnapper brought over, and set in the cities of Samaria, and the rest *that are* on this side the river, and at such a time.

11 This *is* the copy of the letter that they sent unto him, *even* unto Artaxerxes the king; Thy servants the men on this side the river, and at such a time.

12 Be it known unto the king, that the Jews which came up from thee to us are come unto Jerusalem, building the rebellious and the bad city, and have set up the walls *thereof*, and joined the foundations.

13 Be it known now unto the king, that, if this city be builded, and the walls set up *again*, *then* will they not pay toll, tribute, and custom, and *so* thou shalt endamage the revenue of the kings.

14 Now because we have maintenance from *the king's* palace, and it was not meet for us to see the king's dishonor, therefore have we sent and certified the king;

15 That search may be made in the book of the records of thy fathers: so shalt thou find in the book of the records, and know that this city *is* a rebellious city, and hurtful unto kings and provinces, and that they have moved sedition within the same of old time: for which cause was this city destroyed.

16 We certify the king that, if this city be builded *again*, and the walls thereof set up, by this means thou shalt have no portion on this side the river.

17 *Then* sent the king an answer unto Rehum the chancellor,

and *to* Shimshai the scribe, and *to* the rest of their companions that dwell in Samaria, and *unto* the rest beyond the river, Peace, and at such a time.

18 The letter which ye sent unto us hath been plainly read before me.

19 And I commanded, and search hath been made, and it is found that this city of old time hath made insurrection against kings, and *that* rebellion and sedition have been made therein.

20 There have been mighty kings also over Jerusalem, which have ruled over all *countries* beyond the river; and toll, tribute, and custom, was paid unto them.

21 Give ye now commandment to cause these men to cease, and that this city be not builded, until *another* commandment shall be given from me.

22 Take heed now that ye fail not to do this: why should damage grow to the hurt of the kings?

23 Now when the copy of king Artaxerxes' letter *was* read before Rehum, and Shimshai the scribe, and their companions, they went up in haste to Jerusalem unto the Jews, and made them to cease by force and power.

24 Then ceased the work of the house of God which *is* at Jerusalem. So it ceased unto the second year of the reign of Darius king of Persia.

Chapter 5

Then the prophets, Haggai the prophet, and Zechariah the son of Iddo, prophesied unto the Jews that *were* in Judah and Jerusalem in the name of the God of Israel, *even* unto them.

2 Then rose up Zerubbabel the son of Shealtiel, and Jeshua the son of Jozadak, and began to build the house of God which *is* at Jerusalem: and with them *were* the prophets of God helping them.

3 At the same time came to them Tatnai, governor on this side the river, and Shethar-boznai, and their companions, and said thus unto them, Who hath commanded you to build this house, and to make up this wall?

4 Then said we unto them after this manner, What are the names of the men that make this building?

5 But the eye of their God was upon the elders of the Jews, that they could not cause them to cease, till the matter came to Darius: and then they returned answer by letter concerning this *matter*.

6 The copy of the letter that Tatnai, governor on this side the river, and Shethar-boznai, and his companions the Apharsachites, which *were* on this side the river, sent unto Darius the king:

7 They sent a letter unto him, wherein was written thus; Unto Darius the king, all peace.

8 Be it known unto the king, that we went into the province of Judea, to the house of the great God, which is builded with great stones, and timber is laid in the walls, and this work goeth fast on, and prospereth in their hands.

9 Then asked we those elders, *and* said unto them thus, Who commanded you to build this house, and to make up these walls?

10 We asked their names also, to certify thee, that we might write the names of the men that *were* the chief of them.

11 And thus they returned us answer, saying, We are the servants of the God of heaven and earth, and build the house that was builded these many years ago, which a great king of Israel builded and set up.

12 But after that our fathers had provoked the God of heaven unto wrath, he gave them into the hand of Nebuchadnezzar the king of Babylon, the Chaldean, who destroyed this house, and carried the people away into Babylon.

13 But in the first year of Cyrus the king of Babylon, *the same* king Cyrus made a decree to build this house of God.

14 And the vessels also of gold and silver of the house of God, which Nebuchadnezzar took out of the temple that *was* in Jerusalem, and brought them into the temple of Babylon, those did Cyrus the king take out of the temple of Babylon, and they were delivered unto *one*, whose name *was* Sheshbazzar, whom he had made governor;

15 And said unto him, Take these vessels, go, carry them into the temple that *is* in Jerusalem, and let the house of God be builded in his place.

16 Then came the same Sheshbazzar, *and* laid the foundation of the house of God which *is* in Jerusalem: and since that time even until now hath it been in building, and *yet* it is not finished.

17 Now therefore, if *it seem* good to the king, let there be search made in the king's treasure house, which *is* there at Babylon, whether it be *so*, that a decree was made of Cyrus the king to build this house of God at Jerusalem, and let the king send his pleasure to us concerning this matter.

Chapter 6

Then Darius the king made a decree, and search was made in the house of the rolls, where the treasures were laid up in Babylon.

2 And there was found at Achmetha, in the palace that *is* in the province of the Medes, a roll, and therein *was* a record thus written:

3 In the first year of Cyrus the king, *the same* Cyrus the king made a decree *concerning* the house of God at Jerusalem, Let the house be builded, the place where they offered sacrifices, and let the foundations thereof be strongly laid; the height thereof threescore cubits, *and* the breadth thereof threescore cubits;

4 *With* three rows of great stones, and a row of new timber: and let the expenses be given out of the king's house:

5 And also let the golden and silver vessels of the house of God, which Nebuchadnezzar took forth out of the temple which *is* at Jerusalem, and brought unto Babylon, be restored, and brought again unto the temple which *is* at Jerusalem, *every one* to his place, and place *them* in the house of God.

6 Now *therefore*, Tatnai, governor beyond the river, Shethar-boznai, and your companions the Apharsachites, which *are* beyond the river, be ye far from thence:

7 Let the work of this house of God alone; let the governor of the Jews and the elders of the Jews build this house of God in his place.

8 Moreover I make a decree what ye shall do to the elders of these Jews for the building of this house of God: that of the king's goods, *even* of the tribute beyond the river, forthwith expenses be given unto these men, that they be not hindered.

9 And that which they have need of, both young bullocks, and rams, and lambs, for the burnt offerings of the God of heaven, wheat, salt, wine, and oil, according to the appointment of the priests which *are* at Jerusalem, let it be given them day by day without fail:

10 That they may offer sacrifices of sweet savors unto the God of heaven, and pray for the life of the king, and of his sons.

11 Also I have made a decree, that whosoever shall alter this word, let timber be pulled down from his house, and being set up, let him be hanged thereon; and let his house be made a dunghill for this.

12 And the God that hath caused his name to dwell there destroy all kings and people, that shall put to their hand to alter *and* to destroy this house of God which *is* at Jerusalem. I Darius have made a decree; let it be done with speed.

13 Then Tatnai, governor on this side the river, Shethar-boznai, and their companions, according to that which Darius the king had sent, so they did speedily.

14 And the elders of the Jews builded, and they prospered through the prophesying of Haggai the prophet and Zechariah the son of Iddo. And they builded, and finished *it*, according to the commandment of the God of Israel, and according to the commandment of Cyrus, and Darius, and Artaxerxes king of Persia.

15 And this house was finished on the third day of the month Adar, which was in the sixth year of the reign of Darius the king.

16 And the children of Israel, the priests, and the Levites, and the rest of the children of the captivity, kept the dedication of this house of God with joy,

17 And offered at the dedication of this house of God a hundred bullocks, two hundred rams, four hundred lambs; and for a sin offering for all Israel, twelve he goats, according to the number of the tribes of Israel.

18 And they set the priests in their divisions, and the Levites in their courses, for the service of God, which *is* at Jerusalem; as it is written in the book of Moses.

19 And the children of the captivity kept the passover upon the fourteenth *day* of the first month.

20 For the priests and the Levites were purified together, all of them *were* pure, and killed the passover for all the children of the captivity, and for their brethren the priests, and for themselves.

21 And the children of Israel, which were come again out of captivity, and all such as had separated themselves unto them from the filthiness of the heathen of the land, to seek the LORD God of Israel, did eat,

22 And kept the feast of unleavened bread seven days with joy: for the LORD had made them joyful, and turned the heart of the king of Assyria unto them, to strengthen their hands in the work of the house of God, the God of Israel.

Chapter 7

Now after these things, in the reign of Artaxerxes king of Persia, Ezra the son of Seraiah, the son of Azariah, the son of Hilkiah,

2 The son of Shallum, the son of Zadok, the son of Ahitub,

3 The son of Amariah, the son of Azariah, the son of Meraioth,

4 The son of Zerahiah, the son of Uzzi, the son of Bukki,

5 The son of Abishua, the son of Phinehas, the son of Eleazar, the son of Aaron the chief priest:

6 This Ezra went up from Babylon; and he *was* a ready scribe in the law of Moses, which the LORD God of Israel had given: and the king granted him all his request, according to the hand of the LORD his God upon him.

7 And there went up *some* of the children of Israel, and of the priests, and the Levites, and the singers, and the porters, and the Nethinim, unto Jerusalem, in the seventh year of Artaxerxes the king.

8 And he came to Jerusalem in the fifth month, which *was* in the seventh year of the king.

9 For upon the first *day* of the first month began he to go up from Babylon, and on the first *day* of the fifth month came he to Jerusalem, according to the good hand of his God upon him.

10 For Ezra had prepared his heart to seek the law of the LORD, and to do *it*, and to teach in Israel statutes and judgments.

11 Now this *is* the copy of the letter that the king Artaxerxes gave unto Ezra the priest, the scribe, *even* a scribe of the words of the commandments of the LORD, and of his statutes to Israel.

12 Artaxerxes, king of kings, unto Ezra the priest, a scribe of the law of the God of heaven, perfect *peace*, and at such a time.

13 I make a decree, that all they of the people of Israel,

and *of* his priests and Levites, in my realm, which are minded
of their own free will to go up to Jerusalem, go with thee.

14 Forasmuch as thou art sent of the king, and of his
seven counselors, to inquire concerning Judah and Jerusalem,
according to the law of thy God which *is* in thine hand;

15 And to carry the silver and gold, which the king and
his counselors have freely offered unto the God of Israel,
whose habitation *is* in Jerusalem,

16 And all the silver and gold that thou canst find in all
the province of Babylon, with the freewill offering of the
people, and of the priests, offering willingly for the house of
their God which *is* in Jerusalem:

17 That thou mayest buy speedily with this money bullocks,
rams, lambs, with their meat offerings and their drink offer-
ings, and offer them upon the altar of the house of your God
which *is* in Jerusalem.

18 And whatsoever shall seem good to thee, and to thy
brethren, to do with the rest of the silver and the gold, that do
after the will of your God.

19 The vessels also that are given thee for the service of
the house of thy God, *those* deliver thou before the God of
Jerusalem.

20 And whatsoever more shall be needful for the house of
thy God, which thou shalt have occasion to bestow, bestow *it*
out of the king's treasure house.

21 And I, *even* I Artaxerxes the king, do make a decree to
all the treasurers which *are* beyond the river, that whatsoever
Ezra the priest, the scribe of the law of the God of heaven,
shall require of you, it be done speedily,

22 Unto a hundred talents of silver, and to a hundred
measures of wheat, and to a hundred baths of wine, and to a
hundred baths of oil, and salt without prescribing *how much*.

23 Whatsoever is commanded by the God of heaven, let
it be diligently done for the house of the God of heaven: for
why should there be wrath against the realm of the king
and his sons?

24 Also we certify you, that, touching any of the priests and Levites, singers, porters, Nethinim, or ministers of this house of God, it shall not be lawful to impose toll, tribute, or custom, upon them.

25 And thou, Ezra, after the wisdom of thy God, that *is* in thine hand, set magistrates and judges, which may judge all the people that *are* beyond the river, all such as know the laws of thy God; and teach ye them that know *them* not.

26 And whosoever will not do the law of thy God, and the law of the king, let judgment be executed speedily upon him, whether *it be* unto death, or to banishment, or to confiscation of goods, or to imprisonment.

27 Blessed *be* the LORD God of our fathers, which hath put *such a thing* as this in the king's heart, to beautify the house of the LORD which *is* in Jerusalem:

28 And hath extended mercy unto me before the king, and his counselors, and before all the king's mighty princes. And I was strengthened as the hand of the LORD my God *was* upon me, and I gathered together out of Israel chief men to go up with me.

Chapter 8

These *are* now the chief of their fathers, and *this is* the genealogy of them that went up with me from Babylon, in the reign of Artaxerxes the king.

2 Of the sons of Phinehas; Gershom: of the sons of Ithamar; Daniel: of the sons of David; Hattush.

3 Of the sons of Shechaniah, of the sons of Pharosh; Zechariah: and with him were reckoned by genealogy of the males a hundred and fifty.

4 Of the sons of Pahath-moab; Elihoenai the son of Zerahiah, and with him two hundred males.

5 Of the sons of Shechaniah; the son of Jahaziel, and with him three hundred males.

6 Of the sons also of Adin; Ebed the son of Jonathan, and with him fifty males.

7 And of the sons of Elam; Jeshaiah the son of Athaliah, and with him seventy males.

8 And of the sons of Shephatiah; Zebadiah the son of Michael, and with him fourscore males.

9 Of the sons of Joab; Obadiah the son of Jehiel, and with him two hundred and eighteen males.

10 And of the sons of Shelomith; the son of Josiphiah, and with him a hundred and threescore males.

11 And of the sons of Bebai; Zechariah the son of Bebai, and with him twenty and eight males.

12 And of the sons of Azgad; Johanan the son of Hakkatan, and with him a hundred and ten males.

13 And of the last sons of Adonikam, whose names *are* these, Eliphelet, Jeiel, and Shemaiah, and with them three-score males.

14 Of the sons also of Bigvai; Uthai, and Zabbud, and with them seventy males.

15 And I gathered them together to the river that runneth to Ahava; and there abode we in tents three days: and I viewed the people, and the priests, and found there none of the sons of Levi.

16 Then sent I for Eliezer, for Ariel, for Shemaiah, and for Elnathan, and for Jarib, and for Elnathan, and for Nathan, and for Zechariah, and for Meshullam, chief men; also for Joiarib, and for Elnathan, men of understanding.

17 And I sent them with commandment unto Iddo the chief at the place Casiphia, and I told them what they should say unto Iddo, *and* to his brethren the Nethinim, at the place Casiphia, that they should bring unto us ministers for the house of our God.

18 And by the good hand of our God upon us they brought us a man of understanding, of the sons of Mahli, the son of Levi, the son of Israel; and Sherebiah, with his sons and his brethren, eighteen;

19 And Hashabiah, and with him Jeshaiah of the sons of Merari, his brethren and their sons, twenty;

20 Also of the Nethinim, whom David and the princes had appointed for the service of the Levites, two hundred and twenty Nethinim: all of them were expressed by name.

21 Then I proclaimed a fast there, at the river of Ahava, that we might afflict ourselves before our God, to seek of him a right way for us, and for our little ones, and for all our substance.

22 For I was ashamed to require of the king a band of soldiers and horsemen to help us against the enemy in the way: because we had spoken unto the king, saying, The hand of our God *is* upon all them for good that seek him; but his power and his wrath *is* against all them that forsake him.

23 So we fasted and besought our God for this: and he was entreated of us.

24 Then I separated twelve of the chief of the priests, Sherebiah, Hashabiah, and ten of their brethren with them,

25 And weighed unto them the silver, and the gold, and the vessels, *even* the offering of the house of our God, which the king, and his counselors, and his lords, and all Israel *there* present, had offered:

26 I even weighed unto their hand six hundred and fifty talents of silver, and silver vessels a hundred talents, *and* of gold a hundred talents;

27 Also twenty basins of gold, of a thousand drams; and two vessels of fine copper, precious as gold.

28 And I said unto them, Ye *are* holy unto the LORD; the vessels *are* holy also; and the silver and the gold *are* a freewill offering unto the LORD God of your fathers.

29 Watch ye, and keep *them*, until ye weigh *them* before the chief of the priests and the Levites, and chief of the fathers of Israel, at Jerusalem, in the chambers of the house of the LORD.

30 So took the priests and the Levites the weight of the silver, and the gold, and the vessels, to bring *them* to Jerusalem unto the house of our God.

31 Then we departed from the river of Ahava on the twelfth *day* of the first month, to go unto Jerusalem: and the

hand of our God was upon us, and he delivered us from the hand of the enemy, and of such as lay in wait by the way.

32 And we came to Jerusalem, and abode there three days.

33 Now on the fourth day was the silver and the gold and the vessels weighed in the house of our God by the hand of Meremoth the son of Uriah the priest; and with him *was* Eleazar the son of Phinehas; and with them *was* Jozabad the son of Jeshua, and Noadiah the son of Binnui, Levites;

34 By number *and* by weight of every one: and all the weight was written at that time.

35 *Also* the children of those that had been carried away, which were come out of the captivity, offered burnt offerings unto the God of Israel, twelve bullocks for all Israel, ninety and six rams, seventy and seven lambs, twelve he goats *for* a sin offering: all *this was* a burnt offering unto the LORD.

36 And they delivered the king's commissions unto the king's lieutenants, and to the governors on this side the river: and they furthered the people, and the house of God

NEHEMIAH

Chapter 7

70 And some of the chief of the fathers gave unto the work. The Tirshatha gave to the treasure a thousand drams of gold, fifty basins, five hundred and thirty priests' garments.

71 And *some* of the chief of the fathers gave to the treasure of the work twenty thousand drams of gold, and two thousand and two hundred pounds of silver.

72 And *that* which the rest of the people gave *was* twenty thousand drams of gold, and two thousand pounds of silver, and threescore and seven priests' garments.

73 So the priests, and the Levites, and the porters, and the singers, and *some* of the people, and the Nethinim, and all Israel, dwelt in their cities.

And when the seventh month came, the children of Israel *were* in their cities.

Chapter 8

And all the people gathered themselves together as one man into the street that *was* before the water gate; and they spake unto Ezra the scribe to bring the book of the law of Moses, which the LORD had commanded to Israel.

2 And Ezra the priest brought the law before the congregation both of men and women, and all that could hear with understanding, upon the first day of the seventh month.

3 And he read therein before the street that *was* before the water gate from the morning until midday, before the men and the women, and those that could understand; and the ears of all the people *were attentive* unto the book of the law.

4 And Ezra the scribe stood upon a pulpit of wood, which they had made for the purpose; and beside him stood Mattithiah, and Shema, and Anaiah, and Urijah, and Hilkiah, and Maaseiah, on his right hand; and on his left hand, Pedaiah, and Mishael, and Malchiah, and Hashum, and Hashbadana, Zechariah, *and* Meshullam.

5 And Ezra opened the book in the sight of all the people; (for he was above all the people;) and when he opened it, all the people stood up:

6 And Ezra blessed the LORD, the great God. And all the people answered, Amen, Amen, with lifting up their hands: and they bowed their heads, and worshipped the LORD with *their* faces to the ground.

7 Also Jeshua, and Bani, and Sherebiah, Jamin, Akkub, Shabbethai, Hodijah, Maaseiah, Kelita, Azariah, Jozabad, Hanan, Pelaiah, and the Levites, caused the people to understand the law: and the people *stood* in their place.

8 So they read in the book in the law of God distinctly, and gave the sense, and caused *them* to understand the reading.

9 And Nehemiah, which *is* the Tirshatha, and Ezra the priest the scribe, and the Levites that taught the people, said unto all the people, This day *is* holy unto the LORD your God; mourn not, nor weep. For all the people wept, when they heard the words of the law.

10 Then he said unto them, Go your way, eat the fat, and drink the sweet, and send portions unto them for whom nothing is prepared: for *this* day *is* holy unto our LORD: neither be ye sorry; for the joy of the LORD is your strength.

11 So the Levites stilled all the people, saying, Hold your peace, for the day *is* holy; neither be ye grieved.

12 And all the people went their way to eat, and to drink, and to send portions, and to make great mirth, because they had understood the words that were declared unto them.

13 And on the second day were gathered together the chief of the fathers of all the people, the priests, and the Levites, unto Ezra the scribe, even to understand the words of the law.

14 And they found written in the law which the LORD had commanded by Moses, that the children of Israel should dwell in booths in the feast of the seventh month:

15 And that they should publish and proclaim in all their cities, and in Jerusalem, saying, Go forth unto the mount, and fetch olive branches, and pine branches, and myrtle branches, and palm branches, and branches of thick trees, to make booths, as *it is* written.

16 So the people went forth, and brought *them*, and made themselves booths, every one upon the roof of his house, and in their courts, and in the courts of the house of God, and in the street of the water gate, and in the street of the gate of Ephraim.

17 And all the congregation of them that were come again out of the captivity made booths, and sat under the booths: for since the days of Jeshua the son of Nun unto that day had not the children of Israel done so. And there was very great gladness.

18 Also day by day, from the first day unto the last day, he read in the book of the law of God. And they kept the feast seven days; and on the eighth day *was* a solemn assembly, according unto the manner.

EZRA

Chapter 9

Now when these things were done, the princes came to me, saying, The people of Israel, and the priests, and the Levites, have not separated themselves from the people of the lands, *doing* according to their abominations, *even* of the Canaanites, the Hittites, the Perizzites, the Jebusites, the Ammonites, the Moabites, the Egyptians, and the Amorites.

2 For they have taken of their daughters for themselves, and for their sons: so that the holy seed have mingled themselves with the people of *those* lands: yea, the hand of the princes and rulers hath been chief in this trespass.

3 And when I heard this thing, I rent my garment and my mantle, and plucked off the hair of my head and of my beard, and sat down astonished.

4 Then were assembled unto me every one that trembled at the words of the God of Israel, because of the transgression of those that had been carried away; and I sat astonished until the evening sacrifice.

5 And at the evening sacrifice I arose up from my heaviness; and having rent my garment and my mantle, I fell upon my knees, and spread out my hands unto the LORD my God,

6 And said, O my God, I am ashamed and blush to lift up my face to thee, my God: for our iniquities are increased over *our* head, and our trespass is grown up unto the heavens.

7 Since the days of our fathers *have* we *been* in a great trespass unto this day; and for our inquities have we, our kings, *and* our priests, been delivered into the hand of the kings of the lands, to the sword, to captivity, and to a spoil, and to confusion of face, as *it is* this day.

8 And now for a little space grace hath been *showed* from the LORD our God, to leave us a remnant to escape, and to give us a nail in his holy place, that our God may lighten our eyes, and give us a little reviving in our bondage.

9 For we *were* bondmen; yet our God hath not forsaken us in our bondage, but hath extended mercy unto us in the sight of the kings of Persia, to give us a reviving, to set up the house of our God, and to repair the desolations thereof, and to give us a wall in Judah and in Jerusalem.

10 And now, O our God, what shall we say after this? for we have forsaken thy commandments,

11 Which thou hast commanded by thy servants the prophets, saying, The land, unto which ye go to possess it, is an unclean land with the filthiness of the people of the lands, with their abominations, which have filled it from one end to another with their uncleanness.

12 Now therefore give not your daughters unto their sons, neither take their daughters unto your sons, nor seek their peace or their wealth for ever: that ye may be strong, and eat the good of the land, and leave *it* for an inheritance to your children for ever.

13 And after all that is come upon us for our evil deeds, and for our great trespass, seeing that thou our God hast punished us less than our inquities *deserve*, and hast given us *such* deliverance as this;

14 Should we again break they commandments, and join in affinity with the people of these abominations? wouldest not thou be angry with us till thou hadst consumed *us*, so that *there should be* no remnant nor escaping?

15 O Lord God of Israel, thou *art* righteous; for we remain yet escaped, as *it is* this day: behold, we *are* before thee in our trespasses; for we cannot stand before thee because of this.

Chapter 10

Now when Ezra had prayed, and when he had confessed, weeping and casting himself down before the house of God, there assembled unto him out of Israel a very great congregation of men and women and children: for the people wept very sore.

2 And Shechaniah the son of Jehiel, *one* of the sons of Elam, answered and said unto Ezra, We have trespassed against our God, and have taken strange wives of the people of the land: yet now there is hope in Israel concerning this thing.

3 Now therefore let us make a covenant with our God to put away all the wives, and such as are born of them, according to the counsel of my LORD, and of those that tremble at the commandment of our God; and let it be done according to the law.

4 Arise; for *this* matter *belongeth* unto thee: we also *will be* with thee: be of good courage, and do *it*.

5 Then arose Ezra, and made the chief priests, the Levites, and all Israel, to swear that they should do according to this word. And they sware.

6 Then Ezra rose up from before the house of God, and went into the chamber of Johanan the son of Eliashib: and *when* he came thither, he did eat no bread, nor drink water: for he mourned because of the transgression of them that had been carried away.

7 And they made proclamation throughout Judah and Jerusalem unto all the children of the captivity, that they should gather themselves together unto Jerusalem;

8 And that whosoever would not come within three days, according to the counsel of the princes and the elders, all his substance should be forfeited, and himself separated from the congregation of those that had been carried away.

9 Then all the men of Judah and Benjamin gathered themselves together unto Jerusalem within three days. It *was* the ninth month, on the twentieth *day* of the month; and all the people sat in the street of the house of God, trembling because of *this* matter, and for the great rain.

10 And Ezra the priest stood up, and said unto them, Ye

have transgressed, and have taken strange wives, to increase the trespass of Israel.

11 Now therefore make confession unto the LORD God of your fathers, and do his pleasure: and separate yourselves from the people of the land, and from the strange wives.

12 Then all the congregation answered and said with a loud voice, As thou hast said, so must we do.

13 But the people *are* many, and *it is* a time of much rain, and we are not able to stand without, neither *is this* a work of one day or two: for we are many that have transgressed in this thing.

14 Let now our rulers of all the congregation stand, and let all them which have taken strange wives in our cities come at appointed times, and with them the elders of every city, and the judges thereof, until the fierce wrath of our God for this matter be turned from us.

15 Only Jonathan the son of Asahel and Jahaziah the son of Tikvah were employed about this *matter:* and Meshullam and Shabbethai the Levite helped them.

16 And the children of the captivity did so. And Ezra the priest, *with* certain chief of the fathers, after the house of their fathers, and all of them by *their* names, were separated, and sat down in the first day of the tenth month to examine the matter.

17 And they made an end with all the men that had taken strange wives by the first day of the first month.

18 And among the sons of the priests there were found that had taken strange wives: *namely*, of the sons of Jeshua the son of Jozadak, and his brethren; Maaseiah, and Eliezer, and Jarib, and Gedaliah.

19 And they gave their hands that they would put away their wives; and *being* guilty, *they offered* a ram of the flock for their trespass.

20 And of the sons of Immer; Hanani, and Zebadiah.

21 And of the sons of Harim; Maaseiah, and Elijah, and Shemaiah, and Jehiel, and Uzziah.

22 And of the sons of Pashur; Elioenai, Maaseiah, Ishmael, Nethaneel, Jozabad, and Elasah.

23 Also of the Levites; Jozabad, and Shimei, and Kelaiah, (the same is Kelita,) Pethahiah, Judah, and Eliezer.

24 Of the singers also; Eliashib: and of the porters; Shallum, and Telem, and Uri.

25 Moreover of Israel: of the sons of Parosh; Ramiah, and Jeziah, and Malchiah, and Miamin, and Eleazar, and Malchijah, and Benaiah.

26 And of the sons of Elam; Mattaniah, Zechariah, and Jehiel, and Abdi, and Jeremoth, and Eliah.

27 And of the sons of Zattu; Elioenai, Eliashib, Mattaniah, and Jeremoth, and Zabad, and Aziza.

28 Of the sons also of Bebai; Jehohanan, Hananiah, Zabbai, and Athlai.

29 And of the sons of Bani; Meshullam, Malluch, and Adaiah, Jashub, and Sheal, and Ramoth.

30 And of the sons of Pahath-moab; Adna, and Chelal, Benaiah, Maaseiah, Mattaniah, Bezaleel, and Binnui, and Manasseh.

31 And of the sons of Harim; Eliezer, Ishijah, Malchiah, Shemaiah, Shimeon,

32 Benjamin, Malluch, and Shemariah.

33 Of the sons of Hashum; Mattenai, Mattathah, Zabad, Eliphelet, Jeremai, Manasseh, and Shimei.

34 Of the sons of Bani; Maadai, Amram, and Uel,

35 Benaiah, Bedeiah, Chelluh,

36 Vaniah, Meremoth, Eliashib,

37 Mattaniah, Mattenai, and Jaasau,

38 And Bani, and Binnui, Shimei,

39 And Shelemiah, and Nathan, and Adaiah,

40 Machnadebai, Shashai, Sharai,

41 Azareel, and Shelemiah, Shemariah,

42 Shallum, Amariah, *and* Joseph.

43 Of the sons of Nebo; Jeiel, Mattithiah, Zabad, Zebina, Jadau, and Joel, Benaiah.

44 All these had taken strange wives; and some of them had wives by whom they had children.

NEHEMIAH

Chapter 9

Now in the twenty and fourth day of this month the children of Israel were assembled with fasting, and with sackclothes, and earth upon them.

2 And the seed of Israel separated themselves from all strangers, and stood and confessed their sins, and the iniquities of their fathers.

3 And they stood up in their place, and read in the book of the law of the LORD their God *one* fourth part of the day; and *another* fourth part they confessed, and worshipped the LORD their God.

4 Then stood up upon the stairs, of the Levites, Jeshua, and Bani, Kadmiel, Shebaniah, Bunni, Sherebiah, Bani, *and* Chenani, and cried with a loud voice unto the LORD their God.

5 Then the Levites, Jeshua, and Kadmiel, Bani, Hashabniah, Sherebiah, Hodijah, Shebaniah, *and* Pethahiah, said, Stand up *and* bless the LORD your God for ever and ever: and blessed be thy glorious name, which is exalted above all blessing and praise.

6 Thou, *even* thou, *art* LORD alone; thou hast made heaven, the heaven of heavens, with all their host, the earth, and all *things* that *are* therein, the seas, and all that *is* therein, and thou preservest them all; and the host of heaven worshippeth thee.

7 Thou *art* the LORD the God, who didst choose Abram,

and broughtest him forth out of Ur of the Chaldees, and gavest him the name of Abraham;

8 And foundest his heart faithful before thee, and madest a covenant with him to give the land of the Canaanites, the Hittites, the Amorites, and the Perizzites, and the Jebusites, and the Girgashites, to give *it*, *I say*, to his seed, and hast performed thy words; for thou *art* righteous:

9 And didst see the affliction of our fathers in Egypt, and heardest their cry by the Red sea;

10 And showedst signs and wonders upon Pharaoh, and on all his servants, and on all the people of his land: for thou knewest that they dealt proudly against them. So didst thou get thee a name, as *it is* this day.

11 And thou didst divide the sea before them, so that they went through the midst of the sea on the dry land; and their persecutors thou threwest into the deeps, as a stone into the mighty waters.

12 Moreover thou leddest them in the day by a cloudy pillar; and in the night by a pillar of fire, to give them light in the way wherein they should go.

13 Thou camest down also upon mount Sinai, and spakest with them from heaven, and gavest them right judgments, and true laws, good statutes and commandments:

14 And madest known unto them thy holy sabbath, and commandedst them precepts, statutes, and laws, by the hand of Moses thy servant:

15 And gavest them bread from heaven for their hunger, and broughtest forth water for them out of the rock for their thirst, and promisedst them that they should go in to possess the land which thou hadst sworn to give them.

16 But they and our fathers dealt proudly, and hardened their necks, and hearkened not to thy commandments,

17 And refused to obey, neither were mindful of thy wonders that thou didst among them; but hardened their necks, and in their rebellion appointed a captain to return to

their bondage: but thou *art* a God ready to pardon, gracious and merciful, slow to anger, and of great kindness, and forsookest them not.

18 Yea, when they had made them a molten calf, and said, This *is* thy God that brought thee up out of Egypt, and had wrought great provocations;

19 Yet thou in thy manifold mercies forsookest them not in the wilderness: the pillar of the cloud departed not from them by day, to lead them in the way; neither the pillar of fire by night, to show them light, and the way wherein they should go.

20 Thou gavest also thy good Spirit to instruct them, and withheldest not thy manna from their mouth, and gavest them water for their thirst.

21 Yea, forty years didst thou sustain them in the wilderness, *so that* they lacked nothing; their clothes waxed not old, and their feet swelled not.

22 Moreover thou gavest them kingdoms and nations, and didst divide them into corners: so they possessed the land of Sihon, and the land of the king of Heshbon, and the land of Og king of Bashan.

23 Their children also multipliedst thou as the stars of heaven, and broughtest them into the land, concerning which thou hadst promised to their fathers, that they should go in to possess *it*.

24 So the children went in and possessed the land, and thou subduedst before them the inhabitants of the land, the Canaanites, and gavest them into their hands, with their kings, and the people of the land, that they might do with them as they would.

25 And they took strong cities, and a fat land, and possessed houses full of all goods, wells digged, vineyards, and oliveyards, and fruit trees in abundance: do they did eat, and were filled, and became fat, and delighted themselves in thy great goodness.

26 Nevertheless they were disobedient, and rebelled against thee, and cast thy law behind their backs, and slew thy prophets which testified against them to turn them to thee, and they wrought great provocations.

27 Therefore thou deliveredst them into the hand of their enemies, who vexed them: and in the time of their trouble, when they cried unto thee, thou heardest *them* from heaven; and according to thy manifold mercies thou gavest them saviours, who saved them out of the hand of their enemies.

28 But after they had rest, they did evil again before thee: therefore leftest thou them in the hand of their enemies, so that they had the dominion over them: yet when they returned, and cried unto thee, thou heardest *them* from heaven; and many times didst thou deliver them according to thy mercies;

29 And testifiedst against them, that thou mightest bring them again unto thy law: yet they dealt proudly, and hearkened not unto thy commandments, but sinned against thy judgments, (which if a man do, he shall live in them;) and withdrew the shoulder, and hardened their neck, and would not hear.

30 Yet many years didst thou forbear them, and testifiedst against them by thy Spirit in thy prophets: yet would they not give ear: therefore gavest thou them into the hand of the people of the lands.

31 Nevertheless for thy great mercies' sake thou didst not utterly consume them, nor forsake them; for thou *art* a gracious and merciful God.

32 Now therefore, our God, the great, the mighty, and the terrible God, who keepest covenant and mercy, let not all the trouble seem little before thee, that hath come upon us, on our kings, on our princes, and on our priests, and on our prophets, and on our fathers, and on all thy people, since the time of the kings of Assyria unto this day.

33 Howbeit thou *art* just in all that is brought upon us; for thou hast done right, but we have done wickedly:

34 Neither have our kings, our princes, our priests, nor our fathers, kept thy law, nor hearkened unto thy commandments and thy testimonies, wherewith thou didst testify against them.

35 For they have not served thee in their kingdom, and in thy great goodness that thou gavest them, and in the large and fat land which thou gavest before them, neither turned they from their wicked works.

36 Behold, we *are* servants this day, and *for* the land that thou gavest unto our fathers to eat the fruit thereof and the good thereof, behold, we *are* servants in it:

37 And it yieldeth much increase unto the kings whom thou hast set over us because of our sins: also they have dominion over our bodies, and over our cattle, at their pleasure, and we *are* in great distress.

38 And because of all this we make a sure *covenant*, and write *it;* and our princes, Levites, *and* priests, seal *unto it.*

Chapter 10

Now those that sealed *were,* Nehemiah, the Tirshatha, the son of Hachaliah, and Zidkijah,

2 Seraiah, Azariah, Jeremiah,

3 Pashur, Amariah, Malchijah,

4 Hattush, Shebaniah, Malluch,

5 Harim, Meremoth, Obadiah,

6 Daniel, Ginnethon, Baruch,

7 Meshullam, Abijah, Mijamin,

8 Maaziah, Bilgai, Shemaiah: these *were* the priests.

9 And the Levites: both Jeshua the son of Azaniah, Binnui of the sons of Henadad, Kadmiel;

10 And their brethren, Shebaniah, Hodijah, Kelita, Pelaiah, Hanan,

11 Micha, Rehob, Hashabiah,

12 Zaccur, Sherebiah, Shebaniah,

13 Hodijah, Bani, Beninu.

14 The chief of the people; Parosh, Pahath-moab, Elam, Zatthu, Bani,

15 Bunni, Azgad, Bebai,

16 Adonijah, Bigvai, Adin,

17 Ater, Hizkijah, Azzur,

18 Hodijah, Hashum, Bezai,

19 Hariph, Anathoth, Nebai,

20 Magpiash, Meshullam, Hezir,

21 Meshezabeel, Zadok, Jaddua,

22 Pelatiah, Hanan, Anaiah,

23 Hoshea, Hananiah, Hashub,

24 Hallohesh, Pileha, Shobek,

25 Rehum, Hashabnah, Maaseiah,

26 And Ahijah, Hanan, Anan,

27 Malluch, Harim, Baanah.

28 And the rest of the people, the priests, the Levites, the porters, the singers, the Nethinim, and all they that had separated themselves from the people of the lands unto the law of God, their wives, their sons, and their daughters, every one having knowledge, and having understanding;

29 They clave to their brethren, their nobles, and entered into a curse, and into an oath, to walk in God's law, which was given by Moses the servant of God, and to observe and do all the commandments of the LORD our Lord, and his judgments and his statutes;

30 And that we would not give our daughters unto the people of the land, nor take their daughters for our sons:

31 And *if* the people of the land bring ware or any victuals on the sabbath day to sell, *that* we would not buy it of them on the sabbath, or on the holy day: and *that* we would leave the seventh year, and the exaction of every debt.

32 Also we made ordinances for us, to charge ourselves

yearly with the third part of a shekel for the service of the house of our God;

33 For the showbread, and for the continual meat offering, and for the continual burnt offering, of the sabbaths, of the new moons, for the set feasts, and for the holy *things*, and for the sin offerings to make an atonement for Israel, and *for* all the work of the house of our God.

34 And we cast the lots among the priests, the Levites, and the people, for the wood offering, to bring *it* into the house of our God, after the houses of our fathers, at times appointed year by year, to burn upon the altar of the LORD our God, as *it is* written in the law:

35 And to bring the firstfruits of our ground, and the first-fruits of all fruit of all trees, year by year, unto the house of the LORD:

36 Also the firstborn of our sons, and of our cattle, as *it is* written in the law, and the firstlings of our herds and of our flocks, to bring to the house of our God, unto the priests that minister in the house of our God:

37 And *that* we should bring the firstfruits of our dough, and our offerings, and the fruit of all manner of trees, of wine and of oil, unto the priests, to the chambers of the house of our God; and the tithes of our ground unto the Levites, that the same Levites might have the tithes in all the cities of our tillage.

38 And the priest the son of Aaron shall be with the Levites, when the Levites take tithes; and the Levites shall bring up the tithe of the tithes unto the house of our God, to the chambers, into the treasure house.

39 For the children of Israel and the children of Levi shall bring the offering of the corn, of the new wine, and the oil, unto the chambers, where are the vessels of the sanctuary, and the priests that minister, and the porters, and the singers; and we will not forsake the house of our God.

NEHEMIAH

Chapter 1

The words of Nehemiah the son of Hachaliah. And it came to pass in the month Chisleu, in the twentieth year, as I was in Shushan the palace,

2 That Hanani, one of my brethren, came, he and *certain* men of Judah; and I asked them concerning the Jews that had escaped, which were left of the captivity, and concerning Jerusalem.

3 And they said unto me, The remnant that are left of the captivity there in the province *are* in great affliction and reproach: the wall of Jerusalem also *is* broken down, and the gates thereof are burned with fire.

4 And it came to pass, when I heard these words, that I sat down and wept, and mourned *certain* days, and fasted, and prayed before the God of heaven,

5 And said, I beseech thee, O LORD God of heaven, the great and terrible God, that keepeth covenant and mercy for them that love him and observe his commandments:

6 Let thine ear now be attentive, and thine eyes open, that thou mayest hear the prayer of thy servant, which I pray before thee now, day and night, for the children of Israel thy servants, and confess the sins of the children of Israel, which we have sinned against thee: both I and my father's house have sinned.

7 We have dealt very corruptly against thee, and have not kept the commandments, nor the statutes, nor the judgments, which thou commandedst thy servant Moses.

8 Remember, I beseech thee, the word that thou commandedst thy servant Moses, saying, *If* ye transgress, I will scatter you abroad among the nations:

9 But *if* ye turn unto me, and keep my commandments, and do them; though there were of you cast out unto the uttermost part of the heaven, *yet* will I gather them from

thence, and will bring them unto the place that I have chosen to set my name there.

10 Now these *are* thy servants and thy people, whom thou hast redeemed by thy great power, and by thy strong hand.

11 O Lord, I beseech thee, let now thine ear be attentive to the prayer of thy servant, and to the prayer of thy servants, who desire to fear thy name: and prosper, I pray thee, thy servant this day, and grant him mercy in the sight of this man. For I was the king's cupbearer.

Chapter 2

And it came to pass in the month Nisan, in the twentieth year of Artaxerxes the king, *that* wine *was* before him: and I took up the wine, and gave *it* unto the king. Now I had not been *beforetime* sad in his presence.

2 Wherefore the king said unto me, Why *is* thy countenance sad, seeing thou *art* not sick? this *is* nothing *else* but sorrow of heart. Then I was very sore afraid,

3 And said unto the king, Let the king live for ever: why should not my countenance be sad, when the city, the place of my fathers' sepulchres, *lieth* waste, and the gates thereof are consumed with fire?

4 Then the king said unto me, For what dost thou make request? So I prayed to the God of heaven.

5 And I said unto the king, If it please the king, and if thy servant have found favor in thy sight, that thou wouldest send me unto Judah, unto the city of my fathers' sepulchres, that I may build it.

6 And the king said unto me, (the queen also sitting by him,) For how long shall thy journey be? and when wilt thou return? So it pleased the king to send me; and I set him a time.

7 Moreover I said unto the king, If it please the king, let letters be given me to the governors beyond the river, that they may convey me over till I come into Judah;

8 And a letter unto Asaph the keeper of the king's forest, that he may give me timber to make beams for the gates of the palace which *appertained* to the house, and for the wall of the city, and for the house that I shall enter into. And the king granted me, according to the good hand of my God upon me.

9 Then I came to the governors beyond the river, and gave them the king's letters. Now the king had sent captains of the army and horsemen with me.

10 When Sanballat the Horonite, and Tobiah the servant, the Ammonite, heard *of it*, it grieved them exceedingly that there was come a man to seek the welfare of the children of Israel.

11 So I came to Jerusalem, and was there three days.

12 And I arose in the night, I and some few men with me; neither told I *any* man what my God had put in my heart to do at Jerusalem: neither *was there any* beast with me, save the beast that I rode upon.

13 And I went out by night by the gate of the valley, even before the dragon well, and to the dung port, and viewed the walls of Jerusalem, which were broken down, and the gates thereof were consumed with fire.

14 Then I went on to the gate of the fountain, and to the king's pool: but *there was* no place for the beast *that was* under me to pass.

15 Then went I up in the night by the brook, and viewed the wall, and turned back, and entered by the gate of the valley, and *so* returned.

16 And the rulers knew not whither I went, or what I did; neither had I as yet told *it* to the Jews, nor to the priests, nor to the nobles, nor to the rulers, nor to the rest that did the work.

17 Then said I unto them, Ye see the distress that we *are* in, how Jerusalem *lieth* waste, and the gates thereof are burned with fire: come, and let us build up the wall of Jerusalem, that we be no more a reproach.

18 Then I told them of the hand of my God which was good upon me; as also the king's words that he had spoken unto me. And they said, Let us rise up and build. So they strengthened their hands for *this* good *work*.

19 But when Sanballat the Horonite, and Tobiah the servant, the Ammonite, and Geshem the Arabian, heard *it*, they laughed us to scorn, and despised us, and said, What *is* this thing that ye do? will ye rebel against the king?

20 Then answered I them, and said unto them, The God of heaven, he will prosper us; therefore we his servants will arise and build: but ye have no portion, nor right, nor memorial, in Jerusalem.

Chapter 3

Then Eliashib the high priest rose up with his brethren the priests, and they builded the sheep gate; they sanctified it, and set up the doors of it; even unto the tower of Meah they sanctified it, unto the tower of Hananeel.

2 And next unto him builded the men of Jericho. And next to them builded Zaccur the son of Imri.

3 But the fish gate did the sons of Hassenaah build, who *also* laid the beams thereof, and set up the doors thereof, the locks thereof, and the bars thereof.

4 And next unto them repaired Meremoth the son of Urijah, the son of Koz. And next unto them repaired Meshullam the son of Berechiah, the son of Meshezabeel. And next unto them repaired Zadok the son of Baana.

5 And next unto them the Tekoites repaired; but their nobles put not their necks to the work of their Lord.

6 Moreover the old gate repaired Jehoiada the son of Paseah, and Meshullam the son of Besodeiah; they laid the beams thereof, and set up the doors thereof, and the locks thereof, and the bars thereof.

7 And next unto them repaired Melatiah the Gibeonite,

and Jadon the Meronothite, the men of Gibeon, and of Mizpah, unto the throne of the governor on this side the river.

8 Next unto him repaired Uzziel the son of Harhaiah, of the goldsmiths. Next unto him also repaired Hananiah the son of *one of* the apothecaries, and they fortified Jerusalem unto the broad wall.

9 And next unto them repaired Rephaiah the son of Hur, the ruler of the half part of Jerusalem.

10 And next unto them repaired Jedaiah the son of Harumaph, even over against his house. And next unto him repaired Hattush the son of Hashabniah.

11 Malchijah the son of Harim, and Hashub the son of Pahath-moab, repaired the other piece, and the tower of the furnaces.

12 And next unto him repaired Shallum the son of Halohesh, the ruler of the half part of Jerusalem, he and his daughters.

13 The valley gate repaired Hanun, and the inhabitants of Zanoah; they built it, and set up the doors thereof, the locks thereof, and the bars thereof, and a thousand cubits on the wall unto the dung gate.

14 But the dung gate repaired Malchiah the son of Rechab, the ruler of part of Beth-haccerem; he built it, and set up the doors thereof, the locks thereof, and the bars thereof.

15 But the gate of the fountain repaired Shallun the son of Col-hozeh, the ruler of part of Mizpah; he built it, and covered it, and set up the doors thereof, the locks thereof, and the bars thereof, and the wall of the pool of Siloah by the king's garden, and unto the stairs that go down from the city of David.

16 After him repaired Nehemiah the son of Azbuk, the ruler of the half part of Beth-zur, unto *the place* over against the sepulchres of David, and to the pool that was made, and unto the house of the mighty.

17 After him repaired the Levites, Rehum the son of Bani.

Next unto him repaired Hashabiah, the ruler of the half part of Keilah, in his part.

18 After him repaired their brethren, Bavai the son of Henadad, the ruler of the half part of Keilah.

19 And next to him repaired Ezer the son of Jeshua, the ruler of Mizpah, another piece over against the going up to the armory at the turning *of the wall*.

20 After him Baruch the son of Zabbai earnestly repaired the other piece, from the turning *of the wall* unto the door of the house of Eliashib the high priest.

21 After him repaired Meremoth the son of Urijah the son of Koz another piece, from the door of the house of Eliashib even to the end of the house of Eliashib.

22 And after him repaired the priests, the men of the plain.

23 After him repaired Benjamin and Hashub over against their house. After him repaired Azariah the son of Maaseiah the son of Ananiah by his house.

24 After him repaired Binnui the son of Henadad another piece, from the house of Azariah unto the turning *of the wall*, even unto the corner.

25 Palal the son of Uzai, over against the turning *of the wall*, and the tower which lieth out from the king's high house, that *was* by the court of the prison. After him Pedaiah the son of Parosh.

26 Moreover the Nethinim dwelt in Ophel, unto *the place* over against the water gate toward the east, and the tower that lieth out.

27 After them the Tekoites repaired another piece, over against the great tower that lieth out, even unto the wall of Ophel.

28 From above the horse gate repaired the priests, every one over against his house.

29 After them repaired Zadok the son of Immer over against his house. After him repaired also Shemaiah the son of Shechaniah, the keeper of the east gate.

30 After him repaired Hananiah the son of Shelemiah,

and Hanun the sixth son of Zalaph, another piece. After him repaired Meshullam the son of Berechiah over against his chamber.

31 After him repaired Malchiah the goldsmith's son unto the place of the Nethinim, and of the merchants, over against the gate Miphkad, and to the going up of the corner.

32 And between the going up of the corner unto the sheep gate repaired the goldsmiths and the merchants.

Chapter 4

But it came to pass, that when Sanballat heard that we builded the wall, he was wroth, and took great indignation, and mocked the Jews.

2 And he spake before his brethren and the army of Samaria, and said, What do these feeble Jews? will they fortify themselves? will they sacrifice? will they make an end in a day? will they revive the stones out of the heaps of the rubbish which are burned?

3 Now Tobiah the Ammonite *was* by him, and he said, Even that which they build, if a fox go up, he shall even break down their stone wall.

4 Hear, O our God; for we are despised: and turn their reproach upon their own head, and give them for a prey in the land of captivity:

5 And cover not their iniquity, and let not their sin be blotted out from before thee: for they have provoked *thee* to anger before the builders.

6 So built we the wall; and all the wall was joined together unto the half thereof: for the people had a mind to work.

7 But it came to pass, *that* when Sanballat, and Tobiah, and the Arabians, and the Ammonites, and the Ashdodites, heard that the walls of Jerusalem were made up, *and* that the breaches began to be stopped, then they were very wroth,

8 And conspired all of them together to come *and* to fight against Jerusalem, and to hinder it.

9 Nevertheless we made our prayer unto our God, and set a watch against them day and night, because of them.

10 And Judah said, The strength of the bearers of burdens is decayed, and *there is* much rubbish; so that we are not able to build the wall.

11 And our adversaries said, They shall not know, neither see, till we come in the midst among them, and slay them, and cause the work to cease.

12 And it came to pass, that when the Jews which dwelt by them came, they said unto us ten times, From all places whence ye shall return unto us *they will be upon you.*

13 Therefore set I in the lower places behind the wall, *and* on the higher places, I even set the people after their families with their swords, their spears, and their bows.

14 And I looked, and rose up, and said unto the nobles, and to the rulers, and to the rest of the people, Be not ye afraid of them: remember the Lord, *which is* great and terrible, and fight for your brethren, your sons, and your daughters, your wives, and your houses.

15 And it came to pass, when our enemies heard that it was known unto us, and God had brought their counsel to nought, that we returned all of us to the wall, every one unto his work.

16 And it came to pass from that time forth, *that* the half of my servants wrought in the work, and the other half of them held both the spears, the shields, and the bows, and the habergeons; and the rulers *were* behind all the house of Judah.

17 They which builded on the wall, and they that bare burdens, with those that laded, *every one* with one of his hands wrought in the work, and with the other *hand* held a weapon.

18 For the builders, every one had his sword girded by his side, and *so* builded. And he that sounded the trumpet *was* by me.

19 And I said unto the nobles, and to the rulers, and to the rest of the people, The work *is* great and large, and we are separated upon the wall, one far from another.

20 In what place *therefore* ye hear the sound of the trumpet, resort ye thither unto us: our God shall fight for us.

21 So we labored in the work: and half of them held the spears from the rising of the morning till the stars appeared.

22 Likewise at the same time said I unto the people, Let every one with his servant lodge within Jerusalem, that in the night they may be a guard to us, and labor on the day.

23 So neither I, nor my brethren, nor my servants, nor the men of the guard which followed me, none of us put off our clothes, *saving that* every one put them off for washing.

Chapter 5

And there was a great cry of the people and of their wives against their brethren the Jews.

2 For there were that said, We, our sons, and our daughters, *are* many: therefore we take up corn *for them*, that we may eat, and live.

3 *Some* also there were that said, We have mortgaged our lands, vineyards, and houses, that we might buy corn, because of the dearth.

4 There were also that said, We have borrowed money for the king's tribute, *and that upon* our lands and vineyards.

5 Yet now our flesh *is* as the flesh of our brethren, our children as their children: and, lo, we bring into bondage our sons and our daughters to be servants, and *some* of our daughters are brought into bondage *already:* neither *is it* in our power *to redeem them;* for other men have our lands and vineyards.

6 And I was very angry when I heard their cry and these words.

7 Then I consulted with myself, and I rebuked the nobles, and the rulers, and said unto them, Ye exact usury, every one of his brother. And I set a great assembly against them.

8 And I said unto them, We, after our ability, have redeemed our brethren the Jews, which were sold unto the

heathen; and will ye even sell your brethren? or shall they be sold unto us? Then held they their peace, and found nothing *to answer.*

9 Also I said, It *is* not good that ye do: ought ye not to walk in the fear of our God because of the reproach of the heathen our enemies?

10 I likewise, *and* my brethren, and my servants, might exact of them money and corn: I pray you, let us leave off this usury.

11 Restore, I pray you, to them, even this day, their lands, their vineyards, their oliveyards, and their houses, also the hundredth *part* of the money, and of the corn, the wine, and the oil, that ye exact of them.

12 Then said they, We will restore *them*, and will require nothing of them; so will we do as thou sayest. Then I called the priests, and took an oath of them, that they should do according to this promise.

13 Also I shook my lap, and said, So God shake out every man from his house, and from his labor, that performeth not this promise, even thus be he shaken out, and emptied. And all the congregation said, Amen, and praised the LORD. And the people did according to this promise.

14 Moreover from the time that I was appointed to be their governor in the land of Judah, from the twentieth year even unto the two and thirtieth year of Artaxerxes the king, *that is*, twelve years, I and my brethren have not eaten the bread of the governor.

15 But the former governors that *had been* before me were chargeable unto the people, and had taken of them bread and wine, besides forty shekels of silver; yea, even their servants bare rule over the people: but so did not I, because of the fear of God.

16 Yea, also I continued in the work of this wall, neither bought we any land: and all my servants *were* gathered thither unto the work.

17 Moreover *there were* at my table a hundred and fifty of

the Jews and rulers, besides those that came unto us from among the heathen that *are* about us.

18 Now *that* which was prepared *for me* daily *was* one ox *and* six choice sheep; also fowls were prepared for me, and once in ten days store of all sorts of wine: yet for all this required not I the bread of the governor, because the bondage was heavy upon this people.

19 Think upon me, my God, for good, *according* to all that I have done for this people.

Chapter 6

Now it came to pass, when Sanballat, and Tobiah, and Geshem the Arabian, and the rest of our enemies, heard that I had builded the wall, and *that* there was no breach left therein; (though at that time I had not set up the doors upon the gates;)

2 That Sanballat and Geshem sent unto me, saying, Come, let us meet together in *some one of* the villages in the plain of Ono. But they thought to do me mischief.

3 And I sent messengers unto them, saying, I *am* doing a great work, so that I cannot come down: why should the work cease, whilst I leave it, and come down to you?

4 Yet they sent unto me four times after this sort; and I answered them after the same manner.

5 Then sent Sanballat his servant unto me in like manner the fifth time with an open letter in his hand;

6 Wherein *was* written, It is reported among the heathen, and Gashmu saith *it, that* thou and the Jews think to rebel: for which cause thou buildest the wall, that thou mayest be their king, according to these words.

7 And thou hast also appointed prophets to preach of thee at Jerusalem, saying, *There is* a king in Judah: and now shall it be reported to the king according to these words. Come now therefore, and let us take counsel together.

8 Then I sent unto him, saying, There are no such things

done as thou sayest, but thou feignest them out of thine own heart.

9 For they all made us afraid, saying, Their hands shall be weakened from the work, that it be not done. Now therefore, *O God*, strengthen my hands.

10 Afterward I came unto the house of Shemaiah the son of Delaiah the son of Mehetabeel, who *was* shut up; and he said, Let us meet together in the house of God, within the temple, and let us shut the doors of the temple: for they will come to slay thee; yea, in the night will they come to slay thee.

11 And I said, Should such a man as I flee? and who *is there*, that, *being* as I *am*, would go into the temple to save his life? I will not go in.

12 And, lo, I perceived that God had not sent him; but that he pronounced this prophecy against me: for Tobiah and Sanballat had hired him.

13 Therefore *was* he hired, that I should be afraid, and do so, and sin, and *that* they might have *matter* for an evil report, that they might reproach me.

14 My God, think thou upon Tobiah and Sanballat according to these their works, and on the prophetess Noadiah, and the rest of the prophets, that would have put me in fear.

15 So the wall was finished in the twenty and fifth *day* of *the month* Elul, in fifty and two days.

16 And it came to pass, that when all our enemies heard *thereof*, and all the heathen that *were* about us saw *these things*, they were much cast down in their own eyes: for they perceived that this work was wrought of our God.

17 Moreover in those days the nobles of Judah sent many letters unto Tobiah, and *the letters* of Tobiah came unto them.

18 For *there were* many in Judah sworn unto him, because he *was* the son-in-law of Shechaniah the son of Arah; and his son Johanan had taken the daughter of Meshullam the son of Berechiah.

19 Also they reported his good deeds before me, and uttered my words to him. *And* Tobiah sent letters to put me in fear.

Chapter 7

Now it came to pass, when the wall was built, and I had set up the doors, and the porters and the singers and the Levites were appointed,

2 That I gave my brother Hanani, and Hananiah the ruler of the palace, charge over Jerusalem: for he *was* a faithful man, and feared God above many.

3 And I said unto them, Let not the gates of Jerusalem be opened until the sun be hot; and while they stand by, let them shut the doors, and bar *them:* and appoint watches of the inhabitants of Jerusalem, every one in his watch, and every one *to be* over against his house.

4 Now the city *was* large and great: but the people *were* few therein, and the houses *were* not builded.

5 And my God put into mine heart to gather together the nobles, and the rulers, and the people, that they might be reckoned by genealogy. And I found a register of the genealogy of them which came up at the first, and found written therein,

6 These *are* the children of the province, that went up out of the captivity, of those that had been carried away, whom Nebuchadnezzar the king of Babylon had carried away, and came again to Jerusalem and to Judah, every one unto his city;

7 Who came with Zerubbabel, Jeshua, Nehemiah, Azariah, Raamiah, Nahamani, Mordecai, Bilshan, Mispereth, Bigvai, Nehum, Baanah. The number, *I say,* of the men of the people of Israel *was this;*

8 The children of Parosh, two thousand a hundred seventy and two.

9 The children of Shephatiah, three hundred seventy and two.

10 The children of Arah, six hundred fifty and two.

11 The children of Pahath-moab, of the children of Jeshua and Joab, two thousand and eight hundred *and* eighteen.

12 The children of Elam, a thousand two hundred fifty and four.

13 The children of Zattu, eight hundred forty and five.

14 The children of Zaccai, seven hundred and threescore.

15 The children of Binnui, six hundred forty and eight.

16 The children of Bebai, six hundred twenty and eight.

17 The children of Azgad, two thousand three hundred twenty and two.

18 The children of Adonikam, six hundred threescore and seven.

19 The children of Bigvai, two thousand threescore and seven.

20 The children of Adin, six hundred fifty and five.

21 The children of Ater of Hezekiah, ninety and eight.

22 The children of Hashum, three hundred twenty and eight.

23 The children of Bezai, three hundred twenty and four.

24 The children of Hariph, a hundred and twelve.

25 The children of Gibeon, ninety and five.

26 The men of Beth-lehem and Netophah, a hundred four-score and eight.

27 The men of Anathoth, a hundred twenty and eight.

28 The men of Beth-azmaveth, forty and two.

29 The men of Kirjath-jearim, Chephirah, and Beeroth, seven hundred forty and three.

30 The men of Ramah and Gaba, six hundred twenty and one.

31 The men of Michmas, a hundred and twenty and two.

32 The men of Beth-el and Ai, a hundred twenty and three.

33 The men of the other Nebo, fifty and two.

34 The children of the other Elam, a thousand two hundred fifty and four.

35 The children of Harim, three hundred and twenty.

36 The children of Jericho, three hundred forty and five.

37 The children of Lod, Hadid, and Ono, seven hundred twenty and one.

38 The children of Senaah, three thousand nine hundred and thirty.

39 The priests: the children of Jedaiah, of the house of Jeshua, nine hundred seventy and three.

40 The children of Immer, a thousand fifty and two.

41 The children of Pashur, a thousand two hundred forty and seven.

42 The children of Harim, a thousand and seventeen.

43 The Levites: the children of Jeshua, of Kadmiel, *and* of the children of Hodevah, seventy and four.

44 The singers: the children of Asaph, a hundred forty and eight.

45 The porters: the children of Shallum, the children of Ater, the children of Talmon, the children of Akkub, the children of Hatita, the children of Shobai, a hundred thirty and eight.

46 The Nethinim: the children of Ziha, the children of Hashupha, the children of Tabbaoth,

47 The children of Keros, the children of Sia, the children of Padon,

48 The children of Lebana, the children of Hagaba, the children of Shalmai,

49 The children of Hanan, the children of Giddel, the children of Gahar,

50 The children of Reaiah, the children of Rezin, the children of Nekoda,

51 The children of Gazzam, the children of Uzza, the children of Phaseah,

52 The children of Besai, the children of Meunim, the children of Nephishesim,

53 The children of Bakbuk, the children of Hakupha, the children of Harhur,

54 The children of Bazlith, the children of Mehida, the children of Harsha,

55 The children of Barkos, the children of Sisera, the children of Tamah,

56 The children of Neziah, the children of Hatipha.

57 The children of Solomon's servants: the children of Sotai, the children of Sophereth, the children of Perida,

58 The children of Jaala, the children of Darkon, the children of Giddel,

59 The children of Shephatiah, the children of Hattil, the children of Pochereth of Zebaim, the children of Amon.

60 All the Nethinim, and the children of Solomon's servants, *were* three hundred ninety and two.

61 And these *were* they which went up *also* from Tel-melah, Tel-haresha, Cherub, Addon, and Immer: but they could not show their father's house, nor their seed, whether they *were* of Israel.

62 The children of Delaiah, the children of Tobiah, the children of Nekoda, six hundred forty and two.

63 And of the priests: the children of Habaiah, the children of Koz, the children of Barzillai, which took *one* of the daughters of Barzillai the Gileadite to wife, and was called after their name.

64 These sought their register *among* those that were reckoned by genealogy, but it was not found: therefore were they, as polluted, put from the priesthood.

65 And the Tirshatha said unto them, that they should not eat of the most holy things, till there stood *up* a priest with Urim and Thummim.

66 The whole congregation together *was* forty and two thousand three hundred and threescore,

67 Besides their manservants and their maidservants, of whom *there were* seven thousand three hundred thirty and seven: and they had two hundred forty and five singing men and singing women.

68 Their horses, seven hundred thirty and six: their mules, two hundred forty and five:

69 *Their* camels, four hundred thirty and five: six thousand seven hundred and twenty asses.

Chapter 11

And the rulers of the people dwelt at Jerusalem: the rest of the people also cast lots, to bring one of ten to dwell in Jerusalem the holy city, and nine parts *to dwell* in *other* cities.

2 And the people blessed all the men, that willingly offered themselves to dwell at Jerusalem.

3 Now these *are* the chief of the province that dwelt in Jerusalem: but in the cities of Judah dwelt every one in his possession in their cities, *to wit*, Israel, the priests, and the Levites, and the Nethinim, and the children of Solomon's servants.

4 And at Jerusalem dwelt *certain* of the children of Judah, and of the children of Benjamin. Of the children of Judah; Athaiah the son of Uzziah, the son of Zechariah, the son of Amariah, the son of Shephatiah, the son of Mahalaleel, of the children of Perez;

5 And Maaseiah the son of Baruch, the son of Col-hozeh, the son of Hazaiah, the son of Adaiah, the son of Joiarib, the son of Zechariah, the son of Shiloni.

6 All the sons of Perez that dwelt at Jerusalem *were* four hundred threescore and eight valiant men.

7 And these *are* the sons of Benjamin; Sallu the son of Meshullam, the son of Joed, the son of Pedaiah, the son of Kolaiah, the son of Maaseiah, the son of Ithiel, the son of Jesaiah.

8 And after him Gabbai, Sallai, nine hundred twenty and eight.

9 And Joel the son of Zichri *was* their overseer: and Judah the son of Senuah *was* second over the city.

10 Of the priests: Jedaiah the son of Joiarib, Jachin.

11 Seraiah the son of Hilkiah, the son of Meshullam, the son of Zadok, the son of Meraioth, the son of Ahitub, *was* the ruler of the house of God.

12 And their brethren that did the work of the house *were* eight hundred twenty and two: and Adaiah the son of Jero-

ham, the son of Pelaliah, the son of Amzi, the son of Zechariah, the son of Pashur, the son of Malchiah,

13 And his brethren, chief of the fathers, two hundred forty and two: and Amashai the son of Azareel, the son of Ahasai, the son of Meshillemoth, the son of Immer,

14 And their brethren, mighty men of valor, a hundred twenty and eight: and their overseer *was* Zabdiel, the son of *one of* the great men.

15 Also of the Levites: Shemaiah the son of Hashub, the son of Azrikam, the son of Hashabiah, the son of Bunni;

16 And Shabbethai and Jozabad, of the chief of the Levites, *had* the oversight of the outward business of the house of God.

17 And Mattaniah the son of Micha, the son of Zabdi, the son of Asaph, *was* the principal to begin the thanksgiving in prayer: and Bakbukiah the second among his brethren, and Abda the son of Shammua, the son of Galal, the son of Jeduthun.

18 All the Levites in the holy city *were* two hundred fourscore and four.

19 Moreover the porters, Akkub, Talmon, and their brethren that kept the gates, *were* a hundred seventy and two.

20 And the residue of Israel, of the priests, *and* the Levites, *were* in all the cities of Judah, every one in his inheritance.

21 But the Nethinim dwelt in Ophel: and Ziha and Gispa *were* over the Nethinim.

22 The overseer also of the Levites at Jerusalem *was* Uzzi the son of Bani, the son of Hashabiah, the son of Mattaniah, the son of Micha. Of the sons of Asaph, the singers *were* over the business of the house of God.

23 For *it was* the king's commandment concerning them, that a certain portion should be for the singers, due for every day.

24 And Pethahiah the son of Meshezabeel, of the children of Zerah the son of Judah, *was* at the king's hand in all matters concerning the people.

25 And for the villages, with their fields, *some* of the children

of Judah dwelt at Kirjath-arba, and *in* the villages thereof, and at Dibon, and *in* the villages thereof, and at Jekabzeel, and *in* the villages thereof,

26 And at Jeshua, and at Moladah, and at Beth-phelet,

27 And at Hazar-shual, and at Beer-sheba, and *in* the villages thereof,

28 And at Ziklag, and at Mekonah, and in the villages thereof,

29 And at En-rimmon, and at Zareah, and at Jarmuth,

30 Zanoah, Adullam, and *in* their villages, at Lachish, and the fields thereof, at Azekah, and *in* the villages thereof. And they dwelt from Beer-sheba unto the valley of Hinnom.

31 The children also of Benjamin from Geba *dwelt* at Michmash, and Aija, and Beth-el, and *in* their villages,

32 *And* at Anathoth, Nob, Ananiah,

33 Hazor, Ramah, Gittaim,

34 Hadid, Zeboim, Neballat,

35 Lod, and Ono, the valley of craftsmen.

36 And of the Levites *were* divisions *in* Judah, *and* in Benjamin.

Chapter 12

Now these *are* the priests and the Levites that went up with Zerubbabel the son of Shealtiel, and Jeshua: Seraiah, Jeremiah, Ezra,

2 Amariah, Malluch, Hattush,

3 Shechaniah, Rehum, Meremoth,

4 Iddo, Ginnetho, Abijah,

5 Miamin, Maadiah, Bilgah,

6 Shemaiah, and Joiarib, Jedaiah,

7 Sallu, Amok, Hilkiah, Jedaiah. These *were* the chief of the priests and of their brethren in the days of Jeshua.

8 Moreover the Levites: Jeshua, Binnui, Kadmiel, Sherebiah, Judah, *and* Mattaniah, *which was* over the thanksgiving, he and his brethren.

9 Also Bakbukiah and Unni, their brethren, *were* over against them in the watches.

10 And Jeshua begat Joiakim, Joiakim also begat Eliashib, and Eliashib begat Joiada,

11 And Joiada begat Jonathan, and Jonathan begat Jaddua.

12 And in the days of Joiakim were priests, the chief of the fathers: of Seraiah, Meraiah; of Jeremiah, Hananiah;

13 Of Ezra, Meshullam; of Amariah, Jehohanan;

14 Of Melicu, Jonathan; of Shebaniah, Joseph;

15 Of Harim, Adna; of Meraioth, Helkai;

16 Of Iddo, Zechariah; of Ginnethon, Meshullam;

17 Of Abijah, Zichri; of Miniamin, of Moadiah, Piltai;

18 Of Bilgah, Shammua; of Shemaiah, Jehonathan;

19 And of Joiarib, Mattenai; of Jedaiah, Uzzi;

20 Of Sallai, Kallai; of Amok, Eber;

21 Of Hilkiah, Hashabiah; of Jedaiah, Nethaneel.

22 The Levites in the days of Eliashib, Joiada, and Johanan, and Jaddua, *were* recorded chief of the fathers: also the priests, to the reign of Darius the Persian.

23 The sons of Levi, the chief of the fathers, *were* written in the book of the Chronicles, even until the days of Johanan the son of Eliashib.

24 And the chief of the Levites: Hashabiah, Sherebiah, and Jeshua the son of Kadmiel, with their brethren over against them, to praise *and* to give thanks, according to the commandment of David the man of God, ward over against ward.

25 Mattaniah, and Bakbukiah, Obadiah, Meshullam, Talmon, Akkub, *were* porters keeping the ward at the thresholds of the gates.

26 These *were* in the days of Joiakim the son of Jeshua, the son of Jozadak, and in the days of Nehemiah the governor, and of Ezra the priest, the scribe.

27 And at the dedication of the wall of Jerusalem they sought the Levites out of all their places, to bring them to Jerusalem, to keep the dedication with gladness, both with

thanksgivings, and with singing, *with* cymbals, psalteries, and with harps.

28 And the sons of the singers gathered themselves together, both out of the plain country round about Jerusalem, and from the villages of Netophathi;

29 Also from the house of Gilgal, and out of the fields of Geba and Azmaveth: for the singers had builded them villages round about Jerusalem.

30 And the priests and the Levites purified themselves, and purified the people, and the gates, and the wall.

31 Then I brought up the princes of Judah upon the wall, and appointed two great *companies of them that gave* thanks, *whereof one* went on the right hand upon the wall toward the dung gate:

32 And after them went Hoshaiah, and half of the princes of Judah,

33 And Azariah, Ezra, and Meshullam,

34 Judah, and Benjamin, and Shemaiah, and Jeremiah,

35 And *certain* of the priests' sons with trumpets; *namely,* Zechariah the son of Jonathan, the son of Shemaiah, the son of Mattaniah, the son of Michaiah, the son of Zaccur, the son of Asaph:

36 And his brethren, Shemaiah, and Azarael, Milalai, Gilalai, Maai, Nethaneel, and Judah, Hanani, with the musical instruments of David the man of God, and Ezra the scribe before them.

37 And at the fountain gate, which was over against them, they went up by the stairs of the city of David, at the going up of the wall, above the house of David, even unto the water gate eastward.

38 And the other *company of them that gave* thanks went over against *them*, and I after them, and the half of the people upon the wall, from beyond the tower of the furnaces even unto the broad wall;

39 And from above the gate of Ephraim, and above the old gate, and above the fish gate, and the tower of Hananeel,

and the tower of Meah, even unto the sheep gate: and they stood still in the prison gate.

40 So stood the two *companies of them that gave* thanks in the house of God, and I, and the half of the rulers with me:

41 And the priests; Eliakim, Maaseiah, Miniamin, Michaiah, Elioenai, Zechariah, *and* Hananiah, with trumpets;

42 And Maaseiah, and Shemaiah, and Eleazar, and Uzzi, and Jehohanan, and Malchijah, and Elam, and Ezer. And the singers sang loud, with Jezrahiah *their* overseer.

43 Also that day they offered great sacrifices, and rejoiced: for God had made them rejoice with great joy: the wives also and the children rejoiced: so that the joy of Jerusalem was heard even afar off.

44 And at that time were some appointed over the chambers for the treasures, for the offerings, for the firstfruits, and for the tithes, to gather into them out of the fields of the cities the portions of the law for the priests and Levites: for Judah rejoiced for the priests and for the Levites that waited.

45 And both the singers and the porters kept the ward of their God, and the ward of the purification, according to the commandment of David, *and* of Solomon his son.

46 For in the days of David and Asaph of old *there were* chief of the singers, and songs of praise and thanksgiving unto God.

47 And all Israel in the days of Zerubbabel, and in the days of Nehemiah, gave the portions of the singers and the porters, every day his portion: and they sanctified *holy things* unto the Levites; and the Levites sanctified *them* unto the children of Aaron.

Chapter 13

On that day they read in the book of Moses in the audience of the people; and therein was found written, that the Ammonite and the Moabite should not come into the congregation of God for ever;

2 Because they met not the children of Israel with bread and with water, but hired Balaam against them, that he should curse them: howbeit our God turned the curse into a blessing.

3 Now it came to pass, when they had heard the law, that they separated from Israel all the mixed multitude.

4 And before this, Eliashib the priest, having the oversight of the chamber of the house of our God, *was* allied unto Tobiah:

5 And he had prepared for him a great chamber, where aforetime they laid the meat offerings, the frankincense, and the vessels, and the tithes of the corn, the new wine, and the oil, which was commanded *to be given* to the Levites, and the singers, and the porters; and the offerings of the priests.

6 But in all this *time* was not I at Jerusalem: for in the two and thirtieth year of Artaxerxes king of Babylon came I unto the king, and after certain days obtained I leave of the king:

7 And I came to Jerusalem, and understood of the evil that Eliashib did for Tobiah, in preparing him a chamber in the courts of the house of God.

8 And it grieved me sore: therefore I cast forth all the household stuff of Tobiah out of the chamber.

9 Then I commanded, and they cleansed the chambers: and thither brought I again the vessels of the house of God, with the meat offering and the frankincense.

10 And I perceived that the portions of the Levites had not been given *them:* for the Levites and the singers, that did the work, were fled every one to his field.

11 Then contended I with the rulers, and said, Why is the house of God forsaken? And I gathered them together, and set them in their place.

12 Then brought all Judah the tithe of the corn and the new wine and the oil unto the treasuries.

13 And I made treasurers over the treasuries, Shelemiah the priest, and Zadok the scribe, and of the Levites, Pedaiah: and next to them *was* Hanan the son of Zaccur, the son of

Mattaniah: for they were counted faithful, and their office *was* to distribute unto their brethren.

14 Remember me, O my God, concerning this, and wipe not out my good deeds that I have done for the house of my God, and for the offices thereof.

15 In those days saw I in Judah *some* treading winepresses on the sabbath, and bringing in sheaves, and lading asses; as also wine, grapes, and figs, and all *manner of* burdens, which they brought into Jerusalem on the sabbath day: and I testified *against them* in the day wherein they sold victuals.

16 There dwelt men of Tyre also therein, which brought fish, and all manner of ware, and sold on the sabbath unto the children of Judah, and in Jerusalem.

17 Then I contended with the nobles of Judah, and said unto them, What evil thing *is* this that ye do, and profane the sabbath day?

18 Did not your fathers thus, and did not our God bring all this evil upon us, and upon this city? yet ye bring more wrath upon Israel by profaning the sabbath.

19 And it came to pass, that when the gates of Jerusalem began to be dark before the sabbath, I commanded that the gates should be shut, and charged that they should not be opened till after the sabbath: and *some* of my servants set I at the gates, *that* there should no burden be brought in on the sabbath day.

20 So the merchants and sellers of all kind of ware lodged without Jerusalem once or twice.

21 Then I testified against them, and said unto them, Why lodge ye about the wall? if ye do *so* again, I will lay hands on you. From that time forth came they no *more* on the sabbath.

22 And I commanded the Levites, that they should cleanse themselves, and *that* they should come *and* keep the gates, to sanctify the sabbath day. Remember me, O my God, *concerning* this also, and spare me according to the greatness of thy mercy.

23 In those days also saw I Jews *that* had married wives of Ashdod, of Ammon, *and* of Moab:

24 And their children spake half in the speech of Ashdod, and could not speak in the Jews' language, but according to the language of each people.

25 And I contended with them, and cursed them, and smote certain of them, and plucked off their hair, and made them swear by God, *saying*, Ye shall not give your daughters unto their sons, nor take their daughters unto your sons, or for yourselves.

26 Did not Solomon king of Israel sin by these things? yet among many nations was there no king like him, who was beloved of his God, and God made him king over all Israel: nevertheless even him did outlandish women cause to sin.

27 Shall we then hearken unto you to do all this great evil, to transgress against our God in marrying strange wives?

28 And *one* of the sons of Joiada, the son of Eliashib the high priest, *was* son-in-law to Sanballat the Horonite: therefore I chased him from me.

29 Remember them, O my God, because they have defiled the priesthood, and the covenant of the priesthood, and of the Levites.

30 Thus cleansed I them from all strangers, and appointed the wards of the priests and the Levites, every one in his business;

31 And for the wood offering, at times appointed, and for the firstfruits. Remember me, O my God, for good.